科技部"科技基础性工作专项——中国森林典籍志书资料整编"课题资助项目（2014FY120500）

国家林业局普通高等教育『十三五』规划教材

中国林业史

FORESTRY HISTORY OF CHINA

李 莉 主编

中国林业出版社

内容简介

本书是国内第一本介绍中国林业历史发展过程的通识教材。全书以史为线，划分为先秦、秦汉、魏晋南北朝、隋唐五代、宋元、明至清中期、近代、现当代八个历史阶段，主要从森林资源分布与变迁、森林培育与利用、林业科学技术、林业政策与管理、林业思想与文化进行阐述，并根据各历史时期的不同特点有所调整。全书涵盖古今、内容丰富、通俗易懂、图文并茂、便于教学。本书适用于高等农林院校本科及研究生、大中专及林业职业技术学院以及社会对林业历史感兴趣的人士阅读学习。

图书在版编目（CIP）数据

中国林业史／李莉主编. —北京：中国林业出版社，2017. 12

国家林业局普通高等教育"十三五"规划教材

ISBN 978-7-5038-9017-8

Ⅰ. ①中…　Ⅱ. ①李…　Ⅲ. ①林业史–中国–高等学校–教材　Ⅳ. ①F326. 29

中国版本图书馆 CIP 数据核字（2017）第 327857 号

国家林业局生态文明教材及林业高校教材建设项目

中国林业出版社·教育出版分社

策划编辑：肖基浒　　　　　　　责任编辑：许玮
电话：（010）83143555　　　　　传真：（010）83143516

出版发行　中国林业出版社（100009　北京市西城区德内大街刘海胡同 7 号）
　　　　　E-mail：jiaocaipublic@163.com　电话：（010）83143500
　　　　　http：//lycb. forestry. gov. cn
经　　销　新华书店
印　　刷　固安县京平诚乾印刷有限公司
版　　次　2017 年 12 月第 1 版
印　　次　2017 年 12 月第 1 次印刷
开　　本　787mm×1092mm　1/16
印　　张　20. 75
字　　数　442 千字
定　　价　45. 00 元

《中国林业史》编写人员名单

主 编：

李 莉 （北京林业大学人文社会科学学院）

参 编（按姓氏拼音排序）：

冯尕才 （渭南职业技术学院）

郎 洁 （北京林业大学人文社会科学学院）

李 飞 （北京林业大学人文社会科学学院）

林 震 （北京林业大学人文社会科学学院）

张连伟 （北京林业大学人文社会科学学院）

赵 妍 （北京林业大学人文社会科学学院）

周景勇 （北京林业大学马克思主义学院）

前言

　　林业史是林业科学与历史科学的交叉，林业史的研究与近代林学同时起步，百年间，林业史学科建设已有三十多年的历史。多年来，在我国的林业院校中，虽然有中国林业史课程的开设，但没有一本涵盖古今、内容丰富、方便实用的中国林业史教材。到目前为止，还没有一部专著是完全按照教学要求编纂的，学科的教学需要统编的教材，《中国林业史》正是在这一背景下问世的。

　　本教材按照历史发展的不同阶段，并结合以往授课的实践经验，重点从森林资源分布与变迁、森林培育与利用、林业科学技术、林业政策与管理、林业思想与文化几个方面，对林业历史发展进程中的几个重要专题进行叙述，阐述林业在不同历史时期所呈现出来的不同特点，采用了经纬结合的方式来布局谋篇。

　　从大的时间跨度上来看，中国林业史分为三大部分：古代、近代、现当代。古代林业跨度时间长，内容丰富。但古代有关林业的各种生产活动虽在国民经济中占有重要地位，但并非独立行业，林业科学技术亦未自成体系。其林木培育为古代农业组成部分；森林采伐运输、木材加工、林产品利用为古代手工业组成部分，属于"考工"门类；关于古代树木学知识，多载于本草学著作；历代的森林分布多载于地方志及古代地理著作中。因此，古代林业史部分的论述使用了大量的古籍资料，史料详实丰富是本书突出的特点。林业在不同历史阶段的发展都不尽相同。故而各章在主线大体一致的基础上，又根据各个时期自身的特点进行内容安排，或有调整，或有增删。如对森林资源分布的描述，第一章先秦时期由于时间跨度大、地理区域不好划分，故而是按照时间的发展进行阶段论述，其他七章都是按照地理区域进行论述。第七章近代部分，增加了林业教育的内容；第八章现当代部分，删去了森林培育与利用方面的内容，增加了林业教育的内容。各章分别自成一体。为结合教学需要，在每一章最后都针对该章讲述内容设置相应的思考题，推荐了和讲述内容紧密相关的阅读书目，并选取和该历史时期相关的经典文本节选，使广大读者在了解知识的基础上可以进一步思考、拓展阅读，达到以古鉴今的教学目的。

　　本教材参与编写的人员均为近几年从事林业史研究的教师，其中有的连续几年承担着林业史方面课程的教学，有扎实的学术基础和一定的教学实践经验。本教材由李莉主编，负责拟定编写提纲和组织协调编写工作。第一章先秦时期由张连伟独立编写；第二章秦汉时期由周景勇独立编写；第三章魏晋南北朝时期由李飞独立编写；第四章隋唐五代时期由郎洁独立编写；第五章宋元时期由郎洁、李莉合作编写，其中第一、四小节由郎洁编写，二、三、五小节由李莉编写；第六章明至清中期由李莉独立编写；第七章近代部分由林震、赵妍合作编写；第八章现当代部分由冯尕才独立编写。本教材由李莉统稿校稿，从全书整体出发，对各章节的内容进行顺序调整和内容增删，最终定稿。另外，2015级硕士生安涑萌，2016级硕士生李晗、胡敏敏，2017级硕士生赵峰、王瑞雄、陈秋羽也参与了文中引用史料及文献出处的整理、核对工作。本教材的编写也是北京林业大学青年教师科学研究中长期项目"中国林业史研究"（2015ZCQ—RW—02）和北京林业大学科技创新计划项目"日本侵华期间掠夺东三省森林资源研究——以日本开拓团为视角"（2017ZY50）的阶段性成果。

　　本教材的编写是基于众多林业史方面的研究成果，并得到近些年引领林业史学科建设和发展的北京林业大学严耕教授的关心和指导，从立项到出版，得到中国林业出版社肖基浒、许玮编辑的热忱帮助，在此一并致谢。

　　参与教材编写的人员均为中青年教师，尽管有一定的研究基础和教学实践经验，但浅陋之处所在多有，恳请读者指正！

编　者

2017 年 10 月 12 日

目 录

前 言

第1章　先秦时期的林业 ………………………………………………………… 1

1.1　森林资源分布及变迁 ………………………………………………… 2

1.2　森林培育与利用 ……………………………………………………… 8

1.3　林业科学技术 ………………………………………………………… 13

1.4　林业政策与管理 ……………………………………………………… 25

1.5　林业思想文化 ………………………………………………………… 30

林业经典文献选读 …………………………………………………………… 42

思考题 ………………………………………………………………………… 42

推荐阅读书目 ………………………………………………………………… 43

第2章　秦汉时期的林业 ………………………………………………………… 44

2.1　森林资源分布及变迁 ………………………………………………… 44

2.2　森林培育与利用 ……………………………………………………… 56

2.3　林业科学技术 ………………………………………………………… 59

2.4　林业政策与管理 ……………………………………………………… 70

2.5　林业思想文化 ………………………………………………………… 77

林业经典文献选读 …………………………………………………………… 86

思考题 ………………………………………………………………………… 86

　　　推荐阅读书目 ·· 86

第3章　魏晋南北朝时期的林业 ·································· 87
　3.1　森林资源分布及变迁 ··· 87
　3.2　森林培育与利用 ··· 92
　3.3　林业科学技术 ··· 98
　3.4　林业政策与管理 ··· 111
　3.5　林业思想文化 ··· 114
　　　林业经典文献选读 ·· 120
　　　思考题 ·· 121
　　　推荐阅读书目 ··· 121

第4章　隋唐五代时期的林业 ···································· 122
　4.1　森林资源分布及变迁 ··· 123
　4.2　森林培育与利用 ··· 129
　4.3　林业科学技术 ··· 133
　4.4　林业政策与管理 ··· 138
　4.5　林业思想文化 ··· 145
　　　林业经典文献选读 ·· 151
　　　思考题 ·· 152
　　　推荐阅读书目 ··· 152

第5章　宋元时期的林业 ·· 153
　5.1　森林资源分布及变迁 ··· 153
　5.2　森林培育与利用 ··· 162
　5.3　林业科学技术 ··· 172
　5.4　林业政策与管理 ··· 180
　5.5　林业思想文化 ··· 186
　　　林业经典文献选读 ·· 193
　　　思考题 ·· 193
　　　推荐阅读书目 ··· 194

第6章　明代及清代前中期的林业 ································ 195
　6.1　森林资源分布及变迁 ··· 195
　6.2　森林培育与利用 ··· 200
　6.3　林业科学技术 ··· 211
　6.4　林业政策与管理 ··· 220

6.5　林业思想文化 ……………………………………………… 232

林业经典文献选读 ………………………………………………… 239

思考题 ……………………………………………………………… 240

推荐阅读书目 ……………………………………………………… 240

第7章　近代林业 …………………………………………… 241

7.1　森林资源分布及变迁 ………………………………………… 241

7.2　森林培育与利用 ……………………………………………… 244

7.3　林业科学技术 ………………………………………………… 255

7.4　林业政策与管理 ……………………………………………… 265

7.5　林业思想文化 ………………………………………………… 274

7.6　林业教育 ……………………………………………………… 281

林业经典文献选读 ………………………………………………… 286

思考题 ……………………………………………………………… 288

推荐阅读书目 ……………………………………………………… 288

第8章　现当代林业 ………………………………………… 289

8.1　森林资源分布及变迁 ………………………………………… 289

8.2　林业科学技术 ………………………………………………… 294

8.3　林业政策与管理 ……………………………………………… 298

8.4　林业思想文化 ………………………………………………… 300

8.5　林业教育 ……………………………………………………… 310

林业经典文献选读 ………………………………………………… 311

思考题 ……………………………………………………………… 313

推荐阅读书目 ……………………………………………………… 313

参考文献 ……………………………………………………… 314

第1章
先秦时期的林业

　　先秦时期是指秦朝以前的历史时期，自我国进入文明时代，历经夏、商、西周以及春秋、战国等不同的历史阶段，止于公元前221年秦始皇统一六国。在漫长的历史过程中，人们通过采集和狩猎，逐步形成了有关动植物的知识，形成了最初的森林培育和利用思想；在征服和改造自然界的过程中，逐渐改变了原始的森林风貌，森林资源遭到一定程度的采伐和破坏；在管理和利用森林的过程中，逐渐形成了最初的林业政策、法令及其管理制度，有了森林的永续利用思想。

　　夏商时期（前2070—前1046年）是中国古代林业的草创时期，这一时期人类主要活动在黄河中下游区域，气候温暖湿润，降水丰富，土质肥沃，地表植被到处都是森林与草原，因为农业、畜牧业、手工业、建筑业、采矿冶炼业等都与林业有着密切的关系；但由于有关林业的史料匮乏，没有历史文献传世，只能依靠甲骨文的少量内容、历史传说以及后世文献记载。因而无法勾勒出林业的清晰面貌，只能将其称为中国古代林业的草创时期。

　　西周与春秋、战国时期（前1046—前221年）是中国古代林业的形成时期，这一时期，国家疆域扩大，人口增多，人类社会对于丰富的森林资源产生了更多的需求。尤其是春秋、战国时期，随着冶铁业的发展和铁器的广泛应用，社会生产力水平提升，人类对于森林的开发利用进入一个新阶段，无论在森林培育技术、造林规模、木材采伐运输、木材加工利用、木工兴造技术等方面，都有很大进步。在林业管理方面，据《周礼》记载，当时已经有多种机构设施、职官，职责明确、分工详细。在这一背景下，林业思想在诸子百家争鸣中得以发展，达到了新的水平，无论是后世尊奉的《诗》《书》《礼》《易》《春秋》等文化经典，还是儒、墨、道、法等诸子百家，都包含着丰富的林业思想，这些成为后世林业文化的重要源头。

1.1 森林资源分布及变迁

森林是陆地生态系统的主体，又是由若干动植物群落组成的生态系统，它们不仅维护着自然界的生态平衡，也是人类赖以生存的自然资源和环境要素。先秦时期，随着人类的出现和人口增加，社会经济的发展，中国局部地区的森林资源开始遭到采伐和破坏，但总体上保持了良好的森林生态环境。

1.1.1 地质时期

地球地质历史的演化大体经历了古生代、中生代和新生代。森林是在地质历史时期长期演变过程中形成的，大约出现在晚古生代石炭纪、二叠纪，当时地壳经过漫长的上升和沉降运动，中国大部分地区都结束了海浸的环境，转换为陆地，气候温暖湿润，此时出现了石松类的橉木、松柏类的伏脂杉、松柏类的侧羽叶，这些植物叶片发达，茎秆粗壮高大，取代了蕨类，形成了高大的原始森林景观，当时的中国大地基本为古森林所覆盖[①]。到了中生代，从侏罗纪至白垩纪，地表发生强烈的造山运动，使中国地貌发生了巨大的变化，华北太行山地区发生强烈褶皱和断裂，形成彼此平行呈东北—西南延伸，构成了现今太行山的轮廓；华东、东北地区也不断地发生造山运动，由于地面大规模岩浆侵入和火山广泛的喷发，形成了今日华东和东北山地的地质地貌；受燕山运动的影响，中南地区的大部分海水退却，古陆逐渐上升，如河南东部地区、湖北的江汉平原，而广东和广西则相应下沉为湖盆和沼泽，形成繁茂的森林；西北地区的地势则逐渐上升，气候变为炎热干旱，形成疏林和小规模森林；西南地区的地貌也在改变，如云南东部康滇古陆逐渐上升和扩大，决定了与今日相似的山脉走向和诸盆地的形成。由于燕山运动的发生，使中国南北大地普遍发生了造山运动和地质的沉降，促使中国南北大地上生长的茂密森林在一些地区深埋地下，于是出现了中华大地的第二次造煤期。

在中生代之后的新生代是地质历史中最重要的一个时代，它奠定了今天地球地理面貌的基本态势，形成了今日丰富多彩的森林景观，控制和影响着陆地上庞大而复杂的生态系统。尽管新生代气候多次冷暖交替，森林植被也多次变化，但在史前时期，除了西北地区森林植被较为稀疏以外，无论是华北、东北、华东，还是华中、华南、西南地区，都分布着广阔而茂密的森林，由北向南，以纬度的地带性分布而形成温带、暖温带、亚热带、热带森林，使我国成为历史上曾经多林的国家，森林覆盖率曾达到60%~70%。良好的生态环境为人类的生存发展创造了条件，而人类的活动也对森林资源的变迁产生了重要影响。

---

① 马忠良，等.1997.中国森林的变迁[M].北京：中国林业出版社.

1.1.2 原始社会

原始社会时期，中国境内的森林，除了原始人生活的据点受到影响外，大体保持了原貌。中国的古籍中对于古人的生存环境和生存状态记载颇多。《庄子·盗跖》说："古者禽兽多而人少，于是民皆巢居以避之。昼拾橡栗，暮栖木上，故命之曰有巢氏之民。"《韩非子》也记载："上古之世，人民少而禽兽众，人民不胜禽兽虫蛇，有圣者作，构木为巢，以避群害，而民悦之，使王天下，号曰有巢氏。"《礼记·礼运》则记载："昔者先王未有宫室，冬则居营窟，夏则居橧巢。未有火化，食草木之实、鸟兽之肉，饮其血，茹其毛。未有麻丝，衣其羽皮。"这些记载，都是春秋战国时代学者根据民间传说所记述，描绘了先民们的生存环境。先民们的食物，主要是"橡栗为食"，同时还有"鸟兽之肉，饮其血，茹其毛"，为了生存的需要，从森林中索取食物，成为生活之源泉。草木作为食物之一，主要是木类的果、汁、皮、叶，草类的根、茎等可食之物，故可食其果，衣其皮。远古时候，森林茂密，森林是人类的摇篮和最初活动的舞台。先民们生活在森林中，森林中的植物、动物成为他们的衣食之源，过着采集狩猎的生活，那是一个衣食住行皆仰给于森林的时代。在与森林共生共存的过程中，先民们逐步加强了对森林的认识。

但是，随着人类对自然认识的增加，改造自然能力的增强，开始采伐林木，培育动植物，发展原始的农业和畜牧业，尤其是火的发现和使用，对森林造成越来越大的影响。如焚烧森林，以扩展耕地；砍伐森林，以利居住等，都是破坏森林的例子。《越绝书》载："轩辕、神农、赫胥之时，断树木为宫室，死而龙藏。夫神祖使然。至黄帝之时，以玉为兵，以伐树木为宫室，凿地。"[1]禹为了治水"随山刊木，规度土功"。以上记载了当时采伐林木主要用于建造房屋，至禹统治时期砍伐的树木还用于防御洪水。《史记·五帝本纪》记载，黄帝"披山通道，未尝宁居"。又《吴越春秋》记载，禹"纳言，听谏安民治室，居靡山，伐木为邑"，即采伐树木，建造宫室，发展城市。这都说明，原始社会后期，人类对森林的破坏力逐步增强。《越绝书》中又记载黄帝时："烧山林，破增薮，焚沛泽，逐禽兽，以益人，然后天下可得而牧也。"这种烧山林，破增薮，焚沛泽，逐禽兽的事，非仅黄帝一人，其他帝王也是如此。如《管子》中说："至于黄帝之王，谨逃其爪牙，有虞之王，枯泽童山，夏后之王烧增薮，焚沛泽，不益民之利，殷人之王，诸侯无牛马之牢，不利其器，周人之王，官能以物。"意思是不论黄帝之平定四方，虞舜之断水、伐林，夏后氏之焚草薮，不准富人取得财富，还是商朝限制诸侯经营畜牧以及周人之集中物资管理有才之人，都是便于统治，方法虽然不同，但其目的则是一致的。由此可见伐林、烧草、驱逐野兽，排除生活上之威胁，以保人民之安全，也为治术之一种。

---

[1]〔汉〕袁康，吴平. 1985. 越绝书[M]. 上海：上海古籍出版社.

火的发现推动了人类的进化，同时给稳定的森林生态系统带来人为的压力。虽然森林中的天然火时有发生，自生自灭，但这也是森林自我更新的手段，由于没有人为的干预，尽管野火年年烧毁大片森林，但仍能保持自然界的平衡状态。但人类发现了火之后，就利用火的威力进行生产活动。原始人群以森林为伍，学会了猎取食物的方法，小动物可以用石击手捕，大动物必须用火攻来群体捕获，这是原始社会生产活动的重要手段。"焚"是一个会意字，原意就是放火烧山林（以围猎），先民盛行"火猎"捕捉野兽，人们将大片森林点燃，烈火卷着浓烟，使野兽自林中逃出，人们用各种武器将其捕获。这种火猎的方法，被认为是古代森林狩猎的主要方式，并且延续了很长时间，史籍中称为"燎猎"或"火田"。火的发现和使用，使人类对森林的影响大大增强。

《史记》记载，舜即位，以益为朕虞。舜曰："谁能驯予上下草木鸟兽，皆曰益可，于是以益为朕虞。"于是"益主虞，山泽辟"，益是如何辟山泽，逐禽兽，以造福百姓呢？"益烈山泽而焚之，禽兽逃匿"，百姓得安。后人解释说："《书》言'刊木'，而孟子云'舜使益掌火，益烈山泽而焚之'，其说不同，何也？盖'刊'乃常法，间有深林穷谷，荟蔚蒙茏，斧斤不可胜除者，则以炬空之，殊省人力。"通过烧山焚林，驱逐猛兽，可以解除自然对人类生存的威胁，而这种破坏是非常严重的。

总之，这个时期是一个森林资源丰富，人类与森林结为一体之时代，人类的衣食住行都与森林不可分割，人类于森林有无尽之依赖、无尽之利用、无尽之破坏，以使人类居住安全、生活安定，从而逐渐迈入农业时代。

1.1.3 夏、商、西周时期

夏、商、西周时期被称为"三代"，是早期国家的建立和形成时期，随着人类活动范围的扩大，森林资源也出现局部的、区域性的变化。

夏朝是我国历史上的第一个王朝，当时天下有许多方国部落。《吕氏春秋·用民》记载：大禹统治时期，天下有方国上万。夏朝以这些部落联盟为基础，不断巩固自己的统治，势力范围不断扩大，按照《史记》的记载，夏不仅是南方越的祖先，也是北方匈奴人的先祖。夏禹继承父亲鲧的治水事业，疏导洪水并综合整治国土。"居外十三年，三过家门不敢入"，经过十几年的努力，"开九州，通九道，陂九泽，度九山"足迹踏遍九州。具体工作"兴人徒以傅土，行山表木，定高山大川"，傅土就是理九州之土，进行了我国第一次国土整治。表木就是砍木以为标记，随山刊木在那时非常必要，因为林木砍伐之后，视野清楚，可以规度土功，不迷道路；禽兽逃匿，可以安居；树木可用，且可防治洪水。禹同时也注意了各地森林资源分布，规定了各州的贡赋，其中包括林产品作为向中央王朝的贡品。据《尚书》记载，天下九州之林产各有特色，兖州，树木生长的情形是"厥草惟繇，厥木为条"（草类生长茂盛，树木枝干修长），出产的是"厥贡漆丝，厥篚织文"（进贡的是漆、丝和用筐包装的丝绸）。青州出产的是"岱畎丝、台木、铅、松、怪石"（泰山山谷出产的是丝、麻、铅、松和怪石），徐州的贡品是"峄阳孤桐"（峄山南坡之桐），扬州的森林"涤荡既敷，厥草惟夭，厥木为乔"（大小竹类遍地，草类幼嫩美好，树木高大），荆州的贡品是"厥贡羽毛、齿革、惟金三品"。

商朝是中国历史上的第二个王朝。商汤建立商王朝的时候，其主要根据地在今河南郑州一带，后来他又在洛邑地区营建城邑，扩大自己的势力。商汤之后，商朝又几次迁都，后来盘庚迁都今河南安阳一带，其活动的重心大约为今河南、山东、山西等省，其势力所及和文化传播，北至内蒙古，西至今陕西、甘肃、宁夏，南到江苏、安徽、湖北、湖南等地。殷商时期，殷人活动的地区仍然是草木繁茂，禽兽众多。在已发掘的甲骨文中，有许多字是树木的名字，如榆、栎、桑、柏、栗、竹、笋、杜、柳、杞等，还有一些是带木字偏旁而未能辨识的字。而在有关田猎的卜辞中，也有许多关于森林动物的记载，如狼、狐、狈、兽、豸、雉、虎、象、鹿、麋、兔等。特别是关于"获象""呼象""命象""省象"等记载，说明当时中原气候温暖湿润，有数量众多的大象出没。从一些甲骨文字上，也可以看出当时森林资源丰富，如日出林中为东（𣏾），可见东方为森林；日没林中为莫（𣊟），即今暮字，可见西方也为森林；日出月落于林中为朝（𣊰）。《诗经·商颂·殷武》描述了殷人对树木的采伐，其中说："陟彼景山，松伯丸丸。是断是迁，方斫是虔。松桷有梴，旅楹有闲，寝成孔安。"大意是说，登上高高的景山，松柏挺立，砍伐运出，截断造材，做成椽檩楹柱，盖成寝庙，一切平安。这一方面说明，当时殷人已经在居住地周围采伐树木，建造宫室；另一方面，也说明当时殷人生活的区域，森林资源丰富，随处都有高大的树木。

商朝末年，周人崛起，通过联合其他方国部落，打败了商纣王，建立了周王朝。周原是方国，居住在周原一带，《诗经》中有不少诗歌描绘了当地丰饶的自然景观，如"周原膴膴，堇荼如饴"（《诗经·大雅·绵》），"芃芃棫朴，薪之槱之"（《诗经·大雅·棫朴》），"瞻彼旱麓，榛楛济济"（《诗经·大雅·旱麓》），"南有樛木，甘瓠累之"（《诗经·小雅·南有嘉鱼》），这些诗歌都说明当时周原资源丰饶，林木昌茂。经过周人的开发，周原一带的森林资源有所破坏，如《诗经·大雅·皇矣》："作之屏之，其菑其翳。修之平之，其灌其栵。启之辟之，其柽其椐。攘之剔之，其檿其柘。"周代对森林的采伐和破坏在增加，《诗经》中有不少诗篇描绘了当时的采木情景，如《国风·魏风·伐檀》："坎坎伐檀兮，置之河之干兮，河水清且涟猗。"这是说，把砍下来的木材堆放河滨，应该是通过河流进行运输，生动地再现了早期在河流沿岸伐木的情形。《小雅·伐木》："伐木丁丁，鸟鸣嘤嘤。""伐木许许，酾酒有藇。""伐木于阪，酾酒有衍。"此诗以伐木起兴，虽然着重描绘宴饮的场景，但也生动地再现了伐木的情形。

周代森林资源依然非常丰富。《周礼·秋官司寇》载，"穴氏掌攻蛰兽，各以其物火之"，蛰兽是指熊罴等冬眠的大型猛兽，穴氏负责用火烧掉它们的食物，然后把它们引诱出来杀掉。这说明当时森林仍然非常茂密，野兽众多，威胁到人类的生存，需要专门设官捕杀。

1.1.4 春秋战国时期

春秋战国时期，社会生产生活对木材的需求也在不断增加，产生了木材贸易和运输。长江上游流域的巴蜀一带，成为木材的重要产地，森林资源得到采伐，农田得到开垦。《华阳国志·蜀志》记载，"岷山多梓、柏、大竹，颓随水流，坐致材木，功省用饶。又溉灌三郡，开稻田。于是蜀沃野千里，号为'陆海'。"特别是四川地区造船业发达，亦需要采伐大量林木。《华阳国志·蜀志》记载，"司马错率巴蜀众十万，大舶船万艘，米六百万斛，浮江伐楚。"同时，宫室建筑和社会生活对木材的需求也不断增加，厚葬之风盛行。《左传·成公二年》记载，宋文公卒，"始厚葬，用蜃炭，益车马，始用殉，重器备，椁有四阿，棺有翰绘。"考古发掘的秦公一号大墓，出土的主椁形同长方形木屋，长 14.4 米，宽 5.6 米，高 5.6 米，用材口为 21～23 厘米的枋木叠筑而成，椁底、椁盖也均用 5.6 米的枋木叠垒；副椁长 6.3 米，宽 4.9 米，深 3.94 米；主、副椁的底、顶部及四周与椁室土圹之间的空隙，皆用木炭填充，主椁顶部的木炭层最厚，为 0.5～0.8 米；一号大墓共挖土方 8 万多立方米，使用木材约 230 多立方米[①]。在湖北随州出土的东周曾侯乙墓，整个木椁共用成材木料约 380 立方米，木椁顶部和四周的木炭超过 12 万斤，消耗的木材数量惊人[②]。《韩非子·内储说上》："齐国好厚葬，布帛尽于衣衾，材木尽于棺椁，桓公患之。"因此，管仲建议："棺椁过度者，戮其尸，罪夫当丧者。"宫室建筑也消耗着大量的木材，如春秋战国时期的秦国，随着国力的强盛，开始利用境内的大量木材建筑宫室。《三辅黄图序》记载，"秦穆公居西秦，以境地多良材始大宫观。""秦惠文王初都咸阳，取岐雍巨材，新作宫室，南临渭，北逾泾，至于离宫三百。"[③]

战争对林木资源也产生破坏。《墨子·号令》："去郭百步，墙垣树木小大尽伐除之，外空井尽窒之，无可得汲也；外空室尽发之，木尽伐之。"又《墨子·天志上》："入其沟境，刘其禾稼，斩其树木，残其城郭，以污其沟池。"公元前 632 年，《左传·僖公二十八年》晋楚城濮之战："晋侯登有莘之虚以观师，曰：少长有礼，其可用也。遂伐其木，以益其兵。"有莘之虚，在今山东曹县。伐木益兵，意为砍伐树木，曳于兵车之后，使尘土飞扬，以迷惑敌军。后来晋齐的平阴之战，也用过这

① 马振智 . 2002. 试谈秦公一号大墓的椁制[J]. 考古与文物，23(5)：56-59.
② 随县擂鼓墩一号墓考古发掘队 . 1979. 湖北随县曾侯乙墓发掘简报[J]. 文物，30(7)：1-24.
③ 何清谷 . 2005. 三辅黄图校释[M]. 北京：中华书局 .

种办法。公元前564年，晋悼公联合鲁、宋、魏、曹、莒、等诸侯伐郑，《左传·襄公九年》记载："杞人、郳人从赵武、魏绛斩行栗。"行栗，是以栗树为行道树，即砍伐行道树。公元前555年，《左传·襄公十八年》："刘难、士弱率诸侯之师，焚申池之竹木。"申池，在临淄南门申门外。公元前225年，《战国策·魏三》："秦十攻魏，五入国中，边城尽拔，文台堕，垂都焚，林木伐，麋鹿尽，而国继以围。"

随着农业生产的发展，农田面积不断增加，对森林的破坏也就相应增加。《孟子·滕文公上》："夏后氏五十而贡，殷人七十而助，周人百亩而彻，其实皆什一也。"这很可能是指随着生产力的发展，每人平均耕作的田地不断增加，从夏至周，人均分配的耕地也从五十亩发展到百亩。各国致力于开辟田野，发展农业生产。《管子·权修》："地博而国贫者，野不辟也；民众而兵弱者，民无取也。故末产不禁，则野不辟；赏罚不信，则民无取。野不辟，民无取，外不可以应敌，内不可以固守。"又《管子·轻重甲》记载，"齐之北泽烧，火光照堂下。管子入贺桓公曰：吾田野辟，农夫必有百倍之利矣。是岁租税九月而具，粟又美。"甲骨文中的"焚""寮""薔"等，都有焚林垦殖的含义。《韩非子·难一》："焚林而田，偷取多兽。"《管子·揆度》："烧山林，破增薮，焚沛泽，逐野兽。"先秦时期的火猎对森林的破坏也非常严重。《诗经·郑风·大叔于田》："叔于田，乘乘马。执辔如组，两骖如舞。叔在薮，火烈具举。袒裼暴虎，献于公所。"《战国策·楚策》描写了楚共王时期的火猎："楚王游于云梦，结驷千乘，旌旗蔽天。野火之起也若云蜺，兕虎之嗥声若雷霆。"《列子·黄帝》："赵襄子率徒十万狩于中山，藉芿燔林，扇赫百里。"

春秋战国时期，随着人口增加，诸侯之间的连年战争，森林资源有所减少，局部地区的森林遭到破坏。最典型的案例是孟子对"牛山之木"的描述。《孟子·告子上》："牛山之木尝美矣，以其郊于大国也，斧斤伐之，可以为美乎？是其日夜之所息，雨露之所润，非无萌蘖之生焉。牛羊又从而牧之，是以若彼濯濯也。"据《吴越春秋》和《越绝书》记载，春秋末年勾践为营建姑苏台，曾派3000多人入山伐木。又公元前478年，越王勾践"使楼船卒二千八百人，伐松柏以为桴"。由于森林采伐和农业垦殖，不同区域的森林资源出现明显的差别。《战国策·宋卫》："荆有云梦，犀兕、麋鹿盈之，江汉鱼鳖、鼋鼍为天下饶，宋所谓无雉兔、鲋鱼者也，此犹粱肉之与糟糠也。荆有长松、文梓、楩柟、豫樟，宋无长木，此犹锦绣之与短褐也。"从这段话可以看出，战国时期，长江下游及东南沿海一带，尽管遭到一些采伐，但还是古木参天的热带和亚热带原始林区。浙江会稽和四明山区被称为南林，拥有豫章、棕榈、檀、㮹、柘，以及松、栝、桧等许多树种，并有丰富的林下植物和众多竹林。与之形成鲜明对比的是，宋国是曾殷商活动的主要地区，在商代曾经森林资源丰富，但经过长期的开发，战国时期森林资源已经严重匮乏。

1.2 森林培育与利用

1.2.1 早期野生动植物的培育和驯化

中国是世界上最古老的国家之一，早在远古时期，在中国大地上已有原始人的居住。古人类经过了漫长而悠久的岁月，人类由猿人进化到古人再到新人的各阶段，都是由于人类长时间不断地劳动，和大自然进行不间断斗争的结果，由完全依赖大自然进而逐步利用大自然从而推动社会的发展。在这段岁月中人类渐渐脱离了动物界，完成了由猿到人的伟大转变，开始登上了历史的舞台。

在北京市房山县周口店北京人洞穴里的灰烬层中，曾发现烧过的朴树子，这是目前所知道的最早的采集证据。到了新石器时代，采集仍然是获取食物的手段之一。在距今 7500 年前的河南省新郑县裴李岗遗址发现了枣、栗和核桃。在距今 7000 多年前的河北省武安县磁山遗址发掘出了榛、核桃、小叶朴等炭化果实。在距今约 5000 年的黄河流域仰韶文化遗址中也出土了榛子、栗子、松子、朴树子和植物块根以及蜂蜜等。为了取得食物和解决衣着问题，先民们除了采集草木以外，还猎取野生动物。森林中的一些体型较小、性情温和的动物，如鹿、羚羊、野兔等就是他们狩猎的对象，而体型大的猛兽则威胁着他们的生命安全，狩猎时常常是集体进行的。

中国古代传说中"神农氏"出现，是人类走出森林，走出洞穴，进入平原地区，驯化野生动物，开始原始牧业和驯化野生植物为种植业而开始原始农业的必然结果。

神农氏，是神化了的氏族社会的首领。在氏族社会的集体智慧创造下，不断累积了生产经验，火焚或砍伐树木，在平原地区建造原始房屋，定居下来，播下种子，开始了原始农业的生产，同时结合狩猎和捕鱼，不断丰富生活内容，提高了生产力。并且采集植物、亲自品尝百草，如《淮南子·修务训》中所说的"尝百草之滋味，水泉之甘苦，令民知所辟就。"还在实践中一步步知道草根树皮还可以治病，是以草木入药的发明者，中国传统的本草学亦源于此。他又"斫木为耜，揉木为耒"，教民耕种，"古者民茹草饮水，采树木之实，食蠃蚌之肉，时多疾病毒伤之害，于是神农乃始教民播种五谷"，使人类的经济活动由渔猎时代，进步到定居一地的农耕时代，一个开发林地，发展农牧的社会逐渐形成了。

浙江余姚河姆渡遗址是已经发现的长江流域新石器时代最早的遗址，其文化遗存距今约 7000 多年，出土器物有骨耜、木耜和稻谷、稻壳、稻秆的大量堆积。渔猎工具有骨制箭头、鱼镖、网坠、骨哨等，动物遗骸达 50 多种。猪、狗已是家畜，还有成堆出土的橡子、菱角、酸枣、麻栎、葫芦等果实的果壳和果核。"从这一遗址可见我国七千年前林业发端的概貌，其中包括木器制造、木构建筑、森林狩猎、植物采集、桑蚕技术、纺织与编织和漆的利用等。此遗址出土的木器精巧多样，木作工艺亦十分突出，除木耜、小铲、杵、矛、桨、槌、纺轮、木刀等工具外，还发现不少安装骨耜、石斧、石锛等工具的把柄。……第二期考古发掘中，还出土了一只独木舟残骸和七只木制船桨，为迄今所知世界上最早的水上交通工具，当为我国舟楫之源，也是早期的木材利用。"[1]在最初发掘的仰韶文化遗址中，也发现了木结构建筑，是一些圆形的房屋，圆形房屋周围壁中有密集的壁柱，室内中间有2～6根主柱支撑屋顶，复原起来像蒙古包。

距今5000年左右的新石器时代晚期，黄河流域、长江流域以及辽河、大凌河流域、珠江流域等地区的氏族部落，已较普遍地形成了以原始农业为主，兼营家畜饲养和渔猎采集的综合经济。我国黄河流域的原始居民由渔猎畜牧经济进入农耕经济较早，故出现了"仰韶文化""大汶口文化""龙山文化"等有地方特色的文化。这些文化遗址充分说明了氏族社会的人群已经广泛分布于我国各地，并根据当地的资源特点，经营着原始农业、牧业以及狩猎、捕鱼等各种经济活动，人们走出森林，形成村落，定居在平原或坡地上。生活中不可缺少的物资，除食物之外就是木材，烧煮食物、取暖御寒、修建房屋、制造生活用品、制造生产工具等等都离不开木材，而木材又取之于漫山遍野的森林。不少地方开始采伐森林，同时还有毁林开荒，纵火焚林狩猎等活动，各地的天然森林遭到不同程度的破坏。

原始农牧业的发展，是人类社会进步的重要标志，这是以毁掉森林为前提而取得的进步，一方面是社会的进步，生产力提高，另一方面是森林的破坏，对大自然的外力干扰加强。不论是神农氏传说，还是考古发掘，无论是植物采集，还是林产品的利用，尽管此时我国先民还没有跨入文明社会的门槛，但他们已经逐渐走出森林，开始向文明社会迈进。

1.2.2　人工植树和造林

我国重视植树造林的传统由来久远。新石器时代仰韶文化之西安半坡遗址中，有榛、栗等树籽的发现，间接佐证了古人植树造林历史久远。黄帝时期，就已经出现提倡种植树木的记载。《礼记》载："炎帝、神农氏始教民艺五谷……时播百谷草木。"[2]《新语·道基》："后稷乃列封疆画畔界以分土地之所宜，辟土殖谷以用养民，种桑麻致丝枲以敝形体。"这是说桑树的栽培种植从后稷时候就开始了。随着桑蚕业、林果业的发展，人工培育栽植树木成为传统农业的组成部分。

夏商周时期，人工植树造林不断发展，形式多样。甲骨卜辞中有"王其省尌于

① 张钧成.1984.中国古代林业史·先秦篇[M].台北：五南图书出版有限公司.
② 王文锦.2001.礼记译解[M].北京：中华书局.

槷"，大意是王命人省视种植于槷地之树木，这说明此地的林木当有一部分是人工栽培，植树业在商代已有一定规模①。另外，从甲骨文和金文可以看出，边防林成为植树造林的重要内容。甲骨文有"𡴋""𡴋"，即"丰"，表示种在土垠上的树木。周代通过封邦建国，巩固王权。所谓"封邦"，从其本字的含义来看，就是通过植树造林划清边界。甲骨文"𡴋"、金文"𡴋"，即"封"字，表示"执苗种树"；甲骨文"𡴋"、金文"𡴋"，即"邦"字，表示在封地四周种上树木以示领地界限。在分封制之下，各国之间的边界多以山林为划分，这就是最早意义上的边防林。

中国很早就有栽植社树的传统。社的起源非常早，《管子》追溯到有虞氏。《管子·轻重戊》："有虞之王，烧曾薮，斩群害，以为民利，封土为社，置木为闾，始民知礼也。"社祀是一种祭祀土地、林木和农作物的活动，也称为郊祀、社祭。在社前种植崇奉的树木，或者适宜生长的树木，称为社木或社丛。《史记·封禅书》载："自禹兴而修社祀，后稷稼穑，故有稷祠，郊社所从来尚矣。"②《周礼》大司徒之职，"设其社稷之壝而树之田主，各以其野之所宜木，遂以名其社与其野。"社稷，古代帝王、诸侯所祭祀的土神和谷神，郑注以为是后土和田正。壝，古代祭坛四周的矮墙。田主，土神和谷神所依之树。所宜木，土神和谷神喜欢依凭的树木，如松、柏、栗等。遂以名其社与其野，用当地田野所宜生长的树为社和田野的名称。如以松树为田主，其社就叫松社，其野就叫松社之野。《庄子·人间世》有"栎社树""即以木名社之事"。春秋战国时期，以树木为地名或国名者颇多，如杞、棠、桃、栎、北杏、桑、柽等，这些名称多为该地的社木，说明'社木''社丛'遍及全国。

我国古代素有墓地植树的传统，常与社树相通，以表示哀悼与怀念之意。《周礼·春官宗伯》记载，周代有墓大夫、冢人之官职，墓大夫主管墓地所有权的纠纷，冢人执掌公墓之地，按照爵位等级的高低，规定坟墓尺寸高低大小与种植树木的种类。这说明当时墓地植树已成为一种习俗，并且形成了完善的制度。具体来说，根据《白虎通·崩薨》记载，天子坟高三仞（周代一仞为八尺；西汉为七尺；东汉为五尺六寸），树以松；诸侯半之，树以柏；大夫八尺，树以栾；士四尺，树以槐；庶人无坟，树以杨柳。墓地植树的一个典型案例，就是曲阜孔林。孔子去世后，弟子们遵照其遗愿将其葬于曲阜城北泗水之上，"墓而不坟"。《皇览》记载："弟子各以四方奇木来植，故多诸异树，不生棘木刺草，今则无复遗条矣。"③《圣贤冢墓记》载："孔子冢茔中树以百数，皆异种，世世无能名其树者。其树皆弟子持其方树来种之，有柞枌雒离女贞五味毚檀之树。"以上说明当时在墓地植树，表达了对亡者的哀思和尊敬的意思。

行道树的种植也发端于先秦时期。《国语·周语中》记载，周定王时，"定王使

① 裘锡圭.2012.释"封"[M]//裘锡圭.裘锡圭学术文集（第一卷）[M].上海：复旦大学出版社：508-509.
② 〔汉〕司马迁.1982.史记·封禅书[M].北京：中华书局.
③ 〔北魏〕郦道元.2007.水经注校证[M].北京：中华书局.

单襄公聘于宋，遂假道于陈以聘于楚"，看到陈国"道无列树"，认为这是陈国衰亡的重要表征之一。注云："古者列树以表道，且为城守之用。"可见，种植树木"列树表道"有益于国家和民生，有利于改善环境，因而受到王朝的重视。周代设置野庐氏专门管理驿站、水井和行道树的栽植和养护，《周礼·野庐氏》载："掌国道路于四畿，比国郊及野之道路宿息井树，掌凡道禁。"春秋时期还有当时民众自觉爱护道路绿化树木的记载，《吕氏春秋》载："子产相郑，桃李垂于街，而莫敢授。"可见当时的绿化已经非常好了，路边都是茂盛的树木，人们自觉地加以保护。

先秦时期，人们还通过种植树木，寄托情感，表达哀思，保护风水，以及寄寓对美好生活的祈祷。最具有代表性的，就是甘棠遗爱的典故。据《史记·燕世家》记载，周武王死后，召公与周公共同辅佐周成王。召公以德治国，体察民情，得到人民的支持和爱戴。召公在巡查地方民情之时，就在一棵大棠树下审判案件、处理政事，上到贵族下到百姓都受到公正对待，没有失误之处。召公去世之后，地方百姓怀念召公的德政，因而对于召公曾经处理政事的那棵棠树十分爱护，自觉保护严禁砍伐毁损，并且创作歌谣歌颂召公的德行，这就是《诗经·甘棠》之诗的由来，并且形成了"甘棠遗爱"的美好典故。甘棠遗爱，其实就是我国古代纪念林的开端，此后民间沿袭成俗，形成了民间植树以为纪念的美好传统。

另外，统治者多方提倡种植经济林，促进经济和社会发展，起到富国强民的作用。《诗经·魏风·园有桃》和《墨子·天志》等记载有专门用来种植果树的园圃，当时已经出现具有一定规模的人工经济林园，庄子曾经做过漆园小吏。《诗经·国风·山有枢》："山有漆，隰有栗。"《诗经·秦风·车邻》："阪有漆，隰有栗。"《诗经·鄘风·定之方中》载："树之榛栗，椅桐梓漆。"意思是说卫文公徙居楚丘，开始建造城郭、宫室，种植了榛、栗、椅、桐、梓、漆等树种。《战国策·燕一》："南有碣石、雁门之饶，北有枣栗之利，民虽不由田作，枣栗之实足食于民矣，此所谓天府也。"山林资源也不断得到开发利用。《史记·货殖列传》记载了各地的丰富物产，很多都属于森林资源，他说："夫山西饶材、竹、谷、纑、旄、玉石；山东多鱼、盐、漆、丝、声色；江南出楠、梓、姜、桂、金、锡、连、丹沙、犀、玳瑁、珠玑、齿革①；龙门、碣石北多马、牛、羊、旃裘、筋角；铜、铁则千里往往山出棋置：此其大较也。"

1.2.3 园林的出现和发展

园林是人们通过利用自然环境要素，如水、土、石、植物、动物、建筑物等，创造出适宜游憩的生活环境，追求"虽由人作，宛自天开"的旨趣，把适应自然与利

---

① 江南：指长江以南的地区。各时代的含义有所不同：汉以前一般指今湖北省长江以南部分和湖南省、江西省一带；后来多指今江苏、安徽两省的南部和浙江省一带。

用自然有机结合起来。原始社会后期，随着农业生产的发展，在一些聚落附近出现了种植场地、果园蔬圃，可以看作园林的雏形或萌芽。由于狩猎的需要，统治者还会划出专门的区域，畜养禽兽，并派专人管理，这就是囿。最早见于史籍记载的园林形式是"囿"，园林里面的主要构筑物是"台"，中国古典园林产生于囿与台的结合，时间在公元前11世纪①。商纣王已经开始修筑宫室园囿，营建了鹿台（《史记·殷本纪》）"益广沙丘苑台，多取野兽蜚鸟置其中"。《诗经·大雅·灵台》再现了周文王营建灵台的景象，其中说："经始灵台，经之营之。庶民攻之，不日成之。经始勿亟，庶民子来。王在灵囿，麀鹿攸伏。麀鹿濯濯，白鸟翯翯。王在灵沼，于牣鱼跃。"这首诗歌不仅是歌颂周文王的诗篇，也是我国古代皇家园林发端的史诗。它通过对灵台、灵囿、灵沼修建过程的歌颂，记载了人们利用天然山水林木，挖池筑台而成皇家园林的过程。灵囿、灵台、灵沼大体已具备园林的四个基本要素，它既是帝王狩猎、通神的场所，也是生产的基地，同时还作为游赏的对象。因此，这首诗歌所展现的皇家园林，不仅是周王狩猎、游憩、生活的场所，也是与民共享自然资源的地方，成为后世儒家所称道的典范。

春秋战国时期，随着生产力的发展和社会财富的增长，诸侯和贵族圈地造园之风兴盛。如吴王夫差建姑苏台，沉醉于"台榭陂池"。任昉编著的《述异记》中记载了"吴王别馆有楸梧成林焉，其梧子可食"，还有"梧宫秋，吴王愁"之说②。梧桐园，也称为琴川梧桐园，是先秦时期最有代表性的园林，是吴王夫差精心修建的当时规模最大、功能最全面的苑囿。齐国亦深池高台，宫室日更。《孟子》记载了齐宣王和孟子关于苑囿修建的一段对话，齐宣王问孟子曰："文王之囿方七十里，有诸？"孟子对曰："于传有之。"曰："若是其大乎？"曰："民犹以为小也。"曰："寡人之囿方四十里，民犹以为大，何也？"③通过以上宣王与孟子讨论文王的狩猎场修建的有七十里，但是文王的属民却觉得挺小，但是宣王的狩猎场只有四十里，属民却觉得太大了。说明春秋末期统治者已开始修建规模庞大的苑囿，

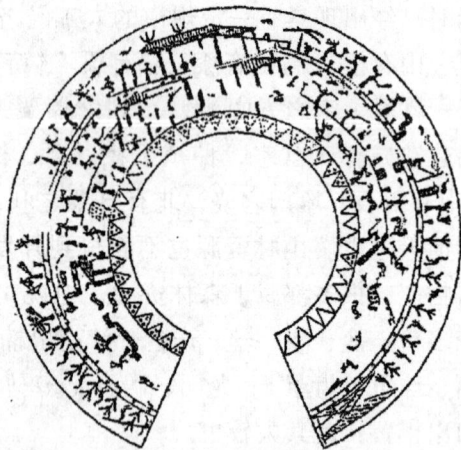

战国时代的园圃布景

当时苑囿的规模已达数十里甚至近百里，苑囿内开始了人工培育植物并养殖禽兽以供游玩观赏，中国古代皇家修建苑囿的历史大概由此而始。1951年，在河南辉县赵

---

① 周维权.1990.中国古典园林史[M].3版.北京：清华大学出版社.

② ［南朝梁］任昉.1984.述异记[M].杭州：浙江人民出版社.

③ 杨伯峻.1960.孟子译注[M].北京：中华书局.

固区魏王墓出土的铜鉴上刻绘的游园图案中，布满了亭台楼榭，不仅有歌舞宴乐，还有湖中荡舟，骑马射猎，可以想见当时园林建筑及贵族的享乐生活。

1.3 林业科学技术

科学技术是社会发展的重要推动力。人们在林业生产活动中，不断积累生产经验，形成了林业科学技术，它既是林业生产活动的结晶，又不断推动着林业生产的发展。先秦时期是林业科学技术的形成时期，其科学虽还处于萌芽阶段，但在许多技术领域已取得了显著的成就，如造林技术、木工技术、桑蚕养殖技术等。

1.3.1 火的发现和使用

原始社会早期，人类的食物是野生植物的果实、茎叶和块根等，以及野生动物的肉。起初生食，后来才熟食。在自然界，由于雷击、火山爆发、木石摩擦、树木互相摩擦等原因而引起树木、森林着火燃烧。经过多次观察后，先民们逐渐对火有了认识，知道树木可以燃烧起火。他们偶然经过火烧的森林或草原时捡拾到烧熟的草木茎叶、块根等和野生动物被烧熟的肉，发现熟的比生的好吃。他们还逐渐发现了火的其他作用。就这样，先民们能用火了。起初是利用自然火，以后学会保存火种，再往后能人工取火。

考古发掘中曾多次发现先民用火的遗迹。西侯度文化遗址中发现有鹿角、马牙和动物肋骨。这些动物遗骨呈黑色、灰色和灰绿色，化验表明是被烧过的。同时还发现有石制品，包括石核、石片和经过加工的石器。石器主要用石片加工而成，有刮削器、砍斫器、三棱大尖状器等。由于在同一地点发现了被烧过的兽骨和石器，因此可以推知，这些兽骨不是偶然被野火烧过的，而可能是人们用石器捕获了兽类，有意识地利用火烧食后留下的。这大概是迄今发现的最早的中国先民用火的痕迹。在北京房山区周口店"北京人"居住的山洞里，考古学者曾从土石的地层里发现烧过的木炭和灰烬，以及烧过的土块、石头和骨头，而且这些烧过的东西，并不是普遍地分散在地层里，而是堆积在一起。这种情形清楚地说明：这不是天然野火留下的痕迹，而是经过有意识地管理和使用过的火的痕迹，因此，科学家们断定说：北京人已经能够使用火了。

火的发现与利用是人类进化的一个重要标志，火的出现，一方面生食变熟食，另一方面可以烧火御寒，可以放火驱散或捕获野兽，还可焚毁林地，建造房屋居住，进而开始原始的农业生产。古人用火始于"燧人氏"。《韩非子·五蠹》中说："民食果、蓏、蚌、蛤，腥臊恶臭而伤害腹胃，民多疾病。有圣人作，钻燧取火，以化腥臊，而民悦之，使王天下，号之曰燧人氏。"由于火的发现和使用，木材才被有意识地作为燃料。

1.3.2　木制器具

　　能够制造和使用工具，是人与动物的重要区别和标志，人类最早能够制造和使用的工具无疑是木棒和石器。但是，由于木材很容易腐烂，不能够很好地保留下来，人们往往忽视木制器具在人类初期的作用，而把人类的原始社会称为石器时代。因此，有学者明确指出："人类最初的工具是什么呢？是木器！这种木器，当它从人类的蒙昧时期的低级阶段发展到中级阶段时，即当人类开始用火，而且能'钻木取火'时，这时的木器已从单纯的采集工具发展为狩猎工具，并进而成为取火工具。"[1]在原始社会，人们已经会利用木材制作生产工具和生活用具，逐渐发明了弓箭、网罟，学会了钻木取火，从而更好地从事采集和狩猎，获取食物。木制器具相对于石器而言，容易腐烂，不易保存，所以原始社会保存下来的木制工具很少。

　　最初，人们只能使用天然木棒和石块来猎取食物和防范野兽。后来原始人逐渐学会了打磨石器，砍斫树木，用来制造木石结合的器具。如旧石器中的砍砸器和刮削器（特别是一种凹形刮削器），可能就用于制作木器。新石器中的石斧、石锛、石楔等，则是主要用于加工木器的工具。另外许多石、骨、角、蚌器中，都有为安装木柄而设计的孔、肩、槽、梗，或留下捆绑木柄的痕迹。特别是在已发现的众多建筑遗址中，普遍遗留有木构建筑的遗迹。凡此种种，都是木器广泛使用的证据[2]。1963年，在山西省朔州峙峪村旧石器时代晚期遗址中，考古人员发掘出土了制作十分精致的石镞，这是当时已经能够制作弓箭的物证；又有小石刀，估计是镶嵌在木把或骨把上使用。这些考古发现，证明木材的利用水平已经明显提高了。在浙江余姚河姆渡新石器时代的遗址中，出土了更多的木制品，如骨耜的木柄、舂米用的木杵、柄叶连体木桨、独木舟、木矛、木纺轮、木刀、木槌、木铲等。此外，还有一个瓜棱形木碗，外表有朱红色涂料，经鉴定为生漆，是中国迄今发现最早的髹漆器[3]。在西安半坡文化遗址中，考古人员发现了用来放置陶坯的竹席、苇席或树皮纤维编制的垫子，而在浙江良渚文化遗址中，考古人员发现了200多件竹编器物，有竹席、篓、篮、箩、簸箕等。在山东泰安大汶口文化遗址中，考古工作者还发掘出了用原木叠垒而成的棺椁。《周易·系辞下》："包牺氏没，神农氏作，斫木为耜，揉木为耒，耒耨之利，以教天下……刳木为舟，剡木为楫，舟楫之利，以济不通，致远以利天下……弦木为弧，剡木为矢，弧矢之利，以威天下……古之葬者，厚衣之以薪，葬之中野，不封不树，丧期无数，后世圣人易之以棺椁。"从《周易》这段话可知，在三皇五帝的传说时代，人们已经开始用木材制作农具、舟楫、弓

---

①　张鸿奎.1980.人类原始社会有个木器时代[J].社会科学，2(4)：144-149.
②　陈振中.2008.先秦手工业史[M].福州：福建人民出版社.
③　任士楠.1986.河姆渡文化：中国大百科全书·考古学[M].北京：中国大百科全书出版社.

矢、棺椁，这正好与朔州峙峪村、余姚河姆渡、泰安大汶口等地的考古发现相互印证，说明原始社会后期，树木已成为制作的原材料，先民们当时已经知道木材不仅可以燃烧，还可以利用木材制造舟车、弓矢及其他器物，不断积累利用木材的经验。

进入夏代，木材利用水平进一步提高。《韩非子·十过》："尧禅天下，虞舜受之，作为食器，斩山木而财之，削锯修之迹，流漆墨其上，输之于宫以为食器，诸侯以为益侈，国之不服者十三。舜禅天下而传之于禹，禹作为祭器，墨染其外而朱画其内。"这说明，在原始社会后期以至夏朝初期，人们逐渐掌握了漆木器的生产制作，已经能制造出比较精美的食器。在二里头夏商遗址的考古发掘中，不仅有漆器出土，还发现了漆棺，棺木外表用朱红漆刷过①。另外，夏朝时期，舟车的制造技术也有所发展。《淮南子·说山训》说，古人"见窾木浮而知为舟，见飞蓬转而知为车"。从考古发掘来看，原始人已经会制造和使用独木舟，但独木舟的稳定性不好，材料来源也有限。随着社会的进步，制作工具的改良，夏代可能已经会制作简单的木板船。考古工作者在山西襄汾县发现了属于夏代的墓葬，墓葬中有彩绘木棺、彩绘木案、木俎、木盘，以及挖空树干蒙以鳄鱼皮制成的鼍鼓②。《左传·定公元年》载："薛之皇祖奚仲，居薛，以为夏车正。"杜预注："奚仲为夏禹掌车服大夫。"传说夏禹时，奚仲辅佐夏禹治水，因造车有功，被封为"车正"。《墨子》《管子》《荀子》《吕氏春秋》等皆记载"奚仲作车"，他能制造出水平很高的车子。

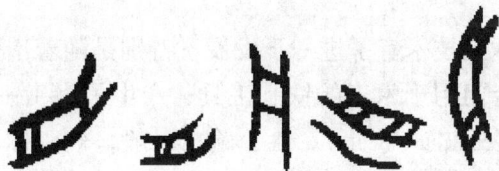

甲骨文中的"舟"字

商代的木板船制造已比较复杂，并配有撑船篙、划船的楫及利用风速前进的帆。甲骨文"舟"是由纵向和横向的板材组合成的。一般具有平底、方头、方尾、首尾上翘且有出角，形制比较进步。其横线代表肋骨或隔壁等构件，既能把船体分隔成若干隔舱，又能支撑两舷的纵向板材以加强船体的强度。更重要的是可能把纵向板材接长，即可用较短的木板造出大船③。商代车已经用于战争，车的制造技术提高。从甲骨文中可以看到，车字的写法有十三种，形状不一，都是根据车子的某些特征而形成文字。从这些字的造型来看，殷代的车子有车辕、车衡、车轴、车轮、

---

① 中国社会科学院考古研究所二里头队.1983.1980年河南偃师二里头遗址发掘简报[J].考古，29（3）：199-205.

② 高炜.1985.探索晋西南"夏墟"的重大考古发现[J].人民画报，40（3）：33.

③ 陈振中.2008.先秦手工业史[M].福州：福建人民出版社.

车辐、车辖、车轭、车舆、车盖等。机件已相当复杂，具有完备的设施①。商代的漆器工艺已经达到了相当高的水平。在湖北省黄陂区盘龙城商代中期遗址发现有一面雕花、一面涂朱漆的木椁板印痕。河北省藁城县台西遗址出土了一些漆器残片，有盘有盒，其中有的雕花涂色加松石镶嵌，漆面乌黑发亮，杂质很少。在河南省安阳侯家庄商代王陵发现的漆雕花木器中有蚌壳、蚌泡、玉石等镶嵌。

西周时期，舟车技术进一步发展，舟船使用范围扩大，形制增多，出现了某些形体较大而专用的巨船，其建造技术工艺也显著提高。《诗经·大雅·大明》："文定厥祥，亲迎于渭。造舟为梁，不显其光。"这首诗记载了周文王在渭水之滨架舟迎娶太姒的史事。武王伐纣建立周王朝后，则以多舟架设浮桥迎娶定为天子婚礼规格，诸侯迎娶只能连四舟，大夫并两船，士用一舟，把用船和等级制度联系在一起。周代的车子种类也更加多样，车子的制造技术也更加复杂。车以曲辀驾马，以直辕服牛，轮绠形成碟状的算。乘车横轸，有较轼可以扶持。牛车直厢，以载重物。车轮木制，以火烤定型，务求其匀称。车身各部位的相合，要用榫、革、筋、漆、胶。车上的装饰有漆饰、皮包，甚至玉石镶嵌，还需有各种铜制的配件，络头、鞶带、缰绳、鞭策无不用皮革制作②。其中以木工制作车轮的工序最重要，《周礼·冬官考工记》对车轮的材质和木作工艺的要求相当严格，并有许多检验工艺的方法。对周代漆器。在湖北省蕲春县毛家嘴、陕西省西安市普渡村、河南省三门峡市上岭村等处遗址先后发现了西周的漆器，大多描绘了花纹或镶嵌蚌泡作为装饰。

春秋战国时期，木工技术有了进一步发展，特别是随着冶炼技术的发展，铁制工具的使用，出现了专门用于木工的铁制工具，产生了木工制作的代表人物鲁班。鲁班(约公元前507—公元前441年)，姓公输，名般，被尊称为公输子，后世因其为鲁国人，"般"与"班"同音，便称其为鲁班。鲁班是当时著名的能工巧匠(《墨子·鲁问》)，曾经记载"削竹木以为鹊，成而飞之，三日不下"，还曾游历楚国，帮助楚惠王设计了攻城的"云梯"。传说鲁班改革了锯、刨、凿、钻，并发明了曲尺、墨斗，因而被后世奉为木工的祖师。从当时的情况来看，青铜和钢铁的斧、凿、锥、钻、锯相继发明改进，还有画方形用的矩(曲尺)、画圆形用的规(圆规)、弹直线用的绳、测量垂直线用的悬、测量水平线用的仪器也先后创造并完善。东周时，还发明了一种矫正木料曲直的工具，叫做檃栝或榜檠，可以把木料蒸煮后，放在檃栝中，经过一定的时间，把曲木压直，或者把直木压曲，使它合乎制作上的需要③。《周礼·冬官考工记》是我国现存最早的手工业技术档案，里面有大量林业科技史料，最为典型的就是"攻木之工七"，即轮人、舆人、弓人、庐人、匠人、车人、梓人。轮人，制造车轮和车盖；舆人，制造车厢和车辕；车人，制造耒耜、牛车、羊车；庐人，制造兵器的柄；匠人，建造都城、宗庙、宫殿、沟洫等土木工

①～③　陈振中.2008.先秦手工业史[M].福州：福建人民出版社.

程；弓人，制造弓箭；梓人，制造筍虡、饮器、箭靶。这里木工主要负责用木材制造车辆、弓箭、木器以及房屋、宫室等。这时"木作业特别是细木工榫卯接合工艺已经进入成熟、完善的阶段。木工作业的整体水平普遍提高，榫卯接合的方法更加多样化、科学化，很多与现代木工所掌握的榫卯接合方法相同。这与当时既使用青铜工具又大量使用钢铁工具的情况相适应。"

舟船的建造技术也有了很大发展，不仅用于交通运输，还用于休闲娱乐、军事战争。1974 至 1978 年，在河北平山县中山国王璺的墓葬中出土了大小四条木船，应是其生前的游船，船体和木桨雕镂精美，船板用铁箍拼接，这种船板拼接技术是首次被发现。《国语·晋语三》记载了秦国利用船只通过河道运输粮食，救济晋国的事情，"泛舟于河，归籴于晋"。而吴、楚、越之间的战争，常常是舟战，如《左传》记载，襄公二十四年"楚子为舟师以伐吴""楚子为舟师以伐濮"，昭公二十四年"楚子为舟师以略吴"。战国后期，秦国已经有了强大的船队。当时的秦国不仅可以在长江上游集结船队，而且这种舫船可载 50 士兵以及 3 个月的粮食，这说明当时秦国的造船技术已经非常发达。

1.3.3 木建筑

在原始社会早期，人们处于旧石器时代，使用的石器还比较简陋，不可能对木材进行较多的加工，其居住往往是"楼木而巢"或选择天然的岩洞作为居住的地方。其中，登高巢居于树上，主要是为了自身安全而逃避野兽，同时又可以"登巢椓蠡、惰食鸟兽之肉"便于向野兽进攻，当战胜野兽后，还可以食其肉、饮其血、嗛其臑、茹其皮毛，一举多得。"在旧石器时代的晚期，简单的人造住宅可能已产生。因为居住天然山洞是原始人相对固定的大本营，而所经营的狩猎采集经济又使他们更多的时间是在山林原野之中，从民族学的资料看，我国少数民族采猎经济的晚期和农业经济的初期，多搭一些'风篱'或窝棚之类的临时住所。如游猎在东北大兴安岭地区的鄂伦春人的'仙人柱'及云南金平苦聪人的芭蕉叶棚皆属此例。'风篱'是用芭蕉叶、树枝、树皮、树叶等搭成，多为一面坡的顶墙不分的临时住所。"[1]

到了新石器时代，人们已经能够制造出比较精细的石斧、石锛、石刀和一些骨制工具，有可能对木材进行简单的、必要的加工，开始修建木构建筑[2]。《新语·道基》："天下人民，野居穴处，未有室屋，则与禽兽同域。于是黄帝乃伐木构材，筑作宫室，上栋下宇，以避风雨。"在北方西安半坡遗址中，有房屋 46 座，除了少数为方形、长方形外，绝大多数为圆形，有半地穴式和地面式，早期多浅穴居，稍后多为地面上的建筑。房屋中有灶炕，屋顶靠 1 至 6 根木柱支撑，大多数圆形房屋

---

① 陈振中 . 2008. 先秦手工业史 [M]. 福州：福建人民出版社 .
② 祁英涛 . 1983. 中国早期木结构建筑的时代特征 [J]. 文物，34(4)：60-74.

的墙壁用密集插排小木桩编树枝涂泥做成，有的还用火烤得很坚固。"西安半坡的木构建筑遗址中，某些房址四壁板柱间有缠绕的藤条痕迹，结合民族学资料，可以推知其墙体多采用木骨上扎结枝条再涂草泥的做法，屋顶往往也是在树枝扎结的骨架上涂泥而成。柱与屋顶承重构件的结合，当时采取的大概是一种捆缚方法，即用藤条革等将一个零件的结合处捆缚在另一个零件的结合处。"① "半坡遗址中，还有在草泥地面下铺垫一层木板防潮的做法，木板系劈裂制成，板面稍加平整。……在河南安阳鲍家堂村的房屋遗址中，地面还铺垫黑色木炭来防潮。"②

在南方浙江余姚河姆渡遗址中，木材已经成为主要的建筑材料，考古发掘出的建筑材料有圆柱、方桩、板桩、梁、柱、板等构件共达数千件。在木制建筑结构技术上，还出现了榫卯结构，这种榫卯结构的建筑，不同于一般的捆绑式建筑，它要求从事这些工作的工匠不仅对木材的性能有相当的了解，还要有相当的工作经验去完成③。从河姆渡遗址出土的带榫卯的木构件看，当时的木构技术已达到相当高的水平。此时梁、柱榫卯以及受拉、受压不同构件之间的榫卯已截然不同，而且都符合各自的受力情况，甚至和后世所见的基本相同。如原报告编号构件40的榫头截面的高宽之比近4∶1，已相当科学。另外，在河姆渡、钱山漾、江苏丹阳香草河、吴江梅堰等地先后发现干栏式木结构建筑，有些建筑当时已使用木板，特别是河姆渡遗址出土木构件总数在千件以上，大量使用木板。这说明河姆渡人已掌握了并板技术④。

夏商时期，木建筑进一步发展。在河南偃师二里头遗址发掘的宫殿台基，其上游大型木骨夯土墙构成的殿堂、廊庑、大门等建筑。这里的"木骨夯土墙"即所谓"版筑"，始见于《孟子》。《孟子·告子下》："傅说举于版筑之间。"版，通"板"，夯筑墙体使用的夹板。商周时期，运用版筑法建造宫室的时候，要载木柱、缚木板，方得夯土成墙⑤。《诗经·大雅·绵》记载了周人祖先古公亶父率领民众在岐山一带营建宫室、构筑城郭的史实，其中说："其绳则直，缩版以载，作庙翼翼。捄之陾陾，度之薨薨，筑之登登，削屡冯冯。"意思是说，拉绳取直，把版筑器用竖起来，盛土于器（捄），投土于版（度），用杵或石捣（筑），然后再用利器削平墙体的粗糙之处以及版与版之间的接痕，这样墙体就形成了⑥。

在四川成都十二桥商代木结构建筑遗址中，出土有纤维保存较好的木制品，计有地梁、梁、柱、檩、椽等。许多构件上都有榫卯。但从其出土的木构件的结合方法看，当时采用了竹篾绑扎、原始榫卯与竹篾绑扎相结合、榫卯接合三种方法。这

① 陈振中.2008.先秦手工业史[M].福州：福建人民出版社.
② 祁英涛.1983.中国早期木结构建筑的时代特征[J].文物，34(4)：60-74.
③ 吴汝祚.1997.河姆渡遗址发现的部分木制建筑构件和木器的初步研究[J].浙江学刊，35(2)：91-95.
④ 陈振中.2008.先秦手工业史[M].福州：福建人民出版社.
⑤ 高亨.1980.诗经今注[M].上海：上海古籍出版社.
⑥ 陈振中.2008.先秦手工业史[M].福州：福建人民出版社.

说明其榫卯结合还具有一定原始性，不能完全摆脱竹篾绑扎法。另外，在这里发现的地梁上的卯口都是对称的，若以Ⅰ号地梁的5、6号圆孔间的中点为基点，5、6号圆孔与基点的距离均为80厘米，4和7号方孔与基点的距离也相等。Ⅲ号地梁的情况也与此雷同。这种对称情况与中国传统的木建筑左右对称的特点是相吻合的，反映了当时工匠已经掌握了丰富的木架建筑技术经验。同时，也证明当时的榫卯结合技术比河姆渡文化时期更向前发展了一步[①]。

在高大的宫殿建筑中，屋顶硕大，为了分散横梁和立柱之间的承受力，古人很早就发明了斗拱。斗拱就是用方形木块和前后左右挑出的臂形横木互相结合，把它承托在横梁和立柱间的过渡部，将建筑物上部的重量，平均分配在这承托的构架上，以分散它的剪力，使梁木两端的支点距离缩短，梁木不易损折。而且在飞檐翼角上，它能增加出檐挑出的程度。《论语·公冶长》"山节藻棁"，朱熹注："节，柱头斗拱也。"1929年，在洛阳邙山出土了矢令簋，簋的下部基座，四角做成方形短柱，柱上置栌斗，再在两柱之间于栌斗斗口施横枋，枋上置二方块，类似散斗，和栌斗一起承载上部版形的座子。这些构件的形状和组合与后代檐柱上的构造方法大体相同。矢令簋的年代在西周初年，由此推断在商周之际，宫殿建筑上可能已有栌斗。周代斗拱已经广泛应用于在宫殿建筑中，到战国中后期，已可在柱头、栌斗、散斗上十字交叉设置拱和替木之属，承托梁架和屋檐，构造已相当复杂[②]。

1.3.4　桑蚕和丝织技术

原始人在采集和狩猎的过程中，逐渐学会了用野生的植物纤维和动物皮毛，制作衣物，防寒保暖，遮蔽风雨。在旧石器时代，人们主要利用鸟类的羽毛和野兽的皮毛制作衣物。《韩非子·五蠹》："妇女不织，禽兽之皮足衣也。"《礼记·礼运》："未有丝麻，衣其羽皮。"后来随着技术的进步，人们逐渐学会了缝制衣物。1933年，在北京房山周口店山顶洞人遗址出土了一枚骨针，说明山顶洞人已经学会缝制衣物。

到了新石器时代，人们还学会了饲养桑蚕，取茧抽丝，制作丝织品。《史记·五帝本纪》：黄帝"时播百谷草木，淳化鸟兽虫蛾。"有人认为这里的"虫蛾"指的就是桑蚕，是黄帝发明了桑蚕养殖。桑蚕的发现和饲养，可能是一个长期的过程。1926年，在山西夏县西阴村的新石器遗址中出土了半个蚕茧壳，是迄今发现的最古老的蚕茧。1958年，在浙江吴兴钱山漾新石器时代遗址中出土的纺织品，经鉴定其原料有丝、麻两类，丝织品有绸片、丝线和丝带，这是在我国南方发现最早、最完整的丝织品[③]。在显微镜下观察，其经纬丝的表面都很光滑均匀，而且没有捻度。

---

①② 陈振中．2008．先秦手工业史[M]．福州：福建人民出版社．
③ 朱新予．1992．中国丝绸史通论[M]．北京：纺织工业出版社．

从蚕丝的横断面看，三角形已分离，表面的丝胶已经剥落，很像是在热水中缫取的。在该遗址中还出土了两把小帚，用草茎制成，柄部用麻绳捆扎，很像后来的丝帚，有可能就是缫丝工具索绪帚。由于草茎分散，增加了与漂浮水中的丝绪接触的机会，可以一索即得。该物与绢片同出，当非巧合，而是我国新石器时代缫丝技术形成的有力证据①。1981—1987 年，在距今 5000 多年的河南荥阳青台仰韶文化遗址发掘出了炭化纺织物，这其中不仅有麻织品，还有用蚕丝织的帛和罗，它是迄今发现北方蚕丝的最早物证。在出土纺织物的同时，青台遗址还出土数百件的陶纺轮、石纺轮、陶刀、石刀、蚌刀、骨匕、骨锥、骨针、陶坠、石坠等，说明当时的纺织技术已经进入成熟阶段②。此外，河南下王岗仰韶文化遗址发现 21 件专门烧制的陶纺轮和 41 件骨针等纺织制衣工具，纺织业已经成为家庭的一种重要手工业③。另外，在淅川下王岗还发掘出土有陶蚕④。

纺坠是利用其本身的自重和连续旋转而工作的工具。最初，纺坠可能只是一根坠拉纤维的一节木棍或羊、狗等动物的一节腿骨，后来为了增加转动的稳定性和速度，又把木、骨横棍改为陶、石、木圆盘，成为中字形纺坠的标准形制。纺坠的出现大概在旧石器时代晚期，进入新时器时代，由于社会生产力的发展以及人们对衣着的要求提高，用纺坠纺线即被广泛推广。由于纺坠的木杆部分易于腐烂，遗址中陶、石盘部分保存最多，在某些较好条件下，骨、木部分也有保存，一般考古报告中称作纺轮。在距今 7000 余年，属于裴李岗文化的河南莪沟遗址和河北磁山文化遗址中出土有我国新石器时代最早的陶纺轮。稍晚的浙江河姆渡遗址中出土有 70 多件陶纺轮。京山屈家岭出土的彩陶纺轮，纹饰多为直线、弧线、网纹等，还有个体较大偏重的无彩陶石纺轮。这些出土的纺轮虽然结构比较简单，但确已具有现代纺机上纺锭的部分功能，既可以纺麻、丝、毛各种原料，也可纺和加捻粗细程度不同的纱⑤。

夏商时期桑蚕和丝织技术进一步发展。《尚书·禹贡》说：兖州"雷夏既泽，灉、沮会同。桑土既蚕，是降丘宅土。"意思是说，夏禹治水后，兖州地区由于土壤条件的改善，开始植桑养蚕。从《尚书·禹贡》来看，夏代桑蚕和丝织品分布的地区很广，兖州、青州、徐州、荆州、豫州、扬州均有丝织品出产，占了九州的三分之二。相传保存夏代物候资料的《夏小正》记载，三月"摄桑委扬""姜子始蚕，执养宫事"，五月"启灌蓝蓼"。所谓"摄桑委扬"，即整修桑树，把扬出的生长过旺的枝条先砍下来，一方面可以采集嫩桑叶喂幼蚕，另一方面可以促进桑条中下部腋芽的萌发，从而提高桑叶的产量①。"始蚕"和"执养"则是养蚕的程序，大概是按照时节把桑蚕放进蚕室饲养，最后抽丝剥茧。"启灌蓝蓼"是在五月种植蓼蓝，用来为丝织品染色。这四字对夏代蚕事的现状，特别是夏代丝织已能染织提供了确凿的佐证②。如果资料可靠，说明夏代已经有家蚕饲养。

商代桑蚕业的发展，亦有不少证据。在考古发掘的商代墓葬中，不仅发现了形象逼真的玉蚕，还在青铜器上发现了为铜酸所保存下来的残留丝绢。《吕氏春秋·顺民》："昔者商汤克夏而正天下，天大旱，五年不收，汤乃以身祷于桑林。"此记载又见于《管子》《墨子》《荀子》等书，表明当时已经成片种植桑树。商汤时期的名相伊尹，传说是采桑女从桑林中抱养的。《吕氏春秋·本味》记载，"有侁氏女子，采桑得婴儿于空桑之中。"甲骨文字是商代桑蚕业和桑蚕技术的有力证据，甲骨文中的"桑"字有 200 多处③。闻一多在《释桑》中收录了 37 条卜辞，将桑字的应用分为五类：一曰桑，桑木也；二曰桑，桑林也；三曰桑，桑田，地名；四曰桑，动词，采桑也；五曰桑，读为丧，动词，丧亡也。前四类都与桑树有关。周匡明在《桑考》中将卜辞中桑字的代表性写法归为六体三类，有低干桑（地桑）、高干桑（荆桑）、乔木桑，桑树的栽培经历了从乔木到高干，又从高干发展到快速成林的地桑的过程，商代晚期是地桑栽培的时代下限④。

周代桑蚕养殖和生产技术进一步发展，采桑养蚕已经成为妇女的重要工作，《诗经·大雅·瞻卬》"妇无公事，休其蚕织"，《礼记·月令》"省妇使以劝蚕事"，孟夏之月"蚕事毕，后妃献茧，乃收茧"。在《诗经·国风》的鄘、卫、郑、魏、唐、秦、曹、豳等地，以及在《大雅》《小雅》和《周颂》《鲁颂》中，都提到了桑树，如《魏风·十亩之间》"十亩之间兮，桑者闲闲兮"，《郑风·将仲子》"无踰我墙，无折我树桑"，《大雅·桑柔》"菀彼桑柔"，《小雅·南山有台》"南山有桑"。《诗经·豳风·七月》："蚕月条桑，取彼斧斨。以伐远扬，猗彼女桑。"蚕月，养蚕的月份，指夏历三月，修剪桑枝，用斧子砍去长枝条，摘取嫩叶桑。在《周礼》中，则有许多与丝绸生产有关的官职，如典妇工（掌管妇女的纺织生产）、典丝（掌管征集蚕丝）、染人（掌管染丝、染帛）等。在桑蚕饲养中，已经有一套规范和程序，如《礼记·祭义》："古者天子诸侯必有公桑蚕室，近川而为之，筑宫仞有三尺，棘墙而外闭之。及大昕之朝，君皮弁素积，卜三宫之夫人，世妇之吉者，使入蚕于蚕室，奉种浴于川。"当时为了养蚕，专门设置蚕房，洗浴蚕种。还有专门的养蚕工具。《礼记·月令》："具曲、植、籧、筐。"曲是蚕箔，植是安放蚕箔的架子，籧是放养小蚕的粗席，筐是供养蚁蚕的器具。当收取蚕茧后，其分选和缫丝也有一定的仪式和程序。《礼记·月令》：季春之月"蚕事既登，分茧称丝效功。"即在收取蚕茧以后，对蚕茧

① 陈振中.2008.先秦手工业史[M].福州：福建人民出版社.
② 周匡明，刘挺.2012.夏、商、周蚕桑丝织技术科技成就探测（一）[J].中国蚕业，33(3)：80－82.
③ 于省吾.1979.甲骨文字释林[M].北京：中华书局.
④ 周匡明.1981.桑考[J].农业考古，1(1)：111.

进行分拣，选取好的蚕茧制作贵重的衣物。《礼记·祭义》又记载，"及良日，夫人缫，三盆手，遂布于三宫夫人、世妇之吉者，使缫。"君夫人进行的蚕茧仪式，大体反映了缫丝的过程，即多次按压蚕茧深入热水中，既可以测试水温，也能使茧子均匀浸透，由此更好地抽取丝绪。《周礼·冬官考工记·㡛氏》："涑丝，以涗水沤其丝七日，去地尺暴之。昼暴诸日，夜宿诸井，七日七夜，是谓水涑。"涑丝是把丝浸入和了灰汁的温水中，七天后，白天离地面一尺，在阳光下曝晒，晚上悬浸在井中水里，这样经过七日七夜，叫做水涑①。《考工记》所载涑丝工艺具有相当的科学性，它是匠人在长期的实践中不断摸索而形成的。

　　春秋战国时期，随着桑蚕业的发展，其在社会生活中的地位越来越重要。《荀子·蚕赋》形容蚕"功被天下，为万世文，礼乐以成，贵贱以分，养老长幼，待之而后存"。《史记·楚世家》和《吴越春秋》都曾记载，吴楚边境之人因为争夺桑树，甚至引发了吴楚之间的战争。春秋末期，吴越争霸，吴国打败越国，越王勾践卧薪尝胆，根据谋臣范蠡的建议发展农桑，并按照文种的建议，将丝织品进贡给吴国，不仅为富国强兵奠定了基础，也促进了越国桑蚕业的发展。《史记·货殖列传》称"齐鲁千亩桑麻"，《史记·李斯列传》有"阿缟之衣"，歌颂了山东省东阿县的白绸珍贵有名。考古发掘，在楚国的墓葬中，也发现了大量精美的丝织品，其中江陵马山一号楚墓出土的大量丝织品，纹饰题材广泛，构图变化多彩，织绣工艺精湛，被誉为楚国的"丝绸宝库"②。在出土的东周青铜器上，有的刻铸了采桑图，如河南辉县琉璃阁出土的采桑纹壶盖上的采桑图，桑树和采桑人等高，为低矮的桑树，即后世所谓的地桑或鲁桑③；故宫博物院所藏战国宴乐铜壶，上面刻画有采桑的图纹，树上有人采摘，树下有人接应④。

宴乐铜壶（摹绘）

1.3.5　林业文献

　　夏商周时期，尤其是春秋战国时期，随着人类科学技术进步与开发利用自然能

---

①②　陈振中.2008.先秦手工业史[M].福州：福建人民出版社.

③　郭宝钧.1959.山彪镇与琉璃阁[M].北京：科学出版社.

④　杨宗荣.1957.战国绘画资料[M].北京：中国古典艺术出版社.

力的提升，对于森林资源的认识也越来越清晰。这一时期，在实践的基础上，形成了中国古代最早的林业思想，并且在历史文献记载中得以体现。这主要体现在《诗经》《周礼》《尔雅》《山海经》等文献的记载。

《诗经》是我国最古老的诗歌总集，也是中国林业史的重要文献，最突出的是在《诗经》中出现的大量古代动植物种类及名称的记载。据统计，《诗经》中有草名 105 个，木名 75 个，鸟名 39 个，兽名 67 个，虫名 25 个，鱼名 20 个，这些动植物名称成为后来经学家名物研究的重要内容。《诗经》中很多篇章都有关于森林风物、森林文化的内容，其中提到的树种，包括松、桧、桐、梓、杨、榆、漆、栗、桑等多种乔木，杞、楚、榛等灌木，桃、李、梅、苌楚（猕猴桃）等果树以及竹子等众多森林植物资源。《周南·汉广》有："南有乔木，不可休思。"《周南·葛覃》又有："黄鸟于飞，集于灌木。"比较早地提出了树木分类中的乔木、灌木两名词。此外，《诗经》中还提及了森林采伐、砍桑条养蚕、打枣、利用椿树作柴薪、利用树木建筑宫室制造乐器等众多林业活动。

《周礼》又名《周官》《周官经》，世传为周公所作，大部分学者认为成书于春秋战国，是研究先秦政治制度的重要文献。《周礼》以职官编排章节，分《天官冢宰》《地官司徒》《春官宗伯》《夏官司马》《秋官司寇》《冬官考工记》。其中，《周礼·地官司徒》篇中有大量与林业有关的官署、官职记载，也有中国古代生物分类系统理论，将动物分为毛物、鳞物、羽物、介物、臝物，将植物分为皂物、膏物、核物、荚物、丛物，并且概括了它们的主要特征，奠定了中国古代动植物分类法的基础。

《尔雅》是我国古代第一部训诂专著，共 19 篇，其中有《释草》《释木》《释虫》《释鱼》等专章解释古代生物名称的含义和性状，开我国古代生物学研究之先河，积累、保存了大量的生物学资料。书中对动植物鸟、兽、虫、鱼、草、木的划分与现代划分法基本一致，据当代林业史专家张钧成先生统计，其动植物类涉及物种：草类 220 种、木类 92 种、虫 75 种、鱼 62 种、鸟 84 种、兽 58 种。《尔雅·释木》指出："小枝上缭为乔""无枝为檄""木族生为灌"，明确提出了乔木、灌木的树木划分标准。书中所收植物按照现代分类学来看，包括伞菌科（菌类）、竹亚科（竹类）、鼠李科、杨柳科（柽柳）、桃李属、梓属、槭属、桑属、槐属、枣属等。

《山海经》风格独特，是古典文献中的一部奇书，包含有历史、地理、动植物资源、宗教、民族、神话传说等多方面的内容。它不仅是历史地理学、生物地理学、植物学史的重要古籍，从林业史的角度来看，《山海经》也是我国最早反映森林资源多样性的调查报告。它记载了我国山川的地理位置和多种动植物资源。特别是《山经》部分，记载山 447 座，其中多竹木者 168 座，无草木者 95 座，有木者 26 座，无记载者 158 座。其中涉及木 98 种，草 69 种，兽 35 种，鸟 76 种，鱼 43 种，虫蛇 33 种。同时此书也是我国现存最早的动植物分类古籍，在动物方面是按鸟、兽、虫、鱼，就其形体、习性、功能等特征进行分类；在植物方面按其草本、木本，就其形态、气味、功能等特征进行分类。此书也可以说是我国本草体系形成前的雏形阶段的著述①。

《管子·地员》是关于古代生态地植物学的重要文献。《地员》篇可分为两大部分。第一部分论述了平原、丘陵、山地、湖泊等不同的地形特征及其植被。它首先叙述了“渎田”土壤的类型和植物生长，然后论及丘陵、山地的地形特征及其植被，最后以湖边依次垂直分布生长的12种植物作结。第二部分论述了“九州之土”，它把九州土壤分上、中、下三等，每等30种，共90种，并说明了其适合生长的农作物和植被。《地员》论述了“九州之土”，将其细分为90个类型，但实际讲到的只有五粟、五沃、五位、五蘟、五壤、五浮、五忢、五纑、五壏、五剽、五沙、五塥、五犹、五壮、五殖、五觳、五凫、五桀18种。这18种土壤上的农作物颇难索解，但其树木等植被则较容易辨识，而且集中出现在五粟、五沃、五位三个类型的土壤。五粟：桐、柞、榆、柳、檿、桑、柘、栎、槐、杨、竹箭、藻、龟、楢、檀。五沃：桐、柞、扶、椿、白梓、梅、杏、桃、李、棘、棠、槐、杨、榆、桑、杞、枋、楂、梨。五位：竹、箭、求、黾、楢、檀、桑、松、杞、茸、种木胥容、榆、桃、柳、楝、槐、柞。从这三种土壤上生长的主要植被来看，它所覆盖的地理范围是有限的。“九州之土”中最好的是粟土，“桐柞莫不秀长，其榆其柳，其檿其桑，其柘其栎，其槐其杨，群木蕃滋数大，条直以长。”(《管子·地员》)从《管子·地员》篇，我们可以大体了解我国先秦时期黄河流域的森林资源状况。

《大戴礼记·夏小正》和《礼记·月令》是研究先秦时期物候学的重要著作。在这两篇文献中，不仅保留了先秦时期的物候知识，而且把季节的变化和农林生产结合起来，形成了古人的“四时教令”。“四时教令”的思想来源久远。在《尚书·尧典》中，尧已经“历象日月星辰，敬授人时”，通过观察动植物的活动变化规律，按季节的变化来安排人事活动，如《尧典》说：“日中星鸟，以殷仲春。厥民析，鸟兽孳尾。”“日永星火，以正仲夏。厥民因，鸟兽希革。”“宵中星虚，以殷中秋。厥民夷，鸟兽毛。”“日短星昂，以正仲冬。厥民隩，鸟兽 毛。”在这种观察自然世界气候、动植物生长活动规律的变化过程中，逐渐形成了古人的物候思想。保存于《大戴礼记》的《夏小正》，相传形成于夏代，是古代最早的物候学专著。这篇文献以时节变化纪事，记载一年十二个月自然现象的变化与人事活动，其中包括鸟兽虫鱼草木的变化以及祭祀、渔猎、农林生产和加工等，涉及谷物、林木、蚕桑、瓜果、蔬菜、染草、纤维植物、昆虫、水产、飞禽、走兽等。《礼记·月令》继承了《夏小正》的物候思想，以阴阳五行为理论基础，系统地阐述了先秦时期的物候思想，可以说是先秦物候知识的总结，也对后世的物候思想产生了深远的影响。在《礼记·月令》中，它不仅记述了物候和农林生产的事情，还规定了月令禁忌，包含有森林生态保护思想，如孟春之月禁止伐木，杀胎取卵；仲春之月毋焚山林；季春之月毋伐桑柘；孟夏之月毋伐大树；仲夏之月毋用火南方；季夏之月命虞人入山行木，毋

① 张钧成. 1985. 中国古代林业史·先秦篇[M]. 台北：五南图书出版有限公司.

有斩伐；季秋之月草木黄落，乃伐薪为炭；仲冬之月野虞教以田猎禽兽，伐木取竹箭；季冬之月收秩薪柴等。

《吕氏春秋·十二纪》袭用了《礼记·月令》的内容，作为全书的理论框架，进一步继承、阐发了"四时教令"，归纳了"以时禁发"思想。《吕氏春秋》是吕不韦召集门客编纂而成的一部著作，被视为杂家著作，实际上是先秦诸子思想的汇编。《吕氏春秋》的编纂蕴含了对自然生态变化的重视，强调"时"的重要性。《吕氏春秋》说："故圣人之所贵，唯时也。水冻方固，后稷不种。后稷之种，必待春。故人虽智而不遇时，无功。方叶之茂美，终日采之而不知。秋霜既下，众林皆羸。事之难易，不在小大，务在知时。"《吕氏春秋》为了体现"时"的重要性，专门按照时节来编排章节，形成"十二纪"，其中体现了丰富的森林生态和利用思想，如正月"禁止伐木"，二月"无焚山林"，三月"毋伐桑柘"，四月"毋伐大树"，九月"草木黄落，乃伐薪为炭"，十一月"日至短，则伐林木，取竹箭"。《吕氏春秋》最终强调的是对森林资源的永续利用。《吕氏春秋·孝行览·义赏》："竭泽而渔，岂不获得，而明年无鱼；焚薮而田，岂不获得，而明年无兽。"

可以说，《诗经》《周礼》《尔雅》《管子·地员》《礼记·月令》《吕氏春秋·十二纪》等文献中，所包含的林业思想和物候知识是我国传统林业科学思想的重要组成部分，为研究古代林产动植物资源以及森林利用提供了重要史料来源。特别是"四时教令""以时禁发"的思想，对于当时的农林生产具有约束和调节作用，对于森林资源保护和持续利用具有启示和指导意义，也对后世林业发展影响深远。

1.4　林业政策与管理

先秦时期是国家制度的形成和发展时期，自从国家政权建立之始，统治者就开始设立各种管理山林的官员，颁布相应的法令制度，而随着国家管理体制的逐步完善，林业政策和管理的机制也日趋成熟。

1.4.1　林业政策和法规

先秦时期，人们已具有了朦胧的生态意识，模糊地意识到人与森林之间存在着某种联系，人与自然之间是一个统一的整体，应该有序利用森林资源，因而开始制定相应的林业政策和法规。《史记·五帝本纪》记载了黄帝要求部落成员"劳勤心力耳目，节用水火材物"，帝喾要求部落成员"取地之材而节用之"之语。黄帝带领民众在江湖陂泽、山林平原，从事采摘和捕猎的过程中，有节制地取用、利用资源，能够满足需要即可，不再过度攫取资源。《逸周书·大聚解》记载，"禹之禁，春三月，山林不登斧，以成草木之长；夏三月，川泽不入网罟，以成鱼鳖之长。"夏代大禹统治时期，为了保护山林中的草木生长不准春季进山伐木，为了保护水中的鱼类等动物不准夏季在河里下网打捞，为了保护林中的动物不准随意畋猎。大禹以部落首领即统治者的身份制定了自然生物资源保护的两项明确禁令，一是"时禁"，在不同的时期禁止对不同资源的利用，也可以是有节制地利用资源；二是禁止在动植物繁殖期、生长期进行捕捉或利用，以保证资源生长繁衍，从而实现永续利用。《吕氏春秋·异用》又记载，商汤曾网开三面，张其一面，德及禽兽，受到诸侯的拥护和爱戴，反映了朴素的生态保护思想。

殷商末年和西周时期，周文王提出了永续利用森林资源的观念，认为百物鸟兽鱼鳖无不顺时，生稿省用不滥其度，津不行火，薮林不伐。对林业资源利用的观点是"山林非时，不升斤斧，以成草木之长；川泽非时，不入网罟，以成鱼鳖之长。"①周文王还曾颁布《伐崇令》："乃伐崇，令毋杀人，毋坏室，毋填井，毋伐树木，毋动六畜，有不如令者死无赦。"主要意思是说，在战争中不准随意毁坏树木、不准随意宰杀牲畜，如果出现违反此命令的行为，立即处死。这是中国历史上较早的林木保护法令，在林政法律法规史上具有重要意义。这一时期已将森林资源视为统治者的重要财富，并且是衡量国家贫富的重要标志之一，保护好森林资源，发展好林业生产，成为了当时统治者的主要政策。同时，主张对森林有节制的开发利用，认识到山林永续利用的思想，制定了天时、地宜、节用等"六务、四禁"政策，成为林业可持续发展的初级阶段。

春秋战国时期，有了更多的林业政策和法规。《周礼·地官司徒·山虞》制定了详细的山林管理规定："春秋之斩木不入禁"，还有"仲冬斩阳木，仲夏斩阴木""凡窃木者有刑罚"。百姓春秋季砍伐林木不能进入封禁的山林，砍伐要根据时令的规定进行，不能违反规定，盗窃林木亦会受到相应的惩罚。《礼记·月令》规定："季夏之月……树木方盛，乃命虞人入山行木，毋有斩伐。草木零落，然后入山林。"在林木茂盛的季节命令山虞入山巡视森林，防止有人盗伐林木，必须要等到草木凋零的冬季才能入山伐木。《礼记·祭义》也有"树木以时伐焉，禽兽以时杀焉""禁禁其欲伐者，止止其方伐者"的记载。另外，春秋时期厚葬之风盛行，为表达对逝去者的尊重制作了奢华的葬品，造成大量林木被砍伐，齐桓公为扼制大量毁林现象颁布了一道禁令，规定"棺椁过度者戮其尸"。

统治者还制定了山林的开放和封禁政策。《左传》记载，诸侯伐郑，在亳订立盟约："凡我同盟，毋薀年，毋壅利。"所谓"毋壅利"，即不专山林之利。管仲与诸侯结盟时，亦强调："毋曲隄，毋贮粟，毋禁材。"注："山泽之材，当与人共之也。"山林开放政策，在后世也多有实施，主要是为了满足老百姓生活的需要，但由此也会在一定程度上造成对山林生态的破坏。但是，对于一些名山大川和风水宝地，统治者往往采取封禁政策。如天子封禅的名山大川要"封山""禁山"，山上的草木土石都是神圣的，如《史记·封禅书》所述"古者封禅为蒲车，恶伤山之土石草木"。

---

① 黄怀信，张懋镕，田旭东.1995.逸周书汇校集注[M].上海：上海古籍出版社.

各地的社树也是神圣的，例如兵书《六韬·略地》规定"社丛勿伐"。周景王十九年（前526年）郑国大旱，郑相子产对在桑山求雨过程中破坏森林、砍伐山木的官员进行了惩处，就是林业法制的一个典型案例，这种以封山为代表的林业法制，在漫长的古代社会一直延续。

从史料记载来看，先秦时期没有严格意义上属于林木保护的政策，仅有的关于森林焚火法规和限制狩猎的法规，主要目的是规范林木利用，间接地起着保护森林资源的作用，所以，在此勉强列入林木保护政策范畴。我国自古很注重防范森林火灾的发生，在森林有效用火的同时制定相关用火的规范，避免大面积焚林的发生，起着林木保护的作用。早期的森林用火主要有两种作用，一是取暖和制作熟食，用火量较小，能够有效控制；二是焚林驱兽，通过大面积点燃森林将藏匿其中的禽兽驱赶出来，从而便于捕捉。这种方法因为用火量大，在当时的技术条件下不能有效控制，只能自然熄灭，所以焚毁大量森林。《周礼》中负责"火禁"有司烜氏、司爟。司烜氏本是负责国家祭祀中取火与水的官员，兼有负责春季国中防火，及军旅防火。司爟是专职管理火的官员，设下士二人及徒六人，掌行火的政令，遵照季节交替而执行不同的用火政策，处置用火不当造成的事件，如国都中的失火，郊野中的擅自放火烧荒，并且按规定惩罚肇事人。《管子·立政》认为"君子所务者五，一曰山泽不救于火，草木不植成，国之贫也……三曰桑麻不殖于野，五谷不宜其地，国之贫也。"意思是要想治理好国家，君王需要做好五件事，其中两件与林业有关，分别是森林防火和农桑种植。《荀子·王制》载有"修火宪，养山林"，要制定严格的禁火政策，并作为国家林政的重要管理职责。

先秦时期还制定了规范狩猎时间和地点的法规，避免了森林野生动物被随意地、无限制地大量捕杀。在动物繁殖排卵的季节严禁各种捕捉活动，遵守自然规律。《礼记·王制》载："獭祭鱼，然后虞人入泽梁；豺祭兽，然后田猎；鸠化为鹰，然后设罻罗；草木零落，然后入山林；昆虫未蛰，不以火田。不麛，不卵，不杀胎，不夭夭，不覆巢。"说明古人针对生态问题已有了较深入的认识和觉悟，待每年"獭祭鱼"之后，才能捕捉鱼类；"豺祭兽"之后，才能开展畋猎；"鸠化鹰"之后，可以张网捉鸟类；草木凋零之后，才能砍伐树木；昆虫蛰伏之后，才能焚烧草垦种。《礼记·曲礼》亦载："国君春田不围泽，大夫不掩群，士不取麛卵。"意思是国君春天不用围猎的方式抓捕野兽，大夫不能成群捕杀动物，士人不能捕捉幼小的动物和捡拾鸟蛋，要按照自然规律有序采用森林资源。对于林产品买卖、交易也有相应的规定，《礼记·王制》载："果实未孰，不粥于市；木不中伐，不粥于市；禽兽鱼鳖不中杀，不粥于市。"意思是说，果实没有成熟，不能拿到集市上去卖；树木还没有长好，还不到砍伐的时候，也不能砍伐售卖；林中的动物和鱼类在禁期内不能捕捉，不能在市场上买卖。这些都属于间接保护森林资源的措施。

1.4.2　林业职官和管理

林业职官和管理的历史悠久。传说舜继位后设立了一套行政管理机构，以禹为司空，以弃为后稷，以契为司徒，以皋陶为大理，以垂为共工，以益为朕虞，以伯夷为秩宗，以夔为典乐，以龙为纳言。其中与林业事务有关的是益管理山林，弃管理农桑。夏朝设立了啬夫掌管农事赋役，《尚书·虞夏书》载："辰不集于房，瞀奏鼓，啬夫驰，庶人走。"以上记载了啬夫巡视田间禾稼的情形，但夏代历史过于久远，找到的史料极少。

商朝方国（部落）林业，有了中央和地方之分，中央为内服，各方国为外服。内服商王之下为"尹"。尹下有各种事官，称为"臣"，如管理山林的职官称"小丘臣"，管理农耕的职官称"小籍臣"等。外服称"侯""伯"，中央派往地方管理农林事务的称"牧"或"甸"。另外，还设置了多犬、多尹、小众人臣等一系列管理林业的官员，负责监督田猎、收割及赋税等事务。《通典·曲礼》载："殷制……天子之六府曰司土，司木，司水，司草，司器，司货六职"，郑玄的解释是：司土，土均也；司木，山虞也；司水，川衡也；司草，稻人也；司器，角人也；司货，钻人也。另外，还设置了六工，包括土工、金工、石工、木工、兽工、草工，其中木工负责车辆、房屋、武器及农具等木器部分的制作。可以看到商代农、林、水、矿等职官已设置了，社会管理走向规范。

周代随着人口的增长和经济的发展，统治者开始了大规模的城邑建设，林木需求量大幅度增加，森林破坏日趋严重。统治者为了推行各种政策和法规，开始派驻官员并赋予其相应职能从事管理，继而逐步建立了相应的林业管理体系。根据《周礼》的论述，周代已设置了负责山林政令、林木贡赋、边境造林、山林防火、森林采伐运输等事务的管理机构和官员，其主要官职和官员有大司徒、山虞、林衡和柞氏。

大司徒是负责国土资源的最高行政长官，掌管土地与社稷、人民及其教化，负责税赋等经济事务。据《周礼·地官·大司徒》载："掌建邦之土地之图，与其人民数……辨其山林、川泽、丘陵、坟衍、原隰之名物，而辨其邦国都鄙之数，制其畿疆而沟封之。设其社稷之壝，而树之田主，各以其田野所宜木，遂以名其社与其野……以阜人民、以蕃鸟兽、以毓草木、以任土事……凡造都鄙，制其地域而沟封之。"大司徒实际是掌握、管理与保护全国自然资源和建立神坛的官员。根据土地及资源的状况，划定都鄙的边界；规定全国的贡赋；负责建立"社稷之壝"，即各地祭祀天地的社坛，并种植适宜的社木。小司徒是大司徒的助手，乡师、乡大夫、州长、党正、闾师、县师、遂人等则是其完成上述任务的下属地方官员。

山虞和林衡是专业化色彩较为突出的林业职官。"虞"指测量的意思，"衡"指权衡的意思。《左传·昭公二十年》载："薮之薪蒸，虞衡守之。"其中虞指山虞，衡指林衡。关于山虞和林衡的管理体系，《周礼·地官司徒·山虞》中有这样的记载："山虞每大山，中士四人，下士八人，府二人，史四人，胥八十人。中山，下士十六人，史二人，胥六人，徒六十人。小山，下士二人，史一人，徒二十人。"还记载了："林衡每大林麓，下士有二人，史四人，胥十有一人，徒百有二十人。中林麓如中山之虞，小林麓如小山之虞。"

山虞职责主要是执掌山林之政令。《周礼·地官司徒·山虞》记载："山虞掌山林之政令，物为之厉，而为之守禁。仲冬斩阳木，仲夏斩阴木，凡服耜斩季材，以时入之，令万民时斩材，有期日。凡封工入山林而抡材，不禁。春秋之斩木不入禁。凡窃木者有刑罚。若祭山林，则为主而脩除，且跸。若大田猎，则莱山田之野。及弊田，植虞旗于中，致禽而珥焉。"意思是指山虞掌管山林采伐的数量和日期，有物产的地方设藩篱为界，制定山林管理禁令。仲冬砍伐山南边生长的树木，仲夏砍伐山北边生长的树木，制作车绞和耒时要砍伐较小的林木，按时送交工官车人。规定百姓在十月的时候才可以砍伐树木，不能越过山林的藩界，只能砍伐藩界以外的树木。如果有盗伐林木的，加以处罚。祭祀山林时，要清扫道路和坛场，并负责警戒和保卫，禁止闲杂人员通过。王者打猎时，芟除山地田猎场所的杂草，田猎结束时，在田猎场地树立虞旗，将猎获的禽兽左耳割下，放在虞旗边。

林衡掌管巡视林麓，是护林官员。《周礼·地官司徒·林衡》载："林衡掌巡林麓之禁令，而平其守。以时计林麓而赏罚之。若斩材木，则受法于山虞，而掌其政令。"林衡执掌山林的禁令，进行巡守保护，并定时巡查林木数量而据此进行赏罚。当采木时节到来时，听令于山虞，进行木材的采伐利用。《左传·昭公二十年》载："山林之木，衡鹿守之。"印证了林衡的职责。

柞氏的职责是采伐林木。《周礼·秋官司寇·柞氏》载："掌攻草木及林麓，夏日至，令刊阳木而火之，冬日至，令剥阴木而水之，若欲其化也，则春秋变其水火，凡攻木者，掌其政令。"意思是因开拓耕地或建筑需要等原因需要砍伐林木的，由柞氏负责实施这种刀耕火种原始林业砍伐工作。

山虞和林衡的出现具有划时代的意义，在中国古代行政部门首次出现了职能清晰、分工明确的林业管理机构。山虞属于行政机构，山林中出产的林木、动物、矿石等物产，以及祭祀、狩猎等均需要由山虞来制定规则和制度，简单来说山虞负责山林政令。林衡为具体的林业执行机构，在山林间执行实地管理任务和法令，简单地说林衡负责执行政令。所以，前者偏重于"立法"职能；后者偏重于"执法"职能，两者分工配合，各司其职，是统治者科学规范管理山林的初始。

除了上述主要林业管理官职外，其他一些官职也涉及林业管理。如《天官冢宰》中，甸师为王藉之管理官员，除负责供应粮食之外，还要供应祭祀用茅草、到远郊采集野果之类，还要供应王室需要的薪柴；兽人为掌管狩猎的官员，负责按季节供应王室野生动物，同时负责狩猎的政令。《地官司徒》中，封人是负责国都社坛植树和畿封边界植树的官员，所以种植和保护都城、边界的标示树木是封人的主要职责；遂人是负责郊野管理的官员，其职务之一是划定邻、里、鄷、鄙、县、遂的边界，并植树为标志，是边境林营造的组织者；囿人为王室苑囿动物园的管理员，负责豢养野生动物，并供应王室祭祀和招待宾客的需要；场人是王室场圃的管理官员，负责供应王室瓜果之类；载师是负责土地规划和管理赋税的官员，特别负责漆林的征税；闾师是基层政权的管理官员，其所辖人民的各种生产、赋贡皆在其职权范围，其中也包括老百姓的林业生产在内。《春官宗伯》中，冢人负责公墓之地，监督墓地植树的种类和数量。《夏官司马》中，大司马是主管国防与军事的官员，包括组织四季军事狩猎，春季称为"蒐田"、夏季称为"苗田"、秋季称为"狝田"、冬季称为"狩田"，同时还负责有关防火、城郭的沟池植树、公路植树等；掌固，负责城防的官员，职责包括护城河岸的植树和都市林营造；司险，执掌国家的地图，了解山林川泽的分布，在山川险要之处植树造林加强防御；职方氏，负责指导农林生产，规定各地应植树种，属于掌管舆籍的顾问；土方氏，负责利用土圭方法以致四时日月，指导民众按时令种植；山师，负责山林命名，辩其物与其利害而须之于邦国，使致其珍异之物。《秋官司寇》中，野庐氏亦负责行道树的管护。职官之外，九赋、九贡都将山林资源作为赋税的重要来源，并主张进行山林资源的清查，保护山林动植物资源，以及提倡植树造林。

先秦时期的林业职官和管理对后世林业发展产生了重要影响。首先，林业管理机构内部结构、层级等设置分明。它设置了多个具有不同职能的林业管理机构，上至位列"三公"的大司徒、大司马，下至无职无品的囿人、场人等，它们的职责和管辖范围都有着明确的规定，相关职官能够很好地各司其职，行使林业管理职能。根据山林川泽情况的不同，在"虞衡"内部也设置了不同的行政结构，提高了林业保护和自然资源合理利用的效率。如川衡，根据大川、中川、小川的不同，配备了级别、结构、规模不同的属吏。这样不仅仅提高了行政效率，更有助于协调区域间的林业管理，使他们相互配合，充分履行了林业管理的职能，这种较细致的分工为后代林业管理机构的演变提供了依据。其次，森林资源利用成为统治者林业管理机构的主要职能。先秦时期的林业管理部门注重对森林和动物资源进行管理，其中山虞、泽虞、川衡、林衡的主要工作都是在于统治者主导下的森林资源利用。这与当时低下的生产力和恶劣的环境是分不开的。由于生产力水平低下，人们对自然资源有极大的依赖性，对动植物资源的采樵渔猎在生产生活中占有重要地位，关系着国家的财政收入，所以先秦时期尤其注重动物资源和森林资源的规范利用[①]。

1.5 林业思想文化

森林既是人类生存和发展的环境要素，也是人类衣食住行的重要生活资料来

---

① 郑辉. 2016. 中国古代林业管理[M]. 北京：科学出版社.

源，人类在长期的林业生产活动中，逐渐形成了与森林和林业有关的思想文化。先秦时期是中华文明的奠基时期，也是林业思想文化萌发的时期。在长期的历史演变过程中，不仅形成了以山林动植物图腾与崇拜为内容的原始宗教文化，也产生了各种植物文化、动物文化。尤其是先秦诸子百家争鸣，他们在阐述自身的政治主张的过程中，也表达了他们对森林和林业的认识，形成了各自的林业思想。

1.5.1 林业思想

先秦诸子百家争鸣，不同的学术流派和思想家，如儒家的孔子、孟子、荀子，道家的老子、庄子，墨家之墨子，法家之管子等，都提出了各自的林业政策和思想，为我们留下了宝贵的思想遗产。

1.5.1.1 儒家的林业思想

孔子(前551—前479年)，名丘，字仲尼，是儒家的创始人。《论语》是研究孔子思想的主要文献，记录了孔子及其弟子的主要言行。《论语·八佾》载"夏后氏以松，殷人以柏，周人以栗"，就是指以松树、柏树和栗树等为社木，是古人树木崇拜的重要史料。孔子推崇《诗》《书》《礼》《易》等经典，重视教育，教导学生"多识鸟兽草木之名"。《论语·述而》载"子钓而不网，弋不射宿"，孔子提倡用竹竿钓鱼而不用网，不射返回巢穴抚育幼兽的动物，强调保护动物的繁育生息，满足持续性的物质需求。这不仅是儒家仁爱思想的发端，更为后世"仁民爱物"的生态伦理奠定了基础。孔子之后，孟子和荀子都继承了先秦朴素的自然保护思想。

孟子(前372—前289年)，名轲，战国时期著名的思想家政治家，孔子之孙孔伋的再传弟子，儒家学派的代表人物，与孔子并称"孔孟"。孟子的思想保存于《孟子》一书中。孟子向执政者积极建言发展农林生产，在其言论中，主张以时禁发、合理保护利用农林资源，并且将林业视为国家经济生活的重要组成部分，同时也是稳定统治与充实民生的重要途径。孟子说："不违农时，谷不可胜食也；数罟不入洿池，鱼鳖不可胜食也；斧斤以时入山林，材木不可胜用也。谷与鱼鳖不可胜食，材木不可胜用，是使民养生丧死无憾也。养生丧死无憾，王道之始也。"认为只要按照自然的农时和节令从事农桑种植，就会永远有粮食吃；只要不用过于细密的网捕捞幼鱼，就会永远有鱼类等水产品吃；只要遵守森林管理法规和自然时节去砍伐林木，就会永远有林产品可用。

孟子重视农林资源，强调农林资源保护，并以其居住地附近的牛山之木为例进行了论说，告诫人们，保护牛山树木与保护自我善心的道理是相通的，杜绝肆意的斧子砍伐，防止肆意的放牧啃食，才能够变得更好更美。这也是孟子自然保护思想的一个重要体现。孟子提出要让百姓有恒产，他主张的园圃经营模式，"五亩之宅，树之以桑，五十者可以衣帛矣。鸡豚狗彘之畜，无失其时，七十者可以食肉矣。百亩之田，勿夺其时，数口之家可以无饥矣。谨庠序之教，申之以孝悌之义，颁白者不负戴于道路矣。七十者衣帛食肉，黎民不饥不寒，然而不王者，未之有也。"（《孟子·梁惠王上》）在孟子的园圃主张中，林业生产扮演着重要角色。

荀子（约前313—前238年），名况，字卿，稍晚于孟子，是先秦儒家的另一位重要代表人物，他发展了儒家的礼制思想。荀子对森林生态及其与人类活动之间的关系有较深刻的认识。《荀子·劝学》："草木畴生，禽兽群焉，物各从其类也。是故质的张而弓矢至焉，林木茂而斧斤至焉，树成荫而众鸟息焉，醯酸而蚋聚焉。"《荀子·致士》载："川渊深而鱼鳖归之，山林茂而禽兽归之。"提出了许多与现代相近的生态观念。

荀子还对帝王管理森林提出了建议，主张保护林木资源，不到时节不能从事相关林产的商品经营，专门设置了胥师从事商业管理，以纠察和处置商人的不法行为。《荀子·王制》："圣王之制也，草木荣华滋硕之时，则斧斤不入山林，不夭其生，不绝其长也；鼋鼍鱼鳖鳅鳝杂别之时，网罟毒药不入泽，不夭其生，不绝其长也；春耕、夏耘、秋收、冬藏，四时不失时，故五谷不绝，而百姓有余食也；污池渊沼川泽，谨其时禁，故鱼鳖尤多而百姓有余用也；斩伐养长不失其时，故山林不童而百姓有余材也。"荀况认为，在树木、花草等植物开花、结籽的时期，不要采摘；在鱼类等动物交配、产卵的时期，不要捕捉。只有这样才能让这些生物繁衍下去，如果能够认真执行利用法规，按时采伐和抚育山林，就会有用不完的资源。荀子提出在山林利用上遵从"强本节用"观点，"强本而节用则天不能贫，养备而动时，则天不能病"，林木采用要顺应自然规律，达到人与森林协调发展的目的。荀子提出要利用征收山林赋税的政策加强山林管理，控制资源利用。《荀子·王制》："王者之等赋，政事，财万物，所以养万民也。野什一，关市几而不征，山林泽梁以时禁发而不税，相地而衰政，理道之远近而致贡，通流财物粟米，无有滞留，使相归移也。"

1.5.1.2　道家的林业思想

道家是先秦时期的重要学术流派，老子和庄子是其主要代表人物。老子姓李名耳，亦称老聃，为春秋末年思想家，做过周室的守藏史，有《老子》（亦称《道德经》）一书传世。老子将"道"视为世界的本体、事物本源和规律，提出"道生万物""道法自然"。他观察树木的生长和死亡，看到"合抱之木，生于毫末"，小小的种子可以生长成合抱的大树；看到"万物草木之生也柔弱，其死也枯槁""兵强则不胜，木强则兵"，认识到了植物的自然演进规律；还提出了"将欲取之，必姑与之"，认识到人对自然资源不能无限制的所求，要用辩证的方式看待给予与获取。

庄子（前369—前280年）名周，战国时期著名思想家，曾做过漆园吏，有《庄子》一书传世。在自然观方面，他继承和发展了老子的哲学思想，提出"无以人灭天，无以故灭命，无以得殉名"，反对人类对自然的干预，主张顺应自然状态。就像草原上奔腾的牛马，他们本来自由自在，人类却用辔头络在马头上，用缰绳穿在牛鼻子上，戕害了他们的天性，使它们丧失了本真和快乐。因而，他向往"禽兽成群，草木遂长"的自然状态，认为人类应当与万物和谐共处，对自然不施加任何影响，"夫至德之世，同与禽兽居，族与万物并"。他主张绝圣弃智，反对人对自然的任何干预和改造，这样才有利于万物的繁衍生息。

老庄哲学崇尚自然，对后世林业和林业思想产生了重要影响。往往于战乱之后，为了恢复被破坏的经济，一些君主奉行黄老哲学，对人民实行宽松的政策。如汉初经过战乱之后，黄老无为的思想流行于朝野，对农林生产的发展产生了积极作用。反映在林业政策方面，即颁布弛山泽之禁的政令，或将皇家园囿假民种植；或开放禁山，允许人民入内采伐捕猎；或减轻人民的林业赋税。中国三大本土宗教之一的道教，秉承了道家学派的诸多思想主张，且在全国各名山大川兴建道观，把周围林木看作风水龙脉，对中国古代的森林保护起到一定积极作用。同时，一些信奉道家哲学，对现实不满的士人群体，隐居山林，寄情山水，对山林游憩、森林养生思想的发展，也起到了推动作用。

1.5.1.3 墨家的林业思想

墨子（前468—前376年）名翟，春秋末战国初著名思想家，木工出身，后做过宋国大夫。春秋战国之交与儒家并称显学。其主张节用、节葬、兼爱、非攻、明鬼等，对后世保护农林生产、节约利用森林资源产生了一定积极作用。

墨子针对当时大兴土木、滥伐森林，在建筑方面主张节用，提出"其旁可以圉风寒、上可以圉雪霜雨露、其中蠲洁，可以祭祀，宫墙可以为男女之别则止"；针对当时"国弥大，家弥富，葬弥厚……题凑之室，棺椁数袭，积石积炭，以环其外"的厚葬奢靡风气，墨子主张节葬，提出"朽骨""朽肉""深葬""有标志"的原则，认为丧葬简约即可，"棺三寸，足以朽骨；衣三领，足以朽肉"，反对追求奢华浪费自然资源。

墨子主张"非攻"，认为战争会"春则废民耕稼树艺，秋则废民获敛"而使百姓饥寒交迫，给百姓带来深重灾难。据《墨子·公输》记载，战国时期著名木工公输班（鲁班）为楚国制造了云梯，准备攻打宋国，墨子听说后，立即长途跋涉十天十夜赶到楚国都城郢，以理说服公输班战争的非正义。他继而劝说楚王放弃战争，楚王命他与公输班进行攻城战的模拟演习，"公输盘九设攻城之机变，子墨子九距之。公输盘之攻械尽，子墨子之守圉有余。"公输班最终趋于下风。墨子还告诉楚王，他还安排大弟子禽滑厘带领三百名精壮弟子，带着他所制造的守城器械，已经前往宋国助防。最终，楚王放弃了攻打宋国的计划。从这个故事中我们可以看到，墨子是一个既有理论又有实践的木工专家，所著《墨子》一书中有《备城门》《备高临》《备梯》等篇章，有许多木工工艺记载，其在木材加工利用技术方面有很高的成就。

1.5.1.4 法家的林业思想

法家的林业思想以《管子》为代表，《管子》的成书比较复杂，非一人一时之作，但大体上是对管仲治国思想的继承和发展，被后代许多人看作法家的著作。管子（前723—前645年），名仲，春秋时期著名政治家，曾担任齐国相，在任内辅佐齐桓公，大兴改革，富国强兵，使得齐国称为春秋五霸之首。管子及其代表的学派的思想，集中体现于《管子》一书，此书篇幅宏伟，内容复杂，思想丰富，包含了哲学、政治、经济、军事、法律以及农林等方面的理论和学说，其中关于林业政策、林业经济管理思想不乏真知灼见。

首先，《管子》将林业生产视为强国富民的重要途径。管子把富民放在治国理政的首位，并将农林生产视为富民的最重要手段（《管子·五辅》）"辟田畴，利坛宅，修树艺，劝士民，勉稼穑，修墙屋，此厚其生"。他指出，林业生产对于国家富强作用重大，提出了著名的树木树人论断（《管子·权修》）"一年之计，莫如树谷；十年之计，莫如树木；终身之计，莫如树人。一树一获者，谷也；一树十获者，木也；一树百获者，人也。"在管子看来，林业与农业、教育一样重要。只有把教育、农业和林业搞好了，才能达到国安、食足、民富的目的。"务五谷，则食足。养桑麻育六畜，则民富。"（《管子·牧民》）把养桑麻（即发展林业）作为实现人民富裕的一项措施。管仲为了鼓励民众发展农桑，制定了优厚的奖励政策，规定"民之能树艺者，置之黄金一斤，直食八石；民之能树百果，使繁衮者，置之黄金一斤，直食八石"（《管子·山权数》），这是一个给予种植技术突出人才重奖的政策，鼓励民众积极从事种植业的政策。

其次，《管子》主张设立专职官员督管农林生产。管子指出，保护森林等自然资源是执政者的职责所在。《管子·立政》说："为人君而不能谨守其山林、菹泽、草莱，不可以立为天下王。"为此，《管子·立政》认为，王者执政中要有五大注意事项：第一，山泽不能防止火灾，草木不能繁殖成长，国家就会贫穷；第二，沟渠不能全线通畅，堤坝中的水漫溢成灾，国家就会贫穷；第三，田野不发展桑麻，五谷种植没有因地制宜，国家就会贫穷；第四，农家不养六畜，蔬菜瓜果不齐备，国家就会贫穷；第五，工匠追逐刻木镂金，女红追求彩花文饰，国家就会贫穷。所以说，在山泽能够防止火灾，使草木繁殖成长，国家就会富足；使沟渠全线通畅，堤坝中的水没有漫溢，国家就会富足；田野发展桑麻，五谷种植能因地制宜，国家就会富足；农家饲养六畜，蔬菜瓜果能齐备，国家就会富足；工匠不刻木镂金，女红也不求纹彩花饰，国家就会富足。对此，管子提出设立专门官员负责推进农林生产，"泽立三虞，山立三衡，国之山林也，则而用之，山泽做于火，草木殖成，国之富也。"主要的林业官员有：设"虞师""修火宪，敬山泽、林薮、积草，夫财之所出，以时禁发焉"，负责制定防火的法令，戒止山泽林薮之处堆积枯草，对自然资源的出产要按时封禁和开放，以使人民有充足的房屋建筑用材及柴草贮备；设"司田"观测地势高下，分辨土质肥瘠，查明土地宜于何种作物的生长，按时作全面安排，使五谷桑麻得以种植；设"乡师"巡行乡里，察看房屋，观察树木、庄稼的生长，视查六畜的状况，并能按时作全面安排，并劝勉百姓努力耕作。《管子》还主张以租税调节山林木材的使用。《管子·山国轨》：“去其田赋以租其山，巨家室重葬其亲者，服重租，小家菲葬其亲者，服小租；巨家室美修其宫室者，服重租，小家为室庐者，服小租。”

再次，《管子》主张以法护林，加强森林保护。对于国家的山林，管子主张“以时禁发”，有节制的开发利用森林资源。《管子·八观》说：“山林虽近，草木虽美，宫室必有度，禁发必有时。是何也？曰：大木不可独伐也，大木不可独举也，大木不可独运也，大木不可加之薄墙之上。故曰，山林虽广，草木虽美，禁发必有时；国虽充盈，金玉虽多，宫室必有度。”《管子·七臣七主》载：“春政不禁则百长不生，夏政不禁则五谷不成。”在《管子·禁藏》载：“毋行大火，毋断大木。”《管子·轻重》载：“为之厉禁而守之，凡畋猎者受令焉，禁麛卵者与其毒矢射者。”还有《管子·侈靡》“毋杀畜生，毋拊卵，毋伐木，毋夭英，毋拊竿。”只有有序利用山林资源，才能使衣食之源用之不尽，提出“山不童而用赡”。针对当时火田、火猎等滥用火而烧毁森林的教训，管子认识到“山泽不救于火，草木不植成，国之贫也”的严重危害，于是极力主张“修火宪”，加强护林防火的立法，《管子·立政》“宪既布，有不行宪者，谓之不从令，罪死不赦”，针对违法行为一律严惩不贷。对于违背时令、滥伐山林的行为，依法严加惩处，“谨封而为禁，有动封山者，罪死而不赦。有犯令者，左足入，左足断，右足入，右足断”，可见其依法治林主张之严格。

此外，《管子》还主张利用树木保持水土。为了对水旱灾害做到有备无患，管子建议齐桓公设“都匠水工”兴修水利工程，并提出在堤防上“树以荆棘，以固其地，杂之以柏杨，以备决水。”同时，他也主张在城墙上“树以荆棘，上相穑（钩连）著者，所以为固也”。这是将植树造林与巩固堤防、水土保持联系起来的较早论述。

总之，以管子为代表的法家学派重视发展林业，积极提倡植树造林，以法治林，这些思想对后世产生了重要影响。

1.5.2　林业文化

文化作为人类活动及其成果的体现，是人类社会的普遍现象。对于文化的含义，人们有许多不同的理解，一般比较容易接受的观点是将它区分为狭义文化和广义文化。从广义上来讲，它泛指人类创造的物质财富和精神财富的总和；从狭义上讲，则是指与社会的经济和政治相对应的社会意识形态及其各种表现形式。中华民族在长期的历史发展中，形成了独具特色的民族文化，森林和林业文化是其重要组成部分，它是华夏族群在长期的林业生产和生活过程中，形成的思想观念、宗教信仰、风俗习惯等的具体体现，渗透于文学、音乐、绘画等诸多领域，包括树木文化、竹文化、花卉文化、园林文化、动物文化、山居和森林旅游文化等不同的形式和内容。先秦时期是中国林业文化的形成时期，在长期的林业生产实践和生活中，逐渐产生了山林植物图腾崇拜以及各种森林植物文化、动物文化的雏形。

1.5.2.1 山林图腾与崇拜

远古社会是一个原始自然宗教盛行的时代，也是一个多神的时代，一切自然现象都被人们奉为神灵。森林是人类的摇篮，作为森林资源的动植物也被奉为神灵。这种原始自然宗教起到了对森林资源的保护，是这一时期林业文化的内容之一，其中也包含着古代哲学思想的萌芽。

在生产力极端低下的情况下，人们对自然现象无法认识，又无力征服，面对变化莫测的世界，于是便产生一种对自然现象和超自然力量的崇拜以及对征服自然的幻想，认为万物皆有神灵主宰。为了趋福避祸，则需要乞求神灵，进行各种祭祀。

自然宗教意识所崇拜的对象主要是自然力，除了太阳、火、云、日月、星辰、风雨、雷电之外，还有土地、山川和森林(包括树木和动植物)。先民们为了生存和延续，除了进行有限的斗争外，更多的是对自然的依赖、祈求和幻想。图腾崇拜是一种对自然和祖先崇拜相结合的原始宗教，主要特征为迷信和崇拜本族祖先或与本族有特殊关系的保护神，并以此为本族标记。

森林是人类赖以生存的自然条件，因此也被作为崇拜的对象，也是图腾文化的主要发源地。远古时期，环境良好，植被覆盖率高，因此森林动物生存繁衍活跃。对于鸟兽等野生动物，或因为力量强大、爪牙锋利而为人类所敬畏，或因与人关系密切、庇佑造福而为人类所肯定，因此被赋予了图腾的神话色彩。以常见的鸟类为例，据《史记》记载，商朝和秦朝的先祖都来自于玄鸟：《殷本纪》记载，商朝的先祖契，"母曰简狄，有娀氏之女，为帝喾次妃。三人行浴，见玄鸟堕其卵，简狄取吞之，因孕生契"；《秦本纪》记载，"秦之先，帝颛顼之苗裔孙曰女修。女修织，玄鸟陨卵，女修吞之，生子大业。大业取少典之子，曰女华。女华生大费，与禹平水土""大费拜受，佐舜调驯鸟兽，鸟兽多驯服，是为柏翳。舜赐姓嬴氏""大费生子二人：一曰大廉，实鸟俗氏；二曰若木，实费氏""大廉玄孙曰孟戏、中衍，鸟身人言""中衍之后，遂世有功，以佐殷国，故嬴姓多显，遂为诸侯"。这些玄鸟图腾，实际上与当时部落制度有着密切关系，同时也与农耕生产所依赖的季节性气候有关。《左传·昭公十七年》还记载了少昊氏部落鲜明的鸟图腾崇拜：秋，郯子来朝，公与之宴，昭子问焉。曰："少皞氏以鸟名官，何故也？"郯子曰："吾祖也，我知之。昔者黄帝氏以云纪，故为云师而云名。炎帝氏以火纪，故为火师而火名。共工以水纪，故为水师而水名。大皞氏以龙纪，故为龙师而龙名。我高祖少皞挚之立也。凤鸟适至，故纪于鸟，故为鸟师而鸟名"。郯子所说的"纪"与"名"都是图腾标志的意思。大皞一说伏牺，伏牺氏"因龙马负图而出于河之瑞，故官以龙纪，而为龙师……命栗陆氏为水龙师，繁滋草木，疏导泉源，毋怠于时。""水龙氏"可能是传说中以龙为图腾的官员，也可看做最早的林业职官。

除了动物崇拜之外，远古时期，山林不但是人类获取生产生活资料的重要来源，也因其神秘性而被赋予了神奇的作用，例如降雨、降福等。因此，人民对山林中树木有着特殊的感情，森林植物往往被赋予图腾崇拜的意义。例如《左传·昭公十六年》记载了典型的例证："郑大旱，使屠击、祝款、竖柎有事于桑山。斩其木，不雨。子产曰：'有事于山，蓺山林也，而斩其木，其罪大矣。'夺之官邑。"这种祭祀山林以降雨抗旱的认识，属于山林崇拜的内容。砍伐林木造成祭祀失败的结果与认识，蕴含着保护森林植被的可贵意识。此外，我国是世界上最早饲养家蚕和缫丝制绢的国家，人们长期将桑与蚕并奉为神明，桑树也因此成为先秦人民崇拜的树木之一。《山海经·海外北经》云："欧丝之野在大踵东，一女子跪据树欧丝。"郭璞注："言瞰桑而吐丝，盖蚕类也。"《中山经》云："又东五十五里，曰宣山""其上有桑焉，大五十尺，其枝四衢，其叶大尺余，赤理黄华青柎，名曰帝女之桑。"这些都属于典型的桑蚕图腾。同时，人们还将桑林视为兴云致雨、解除旱灾的神明之所，《吕氏春秋·顺民》曾记载："昔者汤克夏而正天下，天大旱，五年不收，汤乃以身祷于桑林。"商汤桑林祈雨，也是植物图腾崇拜的明显例证。

中国古代和其他民族一样，是多神崇拜时代，自然现象、森林动植物都曾被视为神灵。人类社会从母系社会向父系社会过渡，先有狩猎经济（传说中代表人物为伏羲氏），后有采集经济（传说中代表人物为神农氏），故对森林动物的崇拜略早于对森林植物的崇拜。

1.5.2.2 森林植物文化

中国地域广阔，历史悠久，花草树木种类繁多，不同的植物都有其独特的观赏价值和实用价值，形成了丰富的森林植物文化，这些植物文化通过文学、宗教、民俗等不同形式表现出来。

在先秦时期的代表性文学作品《诗经》和《楚辞》中，有大量的诗歌通过比兴的手法，抒情言志，由此及彼，将作者心中的情感寄托在自然景物上，进行联想和抒发。如《诗经·魏风·伐檀》："坎坎伐檀兮，寘之河之干兮，河水清且涟猗。不稼不穑，胡取禾三百廛兮？"此诗歌是由伐檀木的叮咚声和清清河水，联想到官吏的不劳而获。先秦时期的另一部文学著作《楚辞》中也蕴含着丰富的植物文化。在《楚辞》中，作者经常借用嘉木、香草、花卉来比拟人的情感道德，如"扈江离与辟芷兮，纫秋兰以为佩""朝搴阰之木兰兮，夕揽洲之宿莽""惟草木之零落兮，恐美人之迟暮"。《楚辞·离骚》："余既滋兰之九畹兮，又树蕙之百亩。畦留夷与揭车兮，杂杜衡与芳芷。冀枝叶之峻茂兮，原俟时乎吾将刈。虽萎绝其亦何伤兮，哀众芳之芜秽。"诗中作者把自己培养的学生比作春兰、秋蕙、留夷、揭车等香草，并表达了忧国忧民、将自己的命运置之度外，"虽九死其犹未悔"的决心。在自身难保的困境中，他还忧虑受牵连的人遭受打击和不被重用。《楚辞·九章·橘颂》："后皇嘉树，橘徕服。受命不迁，生南国兮。深固难徙，更壹志兮。"诗人通过歌颂南方所特有的橘树，比喻自己故土难离的爱国情怀。

在森林植物文化中，树木文化占据了重要位置，是森林植物文化的重要组成部分。树木的种类繁多，但在长期的历史演变中，一些与人们生活密切相关的树种，如松、柏、桑、漆、茶等融入到中国传统文化中，形成了松柏文化、桑蚕文化、茶文化等各具特色的树木文化。其中，松柏在中国人的心目中具有其他树种不可替代的地位，人们对它有着特殊的情感，因而松柏文化在树木文化中影响较大，自成体系，内涵丰富。《尚书·禹贡》："青州厥贡铅松怪石。"《论语·八佾》："夏后氏以松。"这说明早在夏代松木已经作为贡品和社木。商周时期，松木已经用于建筑、棺椁材料。《诗经·大雅·殷武》有"陟彼景山，松柏丸丸"，记载高大的松木用于建筑殷高宗的宗庙；《诗经·大雅·閟宫》有"徂徕之松，新甫之柏"，歌颂春秋时期鲁僖公的庙堂。《礼记·丧服大记》说，"君松椁，大夫柏椁，士杂木椁"，可知松柏是高级的棺椁用材。松柏还作为园林绿化树木、行道树、门闾树种以及坟墓植树。《史记·龟册列传》："松柏为百木长，而守门闾。"松柏又因其常绿不凋，受到士人的青睐，作为长寿的象征，或用来比喻高雅的道德情操，如《诗经·小雅·天保》"如松柏之茂，无不尔或承"，《论语·子罕》"岁寒，然后知松柏之后凋也"。

竹文化也是独具中国民族特色的植物文化。中国拥有丰富的竹资源，它"不刚不柔，非草非木"，先民很早就发现了竹的实用价值和观赏价值，进入了中国人的日常生活。《说苑·辨物》记载，黄帝时，凤"集东园，食帝竹食"。《述异记》记载，"尧之二女，舜之二妃，曰湘夫人。舜崩，二妃涕，以涕挥竹，竹尽斑。"这都是关于竹文化的神话传说。根据考古发掘，在良渚文化遗址中，已经发现了丰富的竹器利用。"竹"字的象形符号和文字，不仅出现在仰韶文化时期陶器上的刻文，也大量出现在商周时期的甲骨文、金文和竹简上。先秦文献中，不乏关于竹类的记载，名称众多，如《尚书·禹贡》有筱、簜、菌簵等，扬州"筱簜既敷"、荆州"惟箘簵、楛"。筱为细竹，可为竹箭，菌簵也是一种可做箭杆的美竹。《诗经·卫风·淇奥》"瞻彼淇奥，绿竹猗猗""绿竹青青""绿竹如箦"，描述了淇园之竹的茂盛，说明关中和黄河流域曾是松竹繁茂之地。《诗经·小雅·斯干》有"如竹苞矣"，形容有茂密的竹林；又有"下莞上簟，乃安斯寝"，莞是蒲草席，簟是竹席，可知竹已用于编织手工业。《诗经·大雅·韩奕》有"其蔌维何？维笋及蒲"，说明当时已经把笋作为烹调的重要材料。《吕氏春秋·本味》又记载，"和之美者……招摇之桂，越骆之菌。"菌即竹笋，桂即桂皮，可见战国时期江浙的竹笋已成为著名的土特产品。竹子不仅是重要的生活用材，在纸张发明之前，也是主要的书写材料，近些年已经出土大量的先秦竹简，展现了竹简在传播文化过程中的作用。《史记·孔子世家》记载，孔子晚而喜《易》，读《易》"韦编三绝""韦编"即是用牛皮绳编连的竹简书册。

花是被子植物繁殖的器官，在生活中亦常称为"花朵""花卉"。狭义概念上的花卉指的是开花植物，广义的花卉则指一切具有观赏价值的植物。花卉作为植物的繁殖器官，是为了植物的繁育，但在人类利用植物的过程中，逐渐发现了其食用、药用和观赏等价值，产生了花卉文化。中国花卉栽培、花卉利用和花卉欣赏的历史悠久，在考古发掘中，我们发现原始人已经有了大量以植物花卉为题材的陶器。如浙江余姚河姆渡新石器时代遗址的陶器、陶片上有植物枝叶类图案，并有盆栽单株植物的纹样；在河南陕县庙底沟遗址出土的彩陶多有花瓣、叶片样纹饰。早期人们对花卉的认识，主要来源于日常生活中的采集和利用。《夏小正》中有不少关于花卉和物候的记载，如正月"梅、杏、杝桃则华"、二月"荣芸"、三月"拂桐芭"、四月"王萯秀"、五月"蓄兰"、七月"莠秀"、九月"荣鞠"，这里的"华""荣""芭""秀"都是指植物开花。

《诗经》中有不少对于花卉的欣赏、歌咏，以及由花卉而引起的比兴，如《诗经·周南·桃夭》"桃之夭夭，灼灼其华"，以桃花的鲜艳比喻将要出嫁少女的美丽；《诗经·召南·何彼》"何彼襛矣，唐棣之华""何彼襛矣，华如桃李"，以唐棣花、桃李花形容车马的漂亮；《诗经·小雅·皇皇者华》"皇皇者华，于彼原隰"，描写官员奔走于乡村，看到原野盛开的鲜花；《诗经·小雅·裳裳者华》"裳裳者华，芸其黄矣"，用怒放的鲜花形容一表人才。《诗经》中也有诗篇藉花卉寄托表达人的情感，如《诗经·卫风·伯兮》："焉得谖草，言树之背。愿言思伯，使我心痗。"谖草亦名萱草、忘忧草，诗人试图通过萱草来排解内心的思念之苦。《诗经·郑风·溱洧》："维士与女，伊其相谑，赠之以勺药。"这是青年男女以花相互馈赠，表达喜悦之情，也反映了让人们对花卉的喜爱和重视。在《楚辞》中也有许多关于花卉文化的内容，形成了"香草、美人"的复杂象征系统，对后世花卉文化产生了深远影响。

1.5.2.3　森林动物文化

森林动物是森林生态系统的重要组成部分，泛指依赖森林生物资源和环境条件取食、栖息、生存和繁衍的动物种群，包括爬行类、两栖类、兽类、鸟类、昆虫以及原生动物等。动物文化是人们观察和利用动物过程中，逐渐积累了有关动物的思想和知识，以及由此产生的对动物的崇拜、禁忌、信仰等，或者是按照动物的外部形态和生态特点，并依据人类生活和生产活动的需要而塑造的诸多社会文化现象[1]。

森林动物文化的形成和发展，随着人类实践活动的推进而逐步丰富。原始社会早期，人类为了满足生存的需要，一些能够捕获的动物成为人们的食物来源，其骨骼和皮毛被用来作为器具或装饰品。北京周口店北京猿人遗址中出土的动物化石种类多达110多种，其中兽类90余种，这说明当时北京人已经能够捕猎多种野生动物。在旧石器时代晚期的河北阳原县虎头梁遗址中，不仅有兽骨，还出土了13件装饰品，包括穿孔贝壳、鸵鸟蛋皮扁珠、鸟骨扁珠等。同样，在北京山顶洞人遗址中，山顶洞人将兽牙、鱼骨、鸟骨等磨制穿孔做成串珠，作为装饰品，还用颜料涂染以增加美观。这表明野生动物不仅能满足人类生存的需要，一些动物制品还带有审美功能，成为生活的装饰品，具有了更多文化内涵。另外，在考古发掘中，还发

---

① 马逸清.2007.中国虎文化·序二[M].北京:中华书局.

现了大量原始人的岩石壁画，有些是原始人狩猎的场景，大量野生动物被刻画在岩石上，形成了人类早期的绘画艺术。在中国北方阴山乌拉特中旗发现的"猎鹿"岩画，整幅画面突出野鹿的地位，它虽身中数箭，却依然屹立不动，仿佛体现出远古先民对野鹿存有的巫术情节。原始人还将一些动物形象刻画在陶器等生活用品上，在仰韶文化时期的半坡彩陶上，有许多动物形象和动物纹样，其中以鱼纹最普遍。李泽厚说："你看那各种形态的鱼，那奔跑的狗，那爬行的蜥蜴，那拙钝的鸟和蛙，特别是那陶盆里的人面含鱼的形象，它们虽然明显具有巫术礼仪的图腾形制，其具体含义已不可知，但从这些形象本身所直接传达出来的艺术风貌和审美意识，却可以清晰地使人感到：这里还没有沉重、恐怖、神秘和紧张，而是生动、活泼、纯朴和天真，是一派生气勃勃、健康成长的童年气派。"①

原始社会后期，一些野生动物，逐渐被图腾符号化，成为族群的象征，或用来祈福辟邪。《史记·五帝本纪》记载，黄帝"教熊罴、貔貅、貙虎，以与炎帝战于阪泉之野"。这里黄帝所率领的熊罴、貔貅、貙虎，都是凶猛的野兽，很可能是不同族群的图腾，用以威慑敌人。在考古发掘的一些新石器时代遗址中，一些玉器雕琢了鸟兽的花纹，如上海青浦福泉山发掘的一座良渚文化大墓中，出土了一件玉琮，除了常见的兽面纹饰，还刻有栩栩如生的禽鸟纹。反山、瑶山所出的各种形制冠状饰上，除了常见的兽面纹外，还首次发现了似人似兽的神人形象②。在保存夏代史料的《尚书·禹贡》中，一些动物制品已经成为珍贵的方物特产，被进贡到中央，如象牙、犀牛皮、鸟羽、旄牛尾等。其中，象牙制品最早见于河姆渡遗址，该遗址出土象牙雕刻器30余件，其中雕有凤鸟形状的匕形器最为精致。以后的大汶口文化、屈家岭文化等遗址也出土过不少象牙制品，有象牙筒、象牙梳、象牙珠、象牙片、象牙管等，工艺水平已相当高③。而在《夏小正》中，古人已经对动物的蛰眠、复苏、交配、繁育、迁徙等的季节规律有所认识，如正月"启蛰""雁北乡""雉震呴"、二月"昆抵蚳""有鸣仓庚"等。

商周时期，人们对动物的认识逐步深入，并依此为基础创造出众多的动物文化符号和造型器具。在甲骨文中所记载的动物种类，已知的约有四五十种，并已有鸟兽的总名，后来的象形文字也都把"虫""鱼""犭"作偏旁，可知已有一定的分类观念。商代的墓葬中还出现了许多石雕或玉雕的动物形象，如妇好墓中出现了龙、凤、虎、熊、象、马、鹿、牛、羊、猴、兔、鹤、鹰、燕、龟、螳螂等鸟兽虫鱼的玉雕和石雕形象④。考古发掘出土的周代玉器，亦有不少动物形饰，如虎、鹿、凤鸟、兔、牛、蚕、蝉、鱼、蚂蚱等。商周时期的青铜器也有不少动物造型，如山东梁山出土的商代青铜犀尊造型逼真，栩栩如生。此外还有大量模仿鸟兽形状的青铜

---

① 李泽厚. 2009. 美的历程[M]. 北京：三联书店.

②③ 陈振中. 2008. 先秦手工业史[M]. 福州：福建人民出版社.

④ 郭郛，李约瑟，成庆泰. 1999. 中国古代动物学史[M]. 北京：科学出版社.

尊，如鸟尊、羊尊、牛尊、象尊、虎尊等。另一方面，在文学体裁的《诗经》中，也出现了大量动物名称，开篇《国风·关雎》云："关关雎鸠，在河之洲。窈窕淑女，君子好逑。"此诗以雎鸟相向合鸣，相依相恋，兴起淑女陪君子的联想。又如《国风·葛覃》"黄鸟于飞，集于灌木，其鸣喈喈"，《螽斯》"螽斯羽，诜诜兮，宜尔子孙"，《有狐》"有狐绥绥，在彼淇梁"等，这些诗篇通过各种动物或传情，或比兴，或拟人，不仅蕴含着丰富的动物学知识，也创作出了影响后世的文学形象。

春秋战国时期的森林动物文化更加丰富，动物文化广泛渗透于神话传说、风俗习俗和典籍文献。根据《仪礼·士相见礼》的规定，士和贵族相见的时候必须携带礼物，称为"执挚""冬用雉，夏用腒"。雉即野鸡，腒为干腌的鸟肉。《周礼·夏官司马·射人》又说："其挚，三公执璧，孤执皮帛，卿执羔，大夫鴈。"羔、雁，都是具体的动物名称，皮帛则是指兽皮布帛，如虎豹之皮。《左传·昭公十七年》记载郯子对昭子说："我高祖少皞挚之立也，凤鸟适至，故纪于鸟，为鸟师而鸟名。凤鸟氏，历正也。玄鸟氏，司分者也；伯赵氏，司至者也；青鸟氏，司启者也；丹鸟氏，司闭者也。祝鸠氏，司徒也；鴡鸠氏，司马也；鳲鸠氏，司空也；爽鸠氏，司寇也；

曾侯乙墓出土的战国漆木鹿

鹘鸠氏，司事也。五鸠，鸠民者也。五雉，为五工正，利器用、正度量，夷民者也。九扈为九农正，扈民无淫者也。"玄鸟，燕；伯赵，伯劳；青鸟，鸧鹒；丹鸟，鷩雉，锦鸡。古人用这些鸟类的不同生活习性，表示不同的时节和人事安排，掌管不同的政事。另外，在考古发掘中，也发现了许多春秋战国时期的动物造型器具。例如，1965年在江苏涟水县三里墩战国墓中出土了一件青铜卧鹿，造型优美，插图手法写实。1978年又在湖北随州战国时期曾侯乙墓中出土了漆木梅花鹿，雕刻精美，形象传神①。这些动物造型器物的发掘，展现了战国时期高超的动物造型艺术，反映了当时动物文化的发展。

先秦诸子还把动物的生态习性和人事活动联系起来，以阐明自己的思想主张。《荀子·劝学》说："蚓无爪牙之利，筋骨之强，上食埃土，下饮黄泉，用心一也。蟹六跪而二螯，非蛇鳝之穴无可寄托者，用心躁也。"这里通过动物的习性比拟人的学习行为，把深刻的道理阐述的形象生动。《关尹子·三极篇》说："圣人师蜂立君臣，师蜘蛛立网罟，师拱鼠制礼，师战蚁置兵。"这是认为，人类文化的很多方面都是模仿动物行为的结果。《庄子》常常以各种动物比拟人的思想和活动，鲲鹏、蜩与学鸠、蝴蝶、螳螂、猿猴、黄雀、泥鳅等各种动物，托物言志，以物喻人，语言生动活泼，充满了故事性和趣味性，荒谬怪诞，又让人深思。

---

① 李卫. 精美的鹿形象文物［N］. 人民日报(海外版)(2005-11-8 第七版).

林业经典文献选读

《周易·系辞下》(节选)

古者包牺氏之王天下也，仰则观象于天，俯则观法于地，观鸟兽之文与地之宜，近取诸身，远取诸物，于是始作八卦，以通神明之德，以类万物之情。作结绳而为网罟，以佃以渔，盖取诸《离》。包牺氏没，神农氏作，斫木为耜，揉木为耒，耒耨之利，以教天下，盖取诸《益》。日中为市，致天下之民，聚天下之货，交易而退，各得其所，盖取诸《噬嗑》。神农氏没，黄帝、尧、舜氏作，通其变，使民不倦，神而化之，使民宜之。《易》穷则变，变则通，通则久。是以自天佑之，吉无不利。黄帝、尧、舜垂衣裳而天下治，盖取诸《乾》《坤》。刳木为舟，剡木为楫，舟楫之利，以济不通，致远以利天下，盖取诸《涣》。服牛乘马，引重致远，以利天下，盖取诸《随》。重门击柝，以待暴客，盖取诸《豫》。断木为杵，掘地为臼，杵臼之利，万民以济，盖取诸《小过》。弦木为弧，剡木为矢，弧矢之利，以威天下，盖取诸《睽》。上古穴居而野处，后世圣人易之以宫室，上栋下宇，以待风雨，盖取诸《大壮》。古之葬者，厚衣之以薪，葬之中野，不封不树，丧期无数。后世圣人易之以棺椁，盖取诸《大过》。上古结绳而治，后世圣人易之以书契，百官以治，万民以察，盖取诸《夬》。

《孟子·告子上》(节选)

孟子曰：牛山之木尝美矣，以其郊于大国也，斧斤伐之，可以为美乎？是其日夜之所息，雨露之所润，非无萌蘖之生焉，牛羊又从而牧之，是以若彼濯濯也。人见其濯濯也，以为未尝有材焉，此岂山之性也哉？虽存乎人者，岂无仁义之心哉？其所以放其良心者，亦犹斧斤之于木也，旦旦而伐之，可以为美乎？其日夜之所息，平旦之气，其好恶与人相近也者几希，则其旦昼之所为，有梏亡之矣。梏之反覆，则其夜气不足以存；夜气不足以存，则其违禽兽不远矣。人见其禽兽也，而以为未尝有才焉者，是岂人之情也哉？故苟得其养，无物不长；苟失其养，无物不消。孔子曰："操则存，舍则亡；出入无时，莫知其乡。"惟心之谓与？

思考题

1. 先秦时期森林资源缩减的原因主要有哪些？
2. 火的发现和使用对森林和林业有哪些影响？

3. 如何认识先秦时期的森林保护政策？

4. 先秦诸子对林业有哪些论述？如何认识和评价他们的林业思想？

推荐阅读书目

1. 中国古代林业史·先秦篇. 张钧成. 台北：五南图书出版公司，1995.

2. 中国森林的变迁. 马忠良，等. 北京：中国林业出版社，1997.

3. 先秦手工业史. 陈振中. 福州：福建人民出版社，2008.

4. 中国林业传统引论. 张钧成. 北京：中国林业出版社，1992.

第2章
秦汉时期的林业

秦汉时期，是中国传统林业的一个重要演进阶段。这一时期，有面积相当广阔的森林分布，整体上的森林覆盖率较为可观，保持在40%以上。这一时期，随着人类利用自然、改造自然能力的提升，秦汉时期的森林培育技术和木材加工利用技术也不断进步，而且出现了较早的一批涉林文献。但是，随着农业耕作技术的进步，农耕区的不断拓展，也对森林产生了挤压；加上厚葬的奢靡之风、大规模的移民屯垦、大型土木工程的兴建、频仍的战乱等因素，对森林资源造成严重破坏，森林面积逐步减少，生态环境有所恶化。

针对这种状况，皇朝统治者开始重视保护植被资源与自然环境。秦汉时期，改变了西周以来的分封制，建立起统一的中央集权王朝，在地方推行郡县制，对地方采取统一管理，大一统的政治格局对林业发展也产生了一定影响。出于强国富民、巩固皇朝的目的，皇朝统治者对农林生产的重视程度越来越高，并在政府机构中设置了涉林职官，在法律政策方面也多有涉及。朝野以务农为本，上倡下效，农林生产大有起色，并初步形成了一定规模的农林经营模式。

2.1 森林资源分布及变迁

2.1.1 森林资源分布

2.1.1.1 森林资源的分布概况

秦汉时期，森林资源的分布，较先秦时期已经有明显的减退，特别是在农业开发较早的黄河中下游平原地区，已经很少有大面积的自然森林。据相关研究表明，除了森林资源开发较早的黄河流域中下游地区以外，仍有面积相当广阔的森林覆盖，整体森林覆盖率在40%以上；即使地处黄河中游的中原地区，森林覆盖率有所下降，但仍维持在30%~40%左右①②。据史料记载，当时的森林资源主要分布在以下几个地区：关中西部的陇右地区、关中南部的秦岭地区、关中东部黄土高原地区和江南地区。

(1) 关中地区都城长安一带

秦汉时期，黄河中下游地区人口众多，土地开垦迅速，是全国有名的富庶地区。由于过度开发，关中、长安一带较大规模的天然林在关中地区已经很少见。这一时期，关中、长安一带的森林资源，主要以皇家和私人占有的园囿、林地等为主，尤其以上林苑为典型代表。汉武帝建元三年(公元前138年)，在秦代的基础上扩建上林苑，地跨长安、咸阳、周至、户县、蓝田五县境，纵横300里，南部是由今蓝田的焦岱镇(鼎湖宫)开始，向西经长安的曲江池(宜春宫)、樊川(御宿宫)，沿终南山北麓西至周至(五柞宫)；北部是兴平的渭河北岸(黄山宫)，沿渭河之滨向东。有灞、浐、泾、渭、沣、镐、牢、橘八水出入其中。据相关文献记载，由于受到禁苑的保护，上林苑及其周边"林麓泽薮"较多，有松柏杨柳等多种林木种类，森林资源还是较为丰富的。不过上林苑作为皇家苑囿，并非全部都是林区。

除了上林苑之外，汉代长安城周边，还有部分小块林地，例如长安城东南的楸林等。此外，汉王朝的一些宫殿和离宫别馆周边，森林资源也较为可观，例如长安西北20多公里、位于甘泉山下的甘泉宫，内外有"豫章杂木，梗松柞棫，女贞乌勃，桃李枣檍"，不但树种多样，而且数量繁多，西汉末年一次大风就吹折了宫内十围以上的大松树百余株(《汉书》卷二五下《郊祀志下》)，由此可见一斑。有些宫殿乃至以树木为名，例如位于盩厔县(今陕西周至)的长杨宫、五柞宫等，说明当时其周边是有森林存在的。

秦汉时期，关中地区还有一定的竹林分布，《史记·货殖列传》称"山西饶材、竹"，这里的山西指的关西，也就是战国、秦、汉时称崤山、华山以西地区。当时关中地区物产丰富号称"陆海"，就如《货殖列传》中就曾提出"渭川千亩竹……与此其人皆与千户侯等"；在鄠(今陕西户县)杜(今陕西西安市长安区东北)地区就有不少竹林分布，竹圃甚至成为一地的专名。

(2) 关中以南秦岭地区

秦汉时期至南北朝末期，关中以南的秦岭，森林资源还是比较丰富的。据南北朝时期庾信的《终南山义谷铭并序》记载反映，山上有檀、柘等较为名贵的林木，以及"杶干栝柏，椅桐漆梓"等重要树种。西秦岭上的森林与渭河上游各地相媲美；秦岭东端的华山，森林更为茂密，据《水经·河水注》记载"常有好事之士，故升华岳而观厥迹焉。自下庙历列柏南行十一里，东回三里至中祠"，可见从山巅一直到山

---

① 樊宝敏，董源. 2001. 中国历代森林覆盖率的探讨[J]. 北京林业大学学报(4)：60-65.
② 赵冈. 1996. 中国历史上生态环境之变迁[M]. 北京：中国环境科学出版社.

下岳庙侧旁，林木连绵不绝；华山的森林资源至北魏时期仍然储量丰富，《魏书·安定王休传附子燮传》记载，元燮为华州刺史，欲迁州于冯翊（今陕西大荔），乃上表请求："未若冯翊，面华渭，包原泽，井浅池平，樵牧饶广。采材华阴，陆运七十；伐木龙门，顺流而下。陪削旧雉，功省力易"①，能够"采材华阴"，说明华山上森林的范围相当广大，不限于一处。

崤山为关东西大道必经之地，山上森林最易受人注意，特别是旧函谷关附近的松柏不减前代。至魏晋时期，崤山仍有可观的森林资源，例如，西晋张协《登北芒赋》所描述的邙山上的松林"松林掺映以攒列，玄木搜寥而振柯"，三国魏阮籍《咏怀诗》所描述的首阳山上的嘉树林"步出上东门，北望首阳岑，下有采薇土，上有嘉树林"，《首阳山赋》所描绘的首阳山植被，"聊仰首以广颖兮，瞻首阳之冈岑；树丛茂以倾倚兮，纷萧爽而扬音"。

中条、太岳等山的森林资源也较为可观，甚至到北魏时仍有保留，例如《水经·涑水注》记载了中条山一支峰盐道山的植被覆盖情况，"东陂世谓之晋兴泽，东西二十五里，南北八里，南对盐道山。其西则石壁千寻，东则磻溪万仞，方岭云回，奇峰霞举，孤标秀出，罩络群山之表，翠柏荫峰，清泉灌顶"。而中条山的另一座支峰钟鼓山翠柏而外、兼多青松，《水经·河水注》在"〔教水〕其水南流，历钟鼓上峡，悬洪五丈，飞流注壑，夹岸深高，壁立直上，轻崖秀举，百有余丈。峰次青松岩，悬颓石于中，历落有翠柏生焉，丹青绮分，望若图绣矣"。

此外，像吕梁山、子午岭、黄龙山、六盘山、陇山等黄河以西的山区，也有较多森林资源的分布，但由于文献典籍记载稀少，只能以魏晋以后的文献加以佐证。

（3）阴山地区

秦汉时期，阴山山脉的森林也开始有记载。据《汉书·匈奴传》记载，汉元帝竟宁元年（前33年），匈奴呼韩邪单于来朝，汉元帝以王昭君赐之，呼韩邪单于十分感激，上书请求"愿保塞上谷以西至敦煌，传之无穷。请罢边备塞吏卒，以休天子人民"；汉元帝令大臣讨论，诸大臣都认为可行，但郎中侯应认为不可，并提出了十点原因，即《侯应论罢边十不可》。

在这十不可之中，侯应在第一条中就指出，"周、秦以来，匈奴暴桀，寇侵边境，汉兴，尤被其害。臣闻北边塞至辽东，外有阴山，东西千余里，草木茂盛，多禽兽，本冒顿单于依阻其中，治作弓矢，来出为寇，是其苑囿也。至孝武世，出师征伐，斥夺此地，攘之于幕北。建塞徼，起亭隧，筑外城，设屯戍以守之，然后边境得用少安。幕北地乎，少草木，多大沙，匈奴来寇，少所蔽隐，从塞以南，径深山谷，往来差难。边长老言匈奴失阴山之后，过之未尝不哭也。如罢备塞戍卒，示夷狄之大利，不可一也"，意思是阴山山脉东西长数千里，草木茂盛，匈奴利用其材木制作弓箭、引兵中原，阴山成为匈奴的苑囿；至汉武帝出击匈奴，匈奴失掉阴

① 〔北齐〕魏收.1974.魏书［M］.北京：中华书局.

山，没有了战略资源和依托，因而匈奴人经过阴山无不痛惜和哭泣。

侯应此番言论，不仅表明阴山山脉中森林地区的广大，也说明了其中有很多可用的良材。据《魏书·太武帝纪》记载，南北朝时期，北魏由平城(今山西大同东南)远征夏国，进攻其都城统万城(今陕西靖边无定河北岸白城子)，为了充实军力，"乃遣就阴山伐木，大造攻具"[1]。

(4)榆林塞

论述秦汉时期的森林分布，还有一条人工林地带需要提及，即榆林塞。榆林塞的培植始于战国末年，是循当时长城栽种的。战国末年的秦长城东端始于今内蒙古托克托县黄河右岸的十二连城，西南行，越秃尾河上游，过今榆林、横山诸县北，再缘横山山脉之上西去。西汉时这条绿色边塞再经培植扩展，散布于准格尔旗及神木、榆林诸县之北。这是当时长城附近的一条绿色长城，而其纵横宽广却远超过于长城。

战国末年，秦长城西达今甘肃岷县。秦始皇统一六国后，在旧长城之北复筑长城，经过今兰州市地界，循黄河而下，再循阴山山脉而东。秦始皇修筑长城后，也曾令大将蒙恬树榆为塞、抵御匈奴骑兵。今兰州东南有榆中县，在当时长城附近，又以榆中为名，可见确有其事。

榆林塞分布广、资源丰富，到南北朝时期仍大致存在。考古工作者在统万城遗址(十六国时赫连勃勃所建的夏国都城)废城遗墟中，发现了筑城时堆积材木的旧地，其中尚有不少大可合抱的松柏和杉木。材木大可合抱，年代当然不会很短。由此可见，当地森林已有悠久的渊源了。除此之外，这条绿色长城区域不仅榆树成林，还有不少竹林。

(5)南方地区

秦汉时期，南方地区由于受到人类开发较少，森林资源相对丰富，植被覆盖率也较高。以四川为例，当时分布着较为广阔的长叶阔叶林，就如《汉书·地理志》所载"巴蜀广漠，土地肥美，有山林竹木之饶"。但是随着人类的开发，成都平原部分地段、东到巫山、巫溪、北抵秦岭、西及西南至邓昧山脉、大小相岭的部分地段，其常绿阔叶林向着杂木林转化[2]。

与此同时，四川地区的人工林栽培也是颇具规模。正如《华阳国志》记载当时巴地盛产"桑蚕、漆茶蜜"，蜀地拥有"桑、漆、麻、竺之饶"。四川是我国古代主要产漆区之一。这不仅可从描述巴蜀文化的典籍《山海经》多处提到漆树产地得到证明，而且还可据巴地昭化宝轮院、巴县冬笋坝以及蜀地成都羊子山出土的漆器珍品，可见当时四川产漆、用漆都已达到相当水平。

秦汉时期四川地区的经济林经营也十分繁荣，就如扬雄《蜀都赋》中所描述的

---

① ［北齐］魏收.1974.魏书［M］.北京：中华书局.
② 林鸿荣.四川古代森林的变迁［J］.农业考古,1985(4)：162-168.

"于木则楩枏豫章樹榜，檽櫨樺柙，青稚雕梓，粉梧楻枥，檘楢木稷，枂信楫䕺，俊干凑集。檽柍楬，扎沈橙椅……泛閌野望，芒芒菲菲。其竹则钟龙笭，野筱纷邕，宗生族攒，俊茂丰美……填衍迥野，若此者方乎数十百里""尔乃其裸，罗诸圃畝，缘畛黄甘，诸柘柿桃，杏李枇杷，杜榉栗樼，棠梨离支，杂以梃橙，被以樱梅，树以木兰。扶林禽，燸般关"，可见当时四川地区经济林培育和种植的盛况。

2.1.1.2　汉赋中的森林

汉赋是汉代流行的一种文学体裁，其从《楚辞》发展而来，并吸取了荀子《赋篇》的体制和纵横家的铺张手法。汉赋在公元前 2 世纪到公元 3 世纪初的 400 余年间，曾经是文学的强大流派，《汉书·艺文志》著录的，就有"诗赋百六家，千三百一十八篇"，而费振刚等辑《全汉赋》中，东汉作者人数和作品篇数又都远远超过西汉。汉赋有小赋和大赋两种，小赋多为抒情作品，大赋多写宫观园苑之盛和帝王穷奢极侈的生活，绮靡富丽，为当时统治者所喜爱。汉代人的赋作，对于汉代文化宏大华美气象的形成，曾有显著的影响。其中，山光水色、密林芳草，是汉赋作家特别乐于描绘的对象，这些对于山林的渲染赞美，也同样记录了汉代的森林概貌。

孔臧的《杨柳赋》，被称为千古咏柳第一篇，以铺陈的手法，真实地展现杨柳自然美的丰姿。全赋开篇直接称赞杨柳的"结草早知春"的节候特征和繁茂可避烈日的作用；接下来多面展现杨柳自然美的丰姿，以及它构造的"蒙笼交错，应风悲吟；鸣鹊集聚，百变其音"的佳境。第二段巧用南北对举、东西对照，突现出杨柳四布成林的特质，呈现出柳树的顽强的生命力，渲染了柳树能使大地成荫、园林增色、屋宇生辉等美化环境的作用。第三段将自然美景同生活乐趣相融相映，从而揭示出利用自然美来增添和丰富生活美。屋旁四周，遍植杨柳，清凉安宁，自得其乐。

司马相如的《上林赋》中，刻画了汉武帝时期上林苑恢宏巨丽的景色。上林苑经汉武帝时期大规模扩建，跨度三百里，离宫七十所，苑中广植花木，景观处处皆是，且圈养珍禽异兽，供皇帝秋冬猎取。《上林赋》描绘了上林苑中庞杂的水系河道，丰饶的渔产禽类，巍峨连绵的群山密林，众多种类的野生动物，丰富的林产植物资源："于是乎卢橘夏熟，黄甘橙楱，枇杷橪柿，亭奈厚朴，楟枣杨梅，樱桃蒲陶，隐夫薁棣，答沓离支，罗乎后宫，列乎北园。坻丘陵，下平原，扬翠叶，扤紫茎，发红华，垂朱荣，煌煌扈扈，照曜钜野。沙棠栎槠，华枫枰栌，留落胥邪，仁频并闾，欃檀木兰，豫章女贞，长千仞，大连抱，夸条直畅，实叶葰楙，攒立丛倚，连卷欐佹，崔错癹骫，坑衡閜砢，垂条扶疏，落英幡纚，纷溶箾蔘，猗柅从风，薆莅卉歙，盖象金石之声，管钥之音。偨池茈虒，旋还乎后宫，杂袭累辑，被山缘谷，循阪下隰，视之无端，究之无穷。"

扬雄的《蜀都赋》中，描绘了成都地区的壮美山川、富饶物产。《蜀都赋》中列出了众多蜀都出产的树木花草、鸟兽虫鱼、五谷蔬果，例如对树木和竹子的描写，种类繁多、场面宏大："于木则楩枏豫章樹榜，檽櫨樺柙，青稚雕梓，粉梧楻枥，樕楢木穆，枒信楒丛，俊干凑集""其竹则钟龙笀，野筱纷邑，宗生族攒，俊茂丰美，洪溶忿苇，纷扬搔翕，与风披拖，夹江缘山，寻卒而起，结根才业，填衍迴野，若此者方乎数十百里。"

班固的《西都赋》中，叙述了长安形势险要、物产富庶、宫廷华丽等情况，包括汉代长安地区的地理概貌、山水脉络、自然资源、皇家园囿、农业概况、林产种类、野生动物分布等，其中蕴含着大量森林资源的记载："其阳则崇山隐天，幽林穷谷，陆海珍藏，蓝田美玉。商、洛缘其隈，鄠、杜滨其足，源泉灌注，陂池交属。竹林果园，芳草甘木，郊野之富，号为近蜀"。

张衡的《东京赋》中，对洛阳进行了描述与歌颂，描写了宫殿、飞阁、楼榭、湖苑的壮丽宏伟，以及丰饶物产、奇树异果，"芙蓉覆水，秋兰被涯""修竹冬青""奇树珍果"，渲染出极尽奢华艳绝、栩栩如生的图景。

张衡另一篇脍炙人口的《南都赋》，描写的则是其家乡南阳的壮美山川，包括崇山峻岭、青山绿水、宜人景色、珍宝矿藏、葱茏树木、特色林产、走兽飞鸟、禽兽鸟鱼、瓜芋菜蔬、山果香草、美丽园囿等，其中有诸多关于森林资源的记录："其木则柽松楔樱，樠柏杻橿，枫栝栌枥，帝女之桑，楈枒栟榈，柍柘檍檀。结根竦本，垂条蝉媛。布绿叶之萋萋，敷华蕊之蓑蓑。玄云合而重阴，谷风起而增哀。攒立丛骈，青冥肝瞑。杳蔼郁于谷底，森蓁蓁而刺天""其竹则鐘笼篁篾，筱簳箖。缘延坻阪，澶漫陆离。阿那翁茸，风靡云披""其原野则有桑漆麻苎，菽麦稷黍。百谷蕃庑，翼翼与与。若其园囿，则有蓼荻蘘荷，諸蔗姜𧄍，菥蓂芋瓜。乃有樱梅山柿，侯桃梨栗，梬枣若留，穰橙邓橘。其香草则有薜荔蕙若，薇芜荪苌。晻暧翁蔚，含芬吐芳。"

以上是部分具有典型性代表性的汉赋大家之作，都是成就很高的文学作品。在欣赏其文学成就的同时，也可以窥见其对于汉代长安地区、洛阳地区、成都地区、南阳地区的山川、森林、野生动植物分布的大量记录。虽然汉赋之中掺入了不少文学夸张与渲染的成分，但仍可以从中了解到两汉时期森林分布和自然环境的概貌，以及汉代林业经济与文化的特点，对于研究汉代林业发展与生态环境变迁，具有重要的参考价值。

2.1.1.3 野生动物资源的分布

秦汉时期，野生动物资源还是较为丰富的，例如犀牛、大象、鹿、虎等珍稀野生动物，在当时种群数量多、分布广泛，这从古籍文献的记载、考古发现等途径，可以得到确认。

据《尚书·禹贡》《周礼·夏官司马·职方氏》《山海经》《华阳国志·蜀志》等文献的记载，秦汉时期的荆州、扬州、蜀地、交州、交趾等地有犀牛及其皮革的贡奉，可见湖北、湖南、江苏、四川、广东、广西等地区，有着犀牛的广泛分布。但是，由于人类耕作区的不断扩大、对于犀牛的捕猎，以及气候的变化，使得犀牛的生存区不断南移。

这一时期，南方出产象牙的文献记载，在《淮南子》《汉书》《后汉书》中屡见，这也表明了江南地区大象分布的广泛且多。在考古发现方面，西汉南越王墓中的大量象牙制品，也说明了秦汉时期的两广云贵地区，是亚洲象的重要生活区。

从文献记载和文物图像看，鹿曾经是秦汉时期生存数量甚多的野生动物，分布几乎遍布全国，在农耕开发程度不高而山林植被条件较好的地区尤其如此。在农耕发达区域，鹿群的活动也往往影响正常社会生活，如《三国志·魏书·高柔传》所记载的"群鹿犯暴，残食生苗，处处为害"。据《吕氏春秋》《晏子春秋》等文献记载，先秦秦汉时期以鹿肉加工食品，是相当普遍的，其形式大致有鹿脯、麋脯、鹿脍、鹿羹、鹿醢等等；长沙马王堆一号汉墓所出土的梅花鹿骨骼，就占出土动物骨骼数量比例的第二位。可见，秦汉时期鹿的种群数量很大，分布地域广泛。同时，鹿及其制品具有食用、药用、装饰等作用，因此猎鹿是秦汉社会生产与生活中常见的现象。汉代画像石、画像砖等图像资料，多见反映猎鹿场面的内容。

汉"骑士射鹿·牵狗狩猎"画像砖拓片

虎在中国历史上分布非常广泛，科学界根据大量考古发现和现代动物地理野外调查研究成果，并佐以地质、生态环境、人文环境等综合研究，确认虎200万年前起源于中国黄河中游一带，然后向外扩散，在国内首先呈现东北、西北、南方三大主要扩散线路，再越出境外。在20世纪前，虎在中国地理分布约达到82%的地域，在全国省级行政区皆有分布。就是到20世纪前半叶，在今北京、河北、山西、内蒙古、辽宁、吉林、黑龙江、江苏、浙江、安徽、福建、江西、山东、河南、湖北、湖南、广东、广西、香港、重庆、四川、贵州、云南、西藏、陕西、甘肃、青海、新疆等地区，仍多寡不等地有虎存在。

追溯起源，大约一万年前的黑龙江和内蒙古等地的岩画中，已经出现虎的形象。那时的人类还普遍处在以狩猎采集为生的前农业状态，狩猎生活中常见的动物和猛兽自然成为当时人神话想象中的主要对象。新发现的商代甲骨文中有一类卜田猎的，其中多次记述商王猎获虎的事件，可见进入农业社会的殷商人还保留着狩猎时代的生活习惯。而当时中原地区也繁衍生息着大量老虎。

秦汉时代捕猎图

秦汉时期，虎分布广泛，文献中各地老虎为患的记载车载斗量，例如《史记·李将军列传》《后汉书·宋钧传》《后汉书·法雄传》《后汉书·儒林传》《后汉书·五行志》《论衡·遭虎》篇等不一而足。由于秦汉时期虎患严重，导致"行旅不通"的情况，当时人们出行时畏避虎患的心理十分普遍，汉代画像中多见击虎、射虎、刺虎、斗虎、御虎的画面，体现出较为积极的清除虎患以维护自身安全的意识。秦汉时期古人对虎的敬畏，形成了大量以虎为主题的文化解读以及观察与利用，表现在大量辟邪消灾的符号行为方面。因为虎继熊之后成为民间信仰中的百兽之王，在东汉许慎《说文解字》中被定义为"山君"即山神，具有威风八面的驱邪禳解作用。建筑中的门神用虎，因为相信"画虎于门，鬼不敢入"。东汉应劭《风俗通义·祀典》中记载："今俗法，每以腊终除夕，饰桃人，垂韦索，画虎于门，左右置二灯，象虎眠，以驱不祥。"随着门神信仰一直流传至当代，民间除夕之时仍然在门上贴虎画，希望能够驱鬼辟邪。此外，军队中虎符的使用、虎形装饰的存在、虎贲将士的称谓等，均是对虎善战善斗特质的体现和向往。

汉代猎虎画像砖

2.1.2　森林资源变迁

秦汉时期，人类林木利用进一步加剧，包括大量的常规性的薪炭使用、土木工程建设、"黄肠题凑"厚葬之风、战争破坏等，都使得森林资源遭受巨大破坏，森林面积大面积减少，生态环境日趋恶化。

2.1.2.1 薪炭消耗毁林

薪炭消耗涉及普通民众、宫室官寺、冶铁铸铜、制陶煮盐等方面，属于经常性活动，积年累月不断蚕食，对森林资源产生重要破坏。

中国古代社会长期以薪柴和木炭为主要的燃料，人们出于生活需求采伐林木以获取薪炭，煤到了南宋以后才开始较多地使用。秦汉时期，社会生产和生活主要以薪柴和木炭作为燃料，例如冶铁、炼铜、铸陶、煮盐等方面。

秦汉时期，薪炭的供应包括皇室官方需求和民间需求供应。皇室薪炭的需求由负责管理皇家财富的少府机构中的钩盾令负责，宫室、官寺的薪炭供为常制，例如《后汉书·皇后记》记载，汉殇帝时为节省用度，邓太后曾下发诏令"离宫别馆储峙米糒薪炭，悉令省之"，可见一般情况下，皇宫禁苑甚至离宫别馆都需做好薪炭日常储备工作。官府也有供应薪炭的情况，例如《汉书·淮南厉王刘长传》记载淮南王刘长因图谋叛乱，被汉文帝下诏废除封王、迁居蜀地严道邛邮，并令地方官员为其提供房屋、柴炭等生活物资，"遣其子母从居，县为筑盖家室，皆廪食给薪菜盐豉炊食器席蓐"。民间需求供应部分，薪炭的采伐烧制和运输，是民众力役的一项重要内容，王莽时羲和鲁匡谏言让官方介入酿酒行业，拟"除米麹本贾，计其利而什分之，以其七入官，其三及醯酨灰炭给工器薪樵之费"，可见薪炭费用占据了很大一部分；东汉崔寔《政论》中提及地方官员的俸禄颇为不足，其中涉及了薪炭部分的消费，"一月之禄，得粟二十斛，钱二千……客庸一月千，刍膏肉五百，薪炭盐菜又五百"，可见薪炭占日常生活费用的很大比例。社会需求催生了所谓的"艾薪樵""担束薪"等市场性行为，例如《汉书·朱买臣传》中记载朱买臣"好读书，不治产业，常艾薪樵，卖以给食，担束薪，行且诵书"，在发迹之前就是依靠砍柴卖薪为生。民众的日常生活和宫室官寺的薪柴木炭的供应，是林木资源消耗最主要的领域，据当前学界研究成果显示，保守来说，汉代每年薪炭消耗量在三十多万立方米，年毁林一百多万亩（表2-1），造成黄河中下游、关中平原一带森林大量损耗。

表2-1　秦汉时期薪柴耗费森林状况表①

	高峰期人口数 （百万人）	年薪柴消耗量 （百万立方米）	年薪柴消耗量 （万吨）	年耗林面积 （百万亩）	年毁林面积 （百万亩）
秦代（前210年）	20	20	12	4.3	0.43
西汉（2年）	60	60	36	12.8	1.28
东汉（105年）	65	65	39	13.8	1.38

薪柴之外，秦汉社会的手工业生产对森林资源有着极大的依赖，冶铁、铸钱、制陶、煮盐等手工业产品的生产又大量使用木炭。《淮南子·本经训》中描述汉代不加限制地开发利用森林等自然资源的情况，"煎熬焚炙，调齐和之适，以穷荆吴甘

① 李欣. 2016. 秦汉农耕社会的薪炭消耗与材木利用——以环境问题为中心的考查[J]. 古今农业(3)：18-30.

酸之变；焚林而猎，烧燎大木；鼓橐吹埵，以销铜铁；靡流坚锻，无猌足目；山无峻干，林无柘梓；燎木以为炭，燔草而为灰；野莽白素，不得其时；上掩天光，下珍地财，此遁于火也。此五者，一足以亡天下矣"，其中冶铁铸造等行业"上掩天光，下畛地材"的行为，规模宏大破坏严重，两汉时许多地区山秃林尽，冶金业恐怕也难脱其咎。贡禹也曾就冶铸业严重破坏森林提出激烈的批评，据《汉书·王贡两龚鲍传》记载，贡禹"地藏空虚，不能含气出云，斩伐林木亡有时禁，水旱之灾未必不由此也"，这是秦汉时期最早认识到过度使用矿产、森林资源会带来生态环境问题的论断。

2.1.2.2　土木工程毁林

历代封建王朝在取得政权以后，总要大兴土木营建都城宫殿，以象征封建皇权和用来临朝听政；同时构筑离宫别馆，兴造园林，供帝王出宫时居留享乐。秦汉时期，皇室与富豪之家大兴土木建造，大量的宫殿、苑囿建设用材，对森林的常规消耗有着极大的规模，成为森林毁坏的主要原因之一。《阿房宫赋》载，"六王毕，四海一，蜀山兀，阿房出"，形象地揭示了当时因建造阿房宫而造成的林木大量使用，致使森林资源毁坏殆尽。

秦统一六国之前，宫室营建技术已经有了长足进步，大规模的宫室营造工程已经开始。西北少数民族派遣使者由余拜见秦缪公（即秦穆公），"秦缪公示以宫室、积聚。由余曰：'使鬼为之，则劳神矣。使人为之，亦苦民矣。'"，可见土木工程兴建规模之大、用材之奢。另外，秦国民间房屋建筑也流行木制的板屋，《诗·秦风·小戎》说"在其板屋，乱我心曲"，《汉书·地理志下》解释说"天水、陇西，山多林木，民以板为室屋……故《秦诗》曰'在其板屋'。"由此可见，无论是皇室还是民间，大量土木工程的营造，无疑给黄河上游地区的森林资源造成了严重的毁坏。

秦统一六国之后，秦始皇追求奢侈与享乐，更是大兴土木，宫殿与离宫别馆不断兴造。据《史记·秦始皇本纪》记载，秦始皇将六国的宫殿移植到都城，"秦每破诸侯，写放其宫室，作之咸阳北阪上，南临渭，自雍门以东至泾、渭，殿屋复道周阁相属。"《史记正义》引《庙记》云："北至九嵕、甘泉，南至长杨、五柞，东至河，西至汧渭之交，东西八百里，离宫别馆相望属也。木衣绨绣，土被朱紫，宫人不徙。穷年忘归，犹不能遍也。"同时，"乃令咸阳之旁二百里内宫观二百七十复道甬道相连，帷帐锺鼓美人充之，各案署不移徙"。除此之外，秦始皇还下令兴建阿房宫和骊山陵墓，秦始皇三十五年（前212年）"于是始皇以为咸阳人多，先王之宫廷小，吾闻周文王都丰，武王都镐，丰镐之间，帝王之都也。乃营作朝宫渭南上林苑中。先作前殿阿房，东西五百步，南北五十丈，上可以坐万人，下可以建五丈旗""隐宫徒刑者七十余万人，乃分作阿房宫，或作骊山。发北山石椁，乃写蜀、荆地材皆至。关中计宫三百，关外四百余。于是立石东海上胸界中，以为秦东门。因徙三万家丽邑，皆复不事十岁"。由《史记》的记载不难发现，甘泉宫、阿房宫和骊山陵墓等土木工程，不但劳役规模大、人数多，而且劳民伤财，对森林资源产生严重破坏，建造阿房宫时所需木材是从四川地区采伐而来的，这也反映出当时中原地区已经没有可堪大梁的木材资源了。

此外，民间的兴造也不在少数，秦始皇统一六国后，将六国豪强之家迁徙到关中咸阳地区，"徙天下豪富于咸阳十二万户。诸庙及章台、上林皆在渭南"。富豪之家的土木工程建设，以及日产薪柴木炭消耗，也给森林资源带来了巨大的损耗。

两汉时期，土木工程建设不逊于秦代，例如西汉的上林苑、未央宫、甘泉宫、建章宫，东汉的濯龙园、永安宫等宫室的兴建。特别是西汉武帝时期，宫苑建设出现一个高潮。西汉初年，汉室袭用了秦的上林苑，至汉武帝时，大事扩建，最终建成规模宏伟、功能更多样的皇家园林——上林苑，据《汉旧仪》(《太平御览》卷一百九十六引)记载，上林苑"广长三百里，苑内养百兽，天子春秋射猎苑中，取兽无数。其中离宫七十所，容千乘万骑"，潘岳《关中记》云"上林苑门十二，中有苑三十六，宫十二，观三十五"。上林苑囊括了长安城的东、南、西的广阔地域，关中八水流经其中，建宫、苑数量不下三百余处，不但具有供帝王射猎的囿的功能，同时拥有众多的宫室建筑，具备了供皇帝止宿游乐等多种用途，是古代皇家园林建设的第一个高潮。东汉时期，汉明帝下令建设濯龙园，这是东汉时期最大的皇家园林之一，居众皇家园林之首；该园林采用城市建园的方式，在建设过程中开溪流，造瀑布，建桥梁，并在地下埋建繁密的地下管道，工程巨大，并且在汉桓帝时进一步扩建。

此外，富家豪族也纷纷建设自己的府苑庄园，正如《后汉书·宦者传·曹节》所说的，王室贵族、豪强巨富"缮修第宅，连里竟巷"，例如西汉的袁广汉私园，东汉的梁冀"菟园"，都是名噪一时的私家园林。葛洪《西京杂记》记载："茂陵富人袁广汉，藏镪巨万，家僮八九百人。于北邙山下筑园，东西四里，南北五里，激流水注其内。构石为山，高十余丈，连延数里。养白鹦鹉、紫鸳鸯、牦牛、青兕，奇兽怪禽，委积其间。积沙为洲屿，激水为波涛，其中致江鸥海鸥，孕雏产静，延漫林池。奇树异草，靡不具植。屋皆徘徊连属，重阁修廊，行之，移身不能遍也。广汉后有罪诛，没入为官园，鸟兽草木，皆移植上林苑中。"此记载详细描述了我国第一个私家大园林的建置布局状况。《后汉书·梁统传》记载梁冀"又广开园囿，采土筑山，十里九陂，以像二崤，深林绝涧，有若自然，奇禽驯兽，飞走其间""又多拓林苑，禁同王家，西至弘农，东界荥阳，南极鲁阳，北达河、淇，包含山薮，远带丘荒，周旋封域，殆将千里。又起菟苑于河南城西，经亘数十里，发属县卒徒，缮修楼观，数年乃成"，可见园林工程的浩大。私人府邸庄园的建设，同样产生大量的木材需求，也给森林资源带来严重危害。

两汉时期，宫室的修建使用了大量的木材，例如《史记·孝武本纪》记载的井干楼的建设中，使用了成千上万的木材，"乃立神明台、井干楼，度五十于丈，辇道相属焉"，司马贞《史记索隐》引《关中记》说"'宫北有井干台，高五十丈，积木为楼.'言筑累万木，转相交架，如井干。"《后汉书·宦者列传·张让》中记载，东汉末年洛阳修宫室，"发太原，河东、狄道诸郡材木""材木遂至腐积，宫室连年不成。刺史、太守复增私调，百姓呼嗟。"宏大富丽的宫室建筑对木材的大量消耗，导致所谓"上求材，臣残木"的情形出现，正如《盐铁论·散不足》中所尖锐地"宫室奢侈，林木之蠹也"。

2.1.2.3 厚葬之风毁林

自先秦开始厚葬之风就盛行，《墨子·节葬》就记述了当时厚葬的状况："王公大人有丧者，曰棺椁必重，葬埋必厚""必大棺、中棺，革阖三操"，倡导前代圣王"棺三寸，足以朽体"的俭葬之法。到汉代厚葬之风依然盛行，而作为丧葬主要用具的棺木，主要用料是木材。因此，厚葬意味着大量树木的砍伐和木材的损耗。例如《后汉书·光武十王列传》记载，东汉中山简王刘焉死后，窦太后等为其大修冢茔，"发常山、钜鹿、涿郡柏黄肠杂木，三郡不能备，复调余州郡工徒及送致者数千人。"

厚葬与棺椁使用方面，汉代的"黄肠题凑"葬制，属于突出的大量消耗木材的不良习俗，造成以柏木为主的林木资源的巨额砍伐与消耗。"黄肠题凑"是流行于秦汉时期的一种特殊葬制，最初称为"题凑"，到西汉中期才出现"黄肠题凑"之名称，最初见于《汉书·霍光传》，霍光死后，皇帝及皇太后亲临吊唁，并赐给霍光"黄肠题凑各一具，枞木外臧椁十五具"，颜师古注引三国时魏人苏林所言"以柏木黄心致累棺外，故曰黄肠，木头皆内向，故曰题凑"。也就是说，黄肠是指墓葬的材料和颜色(柏木黄心)，题凑是指墓葬的形式和结构(木头皆内向)，即黄肠题凑是设在棺椁以外的一种木结构，它是由黄色的柏木心堆垒而成。黄肠题凑葬制和玉衣、梓宫、便房、外藏椁等，构成了汉代帝王的专用葬制，而其他的皇亲国戚及高官大臣只有经过天子的特赐才可享用，据《汉旧仪》记载，汉武帝"坟高二十丈，明中高一丈七尺，四周二丈，用梓棺黄肠题凑"。使用黄肠题凑葬制，一方面在于表示墓主人的身份和地位；另一方面也有利于保护棺木，使之不受损坏。

黄肠题凑是汉代厚葬之风的产物，现今考古发现的有北京大葆台西汉墓、石景山区老山汉墓以及江苏高邮汉墓等。这些汉代墓葬都采自深山穷谷中的名贵木材楠木、柏木和梓木，装饰精致，制造考究，耗资巨大，如北京大葆台汉墓的黄肠题凑，使用的黄心柏木竟然多达 15880 根，消耗木材达 600 立方米。黄肠题凑葬制是皇朝统治者为了满足自身奢侈生活的需要的表现，却给森林资源、生态环境和社会生产生活带来严重危害。针对这种奢侈风气，汉代一些开明帝王也曾有过专门的诏令予以制止，例如汉文帝遗诏反对厚葬，认为"厚葬以破业，重服以伤生"，以身作则要求丧葬从简，"霸陵山川因其故，无有所改"。最终，这种奢华的葬制到东汉初年，由于光武帝、明帝、章帝的一系列诏书的作用，最终逐渐废止。

总体上看，秦汉时期薪炭消耗、土木工程建设、厚葬之风等因素，给森林资源

黄肠题凑墓葬葬式

带来了巨大破坏，森林覆盖率由夏商周时期的50%以上，下降到40%左右。人为对森林资源的掠夺与破坏，是造成秦汉时期森林变迁与锐减的关键因素之一。尤其是黄河中上游的植被资源的破坏，带来了严重的生态环境问题，就如《汉书·沟洫志》所记载的，西汉末年张戎看到植被破坏造成严重的水土流失、黄河泥沙下泻："河水重浊，号为一石水而六斗泥。"①

2.2 森林培育与利用

2.2.1 采伐运输

2.2.1.1 森林采伐工具的进步

自春秋战国时期，铁器的大量使用，给森林采伐带来了巨大便利。江苏六合县春秋墓出土的铁条铁丸、河北兴隆县战国燕矿冶遗址发现的制作斧头的铁铸范、河南洛阳战国早期灰坑出土的铁锛等，说明战国时期采用铁斧、贴锛等工具伐木成为可能。

秦汉时期，文献记载中，也有伐木铁器的内容。西汉刘向《列女传》中记载鲁国臧孙母的言论中，有"错者，所以治锯也；锯者，所以治木也"的常识性论说。《说文解字》中提到"锯者，所以治木也"。三国时期蜀汉的谯周在其《古史考》中记载"孟庄子做锯"，孟庄子即春秋时期鲁国的仲孙速，可见当时已有石制或金属制作的锯。可以这样认为，自春秋战国时期以后，开始出现斧、锛、锯、错（锉），森林采伐技术和工具有了大幅提高。

---

① 〔汉〕班固.1982.汉书[M].北京：中华书局.

2.2.1.2　森林采伐季节的选取

秦汉时期，对于森林采伐时节的认知，在先秦时禁制度的基础上，有了更加丰富的认知。例如，东汉崔寔在其《四民月令》中提到"自正月以终季夏，不可伐木必生蠹虫。(注)或曰：'其月无壬子日，以上旬伐之，虽春夏不蠹。'犹有剖析开解之害，又犯时令，非急无伐。"也就是说，从正月到六月都不能伐木，因为此时砍伐的话，木材容易遭受虫蛀。他提出最佳的伐木时间是"十一月……伐竹木"。另外，崔寔还提出"四月八日，不宜杀草木。始服生衣，宜进温酒，服温药。是月也，无坏麛卵，无伐大树。"

2.2.1.3　木材运输的方式

自春秋战国以来，木材运输的方式，就有陆路运输和水路运输两种，都是因地制宜而进行。西汉宣帝时，赵充国率军在祁连山南麓、湟水流域一带屯田，其给皇帝的《屯田疏》中提到"臣前部士入山，伐材木大小六万余枚，皆在水次……冰解漕下，缮乡亭，浚沟渠，治湟狭以西道桥七十所，令可至鲜水左右"，《汉书》颜注云"'漕下，出水运木而下也。'是漕之为用，不专于转谷矣"，可见水运是汉代木材采伐运输的重要手段。据《后汉书·王充王符仲长统传》，东汉王符在其《潜夫论·浮侈篇》中，在论及汉代富家豪族崇尚厚葬之际，保留了一段关于森林采伐运输的记载："今者京师贵戚，必欲江南檽(栎属)梓、豫章(香樟树)之木。边远下土，亦竞相仿效。夫檽、梓、豫章，所出殊远。伐之高山，引之穷谷，入海乘淮，逆河溯洛，工匠雕刻，连累日月。会众而后动，多牛而后致。重且千斤，功将万夫。而东至乐浪，西达敦煌，费力伤农于万里之地。"综上可见，汉代森林采伐运输的方式，已经有人抬、牛运、车载、水运等手段。考古工作者在四川广汉女儿坟汉墓中，发现有水中行筏的画像，被考古学家命名为《大江行筏图》，应当就是描绘的当时水运木材的场景。

《大江行筏图》(四川广汉女儿坟汉墓)

秦汉时期，在森林采伐和木材运输中，还出现了统一的指挥行为。《吕氏春秋·审应览·淫辞》中记载，"今举大木者，前呼舆讠雩，后亦应之，此其于举大木者善矣。"高诱注："舆謣或作邪謣。前人倡，后人和，举重劝力之歌声也。"《淮南子·道应训》中也提到："今夫举大木者，前呼'邪呼'，后亦应之，此举重劝力之歌也。"可见当时在木材运输中，已经出现劳动的号子，前呼后应，便于统一动作和步调。

2.2.2　木材与林产品贸易

秦汉时期，随着经济发展和贸易的多样化，人们开始关注林木的经济价值，并开始重视发展木材与林产品贸易。这一时期，栽植树木已经成为当时常见的经济活动，出现大规模人工经济林，并产生了许多林木专业大户，专门从事竹木的商品生产与经销活动，促进了秦汉商品经济的发展。在这种情况下，经济林木种植面积增加，林果业具备一定规模，木材与林产品贸易频繁，出现了一批倚林而富的"素封"者。

"素封"指无官爵封邑而富比封君的人，其称谓源于《史记·货殖列传》："今有无秩禄之奉，爵邑之入，而乐与之比者，命曰'素封'。"张守节《史记正义》解释说，指的是那些没有官爵封邑的人，能够凭借田地园林等自然资源的回报，而能够获得与有官爵封邑的贵族官员相匹敌的收益，因此称之为素封。其中，倚靠经济林培育而发家致富、堪比王侯的案例，在秦汉时期为数不少。

《史记》作为中国历史上第一部纪传体通史，其中不乏关于林业发展的相关记载，《货殖列传》就是其一。"货殖"指利用货物的生产与交换，进行商业活动，从中生财求利。司马迁所指的"货殖"，还包括手工业及农、林、牧、渔、矿山、冶炼等行业的经营在内。其中，《货殖列传》记载了不少秦汉时期人工经营用材林、经济林的生产活动，并依据自然生产物的不同类型将全国划分为山西、山东、龙门碣石北与江南四大范围，记述了这些区域的农林作物栽植与分布情况，反映了秦汉时期林业生产分布的广泛性和多样性。

在《货殖列传》中，司马迁详细介绍了当时社会以森林和动植物资源致富的渠道，即通过经营用材林、经济林、木材加工、动植物培育等，可以获得巨额财富而堪比王侯的途径："陆地牧马五十匹，牛一百六十七头，羊二百五十只，水泽中有二百五十头猪，水中有可养千石鱼的池塘，山上有千棵成材的树木。在安邑有千棵枣树；燕地、秦地有千棵栗树；在蜀地、汉水、江陵有千棵橘树；在淮北、常山以南，黄河、济水之间有千棵楸树；在陈地、夏地有千亩漆树；在齐地、鲁地有千亩桑麻田；在渭川有千亩竹林；以及在著名都会万家之城，有千亩亩产一钟的田地，或千亩卮子、茜草，千畦生姜、韭菜：拥有这些的人都可以与千户侯相等""交通便利的大城市，酒一年卖出千瓮，醋和酱千缸，饮料千甔，屠宰牛羊猪千头，贩运谷物卖出千钟，柴薪千车，造船总计千丈，木材千章，竹竿上万，轺车百乘，牛车千辆，涂漆的木器千枚，铜器千钧，未涂漆雕饰的白木器皿、铁器、卮子、茜草千石，马二百匹，牛二百五十头，羊猪两千只，奴婢百人，筋角、丹沙千斤，帛、絮、细布千钧，华美的纺织品千匹，粗布、皮革千石，漆千斗，酿酒的麹、盐、豆豉千荅，鲐鱼、刀鱼千斤，小鱼千石，干鱼千钧，枣、栗三千石，狐、貂裘皮千张，羔羊皮千石，毡席千具，其他果品蔬菜千钟……这样的经营规模也堪比千乘之家"。这类靠农林生产、经营、贸易而富比王侯的人，即是被司马迁高度评价的"素封"者中的一部分。

可见，在秦汉时期，出现了以林业经营为主的园圃制生产，以及以木材和林产品为对象的商业贸易，并且取得了较为繁荣的发展。倚林而富的"素封"者的出现，反映出秦汉时期林业生产经营和贸易的大发展，以及林业生产带来的重要经济价值和社会价值。

2.3 林业科学技术

2.3.1 林木培育

2.3.1.1 因地制宜、土宜之法

森林培育与生产，与其周边的自然环境、水土气候等有着密切的关系，这些都是农林生产中所必须遵循的客观条件。秦汉时期，人们已经认识到了林木培育与自然环境的关系，并积累了一定的技术经验。《淮南子·缪称训》提出"欲知天道察其数，欲知地道物其树，欲知人道从其欲""欲知地道物其树"就是说树木能够反映环境条件，道出了自然环境与林木培育的密切关系。这说明秦汉时期人们在农业生产中，已经认识到因地制宜、因土制宜的重要性。《淮南子·主术训》提出"是故人君上因天时，下尽地利，中用人力，是以群生遂长，五谷蕃殖，教民养育六畜，以时种树，务修田畴，滋殖桑麻，肥硗高下，各因其宜，丘陵阪险，不生五谷者以树竹木，春伐枯槁，夏取果蓏，秋蓄蔬食，冬伐薪蒸"，已提出了一套完整的"三才"理论，并用于指导从事农林生产等事务。

2.3.1.2 外来树种的引进

西汉时期，张骞通西域打通了"丝绸之路"的同时，也加强了汉朝对外的经济和文化交流。在交流的过程中，一些新的农林作物也同时引入国内，这些有农业作物中常见的苜蓿、蚕豆、胡萝卜、胡瓜等，也有林木作物中的葡萄、石榴、核桃、沉香树、法国梧桐、菩提树等。以石榴为例，时称安石榴，据西晋张华《博物志》记载，"汉张骞出使西域，得涂林安石国榴种以归，故名'安石榴'"。这里的安石国即安息国，也就是今天的伊朗。以核桃为例，时称胡桃、羌桃，西晋张华《博物志》记载"张骞使西域，还，乃得胡桃种"，南朝梁陶弘景所撰《名医别录》记载"此果出羌胡，汉时张骞使西域，始得种还，植之秦中，渐及东土，故名之"。再以葡萄为

例，时称蒲陶、蒲萄，原产欧洲和亚洲西部，张骞通西域后引入。据《汉书·西域列传》记载"汉使采蒲陶、目宿种归。天子以天马多，又外国使来众，益种蒲陶、目宿离宫馆旁，极望焉"，可见葡萄是张骞和外国使者将葡萄从大宛（今乌兹别克斯坦共和国塔什干地区）引种到汉朝都城长安（今陕西西安西北）。这一时期引进的新树种，有的果实可供食用或药用，有的可供观赏或用材。秦汉时期新树种的引入，使得中国的植树造林树种更加丰富，对传统林业发展产生了较为深远的影响。

2.3.1.3　植树造林技术

西汉氾胜之的《氾胜之书》是我国早期一部重要的农书，可惜此书在后世流传中亡佚，部分内容因《齐民要术》等征引而得以保存。据明代王象晋《群芳谱》引："《氾胜之书》乃曰：种树正月为上时，二月为中时，三月为下时。夫节序有早晚，地气有南北，物性有迟速，若必以时拘之，无乃不达物情乎？惟留宿土，记南枝，真种植家要法也。"这就指出植树造林的具体适宜时间，并强调不能拘泥一切，要灵活对待。另据《齐民要术》转引"《氾胜之书》曰：种桑法，五月取椹着水中，即以手渍之，以水灌洗，取子阴干。治肥田十亩，荒田久不耕者尤善，好耕治之。每亩以黍、椹子各三升合种之。黍、桑当俱生。锄之。桑令稀疏调适，黍熟，获之。桑生正与黍高平，因以利镰摩地刈之，曝令燥。后有风调，放火烧之，常逆风起火。桑至春生，一亩食三箔蚕。"（缪启愉，1982 年）其中就强调种植桑树首先要准备好种子，然后选好肥沃的田地，并且与黍混合杂种，生长期间要注意除草，这样既能增加收成又能促进生长；最后将地面枝条收割晒干焚烧，灰入土中可以充当肥料。

《氾胜之书》中提出了植树造林要遵守时宜，据《群芳谱·木谱》记载，"《氾胜之书》乃曰'种树，正月为上时，二月为中时，三月为下时。夫节序有早晚，地气有南北，物性有迟速，若必以时拘之，无乃不达物情乎？惟留宿土，记南枝，真种植家要法也'"。这与《淮南子·原道训》中所提到的"移树者，失其阴阳之性，则莫不枯槁"的论断相印证。

《氾胜之书》中还有关于汉代"种桑法"的经验总结，"种桑法：五月，取椹著水中，即以手渍之，以水灌洗，取子，阴干。治肥田十亩，荒田久不耕者尤善，好耕治之。每亩以黍、椹子各三升合种之。黍、桑当俱生，锄之，桑令稀疏调适。黍熟，获之。桑生，正与黍高平，因以利镰摩地刈之，曝令燥。后有风调，放火烧之，常逆风起火。桑至春生，一亩食三箔蚕。"桑树种植属于林产作物培育的范畴，在重视农桑的汉代，桑苗截干法等生产技术，以及黍桑混合播种技术，都是比较先进的农林栽培与管理技术。

东汉时期，崔寔撰写的《四民月令》之中，对于林木培育栽种技术，有着较为全面的记载，"正月自朔暨晦，可移诸树竹、漆、桐、梓、松、柏、杂木。唯有果实者，及望而止。过十五日，则果少实""正月尽二月，可种春麦、䄂豆，可剥树枝"。《四民月令》提出，正月里从月初到月末都可以栽植树木，与《氾胜之书》所说的"正月为上时"的提法是一致的。

另外,《淮南子·诠言训》中提到,树木"故羽翼美者伤骨骸,枝叶美者害根茎""枝不得大于干,末不得强于本,则轻重大小有以相制也",这是秦汉时期人们对于树木与其枝条关系的经验总结,也是对树木进行修理和剪枝的理论依据的体现。

2.3.2 林产品加工

2.3.2.1 木材防腐技术

中国古代的先民们,已经认识到砍伐后,储存、使用的木材容易腐朽,因而需要采取措施防止腐坏。而较为常用的防腐措施,主要是填涂漆或者金属化合物,或者填充木炭。

普通木材常用的防腐方式,就是涂刷漆,这种防腐方式在先秦时期就已经广为使用。另外,陕西凤翔县发掘的秦公1号墓,采用的是"黄肠题凑"的木椁,其黄肠木有节疤的部分已经掏空,灌入金属化合物,出土时这些木节处呈灰绿色,内部有光泽。这样做的目的,就是为了木材的防腐。长沙马王堆汉墓,在堆葬时墓底、椁室周围和墓顶上都填满了木炭和白膏泥,可见当时人们已经了解,木炭能吸潮,白膏泥黏性强而形成密闭,这样墓内可以形成恒温恒湿缺氧的环境,可以防腐。正因为如此,在历经大约2000多年之后,墓中棺椁、尸体、随葬品都得以完好保存。可以说,这种防腐措施是十分成功的。比马王堆汉墓稍晚的北京丰台大葆台汉墓,同样采取了木炭和白膏泥封固的方式,虽遭盗墓,但其黄肠题凑和棺椁等木制葬具仍未腐朽,保存完好。

2.3.2.2 树皮造纸

西汉时期造纸术已经发明,已经出现了早期的纸,但是其采用破旧的丝绸、麻布等为原料,因而成本昂贵、质量粗糙,未能得以推广。到东汉时期,宦官蔡伦改进了造纸术,采用廉价原料,提升纸的质量,使得林产品成为造纸的主要原料。

蔡伦(? —121年),字敬仲,东汉桂阳(郡治今湖南郴州)人。永平末年,开始在宫廷做事,建初年间,任小黄门。和帝时,任中常侍,参与宫廷谋议。后又任主管制造御用器物的尚方令。蔡伦颇有才学,他总结西汉以来造纸的经验,改进造纸术,据《后汉书·宦者列传》记载"自古书契多编以竹简,其用缣帛者谓之为纸。缣贵而简重,并不便于人。伦乃造意,用树肤、麻头及敝布、鱼网以为纸。元兴元年奏上之,帝善其能,自是莫不从用焉,故天下咸称'蔡侯纸'"。改进造纸术时的蔡伦主管监督制造宫中用的各种器物。他挑选出树皮、破麻布、旧渔网等,让工匠们把它们切碎剪断,放在一个大水池中浸泡。过了一段时间后,其中的杂物烂掉了,而纤维不易腐烂,就保留了下来。他再让工匠们把浸泡过的原料捞起,放入石臼中，不停搅拌，直到它们成为浆状物，然后再用竹篾把这黏糊糊的东西挑起来，等干燥后揭下来就变成了纸。蔡伦带着工匠们反复试验，试制出既轻薄柔韧，又取材容易、来源广泛、价格低廉的纸。故后世传说蔡伦是造纸术的发明人。

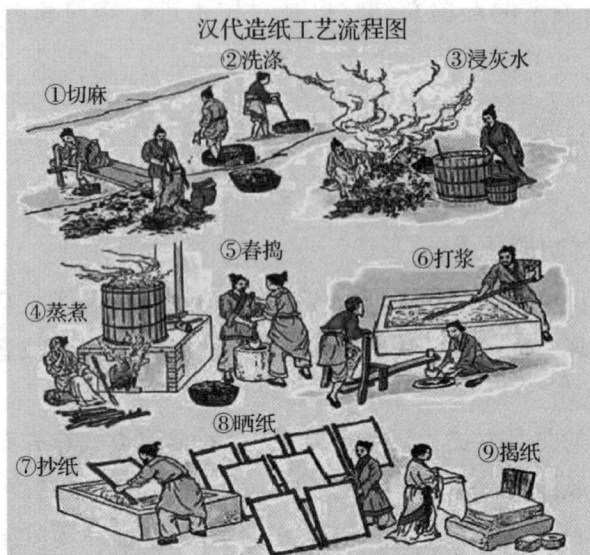

汉代造纸工艺流程图

2.3.2.3 漆的运用与漆器生产

秦汉时期，漆器在战国时期生产的基础上达到了一个鼎盛时期。汉代的髹漆器物，包括鼎、壶、钫、樽、盂、卮、杯、盘等饮食器皿，奁、盒等化妆用具，几、案、屏风等家具，种类和品目甚多，但主要是以饮食器皿为主的容器。另外漆器还增加了大件的物品，如漆鼎、漆壶、漆钫等，并出现了漆礼器，以代替铜器。汉墓出土还有漆棺、漆碗、漆奁、漆盘、漆案、漆耳杯等，均为木胎，大部为红里黑外，并在黑漆上绘红色或赭色花纹。汉代漆器的造型比战国更丰富，是实用和美观结合的工艺品典范。

汉代漆器出土非常多，比较集中的就是马王堆汉墓。1972—1974年，在湖南长沙东郊发掘了三座墓，共出土了西汉时期的漆器700多件，其中一号墓有184件，三号墓有316件，大部分都完好如新。马王堆汉墓里出土的很多漆器如博具、带彩绘的漆壶等，都保存完整、光泽鉴人、非常精美。马王堆出土的大批漆器，属于我国同时期出土的漆器中数量最大、保存最好的一批，为研究汉代漆器工艺和林产品加工技术，提供了极其丰富的资料和实物借鉴。

2.3.2.4 林产品的医药用途

中国传统的中医与中药源远流长，从传说时代的"神农尝百草"时期就已经开始。许多林产品被作为治疗疾病的药物，例如松脂、樟脑等，在先秦时期就已经出现。到秦汉时期，林产品用作药物的内容更加广泛、科学程度更高，中医的"本草"

西汉双层九子漆奁（长沙马王堆汉墓出土）

学初步形成。

"本草"一名，初见于《汉书·平帝纪》，《汉书·楼护传》有"护诵医经、本草、方术数十万言，长者咸爱重之"之记述，《汉书·郊祀志》还有"本草待诏七十余人皆归家"，本草待诏是精通本草而等待诏用者，说明中国药物学在秦汉时已为最高统治当局所重视，并统称之为"本草"一直延续至今。

本草学发端极古，千百年无数医学家用药经验的积累，为专门本草学之成书创造了条件。据考证，我国第一部药学专书——《神农本草经》约成书于汉代，总计三卷，分药物为上、中、下三品，如序例所云："上药一百二十种，为君，主养命""中药一百二十种，为臣，主养性""下药一百二十五种，为佐使，主治病""三品合三百六十五种"，以应周天之要。其中除18种重复外，实有植物药239种，动物药65种，矿物药43种。植物药历来占绝对多数，或系"本草"命名之由来。

在植物药品中，诸多林产品位列其中。据《神农本草经》记载，杜仲、枸杞子、大枣均可入药，许多林下产品如人参、远志、当归、黄连、麻黄、丹参、葛根、大黄、恒山等都是重要药品。在长沙马王堆4号汉墓出土的帛方《五十二病方》之中记载的240余种药物中，有草、谷、菜、木、果等植物药材，其中林产品药物有桂、辛夷、椒、荆、厚朴、梓叶、桑实、榆皮等木类药物27种，杏核中仁、李实、枣以及其他林野草本等数十种。

2.3.3 木工技术

2.3.3.1 土木建筑技术

秦汉时期，随着统一王朝的建立和中央集权的加强，社会稳定，疆域扩大，在这种社会背景之下，人口增殖，郡县设立，城镇增加；同时，随着社会生产技术进步，木工技艺也逐步得到提高，斧子、锯子、锥子、凿子等木工工具在战国时期就

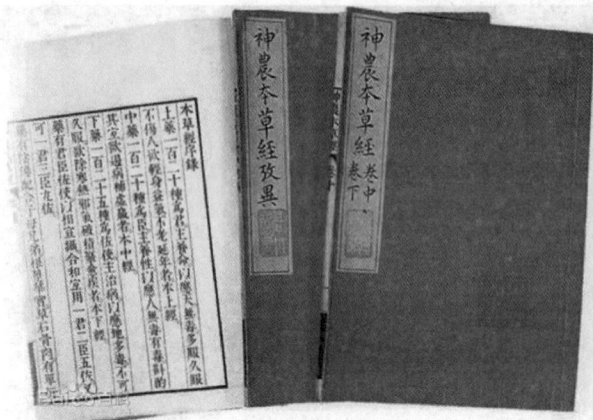

已经出现，为木工建筑技术的提升提供了可靠基础。因此，这一时期，皇家宫殿苑囿陵墓的修建数量远超前代，规模也日益增加。秦代最大规模的宫殿建设，就是阿房宫的兴建。据《史记·秦始皇本纪》记载，秦始皇三十五年（前 212 年）"乃营作朝宫渭南上林苑中，先作前殿阿房，东西五百步，南北五十丈，上可坐万人，下可以建五丈旗"，这种规模的土木建设，以及土木技术的进步，是先秦时期所无法比拟的。

到了汉代，随着社会发展和国家财富积累，宫殿兴建也增多。西汉景帝时期梁孝王刘武兴建东苑，宫观相连绵延数十里。其后，更大规模的森林采伐和宫苑兴建，是汉武帝时期上林苑的建设。据《汉书·东方朔传》记载：汉武帝建元三年（前138 年）扩建上林苑，形成实际面积约为 2460 多平方千米的宏伟皇家园林。其中宫殿林立，司马相如《上林赋》描述"离宫别馆，遍布山谷，高大的回廊四周环绕，多层楼阁弯曲迂回。雕花的房椽、镶玉的瓦当，宽度可容辇车的阁道，环绕的长廊不见尽头，途中需住宿休息。铲平高山山顶修筑厅堂，楼台层层累叠，内室幽深，从上向山下望去深奥不见地面，向上攀摸房椽可以摸到天"，虽有文学渲染的成分，也可见汉代皇家土木工程的巨大和技术的提升。另外，西汉时期已经出现多层的土木建筑，东汉时期进一步发展。两汉时期木结构技术的发展，奠定了后世木结构高层建筑技术的基础。

2.3.3.2　栈道与桥梁的建设

秦汉时期，栈道、木阁等，主要修筑于通往四川盆地的沿山道路之中，最为著名的，就是褒斜道。褒斜道，古代穿越秦岭的山间大道。褒斜道南起褒谷口（汉中市大钟寺附近），北至斜谷口（眉县斜峪关口），沿褒斜二水行，贯穿褒斜二谷，故名，也称斜谷路，为古代巴蜀通秦川之主干道路，全程 249 千米。在先秦秦汉时期，褒斜道由于经济、政治、军事的需要不断整修和开拓。《读史方舆纪要》称："褒斜之道，夏禹发之，汉始成之，南褒北斜，两岭高峻，中为褒水所经，春秋开凿。秦时已有栈道"。栈道始于战国范雎相秦时。秦惠文王更元十一年（前314年）秦派张仪、司马错伐蜀，大军即经此道，原来的谷道此时已开凿成能通过大部队和辎重的栈道了。此后，褒斜栈道一直是南北兵争军行和经济、文化交流必行之道。《史记·货殖列传》载："栈道千里，无所不通，唯褒斜绾毂其口"。当时已是"商旅联槅，隐隐展展，冠带交错，方辕接轸"，蜀汉丰富的物资源源不断地运往关中，长安三辅地区发达的文化流传蜀汉，发展了南北经济贸易和文化交流。

褒斜道作为重要的交通要道，在秦汉时期的历史上却屡遭破坏、反复修复：楚汉相争时，刘邦为消除项羽的猜疑，入汉中时一把火烧了褒斜道；汉武帝时为漕运关东粮食到长安，又"发数万人作褒斜道五百余里"；东汉明帝永平四年（63年）"诏书开斜，凿通石门"，此次修复桥阁623间，桥5座，恢复道路258华里，还修葺了沿途的邮驿亭及县署等建筑物；但四十年后，由于"先零羌、滇零称天子北地……南入益州，杀汉中太守董炳"而使"桥梁断绝"，褒斜道衰废。形势稍定，汉中太守杨孟文力请修复褒斜道，"帝用是听，废子（午）由斯（褒斜）。得其度经，功饬尔要，敞而晏平"；到了东汉末，曹操南攻张鲁时，张鲁于公元191年又烧毁褒斜栈道；215年曹操降张鲁，留夏候渊、张颌屯兵汉中，为保证军需和联络，又予修复。魏晋时期开始，破坏与修复此起彼伏，令人叹为观止。

栈道木阁的修建，"石坚不受斧凿"，即采用"火焚水激"之法，开山破石。《西京赋》注记载其施工方法是："遇大石塞路，则以锤碎而通之；遇峭壁悬崖，则在崖壁之上凿孔，架横木，上覆木板，钳钉以通之；遇深沟险涧，则架长枪，覆厚板以通之；遇险陡"羊肠"，壁立千仞，则在路旁打桩立栅，砌石栏以通之。栈阁的修造形制，则大多在崖壁上凿成30厘米见方，50厘米深的孔洞，洞中插木柱、石柱。分上、中、下三排，上排搭遮雨棚，形如屋顶，以遮半山流下来的泉水或滚落的石块；中排铺板成路；下排支木为架。相互间榫卯结合，远望如空中悬阁。汉《鄐君开通褒斜道摩崖》中记："……始作桥阁六百二十三间"。四川地区的栈道遗址，至今仍有部分遗存。

2.3.3.3　舟车制造技术

春秋战国以后，车辆制作技术有了较大的提高，例如，在陕西陇县边家庄发掘出的春秋早期的辇车，由车厢、双轮和单辕为结构构成的木制彩绘人力车，体现了制作木制车辆的技术进步。

秦汉时期，木制车辆制作技术进步，制造出的车辆种类繁多、技术精湛。以皇家使用车辆为例，据《后汉书·舆服志》记载，就有玉辂、乘舆、金根车、安车、立车、耕车、戎车、猎车、畊车、青盖、绿车、皁盖车、夫人安车、大驾、法驾、小驾、轻车、大使车、小使车、载车等几十种，工艺与用途各不尽相同；而且各种车的造型与装饰也是各有制度、琳琅满目，"诸车之文：乘舆，倚龙，伏虎。灵文，画辀，龙首，鸾衡，重牙，斑轮，升龙，飞軨。皇太子、诸侯王，倚虎，伏鹿，灵文，画辅，赣吉阳莆，朱斑轮，鹿文，飞軨，旃旗，九斿，降龙。公、列侯，倚鹿，伏熊，黑韬，朱斑轮，鹿文，飞羚，九斿，降龙。卿，朱两轮，五斿，降龙。二千石以下各从科品。诸幡车以上轭，皆有吉阳莆"。

秦汉时期，造船技术也有很大进步。春秋战国时期，已经有木制的战船出现，吴国的水军在诸侯国中最为强大，吴国的战船各类多，堪与中原战车匹敌。吴国的战船"船名大翼、小翼、突昌、楼船、令船，军之数比陵军之法乃可用之。大翼者当陵军之重车；小翼者当陵军之轻车；突冒者当陵军之冲车；楼船者当陵军之行楼车也；桥船者当陵军之轻足骠骑也。"（《太平御览》）。河南新乡卫辉市山彪镇战国墓出土的水陆攻战纹鉴上，有两层甲板的楼船。

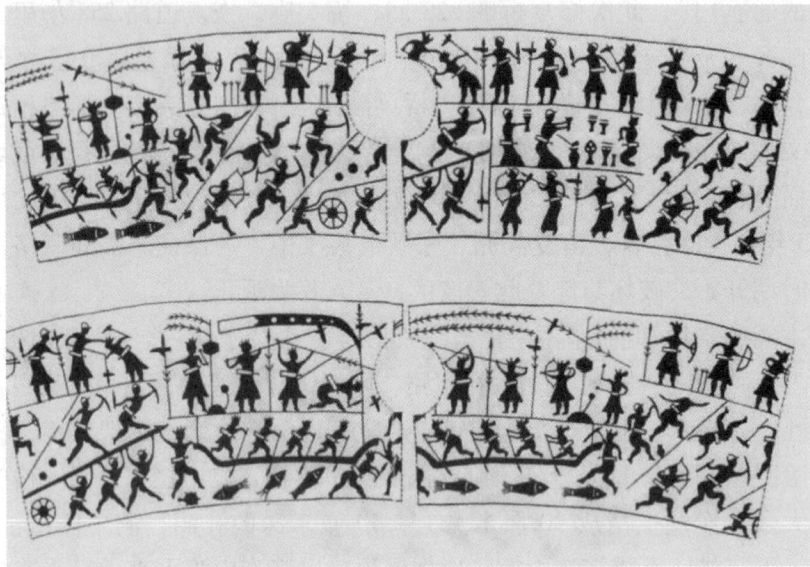

战国水陆攻战纹鉴(河南新乡卫辉市出土)

秦汉时期，造船的木工技术更有进步。汉武帝为了攻打滇王，在长安西郊的上林苑中，修凿昆明池，操练水军，积极备战。据《史记·平准书》记载"越欲与汉用船战逐，乃大修昆明池，列观环之。治楼船，高十余丈，旗帜加其上，甚壮。"《史记索隐》说"盖始穿昆明池，欲与滇王战，今乃更大修之，将与南越吕嘉战逐，故作楼船"。所谓楼船，《汉书·武帝纪》注引应劭曰："作大船，上施楼也。"《西京杂记》记载："昆明池中有戈船，楼船各数百艘"，汉武帝时水师规模之强、战舰之宏大。《后汉书·公孙述传》记载，东汉初期公孙述在益州称帝，曾"造十层赤楼帛阑船"，船体高大，上涂红漆，以帛装饰栏槛，十分壮观。吴主孙权也曾造大楼船，名曰"长安"，可载战士三千。由此可见，秦汉时期已经能造出十多丈高的楼船，可见木工技术已经颇高。

2.3.3.4　新式木制家具的出现

家具是随着人类生产技术进步和生活水平提升而出现的。山西襄汾县夏代墓葬中出土的木案、木俎，是迄今为止出土的最早的木制家具。春秋战国时期，有了更多的木制家具类型。《诗经·豳风·七月》"十月蟋蟀入我床下"，说明当时已经有"床"（非现代意义上的床）。

秦汉时期，用来坐息的床榻逐渐增多，例如《汉书·朱买臣传》记载"及买臣为长史，汤（汤尚）数行丞相事，知买臣素贵，故陵折之。买臣见汤，坐床上弗为礼"；《后汉书·独行传·向栩传》记载，向栩"常于灶北坐板床上"。

东汉末年，灵帝在位时期（168—188 年），有少数民族的家具传入内地，例如，胡床等，深受汉族喜爱。《后汉书·五行志》记载"灵帝好胡服、胡帐、胡床、胡坐、胡饭、胡空侯、胡笛、胡舞，京都贵戚皆竞为之"，可见汉代末期，随着民族交流与融合的加深，给当时社会带来了诸多变化，其中生活方面家具种类的增加，就是一个缩影。

2.3.3.5　农具制造技术

秦汉时期已较广泛使用牛耕与铁农具，人们认识到使用牛耕和铁农具是发展农业生产的关键措施。《盐铁论·水旱》："农，天下之大业也；铁器，民之大用也。器用便利，则用力少而得作多，农夫乐事劝功。"据考古发掘，东北至辽西，西北至甘、青、新疆一带，西南云、贵边陲，共有五六十个以上的地点出土了汉代的铁农具。陕西省还有成批成组铁农具出土。种类有耕具、起土器、中耕器和收割器等，式样繁多，规格统一，这反映出农具生产已标准化、系列化和商品化①。

秦汉时期的铁农具与战国时相比较，有明显进步。汉代开始广泛使用曲面犁壁。这在世界上是最早的。汉代还出现了与近代铧式犁相似的古代铧式犁。中耕除草的锄、收割用的铁镰，西汉后期在形制上也出现了显著变化，耕作效率大为提高。

新农具的增加是秦汉时期农具发展的又一标志。翻土农具二齿耙、三齿耙、大型犁铧都是西汉时新出现的。汉武帝时，赵过推广使用"耦犁"，比起"蹠耒而耕"提高耕作效率十多倍。他还在总结劳动人民经验的基础上，发明了播种机械——耧犁，即解放后北方农村仍有使用的耧车。东汉崔寔《政论》中描述耧车"三犁共一牛，一人将之，下种挽耧，皆取备焉，日种一顷"。河南洛阳和济源县西汉墓葬中出土的明器陶器风扇车，是当时已发明使用风扇车的最好物证。它已具有盛谷斗、扇轮、扇缝等主要部件。利用杠杆原理和人的身体重量作功的踏碓，以及利用水流为动力"役水而舂，其利百倍"的水碓，还有灌溉用的手摇翻车，都是在两汉时期出现的。

秦汉时期农具的进步，大大促进了农业生产的发展。秦汉时期的农具制造，虽然开始集中使用铁器，但仅限于农具的关键性部件，例如耕犁犁壁、锄头、镰刀刀

---

① 白寿彝.1994.中国通史[M].上海：上海人民出版社.

头等，其他部件，仍然是以木结构为主，一是节省成本，二是轻便。因此，汉代农具的进步，与木工技术的进步，有着无法分割的联系。

2.3.4　农林古籍

秦汉时期我国林业发展处于发端阶段，无论是植物的采集、树木的培育、森林的砍伐利用等林业活动，不仅在考古发掘中有所反映，而且在许多文献典籍中多有记载，包括动植物分类、森林培育、木材加工利用等方面。同时，林业附属于农业之下，整体上表现为不成熟，林业活动只是人们在生产、生活中的不自觉行为，是伴随着农业、手工业等其他行业的发展而发展。因为没有专门的目的性和自觉意识，林业活动本身就比较孤立，导致这一时期的林业文献也是较为零碎、分散的。

2.3.4.1　小学文献中的丰富林业内容

小学是指中国古代研究语言文字的学问，涉及文字、音韵、训诂等多方面内容。秦汉时期，诸如《急就篇》《说文解字》等小学著作相继问世，这些典籍中有着丰富的林业内容。

《急就篇》是产生于汉代的一部儿童识字教材，作者史游是西汉元帝时（前48—前33年）的黄门令。全书用三言、四言和七言的韵语写成，今本有34章。正文分成三大部分：①"姓氏名字"，罗列了一百多个姓名；②"服器百物"，涉及缣帛、米粮、瓜果、服饰、用具、乐器、兵器、车制、树木、牲畜、鸟兽等众多方面；③"文学法理"，介绍与政治有关事情。其中提到梨、柿、柰、桃、枣、杏等果品，籔、笠、簟、籧、篨、篛、筥、算、篝、篗、篼、箕、筐、篚、篓等竹器，檽、杅、盘、案、栖、閜、盌、槫、槛、椑、榹、箸、籫等木器，简、札、检、署、椠、牍、家等书写工具，竽、瑟、空侯、琴、筑、筝、箫等乐器，辐、轺、辕、轴、舆、轮、辐、毂、辌、辖、鞣、轵、轼、轸、軡、轙、軶、衡等车具部件，都涉及丰富的森林利用。

汉代许慎的《说文解字》是我国第一部解析字形、分析字义、辨别声读的字典，其书"天地鬼神，山川草木，鸟兽昆虫，杂物奇怪，王制礼仪，世间人事，莫不毕载。"其中涉及大量森林动植物资源名称以及森林利用知识，比如木部字中存有100多个树名，如枫、槐、桐、榆、松等，这充分反映了华夏先民对树木的熟悉。又如竹部字有140多个，涉及竹子的专业称谓以及竹制生产工具、生活用具、文化娱乐用品等众多利用。草部的菰、芝、蓝、薿、菌、苓等都是山林特有的食用植物，而鸟部、鹿部、犬部、熊部有大量野生动物的记载，车部90多个字对木制车的起源、种类、部件进行了详细的解析。

以《急就篇》《说文》为代表的小学典籍，其中按部首对名物进行分门别类，而这些名物中就有许多森林动植物的名称、森林资源的利用等方面的内容，这对于我们研究古人对林业资源的认识以及林产品利用提供了一个线索。

2.3.4.2 早期的农林文献

先秦时期生产工具比较落后，农林生产水平较低。两汉时期，随着国家政局的相对稳定，统治阶层注重休养生息，鼓励农桑生产、牲畜养殖，农林生产大有起色，而随着生产的发展，诸如《氾胜之书》《禽经》等早期农林文献相继问世。

西汉时期，氾胜之（公元前 1 世纪前后）所著《氾胜之书》，是我国现存最早的个人农书专著。因为时代久远，该书在流传中逐渐散佚，宋末元初已不见于典籍记载。今天所能见到的《氾胜之书》的史料，主要是依据北魏贾思勰《齐民要术》和明朝王象晋《群芳谱》中所征引的部分。《氾胜之书》记载的两千年前黄河流域的旱作农业，内容几乎包括农业生产的全过程，代表着当时农业生产技术与科学知识的成就。

《禽经》，我国第一部鸟类专著，相传为春秋时期师旷所著。书中记载了雉、雕、鹤、鹧鸪、杜鹃等几十种鸟类，并对部分鸟类的外形特征、生活习性做了描述。书中以神话中凤凰为鸟属之长，罗列一些凤凰的别名及传说习性。接着介绍慈乌、白脰乌、巨喙乌、哀乌四种乌鸦的不同种类，这四种鸟都属于鸦科（Corvidae）。"慈乌反哺"，慈乌，寒鸦的别名，古人认为其能反哺其母，所以叫慈乌。分布以北方为多，南方较少。"白脰乌不祥"，白脰乌，头颈白色的乌鸦。民间迷信说法认为这样的乌鸦鸣叫不详。"巨喙乌善警"，大嘴的乌鸦比较机警。"哀乌吟夜"，乌鸦失去配偶夜间就会鸣叫。接着介绍了几种猛禽，鸷鸟、雕、鸢、鹘、鹞、鹯。接着介绍鱼鹰、白鹭、白鹇、野鸡、山鸡、布谷、黄鹂、山雀、鸳鸯、喜鹊、鹤、水鸟、杜鹃、鸥、翠鸟、老鹰、野鸭、鹌鹑、鹦鹉、八哥、鹡鸰、大雁、斑鸠、猫头鹰、鹳等众多鸟类。

《禽经》开辟了中国古代动物志书的先河，其书专门对野生鸟类进行分类描述的写作方式，影响了以后动物类谱录著作的发展。

总体上看，秦汉时期林业文献的特点主要有两个方面：

其一，缺乏独立性而零散存在。中国古代林业一直未能自成体系，但在大农业背景的荫蔽下也遵循着自己的轨迹缓慢的发展。虽然缺乏独立性，但早在先秦两汉时期，许多文献记载中就已经有许多的林业内容。先秦两汉时期的林业文献，总体呈现一种混杂性、零散性特点。

这一时期林业文献没有自己的专门典籍，甚至很少有完整的篇章，大都是分散于民歌、辞赋、神话传说及诸子典籍中，有的是简单的一句诗赋，有的是短短几句的诸子议论。这些文献资料记载虽然涉及森林资源动植物分布、森林利用、林业科学技术等多方面的林业内容，但很少就林业论林业，缺乏独立性；有时是文学创作中的起兴比喻，有时是诸子思想议论中的举例说明，有时是阐述经济思想中的间接提及，有时是强调农林生产技术中的零星记述。这一时期，没有专门的林业典籍和林业人物,林业文献还处于初步发展阶段。

其二,开启中国古代林业文献记载之源头。虽然这一时期林业文献缺乏独立性而零散存在,但恰恰是这些零星记载开启了中国古代林业文献记载之源头,后世很多林业内容都可溯源于此时的相关文献记载。具体文献上,"五经"原典以及《尔雅》《说文解字》《急就篇》等小学典籍中有许多林业内容记载,由于它们特殊的地位,历代众多学者对这些典籍进行注解、研究,其中就涉及大量森林资源、森林利用、园林、森工科技等相关研究,比如汉人关于《禹贡》中各地林产贡品名物注解,小学典籍中森林动植物名称、形状以及分类的分析等等,从而形成古代林业文献的一部分重要内容。

2.4 林业政策与管理

2.4.1 林业官制

秦汉时期,中央集权加强,郡县制广泛推行,较夏商周时期的政治体制有了全面的变革。因此,周代以来掌管林务的山虞、林衡等职官取消,出现了以少府为代表的新的林业管理职官,负责管理和保护山林资源,掌时禁、促繁衍、管开发、捕违法。秦汉时期主要的涉林机构包括森林保护机构、森林培育机构、森林利用机构等,典型的职官有上林苑令、少府、将作大匠等。

2.4.1.1 森林保护机构与职官

到了秦汉时期,前代负责森林火禁的司爟和时禁管理的虞官在政府机构中消失,也未增设承担相应保护职能机构的记载,可以说秦汉时期没有专门负责林业保护的机构,林木保护职能被其他林木管理机构中兼具。从森林资源的有效保护看,秦汉社会以国家为主体的山林保护体系处于不断弱化的历史阶段,对山林护育的行政保障从先秦时代的"律""令"规制退化为汉代"月令"等时俗性的约束。对照史籍与出土文献的相关记录,即使林业资源保护条文的执行,也不得不面对"得诏书,但挂壁"的现实窘境。这一历史性变迁的根源,在于林业立法体系的弱化[①]。先秦"大司徒"及其所属职官构成的管理山林川泽的完善体系,在秦汉时期被彻底打散,由少府、水衡都尉、将作大匠等负责山林税赋、木材调用等具体事务,而且这部分官职的设置还带有一定的临时性,并非常置。少府在这一时期承担了主要林业管理职能,其中负责的森林木材采伐的限令,具有处罚随意砍伐毁坏林木的职能,属于兼职林木保护机构。

---

① 李欣.2015.由"律""令"到"时令"——秦汉林业立法及森林保护体系变迁[J].北京林业大学学报(社会科学版)(4):1-8.

2.4.1.2　森林培育机构与职官

（1）水衡都尉

水衡都尉设置于西汉武帝元鼎二年（前115年），主要负责管理上林苑与林业事务，《汉书·百官公卿表》载："水衡都尉，武帝元鼎二年初置，掌上林苑，有五丞。属官有上林、均输、御羞、禁圃、辑濯、钟官、技巧、六厩、辩铜九官令丞。又衡官、水司空、都水、农仓，又甘泉上林、都水七官长丞皆属焉。上林有八丞十二尉，均输四丞，御羞两丞，都水三丞。禁圃两尉，甘泉上林四丞。成帝建始二年省技巧、六厩官。王莽改水衡都尉曰予虞。初，御羞、上林、衡官及铸钱皆属少府。"水衡都尉在武帝时乃至以后，其职权之大，可以与少府相提并论，但是其存在时间不长，仅在武帝之后至王莽篡位前，王莽篡权后更名为予虞。东汉光武帝时取消此职，因需临时而设，事务完成后即撤销，其管辖的事务也重新归少府管理，就如《后汉书·百官志》所记载"孝武帝初置水衡都尉，秩比二千石，别主上林苑有离官燕休之处，世祖省之，并其职于少府。每立秋貙刘之日，辄暂置水衡都尉，事讫乃罢之"。对于"貙刘之日"，《后汉书·礼仪志》记载："立秋之日，（皇帝）自郊礼毕，……还宫，遣使者束帛以赐武官。武官肄兵，习战阵之仪、斩牲之礼，名曰刘。"可见，东汉时的水衡都尉不仅是一临时性的职官，而且失去了以往的职权，只起着祭祀礼官的作用。

（2）上林苑令

西汉时期，如《汉书·百官公卿表》载，上林苑令为水衡都尉的属官。到东汉之时，罢水衡都尉之官，置上林苑令。《后汉书·百官志》在"少府"条下记载"上林苑令一人，六百石。主苑中禽兽。颇有民居，皆主之。捕得其兽送太官"，可见，上林苑令辖上林苑丞、上林苑尉等属官，主要职责是掌管皇家宫室苑囿，饲养苑内动物以供皇帝秋、冬季打猎；管理苑内的花草树木，以供皇室贵族观赏、游乐。《后汉书·明帝纪》记载有汉明帝永平十五年（72年），"冬，车骑校猎上林苑。"《后汉书·顺帝纪》也记载有汉顺帝永和四年（139年），"冬十月戊午，校猎上林苑，历函谷关而还。十一月丙寅，幸广成苑。"《后汉书·灵帝纪》记载有汉灵帝光和五年（182年）冬十月，"校猎上林苑，历函谷关，遂巡狩于广成苑。十二月，还。"

（3）大司农

大司农在秦代成为治粟内史，景帝时改名为大农令，武帝太初时改称大司农。《后汉书·百官志》记载："大司农，卿一人，中二千石。本注曰：掌诸钱谷金帛诸货币。郡国四时上月旦见钱谷簿，其逋未毕，各具别之。边郡诸官请调度者，皆为报给，损多益寡，取相给足。丞一人，比千石。部丞一人，六百石。本注曰：部丞主帑藏。"[1]农业是封建社会最重要的生产部门和国家经济来源，大司农掌管着各种

---

[1]　〔南朝宋〕范晔.1965.后汉书[M].北京：中华书局.

农业资源与税收，自然也包括林业与林产税的部分，《后汉书·百官志》记载"承秦，凡山泽陂池之税，名曰禁钱，属少府。世祖改属司农，考工转属太仆，都水属郡国"。由此，东汉时期的大司农与西汉时期少府，都曾担负有山林川泽税收的征收与管理的职责。两者的区别在于，一是不同时期职责的交接，二是大司农是管理一般农林事务的政府性机构，而少府是管理皇室苑囿、山林池泽的皇室私属机构。

2.4.1.3 森林利用机构与职官

（1）少府

少府始于战国，秦汉相沿，位列九卿之一，据《汉书·百官公卿表》记载，"少府，秦官，掌山海池泽之税，以给共养，有六丞……王莽改少府曰共工"，少府执掌山林川泽收入和皇室手工业制造，山林川泽包括山林、草原、园囿、沼泽地、江河湖海及其出产的各种矿产、盐、林木、水产等的税收，还包括山林政令、蔬果采集与进献、木材采伐、植树造林等林业活动。例如，西汉元帝初元元年（前48年）京师地震，关东受灾，元帝下诏将属于皇室、由少府管辖的山林川泽产品，任由百姓开发以度过灾荒，"关东今年谷不登，民多困乏。其令郡国被灾害甚者毋出租赋。江海陂湖园池属少府者以假贫民，勿租赋。"少府为皇室服务，所收入的财富全部供给皇室使用，就如《史记·平准书》中所说的"山川园池市井租税之入，自天子以至于封君汤沐邑，皆各为私奉养焉，不领于天下之经费。少府到东汉时发生了一定变化，据《后汉书·百官志》记载："少府，卿一人，中二千石。掌中服御诸物，衣服宝货珍膳之属。丞一人，比千石。"此时少府的职能已发生了变化，《后汉书·百官志》记载："右属少府。本注曰：职属少府者，自太医、上林凡四官。自侍中至御史，皆以文属焉。承秦，凡山泽陂池之税，名曰禁钱，属少府。光武帝时改属司农，考工转属太仆，都水属郡国。"可以看到，东汉时期少府的一些职能及属官转隶于司农，少府的职权范围缩小。

（2）将作大匠

秦代，在少府下置将作少府，负责建造、修缮等事务。杜佑著《通典》载："秦有将作少府，掌治宫室。"《汉书·百官公卿表》载"将作少府，秦官，掌治宫室，有两丞、左右中候"。汉景帝中元六年（前151年）更名为将作大匠，其属官有东园主章（武帝太初元年改称木工）和主章长丞。《后汉书·百官志》记载，"将作大匠一人，二千石，掌修作宗庙，路寝宫室，陵园，土木之工，并树桐梓之类，列于道侧。丞一人，六百石，左校令一人，六百石，掌左工徒丞一人，右校令一人，六百石，掌右工丞一人"，说明将作大匠机构设置较细致，分工也较明确。由《汉书》《后汉书》等记载可知，将作大匠的主要职责是木土工程修建，同时负责掌管经济和用材林木种植，以及皇宫、宗庙、寝宫、陵园的林木养护事务，集森林培育和木材加工利用职能于一身。

（3）地方林业机构与职官

地方官员负责属地所有林业事务，本时期大多是承担各种林产品利用职能，所以在此列入林木利用机构类。秦汉时期，不仅在中央的职官设置上有管理林业的官吏，就是在地方上也因地制宜地设置了一些职官，如《汉书·地理志》记载，为了加强对林业的管理，汉中央政府在蜀郡严道设有"木官"，在江夏郡的西陵县设有"云梦官"，管理包括植树造林、林产品经营利用等涉林事务。在巴郡的朐忍、鱼复、交趾等地，也设置了"橘官"，专门负责管理柑橘的种植、采摘、买卖、运输等，还包括每年为皇室准备的贡橘。《封泥汇编》所收集的"常山漆园司马""严道橘丞"等印章，说明当时林事成为地方官吏重要职掌之一。

此外，当时一些地方官府的官吏也很重视林业管理与保护，并因业绩突出，受到了很高的奖励。西汉武帝时期颖川太守黄霸，在林业方面为当地百姓做了很多实事。任职其间指派邮亭乡官都养殖鸡豚以赡鳏寡贫穷者，从事耕桑种植、节用殖材，种树畜养等都制定有政策，各项事业开展有序。据《汉书·循吏传》记载，汉宣帝赞赏黄霸的事迹，给予了很高的奖赏，"其以贤良高第扬州刺史霸为颖川太守，秩比二千石居，官赐车盖，特高一丈，别驾主簿车，缇油屏泥于轼前，以章有德"。《汉书·循吏传》还记载汉宣帝时期的渤海太守龚遂重视农桑，"遂见齐俗奢侈，好末技，不田作，乃躬率以俭约，劝民务农桑，令口种一树榆，百本薤、五十本葱、一畦韭，家二母彘、五鸡。……春夏不得不趋田亩，秋冬课收敛，益蓄果实菱芡。劳来循行，郡中皆有蓄积，吏民皆富实"，使当地农林生产颇有起色。

东汉时期，关于地方官员致力于农林生产的相关记载，见诸文献的也很多，例如，《后汉书·樊宏阴识列传》记载钜鹿太守樊准"课农桑，广施方略，期年间，谷粟丰贱数十倍"；《后汉书·循吏列传》记载桂阳太守茨充"教民种殖桑柘麻纻之属，劝令养蚕织履，民得利益焉"。农桑作为古代社会衣食的根本而受到重视，但桑树较为广泛的栽植也促进了当时林业的发展。据史料载，汉代通过鼓励城市绿化，在各级官吏数年的积极努力下，汉长安城街道两旁种植着茂盛的槐、榆、松、柏等行道树，林木茂盛，蔽日成荫。《汉书·硃博传》记载："是时，御史府吏舍百余区井水皆竭；又其府中列柏树，常有野乌数千栖宿其上，晨去暮来，号曰'朝夕乌'"，展现出一幅美妙的自然美景。

2.4.2 林业政策法规

除了林业职官的设置外，秦汉时期皇朝统治者还通过制定法律和颁布诏令，从国家大政方针的层面，保护农林资源，鼓励农林生产。

2.4.2.1 涉林法律法规

湖北省云梦县睡虎地秦墓中出土的《睡虎地秦简》中的《秦律十八种·田律》，是我国较早涉及森林保护的法令。《田律》规定："春二月，毋敢伐材木山林及雍堤水。不夏月，毋敢夜草为灰，取生荔、麛卵谷，毋……毒鱼鳖，置穽罔，到七月而纵之。唯不幸死而伐棺享者，是不月时。邑之近皂及它禁苑者，麛时毋敢将犬以之田。百姓犬入禁苑中而不追兽及捕兽者，勿敢杀；其追兽及捕兽者，杀之。呵禁所杀犬，皆完入公；其他禁苑杀者，食其肉而入皮。"其主体内容，规定了春季的种种禁令，也就是"时禁"，在春天二月，不准砍伐材木山林及筑堤堵塞水道。不到夏季，不准燔烧野草为灰烬，不准获取刚发芽的植物，幼兽、鸟卵、幼鸟，不准毒杀鱼鳖，设置陷阱网具捕鸟兽，到七月才放松禁令。只有不幸死亡需要伐木制造棺椁的，不受时节限制。城邑靠近牲畜栏棚其他禁苑的，禽兽幼小时不准携带猎犬去狩猎。《秦律十八种·田律》内容主要涉及有关农田水利、山林保护等方面，对于了解秦代的林业法规政策具有很高的价值。《秦律十八种·田律》禁止任意砍伐山林树木，对农林资源进行保护，在注重严刑苛法的秦代，其对于保护生态环境的意义重大。

汉承秦制，湖北省江陵县张家山汉墓中出土的竹简《二年律令·田律》中，对于《礼记·月令》《秦律十八种·田律》关于农林资源及动植物保护的内容和思想有一定的承袭，且更加细化，规定了具体的犯罪类型与量刑标准，这是很大的进步之处。《二年律令·田律》规定"禁诸民吏徒隶，春夏毋敢伐材木山林，及进壅堤水泉，燔草为灰，取产麛卵彀；毋杀其绳重者，毋毒鱼。毋以戊己日兴土功"，也是"时禁"思想在法律中的体现，包括严禁众平民、官员、刑徒、奴隶，春夏时节砍伐材木山林，以及筑堤壅堵水泉，焚烧野草为灰烬，猎取幼兽、鸟卵、幼鸟；不准捕杀怀孕将产的野兽，不准用毒药捕鱼。不准在戊己日兴办土木工程等。在汉初的休养生息的政策之下，明确以法律形式进行的强制性规定并推行，体现了政府与社会对自然资源的重视。

秦律、汉律中关于保护农林资源的法令，属于中国古代较早的林业法制范畴，略显粗糙、原始，多是就具体问题展开。其重视农林资源、明确以法律形式进行强制性规定，并推行相关律令等做法，体现了政府与社会对自然资源的重视。

2.4.2.2 涉林诏书敕令

自战国时期始，统治者就倡行重农抑商，各国变法中鼓励农耕、兴修水利，以及诸子著作中大量关于农业的论述，都是重农思想的体现。到秦汉时期，重农思想进一步继承和发展。从汉文帝、汉景帝提出"农，天下之本"的论断与汉武帝的重农抑商政策，到贾谊的《论积贮疏》与晁错的《论贵粟疏》，都是重农思想的反映。古代统治者的重农思想，使他们自觉地关注农林生产。

秦始皇统一六国后，下令修筑了以咸阳为中心通向全国的驰道，并且在驰道两侧种植了大量行道树，《汉书·贾山传》记载："秦为驰道于天下，东穷燕齐，南极吴楚，江湖之上，濒海之观毕至，道广五十步，三丈而树，厚筑其外，隐以金锥，树以青松。"《史记·秦始皇本纪》记载，秦始皇在封禅泰山之际，曾下诏"无伐草木"，以保护圣山森林植被；在其推行焚书时，明令"医药卜筮种树之书不去"，可见秦代对农林生产的重视。

涉林诏书敕令主要集中于两汉时期，其中以实行黄老之政、休养生息的西汉初年最为典型。汉文帝、汉景帝都有诏书鼓励百姓从事农林生产。《汉书·文帝纪》记载，汉文帝前元十二年（前168年）下诏说："道民之路，在于务本。朕亲率天下农，十年于今，而野不加辟。岁一不登，民有饥色，是从事焉尚寡，而吏未加务也。吾诏书数下，岁劝民种树，而功未兴，是吏奉吾诏不勤，而劝民不明也。"汉景帝后元二年（前142年）夏四月下诏强调农林生产的根本性地位："雕文刻镂，伤农事者也；锦绣纂组，害女红者也。农事伤则饥之本也，女红害则寒之原也。夫饥寒并至，而能亡为非者寡矣。朕亲耕，后亲桑，以奉宗庙粢盛、祭服，为天下先；不受献，减太官，省徭赋，欲天下务农蚕，素有畜积，以备灾害。"后元三年（前141年）春正月，又下诏鼓励百姓务农植树："农，天下之本也。黄金、珠玉，饥不可食，寒不可衣，以为币用，不识其终始。间岁或不登，意为末者众，农民寡也。其令郡国务劝农桑，益种树，可得衣食物。"汉武帝元封元年（前110年）春正月登临嵩山之际，"其令祠官加增太室祠，禁无伐其草木"，保护山林植被资源。据出土的《居延汉简》记载，东汉光武帝在建武四年、建武六年有"吏民毋得伐树木"的诏令[1]。东汉章帝在诏书中援引《礼记》中"人君伐一草木不时，谓之不孝"的言论，令侍御史、司空"方春，所过无得有所伐杀。车可以引避，引避之；骣马可辍解，辍解之"，避免出行中对草木植被的损坏。汉章帝还曾在元和三年（85年）春季下诏禁止砍伐树木，以促进草木蕃息成长，"方春生养，万物荣甲，宜助盟阳，以育时物。"

秦汉时期的林业政策法令，主观目标旨在维护皇朝功业。鉴于生态环境与自然资源等因素对于传统农林生产的决定性作用，统治者认识到要实现社会发展、皇朝稳定，就不能无节制地破坏生态环境、滥用自然资源，而需要采用开发与保护并重的策略。另外，这一时期的林业法令政策法令，很大程度上停留在主观、粗疏层面，多是对具体问题的就事论事，缺乏系统性，因而对于森林资源的破坏还未形成强有力的制约力。但是，用历史唯物主义的眼光观察，其对于农林资源的保护以及生产的发展，还是起到了一定程度上的推动作用，对后世林业法令也产生了积极地影响。

2.4.3　林业管理

2.4.3.1　依法护林

秦汉时期，基于皇权的强大、政府的权威，对于保护农林资源的法律和诏令，具有一定的执行力，古籍文献中也有一些相关记载。

---

① 甘肃省文物考古研究所等. 1990. 居延新简[M]. 北京：文物出版社.

秦代的法律规定十分严苛，而对于违法行为的惩罚也十分严格，保护农林资源的法律条文得以贯彻。据考古发现，云梦秦简中有一个关于林木保护方面的记载，"盗采桑叶，臧（赃）不盈一钱，可（何）论？赀徭三旬"，意思是说，偷摘了别人的桑叶，价值还不到一钱，怎么处罚？罚三十天徭役。

汉代对林木资源的保护同样严格，例如汉律《贼律》规定："贼伐树木禾稼，……准盗论"，规定对盗伐林木者处以强盗罪论处。而对于那些盗伐皇家陵园树木者，其处罚则更加严重。据《太平御览》引《三辅旧事》记载："汉诸陵皆属太常，有人盗柏者弃市。"弃市是在人众集聚的闹市对犯人执行死刑，属于秦汉时期常见的死刑方式，具有警示民众的作用。不但对盗伐皇家陵墓的林木资源的犯人处以极刑，就是失察的官吏也要免职。

2.4.3.2　适时开发

秦汉时期，林业政策法令的保护规定，最终目的不是单纯的保护，而是在保护基础上的经营利用。因此，即使所谓"时禁"，也是在生物萌生成长时期禁伐、禁捕，而在其他时期本着节约的原则，适度利用自然资源。

两汉时期，因自然灾害频发，帝王常赈贷百姓以稳定民生。其中，将山川池园的开发利用权赐予百姓，是有效的赈灾措施之一。《史记》载："汉兴海内为一，开关梁，弛山泽之禁。"汉高祖二年（前205年）冬十一月，下令"故秦苑囿园池，令民得田之"，将原来官方园地分配给民众耕种开发。《汉书·文帝纪》载，汉文帝后元六年（前158年）夏四月，文帝鉴于旱灾和蝗灾，下诏"令诸侯无入贡，弛山泽"以救助百姓。汉景帝诏书允许百姓因灾迁徙、因地制宜、经营农桑的做法："间者岁比不登，民多乏食，夭绝天年，朕甚痛之。郡国或硗陿，无所农桑系畜；或地饶广，荐草莽，水泉利，而不得徙。其议民欲徙宽大地者，听之。"汉武帝也有因农桑歉收而假民山泽的诏书："今京师虽未为丰年，山林池泽之饶与民共之。"汉元帝因灾害下诏，将山泽池沼赐予百姓开发利用："关东今年谷不登，民多困乏。其令郡国被灾害甚者毋出租赋。江海陂湖园池属少府者以假贫民，勿租赋。"次年春三月，又下诏"罢黄门乘舆狗马，水衡禁囿、宜春下苑、少府饮飞外池、严箕池田假与贫民"。《汉书·王莽传》记载王莽执政时期，设六筦之令，开山泽之防，收盐铁山泽之利，"始建国二年初设六筦之令，命县官酤酒卖盐铁器铸钱，诸采取名山大泽众物者税之""地皇四年，莽下书，开山泽之防"。东汉和帝多次下诏允许民间开发山林以度过灾荒，"自京师离宫果园上林广成囿悉以假贫民，恣得采捕，不收其税""山林饶利，陂池渔采，以赡元元，勿收假税"，允许灾民"入陂池渔采，以助蔬食""诏令百姓鳏寡渔采陂池，勿收假税二岁"。可见，上述诏令中因自然灾害而假民山泽、赈贷灾民的政策，一方面利于国计民生，另一方面利于山川泽园的开发利用，将民生与环境资源开发适当结合，蕴含着合理的农林经营管理思想。

2.4.3.3　劝课农桑

秦朝统一之后，采取中央集权，地方设置郡县分地巡守。秦汉时期，对于地方官员的考察标准，主要是依据《上计律》开展"上计"制度，而"劝课农桑"、发展地方农林生产，成为对考核官员政能的重要指标之一，因此农林生产与林业管理也是地方官员关注的重要问题。

古代帝王一贯将农业视为国家的根本，重农政策同时蕴含着重视林业发展的内容。两汉时期，皇帝往往通过设置专官、派遣使者、委由地方官员等形式督导农林生产，并多有诏令颁布申令。例如《汉书·文帝纪》记载，汉文帝诏书将劝民种树作为执政要务之一，"吾诏书数下，岁劝民种树，而功未兴，是吏奉吾诏不勤，而劝民不明也"；汉文帝十三年二月，又下诏"朕亲率天下农耕以供粢盛，皇后亲桑以奉祭服，其具礼仪"，以此为天下作出发展农桑的表率。汉景帝诏书将树艺视为稳定民生、防备灾害的重要举措，提出"朕亲耕，后亲桑，以奉宗庙粢盛祭服，为天下先；不受献，减太官，省徭赋，欲天下务农蚕，素有畜积，以备灾害"，并任由地方官员督促农桑树艺，"其令郡国务劝农桑，益种树，可得衣食物"。汉昭帝诏书提出"天下以农桑为本"。汉成帝诏书要求地方官员在春季严格督促农林生产，"方东作时，其令二千石勉劝农桑，出入阡陌，致劳来之"。东汉明帝诏书提出在"岁之始"的阳春之季，要求地方官员劝课农桑，"有司其勉顺时气，劝督农桑，去其螟蜮，以及蝥贼"；汉章帝诏书提出"方春东作，宜及时务。二千石勉劝农桑，弘致劳来"。诸如此类诏书，将农业和林业生产结合、积极鼓励树艺，将树艺作为发展农业、充实民生的重要举措，客观上有利于农林事业的持续发展和自然环境的良性循环。

2.5 林业思想文化

2.5.1 林业思想

2.5.1.1 天人合一思想

天人合一是中国哲学中关于天人关系的一种观点，认为"天"有意志，人事是天意的体现；天意能支配人事，人事能感动天意，由此两者合为一体。就如《礼记·中庸》中所认为的，"诚者，天之道也；诚之者，人之道也""唯天下至诚，为能尽其性；能尽其性，则能尽人之性；能尽人之性，则能尽物之性；能尽物之性，则可以赞天地之化育；可以赞天地之化育，则可以与天地参矣。"《管子·五行》也曾提出"人与天调，然后天地之美生"的论断。

自先秦开始，天人合一观念就成为人们思考、解决现实问题的方式之一。儒家对"天人合一"哲学发展做出了重要的贡献，从孔子到董仲舒、张载及程朱（程颢、程颐、朱熹），使之成为中国哲学的主干，对社会影响颇大。虽然从古至今对"天人合一"有不同的解说，但它的基本思想是主张通过人的积极能动性促使天、地、人三才并进，达到人与自然和谐地发展，表现了既要利用和改造自然，又要保护自然的态度。

战国时期子思、孟子首先明确提出"天人合一"理论，西汉公羊学家董仲舒继承此说，以其"天人三策"和《春秋繁露》将天人感应理论化，发展为"天人感应"论。天人感应是中国哲学中关于天人关系的一种唯心主义学说。指天意与人事的交感相应。认为天能干预人事，预示灾祥，人的行为也能感应上天。《礼记·中庸》提出："国家将兴，必有祯祥；国家将亡，必有妖孽。"董仲舒在《春秋繁露》中提出"天地者，万物之本、先祖之所出"，而帝王是天之子，是天人交流的媒介，"古之造文者，三画而连其中谓之王。三画者，天地与人也，而连其中者，通其道也，取天地与人之中，以为贯而参通之，非王者孰能当是"。天人感应理论认为，祥瑞和灾异是上天对于帝王执政好坏的奖惩，"帝王之将兴也，其美祥亦先见；其将亡也，妖孽亦先见""灾者，天之谴也；异者，天之威也。谴之而不知，乃畏之以威""凡灾异之本，尽生于国家之失，国家之失乃始萌芽，而天出灾异以谴告之；谴告之而不知变，乃见怪异以警骇之；警骇之尚不知畏恐，其殃咎乃至"。

由于秦汉时期人类科学技术的不发达，在"天人合一""天人感应"理论的影响下，这一时期人们在认知人与自然关系之际，追求"人与天调"，表现为对美好自然环境的向往、对自然灾害的畏惧。

在科学尚不发达的汉代，自然界以及动植物的某些现象，往往被人为地与天地、阴阳、四时相联结。以汉代帝王为例，认为自然现象与生态和谐具有辩证关系：生态和谐，就会天地和顺、四时调序、动植物繁荣；反之，这些现象的出现，也证明生态和谐。汉武帝诏书认为，古代圣王能够"德及鸟兽、教通四海"，于是出现日月山川调序、动植物繁荣："周之成康，刑错不用，德及鸟兽"，因此有"星辰不孛，日月不蚀，山陵不崩，川谷不塞；麟凤在郊薮"的美好景象。武帝还认为天地、阴阳的良性变化是万物生存发展的动力："朕闻天地不变，不成施化；阴阳不变，物不畅茂。"汉宣帝诏书赞美了各种动植物的繁茂景象，"元康四年嘉谷玄稷降于郡国，神爵仍集，金芝九茎产于函德殿铜池中，九真献奇兽，南郡获白虎威凤为宝""东济大河，天气清静，神鱼舞河。幸万岁宫，神爵翔集"，认为这是上天对自己执政的感应，将此作为改元的依据。汉代帝王将实现天地、阴阳、日月、四时、动植物、人类的和顺协调作为自身执政的依据之一，虽有宣扬仁德功业的目的，但包含了追求生态和谐、重视生态平衡的有益成分，带有朴素的生态和谐思想。

汉代帝王以"天人合一"和"天人感应"理论为依据，从人类自身角度出发，对天地不顺、四时失序造成的自然灾害的起因进行探析。例如，汉文帝诏书提出人事与天灾存在密切关系，帝王执政有缺漏是导致自然灾害的原因，"人主不德，布政不均，则天示之灾以戒不治。乃十一月晦，日有食之""朕下不能治育群生，上以累三光之明，其不德大矣"。汉宣帝诏书将"未能和群生"视为导致自然灾害发生的原因，"朕承洪业，奉宗庙，托于士民之上，未能和群生。乃者地震北海、琅邪，坏祖宗庙，朕甚惧焉。”汉元帝诏书以圣王执政时的天地阴阳和谐、群生和乐为榜样，将其与自身执政进行比较、反思，“盖闻贤圣在位，阴阳和，风雨时，日月光，星辰静，黎庶康宁，考终厥命。今朕恭承天地……灾异并臻，连年不息”，将自然环境的恶化和灾害的发生，归结为自身执政的缺漏，并进行反省。汉光武帝诏书将自然灾害与自身执政有失相关联，“日者地震，南阳尤甚。夫地者，任物至重，静而不动者也。而今震裂，咎在君上”，由此对自身行为进行检讨反思。汉安帝诏书认为自身执政“不能兴和降善”，从而造成“灾异蜂起”“重以蝗虫滋生，害及成麦，秋稼方收，甚可悼也”，并分析灾害的原因是“朕以不明，统理失中，亦未获忠良以毗阙政”，从人事的角度反思自然灾害。

可见在“天人合一”“天人感应”理论影响下，汉代有关自然灾害与生态和谐关系的论说，认识到天地不顺、四时不调、环境恶化导致自然灾害，并将其原因归结为自身行为有阙，并采取积极措施加以弥补，从而将自然环境问题与人事相结合，带有朴素的生态和谐思想。

2.5.1.2　时令思想

时令也就是月令，指古时按季节制定有关农事的政令。时令思想源自于先秦时期农耕生产经验的积累和总结，汇集于《礼记·月令》篇，是礼家抄合《吕氏春秋》十二月纪之首章而成，所记为农历十二个月的时令、行政及相关事物。秦汉时期，时令思想对农林资源的作用，表现为以时禁发和敬授人时。

以时，即按一定的时间。禁发，指国家对山林泽薮等资源的封闭和开放。秦汉时期，天人合一思想影响追求生态和谐的意识，促使统治者在当国理政中，对生态环境有意识地进行保护，通过“用”与“养”的协调来保持自然界生态平衡与自然资源不断再生，以达到持续开发的目的。就如《史记·孝文本纪》中所记载的汉文帝之言：“朕闻古者诸侯建国千余，各守其地，以时入贡，民不劳苦，上下欢欣。”

秦汉之际，探讨生态和林业方面的著作还有很多，其中所涵思想和对自然规律的认识非常深刻。例如《汉书·元帝纪》记载，西汉元帝在初元三年(前46年)就曾申令官员“有司勉之，毋犯四时之禁”，诏诫百官要遵循四时之禁利用和保护山林。成书于秦初的《吕氏春秋》中，归纳了先秦时期对森林“以时禁发”思想，重申一年十二个月中有关保护森林限制采伐、保护野生动植物资源等有关规定：“孟春之月，禁止伐木，无覆巢，无杀孩虫、胎夭、飞鸟，无麛无卵”“仲春之月，无竭川泽，无漉陂池，无焚山林。季春之月，田猎罼弋，罝罘罗网，喂兽之药，无出九门”“孟夏之月，无伐大树…… 驱兽无害五谷，无大田猎。仲夏之月，令民无刈蓝以染，无烧炭”“季夏之月，令渔师伐蛟取鳖，升龟取鼋。…… 树木方盛，……无或斩伐”“孟秋之月，鹰乃祭鸟，始用行戮”“季秋之月，草木黄落，乃伐薪为炭”“仲冬之月，山林薮泽，有能取疏食田猎禽兽者，野虞教导之。……日至短，则伐林木，取竹箭”。《吕氏春秋》中记录的这些涉及林业的禁令与《秦律十八种·田律》观点一致，互为补充，说明当时上至君王，下至大臣已对生态环境有了共同的认识，这些政策的出台表明秦代已明显比先秦的规定更加具体、更加详细、更加规范。《吕氏春秋》之"十二纪"中指出，不论是对花草树木、鸟兽鱼鳖的利用，还是对山川湖泽的利用和改造，都应顺时而动，重要的是维护生物的生长和多样性。《吕氏春秋》之"十二纪"后来被汉代《淮南子》和《礼记》吸收，成为中国传统生态保护思想的原则和指正。还有汉代的《晁错新书》明确指出滥伐森林会造成水土流失，刘向的《别录》中更指出江河洪涝灾害的根源在于山林受到破坏等。这些都是秦汉时期以时禁发和森林保护思想的重要代表。

敬授人时亦作敬授民时，出于《尚书·尧典》"乃命羲和，钦若昊天，历象日月星辰，敬授人时"。《史记·五帝本纪》引作"敬授民时"，谓将历法付予百姓，使知时令变化，不误农时。后以"敬授人时"指颁布历书。两汉时期，以皇帝为代表的统治者阶层，十分注重时令在农林生产中的重要作用，表现出"务顺四时月令"的强烈意识，即遵循天道、顺应时令，也就是按照自然规律的发展变化实行相应政策，促进农桑耕植按时开展，维护民生。例如汉文帝诏书鉴于春季为草木群生和乐之时，而对百姓进行赈贷，以顺天应时："方春和时，草木群生之物皆有以自乐，而吾百姓鳏寡孤独穷困之人或陷于死亡，而莫之省忧。为民父母将何如？其议所以振贷之。"汉元帝诏书鉴于春季为发展农桑之时而劳民劝民，使之不违农时："方春农桑兴，百姓勠力自尽之时也，故是月劳农劝民，无使后时。"汉成帝诏书援引《尚书》中"黎民于蕃时雍"的言论，认为阴阳、天时对于时政、民生有着至关重要的作用，并指出"今公卿大夫或不信阴阳，薄而小之，所奏请多违时政。传以不知，周行天下，而欲望阴阳和调，岂不谬哉！其务顺四时月令。"汉明帝诏书鉴于春季为万物萌动、夏季为万物长养之时，劝勉百姓致力桑稼："方春戒节，人以耕桑。其敕有司务顺时气，使无烦扰""方盛夏长养之时，荡涤宿恶，以报农功。百姓勉务桑稼，以备灾害"。汉章帝援引《礼记》中"人君伐一草木不时，谓之不孝"的言论，令侍御史、司空"方春，所过无得有所伐杀。车可以引避，引避之；骓马可以辍解，辍解之"，在春季适时保护野生动植物、促进其繁衍生长。汉安帝诏书援引《月令》中"仲春'养幼小，存诸孤'，季春'赐贫穷，赈乏绝，省妇使，表贞女'"的言论，认为这种做法目的是"顺阳气，崇生长"，意在顺应时令，养育万物。汉顺帝要求臣下处理时政，"务崇宽和，敬顺时令，遵典去苛，以称朕意"，将时令与施政紧密结合。可见，汉代"务顺四时月令"意识，更多地体现出尊重自然规律、重视因时制宜、维护农桑生产稳定的倾向，目的是规范人自身活动，实现人与自然界的协调发展。

《淮南子》，又名《淮南鸿烈》，是汉代淮南王刘安召集门客编写的一本综合性论著，其书中也记载了大量树木知识和生态环境思想。《淮南子·缪称训》称："根本不美，枝叶茂者，未之闻也。……根浅则末短，本伤则枝枯。"认识到树木的根有巩固树体、吸收养分供应枝叶生长的习性。《淮南子·时则训》中继承《礼记·月令》《吕氏春秋》中的月令思想，根据自然界万物的生长规律，阐发了一年十二个月生态保护实践，主张要顺天意，遵时序，以时禁发，使自然资源得到合理开发利用。书中主张保护森林动植物资源，"故先王之法，畋不掩群，不取麛夭，不涸泽而渔，不焚林而猎。豺未祭兽，罝罘不得布于野；獭未祭鱼，网罟不得入于水；鹰隼未挚，罗网不得张于溪；谷草木未落，斤斧不得入山林；昆虫未蛰，不得以火烧田。孕育不得杀，孵卵不得探。鱼不长尺不得取，彘不期年不得食。"《淮南子·主述训》书中提到农林生产的重要性，"地有财，不忧民之贫也，百姓伐木芟草，自取富焉。"认为统治者应该充分引导百姓利用土地资源进行林业生产，"教民养育六畜，以时种树，务修田畴，滋植桑麻，肥硗高下，各因其宜。邱陵阪险不生五谷者，以树竹木。春伐枯槁，夏取果蓏，秋畜疏食，冬伐薪蒸，以为民资。"《淮南子·说山训》中一方面提倡植树造林，另一方面对统治阶层毁林求材、破坏生态的做法提出了批判："宋君亡其珠于池，池中鱼为之殚。故林失火而泽忧。上求材，臣残木；上求鱼，臣干谷；上求楫而下致船。"

2.5.1.3　仁政思想

仁政思想是儒家思想的重要组成部分，孔子提出"仁者爱人"的观念，孟子有"先王有不忍人之心，斯有不忍人之政矣；亲亲而仁民"的论断。两汉时期，自汉武帝"罢黜百家，表章《六经》"开始，经学开始成为中国古代社会的统治思想。其中，儒家的政治主张中的仁政内容，主张统治者宽厚待民，施以恩惠，争取民心。帝王也从巩固皇朝功业的角度出发，出于稳定民生、富国强兵、巩固皇朝统治的主观诉求，鉴于农林业在唐代农耕型社会中的主导地位，十分重视农林业生产和野生动植物保护。

在汉代帝王看来，天生万物，生命可贵，野生动植物与人类一样有生命，需要重视和保护。例如，汉文帝遗诏将天生万物与爱护生物结合起来："朕闻之，盖天下万物之萌生，靡不有死。死者天地之理，物之自然，奚可甚哀！当今之世，咸嘉生而恶死，厚葬以破业，重服以伤生，吾甚不取。"体现出尊重自然规律、爱惜万物生命的意识。此后，汉武帝、宣帝、章帝的一些诏书中，更是明晰地体现出珍爱生命、保护动植物的意识。武帝元封元年（前110年）春正月亲登嵩高，"其令祠官加增太室祠，禁无伐其草木。"后元元年（前88年）在出巡中又下诏保护飞鸟："朕……巡于北边，见群鹤留止，以不罗罔，靡所获献。"汉宣帝下诏禁止杀伤飞鸟，"今春，五色鸟以万数飞过属县，翱翔而舞，欲集未下。其令三辅毋得以春夏摘巢探卵，弹射飞鸟。具为令。"

与此同时，汉代帝王将仁政宽刑视为理民育物的重要措施，对刑狱方面的举措十分重视，诏书中经常涉及慎用刑罚来养育群生的内容。例如，汉宣帝诏书认识到刑狱与理民育物联系密切，"狱者万民之命，所以禁暴止邪，养育群生也"因而提倡"使生者不怨，死者不恨"的文吏式治狱方式，以达到养育万物的目的。汉成帝下诏

"方春生长时，临遣谏大夫理等举三辅、三河、弘农冤狱"；又将自然灾害的发生归结为用刑苛刻、伤害和气所导致："数赦有司，务行宽大，而禁苛暴，迄今不改"，因而"农民失业，怨恨者众，伤害和气，水旱为灾"，提出行宽大之刑政，与民休息。汉章帝诏书更加明确地将减轻刑罚与应时育物紧密联系："方春生养，万物莩甲，宜助萌阳，以育时物。其令有司，罪非殊死且勿案验，及吏人条书相告不得听受，冀以息事宁人，敬奉天气。"又援引《月令》"冬至之后，有顺阳助生之文，而无鞫狱断刑之政"，指出"律十二月立春，不以报囚""朕咨访儒雅，稽之典籍，以为王者生杀，宜顺时气。其定律，无以十一月、十二月报囚"。汉质帝诏书指出，由于地方官员滥用刑罚，导致"令守阙诉讼，前后不绝。送故迎新，人离其害，怨气伤和，以致灾眚"，因而要求"方春东作，育微敬始。其敕有司，罪非殊死，且勿案验，以崇在宽"。可见，汉代帝王诏书提出顺应时令采取宽和的刑狱政策，将减轻刑罚与顺时育物相联系，意在保护自然资源和环境，蕴含着有益的生态保护意识。

可见，汉代帝王在仁政思想作用下，强调禁伤动植物、顺应时令、减轻刑罚、顺时育物等主张，虽以人类为主体，但更多地体现出对生态环境和动植物的重视、保护，具有较为朴素的生态保护价值。

2.5.2 林业文化

2.5.2.1 植树造林的文化传统

中国古代人工植树造林、种草的历史由来久远，其造林的种类繁多，较早为边境林的营造，相继为行道树的种植、墓地植树、纪念林的建立、庭院植树及河堤造林等。

（1）边防林的营造

上古时期，部落之间战争成为边防林出现的重要起因，这从我国早期文字中的"封"字可见一斑。古代的"封"字，据汉代许慎《说文解字》的解释，为"爵诸侯之土地"。分封制之下，各国之间的边界多以山林为划分，这就是最早意义上的边防林。

秦汉以来，国家疆域扩大，对边防林的需求继续增强。随着人类社会与科技进步，营造大面积的边防林成为可能。为抵御西北匈奴族的南下，大面积种植边防林以阻挡匈奴骑兵，是一种行之有效的手段。据《史记》记载，秦统一六国之后，于秦始皇三十三年（前214年）"西北斥逐匈奴"，并且在军事战争的同时，在军事部署上将原来的秦、赵、燕三国分别修筑的长城连接起来，修筑城堡巩固边防；为了防卫的需要，种植榆树以为屏障，由大将军蒙恬负责，从而扼制了匈奴骑兵突袭，《汉书·韩安国传》载"蒙恬为秦侵胡，辟地数千里，以河为竟（境），累石为城，树榆为塞，匈奴不敢饮马于河"，成为有效地阻滞匈奴骑兵南下的绿色屏藩，《汉书·伍被传》称之为"广长榆，开朔方，匈奴折伤"。著名历史地理学家史念海先生认为，"这是当时的长城附近复有一条绿色长城，而其纵横宽广却远远超过了长城之上"，这种防卫线，"乃是大规模栽种榆树而形成的""现在兰州市东南有一个榆中县，其设县和得名，当与这时栽种榆树有关"①。此后历代多有边塞植树阻止外敌入侵，可见边防林的历史影响深远。

（2）列树表道的传统

种植行道树的历史由来已久，最早可以推朔到周代。据《周礼·秋官司寇》记载，周代种植行道树已经成为国家的制度，政府中有专门的官员"野庐氏"，其职责之中就有负责管理公路、驿站、水井和行道树，"掌达国道路，至于四畿，比国郊及野之道路宿息井树"。

秦始皇统一六国之后，大修"驰道"于天下，东到燕齐，南达吴楚，据《汉书·贾山传》中所说"驰道宽五十步（每步合五尺），三丈而树，树以青松"，即在宽达五十步的驰道两侧，每隔三丈种一棵树，进行了大规模的以松树为主要树种的行道树的栽植工程，使秦代的林荫大道遍及全国。汉代的《古诗十九首》则描述："驱车上东门，遥见郭北墓。白杨何萧萧，松柏夹广路。"反映了汉代道路植树的史实。种植树木"列树表道"，有益于国家和民生，有利于改善环境，因而受到历代王朝的重视与应用，形成了悠久的行道树栽植的文化传统。

（3）墓地植树的文化

秦汉时期，墓地植树的案例较多，例如东汉王符在其《潜夫论·浮侈篇》中，就曾描写当时墓地植树情况"今京师贵戚，郡县豪家，生不极养，死乃崇丧。或至金缕玉匣，檽、梓、楩、楠，多埋珍宝偶人车马，造起大冢，广种松柏，庐舍祠堂，务崇华侈"。汉代古诗"古墓犁为田，松柏摧为薪"，也证实了汉人在陵墓旁植树的习俗。

到秦汉之际，后人将孔子坟墓高筑，并有少量墓地和几家守林人。自汉武帝独尊儒术之后，儒学为历代统治者所推崇，孔林的规模也越来越大。东汉桓帝永寿三年（157 年），鲁相韩勒修缮孔子墓，在墓前造神门一间，在东南又造斋宿一间，以吴初等若干户供孔墓洒扫，当时孔林"地不过一顷"。到北齐时，孔林已有树木 600余株。自汉以来，历代对孔林重修、增修 13 次，增植树株 5 次，扩充林地 3 次，孔林之中，柏、桧、柞、榆、槐、楷、朴、枫、杨、柳、檀雒离、女贞、五味、樱花等各类大树，盘根错节，枝繁叶茂。

2.5.2.2　皇家园林为主导的园林文化

秦汉时期，较为典型和有名的是秦之阿房宫、汉之上林苑。

秦汉园林是中国古代园林文化的开端，开启了融植物、动物、建筑、山水于一体的景观组合方式，对后世园林文化产生了深远的影响。秦始皇君临天下，为了显

---

① 史念海. 1980. 河山集二集自序[J]. 陕西师范大学学报（哲学社会科学）(2)：43-49.

孔林

示皇威，穷奢极欲，大造宫殿。汉代全国统一，疆域扩大，人民休养生息，国力雄厚，统治者对宫苑的建设十分重视。苑囿除了供皇家观赏游玩，还种养了大量奇花异草和野生动物。较著名的是上林苑，始建于秦代，至汉武帝时期，建成门十二、苑三十六、宫十二、观二十五的皇家园林，《长安志》载"上林苑门十二，中有苑三十六"，是我国历史上有记载的早期规模最大的皇家园林。皇帝率君臣在苑囿中议政、观赏，造成园林景观越来越精致，被赋予的内容也更加丰富。

上林苑地域辽阔、地形复杂，天然植被极为丰富，也有大量人工栽植的树木，《西京杂记》记载武帝初修上林苑，群臣远方进贡的"名果异树"有三千余种。建筑周围植树普遍，并因树得名，如长杨宫、五柞宫、葡萄宫等，还有多处竹林谓之"竹圃"；苑中还有南方树种、西域植物等。上林苑内豢养百兽放逐各处，相当于皇家狩猎区；兽圈一般在宫、观附近，便于就近观赏；大型兽圈还作为"斗兽场"。

私家园林则发端于封建园圃制的形成，基于封建自然经济的特点，有的是以生产为主兼顾休憩娱乐，有的是以休憩娱乐为主兼顾生产，其中包括文人隐士和达官贵人的园圃，例如著名的东汉时期梁冀的"菟园"。这类园林不仅数量较多，而且由于历史时期的时代、地域、民族、阶层各异，其园林风格亦不尽相同。

秦汉时期，园林文化的突出指征，体现在神仙思想与"一池三山"风格的形成。由于原有的山川崇拜及神仙思想的影响，大自然在人们的心目中保持着浓重的神秘感，而神仙思想是原始的神灵、山岳崇拜与道家的老、庄学说的混合产物，形成了西周后期，滥觞于秦汉。秦汉时期，传说东海之中有三神山，乃仙人居住之所，有不死仙药。据《史记·封禅书》等记载，"自威、宣、燕昭使人入海求蓬莱、方丈、瀛洲三神山者，其传在渤海中，去人不远。患且至则船风引而去。盖尝有至者，诸仙人及不死之药皆在焉"。《列子·汤问》和《山海经》中均有此类记载。而蓬莱海域常出现的海市蜃楼奇观，更激发了人们寻仙求药的热情，秦皇、汉武等古代帝王纷纷到蓬莱开始了寻仙活动，其结局可想而知。但在秦汉时期的园林特别是皇家园林的建设中，经过秦始皇时代与汉武帝时代的发展，蓬莱神话确立了它在中国园林中的不可取代的位置，亦即形成了"一池三山"的固定模式。并对我国园林与日本造园产生了巨大的影响。

自秦汉时期开始逐步形成的中国古典园林文化，延续了几千年，为中国传统文化增添了异彩。其"虽由人作，宛自天开"的人工与自然相结合的园林艺术风格，在世界园林艺术中独树一帜，并曾对欧洲的园林艺术有很大的影响。

2.5.2.3 植物图腾与崇拜

秦汉时期，天子有宗庙，百姓有民社，而社树是百姓民社的重要组成部分，《汉书·眭弘传》记载"是时昌邑有枯社木卧复生"。颜师古注说"社木，社主之树也"。

植物图腾崇拜中，名山圣川的草木往往被赋予了神灵的色彩，必须对其尊重与保护。据《史记·封禅书》记载，秦始皇封禅泰山，儒生建议上山封禅要用蒲草裹车轮，其依据就是"古者封禅为蒲车，恶伤山之土石草木"。当秦始皇东登泰山，见山中草木稀少，为保护圣山植被，乃下令"无伐草木"。自从秦始皇开始，历代皇帝都十分重视对于域内名山大川的封禅祭祀。例如五岳（尤其是五岳之首的

〔元〕王祯《农书·民社图》

泰山）、四渎（尤其是黄河）都有较多的祭祀，而在祭祀中对泰山等圣山植被，都采取了保护的措施。这些在历代正史中的《封禅书》《礼志》中有较多的记载。因此还出现了武帝下诏"河海润千里，其令祠官修山川之祠，为岁事，曲加礼"（《汉书》卷6《武帝纪》）；章帝下诏"今山川鬼神应典礼者，尚未咸秩。其议增修群祀，以祈丰年"，对山川等自然物祭祀膜拜。另外，一些少数民族及其政权，对于发源地的名山大川都有崇拜祭祀的行为，对山林保护更是严格。这些言行举措，也体现出朴素的生态保护意识。

相传为汉代东方朔的《神异经》，不仅按地域记载了许多奇木异兽等森林资源，如豫章木、桑树、不昼木、楂树、如何树、邪木、桃树、枣树、涕竹、橘柚、讹兽等，还有部分涉及原始森林利用的传说，如枣、桃、梨、栗等果可供食用、强木用作舟楫等，虽大都是怪力乱神之语，亦资参考。而另一本先秦神话典籍《穆天子传》，则通过记载穆天子西征东归过程中所见所闻，描述了西北少数民族地区自然环境、地理风貌以及特产物品，如描写山景"嘉谷生焉，草木硕美"、昆仑之丘"大木硕草""犬马牛羊所昌"，都反映了当时西北高原地区草木繁茂、动物众多的自然环境。而少数民族众多贡品中，亦不乏野马、白鹄等野生动物。

林业经典文献选读

〔西汉〕刘安《淮南子·主术训》（节选）

食者，民之本也；民者，国之本也；国者，君之本也。是故人君者，上因天时，下尽地财，中用人力，是以群生遂长，五谷蕃殖。教民养育六畜，以时种树，务修田畴，滋植桑麻，肥硗高下，各因其宜。丘陵阪险不生五谷者，以树竹木。春伐枯槁，夏取果蓏，秋畜疏食，冬伐薪蒸，以为民资。是故生无乏用，死无转尸。

故先王之法，畋不掩群，不取麛夭，不涸泽而渔，不焚林而猎。豺未祭兽，罝罦不得布于野；獭未祭鱼，网罟不得入于水；鹰隼未挚，罗网不得张于溪谷；草木未落，斤斧不得入山林；昆虫未蛰，不得以火烧田。孕育不得杀，鷇卵不得探，鱼不长尺不得取，彘不期年不得食。是故草木之发若蒸气，禽兽之归若流泉，飞鸟之归若烟云，有所以致之也。

〔东汉〕班固《汉书·文帝纪》（节选）

［文帝前元十二年〕诏曰："道民之路，在于务本。朕亲率天下农，十年于今，而野不加辟，岁一不登，民有饥色，是从事焉尚寡，而吏未加务也。吾诏书数下，岁劝民种树，而功未兴，是吏奉吾诏不勤而劝民不明也。吾农民甚苦，而吏莫之省，将何以劝焉？其赐农民今年租税之半。"

思考题

1. 如何理解秦汉时期森林资源变迁的社会因素？
2. 如何看待科学技术进步与秦汉时期的森林培育和加工利用的关系？
3. 如何认识秦汉时期林业政策与机构的特点？

推荐阅读书目

1. 史记. 司马迁. 北京：中华书局，1959.
2. 汉书. 班固. 北京：中华书局，1982.
3. 后汉书. 范晔. 北京：中华书局，1965.
4. 秦汉时期生态环境研究. 王子今. 北京：北京大学出版社，2007.

中国林业史

第3章

魏晋南北朝时期的林业

魏晋南北朝(220—589年)是中国历史上政权更迭较为频繁的时期。虽然社会持续动荡，但民族融合加强，各民族间经济文化交流广泛，农业开发范围不断扩大，南方经济获得长足发展。这一时期林业发展出现了一些新气象，如独立林业生产的出现，农林培育技术的提高，私家庄园以及园林的兴盛。伴随林业的发展，本时期还出现了专门的林业文献典籍，并逐渐衍生出了丰富的林业经营思想和文化。可以说，魏晋南北朝时期是中国古代林业发展的重要转折时期。

3.1 森林资源分布及变迁

魏晋南北朝时期的森林资源受自然条件与人为活动的影响，与先秦两汉时期相比有些下降，但相对于今天来说仍然比较丰富。据学者统计，从秦汉时期到隋唐，我国森林资源覆盖率由46%下降到33%，平均每100年减少1.15个百分点[1]。据此估计，魏晋南北朝时期我国的森林覆盖率约在40%左右。北方地区，尤其是黄河流域的平原地区成片森林消失，故史念海先生称这一时期"是平原地区的森林受到严重破坏的时代，这一时代行将结束时，平原地区已经基本没有林区可言了。"[2]而山岭地区森林保存仍然比较完好；南方地区，虽因北人南渡，原来保存较为完好的森林，开始遭到一定程度的开发，但由于战乱较少，垦殖范围有限，破坏程度相对并不突出。

---

① 樊宝敏，董源.2001.中国历代森林覆盖率的探讨[J].北京林业大学学报(社会科学版)，23(4)：60-65.
② 史念海.1981.河山集二集[M].北京：生活·读书·新知三联书店.

3.1.1 北方地区

魏晋时期，东北地区大兴安岭北段的寒温带林、小兴安岭和长白山的温带林，植被发育良好，以森林为主，三江平原则广布沼泽植被；当时该区域拥有大量的鹿、貂等野生动物资源。华北暖温带落叶阔叶林地带，由于人类活动的严重影响，森林资源迅速减少，许多平原森林采伐殆尽，不少地方因缺乏木材，不得不远途去外地采买。另一方面，长期而大规模的战乱，引起大片土地抛荒，逐渐演变为次生的草地和灌木丛。据《三国志·魏志·高柔传》记载，魏明帝时河南荥阳附近千余里区域因人口逃散，土地荒芜，林木获得发展，大量野生动物诸如狼、虎、狐、麋等又在此地栖息。华北地带的少数山区，出现了"上无草木"的荒凉现象，但大部分山区及一些相对僻远的平原，仍分布着茂密的森林。比较依赖森林环境的动物，如猕猴、鹦鹉、虎等等，当时在华北仍广有分布。据《魏书·灵征志》记载，直到东魏时，淮北地区仍可见到从南方来的野象。

3.1.1.1 太行山区

自古以来，太行山区就是我国重要的林区之一。《诗经·卫风·竹竿》中有："淇水滺滺，桧楫松舟。"可知早在先秦时期，太行山区就分布着以松、柏为主的原始森林。魏晋南北朝时期，太行山南部区域依然森林广布。这一时期，伴随邺城（今河北临漳）政治、经济地位的上升，北魏、东魏、北齐多个政权都曾对其进行过大规模的改造与修建。如东魏天平二年（535年），"发众七万六千人营新宫"；兴和元年（539年），"发畿内民夫十万人城邺城"（《魏书·孝静帝纪》）。北齐时期，工程造作更多，"齐自河清之后，逮于武平之末，土木之功不息，嫔嫱之选无已，征税尽，人力殚，物产无以给其求，江海不能赡其欲。"[1]如此常年、繁多且浩大的工程建设，多取材于太行南麓的上党地区，这也间接说明这一时期此地有着丰富的森林资源。

与太行山南部相比较，北部区域人迹罕至，开发较少，故而其附近地区的森林保存相对较好。如《晋书》记载，西晋大兴二年（319年），"大雨霖，中山、常山尤甚。滹沱泛溢，冲陷山谷，巨松僵拔，浮于滹沱。东至渤海，原隰之间皆如山积。"[2]因洪水冲击而松木堆积如山，说明当时滹沱河中上游区域森林茂密，松林颇多。另据记载，"秦氏建元中，唐水泛涨，高岸崩颓，城角之下，有大积木，交横如梁柱焉。"[3]说的是前秦建元时期（365—386年），滹沱河上游的太行山北麓，曾有巨木因遭遇山洪，被冲到河北正定县城下。可见，此时太行山北麓仍为茂密森林所

① 〔唐〕李百药.1972.北齐书[M].北京：中华书局.
② 〔唐〕房玄龄.1974.晋书[M].北京：中华书局.
③ 〔北魏〕郦道元.陈桥驿，校证.2007.水经注校证[M].北京：中华书局.

覆盖。

除此之外，太行山支脉地区，如太岳山、中条山、析城山等区域也分布着面积不小的森林。如太岳山上有岳庙，"庙侧有攒柏数百根，对郭林川，负冈荫渚，青青弥望，奇可玩也。"①中条山也有大量森林分布，中条山东段历山得名便是由"多柞树，吴越之间，名柞为枥"②而来。其支峰钟鼓峡此时"峰次青松，岩悬赪石，于中历落有翠柏生焉。"③同时，析城山之中也是"小竹细笋，被于山渚，蒙笼茂密，奇为翳荟。"④可见，北朝时期太行山支脉之中分布着以松、柏、柞、竹等树种为主的茂密森林。

3.1.1.2 吕梁山

吕梁山位于今山西省中部的断陷盆地以西地区。西晋时郭璞曾游历此地，有"绿萝结高林，蒙笼盖一山""女萝辞松柏"等句，表明当时各种树木丛生。北朝时期，吕梁山区仍是森林密布。如山西文水的谒泉山中"石崖绝险，壁立天固，崖半有一石室，去地可五十余丈，爰有层松饰岩，列柏绮望。"⑤南段龙门山同样也是"翠柏荫峰，清泉灌顶。"⑥正如《魏书·李崇传》所载，"龙门之北数十里中，伐树塞路，鹫碛之口积大木，聚雷石，临崖下之，以拒官军。"茂密的森林成为氐人杨灵珍等对抗官军的屏障，足以证明此时吕梁山脉的森林资源十分丰富。正因此，早在北魏孝文帝时期，其出产的林木就开始外运洛阳。如《魏书·景穆十二王·安定王休附子燮传》记载："伐木龙门，顺流而下，功省力易，不以为劳。"《周书·王罴传》亦载："京洛材木，尽出西河。朝贵营第宅者，皆有求假。"北魏迁都洛阳后，继续进行了大规模的兴建活动，营造奢华的宫室、第宅、寺观等建筑，所需林木的数量巨大，恰可说明当时为其提供木材的吕梁山区林木资源之丰富。

3.1.1.3 秦岭地区

北朝时期，秦岭山脉仍然分布着茂密的森林。北朝诗人庾信曾记述："维公匡济彝伦，弘敷庶绩，燮理余暇，披阅山经，以为终南、敦物日月亏蔽，杶、干、栝、柏、椅、桐、梓、漆，年代蕴积，于何不有？"⑦足见此时秦岭中段终南山中林木的品类之众多。这一时期，即便其支脉中亦不乏繁茂的森林。譬如华山，《魏书·景穆十二王·安定王休附子燮传》记载："(冯翊)面华渭，包原泽，井浅池平，樵牧饶广，采材华阴，陆运七十。"华阴之材即取于华山，华山材木外运，恰可证明此地森林资源之丰富。其他支脉如伏牛山，典籍也多"深松列植""层松茂柏，倾山荫渚""围木数十寻"等记载。

3.1.1.4 北部草原地带

黄土高原西北部的森林草原地带，直到南北朝时期，森林资源仍十分丰富，

---

① ~⑥ 〔北魏〕郦道元．陈桥驿，校证．2007.水经注校证[M].北京：中华书局．

⑦ 〔北周〕庾信，撰．〔清〕倪璠，注．许逸民，校点．1980.庾子山集注[M].北京：中华书局．

《魏书·世祖纪》记载北魏时曾"就阴山伐木，大造攻具"，可知阴山一带有森林的分布。正是基于树木丛生，动物繁殖，北魏前期统治者还在阴山地区进行大规模的畋猎活动。《魏书·文成帝纪》载，太安三年（494年），"畋于阴山之北。"此时，河西地区的植被状况，较之两汉有了变化，秦汉时期的许多屯田被废弃，且由于游牧民族大量进入河西地区，退耕还牧，畜牧业有了很大发展。据《魏书》记载，北魏平定北凉时，获"牛马畜产二十余万"，可见当时畜牧业之兴旺，由此又可知河西一带次生草原在东晋以后得以逐渐恢复。北齐的《敕勒歌》"敕勒川，阴山下。天似穹庐，笼盖四野。天苍苍，野茫茫，风吹草低见牛羊"，是对当时蒙古草原地区优美生态环境的热情歌颂。

陇山山脉地处今宁夏和甘肃南部、陕西西部。先秦两汉时期陇山地区仍为茂密的丛林所覆盖，《后汉书》记载，建武八年（32年），"歙与征虏将军祭遵袭略阳，遵道病还，分遣精兵随歙，合二千余人，伐山开道，从番须、回中竟至略阳。"[1]战争双方通过砍伐陇山树木以开通道路或阻塞道路，足见这一时期陇山地区的森林繁茂。此时，在陇右、湟中和祁连山等山区，森林资源比中原丰富得多，《水经注·河水注》即称黄河上游"河湟之间多禽兽，以射猎为事"。

敦煌莫高窟249窟壁画·西魏《狩猎图》

又《魏书》记载："贼入陇，守蹊自固。或谋伏兵山径，断其出入，待粮尽而攻之；或云斩除山木，纵火焚之，然后进讨。"[2]在北魏与氐人的战争之中，官员献策砍伐山木，从而使敌方失去屏障，恰可佐证这一时期陇山地区是多林的。

---

① 〔南朝宋〕范晔，撰.〔唐〕李贤，注.1965. 后汉书[M]. 北京：中华书局.
② 〔北齐〕魏收.1974. 魏书[M]. 北京：中华书局.

3.1.2 南方地区

东汉以后，连年战乱，北方人口继续大量南移，使江南人口迅速增长，江浙一带甚至达到人满为患的地步，南北朝时期也曾出现"土地骍狭、民多田少"的困境。所以耕地开垦由平原至山区，垦殖面积越来越大，山地森林渐次减少。同时，长期的战乱也大量损耗森林资源。如三国时，江淮地区是魏吴两国争夺的要冲，魏军在此进行屯垦，导致皖中森林锐减。当然，这一时期森林资源的减少主要集中于人口众多的地方，至于沿海一带乃至偏远山区，森林植被总体保存较好。

另一方面，相对于北方，毕竟南方地区大规模的农业开发相对较晚，森林资源分布较多，所以状况相对良好。华东、华中、西南的亚热带常绿阔叶林地带，动植物资源更为丰富。据北魏郦道元《水经注》记载，华中之汉水上游陕鄂边境，"秀林茂木，隆冬不凋"；西南方面，秦岭巴山一带山地仍是茂密的北亚热带森林和竹林，三峡地区"林高木茂"，云贵高原植被良好。现在的一些珍稀动物，如犀、象、虎、孔雀、鹦鹉、麋鹿、长臂猿、大熊猫、竹鼠、扬子鳄等，在当时的华东、华中、西南地区广泛分布。如野象，上至四川盆地，下达淮北江南，南及江西、广西，都曾经见于史料记载；三峡、湘西、浙西、闽中，处处可见长臂猿的活动；江淮长江中下游活动着扬子鳄；孔雀当时在四川盆地也相当常见。

以华东言，北部沿长江淮河一带，次生林成为主要的林相。东晋时期著名的"淝水之战"（383年），秦王苻坚遥望淮南八公山上草木皆兵，从侧面可以证明当时淮南一带山地尚保存有大量林草。据《宋书·符瑞志》记载，南朝宋元嘉十六年（439年），安徽宣城宛陵县野蚕成茧，弥漫林谷；孝武帝大明三年（459年），宣城宛陵县野蚕蔓延三百余里，由此可见当时宣城一带有大片树林存在。而东部江浙地区，虽经人类的大肆采伐，原始林木仍多有留存，东晋九年（353年），王羲之等人三月三日在会稽曲水流觞，兰渚山一带还"茂林修竹"。南朝宋元嘉时期（424—453年），谢灵运率领数百人从浙江上虞的南山伐木开路，直至临海（今浙江临海县），沿途二百余里，全是密林。北魏郦道元游历天目山时，还有"山极高峻，崖岭耸叠，西临峻涧，山上有霜木，皆数百年树，谓之翔凤林"[①]的记述。这一时期，华东地区森林变化特点之一，是重视人工造林，人工林面积逐渐扩大。晋朝规定罢职回京的刺史每人要栽100株松树，郡守各栽50株。刘宋元嘉年间，责令诸州刺史，罢职还都者各栽松3000株，以下各级官吏各有不同，以资提倡。华东地区的沿海地带自古以来台风、暴风等灾害比较严重，南齐刘喜明担任太守时，劝导百姓种植榆树、楸树及各种果树，类似这样的海滨造林，除获得用材及薪炭之外，还能同时发挥防风防沙的效果。南京是我国六大古都之一，东吴时期就开始用槐树和柳树作为

---

① ［北魏］郦道元. 陈桥驿，校证. 2007. 水经注校证［M］. 北京：中华书局.

绿化宫城、秦淮河护岸林和街道绿化的主要树种。

今天的闽南、岭南和滇南等热带林地带，在当时动植物资源尤其丰富。以岭南为例，晋代的《南方草木状》中，记载当时岭南就有杉、松、枫香、榕树、芭蕉、刺桐、樟、桄榔、荔枝、山楂、人面子、箪竹、石林竹、云丘竹、紫藤、甘藤等多种森林植被，其中杉木、松木这两种用材林种植最为广泛。同时，犀、象、虎、孔雀、猩猩等动物品种也生长、栖息于热带林中。

3.2 森林培育与利用

3.2.1 林木培育

3.2.1.1 植树造林

虽然森林资源总体呈现下降趋势，但典籍中也有许多魏晋南北朝时期植树造林的记载。东汉末年，长期战乱，造成了较为严重的生态破坏。魏晋时期，因为森林资源的逐渐匮乏，所以有许多统治者从民用角度考虑提倡植树造林。曹操曾下令邢颙劝民重视农桑，上行下效，地方官员多有执行。郑浑为山阳魏郡太守时，"又以郡下百姓苦乏材木，乃课树榆为篱，并益树五果。榆皆成藩，五果丰实。入魏郡界村落，齐整如一，民得财足用饶。"[1]通过提倡植树造林，不仅解决了百姓材木缺乏的困境，还促进了村落的美观整洁。陶侃也曾要求在军队营地种植柳树。更有甚者，朝廷通过强制规定，责令官员种树："蒋山本少林木，东晋令刺史罢还都种松百株，郡守五十株。宋时诸州刺史罢职还者，栽松三千株，下至郡守，各有差。"[2]洛阳典农官王昶对种树也非常重视，在他任职期间，在洛阳及周边栽种了大片树木。吴国丹阳太守李衡喜好种树，曾经派人在自己老家武陵种植千株柑橘树，其子孙因此而获利。

南朝时期也很重视植树造林。宋文帝元嘉八年(431年)曾下诏发展蚕桑经济林木："郡守赋政方畿，县宰亲民之主。宜思奖训，导以良规，咸使肆力，地无遗利，耕蚕树艺，各尽其力。若有力田殊众，岁竟条名列上。"[3]元嘉二十一年(444年)又下诏劝植蚕桑。南齐武帝时也曾下诏鼓励农桑，并将其与官员的政绩考核相关联："守宰亲民之要，刺史案部所先，宜严课农桑，相土揆时，必穷地利。若耕蚕殊众，足厉浮惰者，所在即便列奏。其违方骄矜，佚事妨农，亦以名闻。将明赏罚，以劝勤怠，校核殿最，岁竟考课，以申黜陟。"[4]南齐的刘善明在担任海陵太守时，发现

---

① 〔晋〕陈寿.1959.三国志[M].北京：中华书局.
② 〔宋〕周应和.1987.景定建康志[M]//四库全书：489.上海：上海古籍出版社.
③ 〔南朝梁〕沈约.1974.宋书[M].北京：中华书局.
④ 〔南朝梁〕萧子显.1972.南齐书[M].北京：中华书局.

当地地处海边，缺少林木，于是率领百姓种植榆树及各种果树，获得了良好的利益。梁武帝下诏放开山林薮泽之禁，劝勉百姓种植桑果等经济林木，"将使郡无旷土，邑靡游民。鸡犬相闻，桑柘交畛。"①

北朝多是少数民族政权，善于游牧，重视农桑种树者相对较少。十六国时，燕王冯跋曾下令："今疆宇无虞，百姓宁业，而田亩荒秽，有司不随时督察，欲令家给人足，不亦难乎？桑柘之益，有生之本。此土少桑，人未见其利。可令百姓：人殖桑一百根，柘二十根。"②留心农事，关心种植，尤其是看到林业经济价值，这在十六国时期确实不多见。前秦政权曾经为了绿化道路，进行植树造林，史书记载王猛整齐风俗，从长安到各个州县，沿路都要种植槐树、柳树。北魏建国时虽然也重视游牧传统，但自孝文帝后统治者开始重视农桑，规定"民有不从长教，惰于农桑者，加以罪刑"③；并制定永业田制度，"诸初受田者，男夫一人给田二十亩，课莳余，种桑五十树，枣五株，榆三根。非桑之土，夫给一亩，依法课莳榆、枣。奴各依良。限三年种毕，不毕，夺其不毕之地。于桑榆地分杂莳余果及多种桑榆者不禁。"④均田令中明确要求种植桑、枣、榆三类树木。北齐承继于北魏，每人分给永业二十亩为桑田，要求田中种桑树五十株，榆树三株，枣树五株，不在还受之限，不是桑田的，都纳入还受的行列。北周也遵循北齐的制度，分给永业田，命令种植桑、榆、枣等经济林木。部分官员也充分认识到林木保持水土的重要作用，极力推行植树造林，如韦孝宽任雍州刺史时，看到道路上每隔一里所设的土候，容易被雨冲毁，于是命令部下在土候处栽植槐树，既免修复道路，行旅又得到庇荫。其做法后来得到朝廷肯定，《周书·文帝纪》记载"于是令诸州夹道一里种一树，十里种三树，百里种五树焉。"⑤北周时期统治阶层也鼓励种树，周文帝曾下诏"乃于战所，准当时兵士，人种树一株，以旌武功"，一共栽植柳树 7000 株，这是北朝时期大规模人工植树的重要记载。

3.2.1.2　宅园植树

国人在宅园之中栽植树木的传统由来已久，《诗经·小雅》就有记载："维桑与梓，必恭敬止。靡瞻匪父，靡依匪母。"魏晋南北朝时期，伴随着造园艺术的提高，私家庄园、皇家园林、寺庙园林都取得了很大发展，无论是私人住宅庭院，还是各种类型的园林，作为美化景观、造型配景的重要手法，均会栽植一定数量的树木，所以此时各种宅园也是树木种植及分布较为集中的地方。

魏晋南北朝时期，人们经常在自己的宅园前后栽植林木、设置园篱，既美观环保，还能起到一定的防护作用，文献典籍中有许多种植林木美化庭院的记载。例如

---

① 〔唐〕姚思廉.1973.梁书［M］.北京：中华书局.

② 〔唐〕房玄龄.1974.晋书［M］.北京：中华书局.

③ 〔北齐〕魏收.1974.魏书［M］.北京：中华书局.

④ 〔唐〕杜佑.1984.通典［M］.北京：中华书局.

⑤ 〔唐〕令狐德棻.1971.周书［M］.北京：中华书局.

《齐民要术》中就有专门《园篱》一节，讲述如何种植树木编织园篱。又《魏书·献文六王·北海王详传》记载："详之拜命，其夜暴风震电，拔其庭中桐树十围，倒立本处。"说的是北魏北海王元详的庭院中种植有桐树。又如《周书·孝义传》中有"南邻有二杏树，杏熟，多落元园中。"说的是邻里百姓家种有杏树，杏熟落入张元宅园中。可见，上自王侯，下至平民，庭院之中均栽植有林木，当时庭院栽植林木现象较为普遍。同时，庭院林木种植现象在当时的文学作品中也多有反映。例如，北朝诗人庾信在其《入彭城馆》中写到"槐庭垂绿穗，莲浦落红衣。"①可知槐树是此时庭院种植的树种之一。此外，庾信又有"回轩入故里，园柳始依依"②之语，可见柳树也是当时庭院植树的重要选择。除上述树木外，自古以来中国家庭庭院中，还有种植果树的传统。庭院中种植果木，不仅能够提供果品，满足人们的生活之需；同时，果木树形、花果等本身也是重要的景观要素，成为时人欣赏的对象。如梨树，"用根蒂小枝，树形可憘。"③安石榴"以骨、石布其下，则科圆可爱。"④果木对于美化庭院所发挥的作用，在同时期的文学作品中多有体现。庾信在《答王司空饷酒》中写到"今日小园中，桃花数树红。"⑤北齐诗人萧悫的《春庭晚望图》中也有"窗梅落晚花，池竹开初笋"⑥等词句，优美的姿态、芬芳的气味、艳丽的色彩无一不为庭院增添了别致的美感。

北魏杨衒之著有《洛阳伽蓝记》，其书以佛寺为中心，记述北魏京城的方方面面，是研究北魏洛阳城市规划、建筑和园林艺术的重要资料，书中就有大量当时园林中种植树木等植物配置的记载。当时的洛阳繁华似锦，皇室贵族、高门大户、僧侣寺众乃至平民百姓争相建造宅园，营建园林，其中皇家园林如千秋门内的西游园，"珍木香草，不可胜言。"⑦而私家园林亦是"花林曲池，园园而有。莫不桃李夏绿，竹柏冬青。"⑧而诸多寺院园林中，也是"花林芳草，遍满阶庭。"⑨可见，当时花木已成为园林重要的景观之一。

根据相关文献记载，当时园林内栽植的林木不仅数量众多，而且种类丰富。如成书于北魏早期(约480—533年)的花木文献《魏王花木志》中记载当时北朝园林中种植的就有思惟树、木莲树、山茶、朱槿、牡桂、黄辛夷、郁树、卢橘、楮树、石南树、都勾等十几种林木。园林中经常栽植的树木既有高大的乔木，也有低矮的灌木。其中，较为常见的乔木有柏树、松树、椿树、槐树、桑树、柽树等，栽植这些林木，不仅能够为园林增添自然之美，同时，高大的林木也能将园林与嘈杂纷乱的外界隔离开来，这对于寺院园林尤为重要，能够使其产生"虽云朝市，想同岩谷"⑩的效果。因此，乔木树种成为当时园林植树的主要选择。例如洛阳城永宁寺内"栝

---

①② 〔北周〕庾信，撰.〔清〕倪璠，注.许逸民，校点.1980.庾子山集注[M].北京：中华书局.

③④ 〔北魏〕贾思勰.缪启愉，校释.2009.齐民要术校释[M].北京：中国农业出版社.

⑤ 〔北周〕庾信，撰.〔清〕倪璠，注.许逸民，校点.1980.庾子山集注[M].北京：中华书局.

⑥ 逯钦立.1983.先秦汉魏晋南北朝诗[M].北京：中华书局.

⑦~⑩ 〔北魏〕杨衒之.范祥雍，校注.1958.洛阳伽蓝记校注[M].上海：上海古籍出版社.

柏松椿，扶疏檐溜，丛竹香草，布护阶墀"①；其四门之外，则"树以青槐"②，京城来往行人，因高大的树木而得以荫凉。愿会寺"佛堂前生桑树一株，直上五尺，枝条横绕，柯叶傍布，形如羽盖。"③洛阳城东的正始寺中僧房前面"高林对牖，青松绿柽，连枝交映"④；昭德里前大司农张伦宅园里"高林巨树，足使日月蔽亏"。除乔木外，园林之中也会栽植了一些常绿灌木及花草。如瑶光寺附近西游园就有"珍木香草，不可胜言。牛筋狗骨之木，鸡头鸭脚之草，亦悉备焉"⑤，所谓牛筋，"叶似杏而尖，白色，皮正赤，为木多曲少直，枝叶茂好。"⑥至于狗骨，别称猫儿刺，株型紧凑，叶形奇特，且四季常青，二者均为优良的观赏树种。当时，果木也是园林之中广泛栽植的林木。这一时期，皇家园林、私家园林以及寺院园林内都不乏果木的栽植。如华林园中"有百果园，果列作林"⑦，私家园林内也多"殖列蔬果"⑧，至于寺院园林，史载当时"京师寺皆种杂果。"⑨足见此时园林之中果木栽植的兴盛。这一时期，园林中常见的果木有枣、梨、桃、李、奈、葡萄等。如洛阳城南的承光寺多果木，奈味甚美；城西的白马寺葡萄冠绝京城；城西河间王元琛宅里"素奈朱李，枝条入檐。"⑩

3.2.1.3 行道植树

行道树在我国有着悠久的栽植历史，《国语·周语》记载："周制有之曰：列树以表道，立鄙食以守路。"可知早在西周时期，已经开始于道路两侧栽植林木。魏晋南北朝时期最著名的行道植树，当属王猛所为："自永嘉之乱，庠序无闻，及坚之僭，颇留心儒学，王猛整齐风俗，政理称举，学校渐兴。关陇清晏，百姓丰乐，自长安至于诸州，皆夹路树槐柳，二十里一亭，四十里一驿，旅行者取给于途，工商贸贩于道。百姓歌之曰："长安大街，夹树杨槐。下走朱轮，上有鸾栖。英彦云集，诲我萌黎。"⑪说的是前秦时期(350—394 年)王猛在长安至各州县的驿道两旁种植槐树、柳树，形成一道美丽的风景线，备受百姓称赞。

及至北朝时期，行道树的栽植由驿道等国家主要的交通通道延伸及百姓居住区内的道路两侧。例如《洛阳伽蓝记》记载："(修梵)寺北有永和里，汉太师董卓之宅也。里南北皆有池，卓之所造。今犹有水，冬夏不竭。里中太傅录尚书长孙稚、尚书右仆射郭祚、吏部尚书邢峦、廷尉卿元洪超、卫尉卿许伯桃、凉州刺史尉成兴等六宅。皆高门华屋，斋馆敞丽。楸槐荫途，桐杨夹植。当世名为贵里。"⑫本是名臣故里，再加上道路两旁栽植树木，风景优美，永和里社区深受时人推重。当时洛阳城南的四夷里，是归顺的少数民族聚居区域，人口有一万多户，他们居住区域"门巷修整，阊阖填列，青槐荫陌，绿树垂庭，天下难得之货，咸悉在焉。"⑬由上述记载可知，北朝时期居住区内的道路两侧也栽植了楸、槐、杨、桐等林木，路旁林木

---

① ~ ⑩ 〔北魏〕杨衒之. 范祥雍，校注. 1958. 洛阳伽蓝记校注[M]. 上海：上海古籍出版社.

⑪ 〔唐〕房玄龄. 1974. 晋书[M]. 北京：中华书局.

⑫⑬ 〔北魏〕杨衒之. 范祥雍，校注. 1958. 洛阳伽蓝记校注[M]. 上海：上海古籍出版社.

的栽植既美化了道路环境，又方便时人的交通出行。

3.2.2 森林利用

（1）木材采伐运输

木材采伐运输，现代专业术语称森林采伐运输，是收获森林主产品——木（竹）材的生产过程。魏晋南北朝时期，伴随各政权的大兴土木，广修宫室园林，对木竹材的需求量急剧上升，林木的采伐也迅速增加。后赵石勒曾经下令，让工匠 5000人采伐林木建造洛阳太极殿。北魏时期，大臣高允曾劝说文成帝拓跋濬兴建宫室，据《魏书》记载，仅伐木工、运输杂役就有20000人，加上后勤保障，参与整个工程建设的工人达到了40000人，可见当时工作量之大。另据《周书·权景宣传》所载："时初复洛阳，将修缮宫室，景宣率徒三千，先出采运。"西魏时期，为了修缮洛阳宫室，权景宣率领3000人外出采运材料。这一时期，每当有大型工程建设，为了完成木材采运的任务，经常任命专门的官员进行负责管理。如《魏书·裴骏附裴宣传》记载："迁都洛阳，以（裴）宣为采材副将"；又《魏书·律历志》中崔光上表中有"前太极采材军主卫洪显"的记载；又《魏书·灵征志》中也记载有："兴和元年九月，有司奏西山采材司马张神和上言司空谷木连理。"采材副将、采材军主、采材司马应该都是这一时期掌管林木采伐的职官，这从侧面说明朝廷对于林木采伐的重视。同时，为了完成各种采运和木构建筑任务，经常会征调大量民力。如《魏书·食货志》记载："又其造船之处，皆须锯材人功，并削船茹，依功多少，即给当州郡门兵，不假更召。"当时国家造船所需的林木，需要征调农民充当"州郡门兵"，并进行采伐。又如《宋书·刘敬宣传》所载："宣城多山县，郡旧立屯以供府郡费用，前人多发调工巧，造作器物。（刘）敬宣到郡，悉罢私屯，唯伐竹木，治府舍而已。"①说的是官府征调工匠，采伐林木，进行府衙建筑。

伴随频繁而大量的采伐工作，工具也在不断改进。据《氾胜之书》记载，汉代农业生产中已经使用锯子。魏晋南北朝时期，林木采伐工作中锯子的使用更为普遍，已经成为常用工具了。如《齐民要术·种梨第三十七》载："以锯截杜，令去地五六寸。"《魏书·食货志》亦载："又其造船之处，皆须锯材人功"。同时，采伐技术逐渐提高，形成了系统的理论总结。首先，采伐树木时间很重要，"凡伐木，四月七月，则不虫而坚韧。"（《齐民要术·伐木第五十五》）"斫法：十二月为上，四月次之。非此两月所斫者，楮多枯死也。"（《齐民要术·种穀楮第四十八》）"侯其子实将熟，皆其时也。"（《齐民要术·伐木第五十五》）认识到了采伐时间会影响木材的质量，选择在秋冬季节树木的种子或果实成熟之时进行采伐，主要由于此时树木处于休眠期，树液已经停止了流动，树木体内积累了较多的养分，这时采伐的木材质地

---

① 〔南朝梁〕沈约.1974.宋书[M].北京：中华书局.

较为坚韧。而在采伐方法上，已经注意轮伐作业了，如"（柘树）三年，间斸去，堪为浑心扶老杖；十年，中四破为杖，任为马鞭胡床。十五年任为弓材。亦堪作履；裁截碎木，中作锥刀靶。二十年，好作犊车材。"（《齐民要术·种桑、柘第四十五》）"（榆树）三年春，可将荚叶卖之。五年之后，便堪作椽。不荚者即可斫卖；荚者，铉作独乐及盏。十年之后，魁、椀、瓶、盖、器皿，无所不任。十五年后，中为车毂及葡萄瓮。"（《齐民要术·种榆、白杨第四十六》）

木材运输是森林采运和森林利用中的重要环节。这一时期，典籍中有许多木材运输的史料记载。如《魏书·成淹传》记载："宫殿初构，经始务广，兵民运材，日有万计。"《魏书·莫含附莫题传》也有记载："后太祖欲广宫室，规度平城四方数十里，将模邺、洛、长安之制，运材数百万根。"可见此时林木的运输量极为庞大。这一时期，木材运输主要有水运与陆运两种方式，其中又"以水运为主，主要是排运，水陆结合占绝对比重。"[1]在江河湖泊等水面丰富，且木材需求量较大的地区，林木的运输往往采用水运的方式。以洛阳为例，背靠黄河，北有谷水、金谷水，南有伊水、洛水，周围河流众多，因此，北魏定都洛阳后，修建宫殿所需的林木多由水运而至，正如《魏书·成淹传》记载"于时宫殿初构，经始务广，兵民运材，日有万计，伊洛流渐，苦于厉涉。淹遂启求，敕都水造浮航。高祖赏纳之。"[2]东魏迁都邺城，营造宫殿所需的林木也是多由水路运输。如《魏书·张熠传》记载："天平初，迁邺草创，右仆射高隆之、吏部尚书元世俊奏曰：南京宫殿，毁撤送都，连筏竟河，首尾大至。自非贤明一人，专委受纳，则恐材木耗损，有阙经构。熠清贞素著，有称一时，臣等辄举为大将。"[3]由此可见，水路运输是北朝时期林木运输的主要方式。这一时期，负责林木水路运输的职官为都水使者。正如《魏书·高道悦传》所载："时宫极初基，庙库未构，车驾将水路幸邺，已诏都水回营构之材，以造舟楫。"可见，此时由都水使者负责水路运送造船所需的林木。这一时期，在林木运输量不大，或者林木运输距离较近，并且水路交通不便的地区，林木的运输往往采用陆路运输的方式。如《魏书·袁翻传》记载："自余或伐木深山，或耘草平陆，贩贸往还，相望道路。"又《魏书·景穆十二王下·安定王休附子燮传》记载："未若冯翊，面华渭，包原泽，井浅池平，樵牧饶广。采材华阴，陆运七十，伐木龙门，顺流而下。"北朝时期，林木产地距离运输终点较近时，林木的运输除水路运输外，亦可通过陆路运输来完成。

（2）木材贸易

魏晋南北朝时期，木竹材已经是"当时市场上大宗商品之一。"[4]这一时期，林木的买卖主要包含官方购买民间林木以及私人间的林木交易两种方式。当国家有工

① 王长富.1990.中国林业经济史[M].哈尔滨：东北林业大学出版社.
②③ 〔北齐〕魏收.1974.魏书[M].北京：中华书局.
④ 蒋福亚.2004.魏晋南北朝社会经济史[M].天津：天津古籍出版社.

程营造，而有大量木材需求时，官府一般通过征调与买卖的方式获取民间的林木。如《魏书·杨播附杨侃传》记载："未若召发民材，惟多缚筏，间以舟楫，沿河广布，令数百里中，皆为渡势。"又如《北齐书·段荣附段孝言传》亦记载："时苑内须果木，科民间及僧寺备输，（孝言）悉分向其私宅种植。"可见，北朝时官府征调民间林木的现象较为常见。同时，也有官府通过购买方式获得民间林木的记载。如《魏书·食货志》："今求车取雇绢三匹，市材造船，不劳采斫，计船一艘，举十三车，车取三匹，合有三十九匹，雇作手并匠及船上杂具食直，足以成船。"①所谓的"市材造船"，也就是官府购买民间林木用于修造航船。

此时也有私人之间的林木交易。如《周书·王罴传》记载："京洛材木，尽出西河，朝贵营第宅者，皆有求假。如其私办，即力所不堪，若科发民间，又违法宪。以此辞耳。"所谓"私办"，也就是私人购买林木。除此之外，贾思勰《齐民要术》中有对当时各类林木不同生长阶段的具体用途及其经济价值的详细介绍，诸如柘树"一树直绢十匹"、五年的榆树"一根十文"、棠树"成树之后，岁收绢一匹"、杨柳"根直八钱"。可见，当时已经充分认识到林木的经济价值，市场上林木的买卖也应较为普遍。

3.3 林业科学技术

魏晋南北朝时期，伴随着林业的发展，林业科学技术也得以不断提高。这一时期，诸如《竹谱》《齐民要术》等许多农林文献典籍中记载了丰富的经济林木种植技术，诸如沈莹《临海水土异物志》、万震《南州异物志》、刘欣期《交州记》等一大批异物志、博物志类典籍记载一定地理区域内的森林动植物资源分布变迁及森林利用史料，诸如华林园等皇家园林开山、造园、引水、植树、蓄养动物等技术，正是当时林业领域诸多新发展的真实体现。例如，晋代嵇含的《南方草木状》就首次记载了我国劳动人民利用益虫防除害虫的生物防除法，"交趾人以席囊贮蚁，鬻于市者，其窝如薄絮囊，皆连枝叶，蚁在其中，并巢而卖，蚁赤黄色，大于常蚁。南方柑树，若无此蚁，则其实皆为群蠹所伤，无复一完者也。"②说的就是广东一带栽培的柑橘有很多害虫，种植柑橘的人普遍知道用一种蚂蚁（黄蚁）来防除害虫。这种蚂蚁能在树上营巢，专吃柑橘树上的害虫，甚至出现买卖这种蚂蚁的商业行为。这一时期林业科学技术的发展重点表现在林木种苗培育、森工技术、造园技术以及农林典籍四个方面。

---

① 〔北齐〕魏收.1974.魏书〔M〕.北京：中华书局.
② 〔晋〕嵇含.1939.南方草木状〔M〕.//王云五.丛书集成.上海：商务印书馆,12.

3.3.1　林木种苗培育

《齐民要术》中相关林业科学技术总结能够集中反映这一时期林木种苗培育的技术水平。

首先选地很重要，所谓适地适树。《齐民要术·种谷》记载："地势有良薄，山泽有异宜，顺天时，量地利，则用力少，而成功多，任惰反道，劳而无获。"就是认识到土壤地势存在不同，要求种植品种和方法也不同。贾思勰选择造林地，既考虑树木的生态习性，做到适地适树，如种榆和白杨都要"秋耕令熟"，种在平坦之地；种楮要在"涧谷间种之，地欲极良"，因为古时种楮树为了剥皮造纸，要树干通直光滑，非好地不可；种竹"宜高平之地，近山阜尤是所宜，下田得水则死，黄白软土为良"。种柞"宜于山阜之曲"。因柞和竹都不耐水湿，宜高平排水良好的土地，柞树只适宜生长于土壤松软的沙石山。又充分考虑现实条件，种柳要在"下田停水之处不得五谷者"，不能种五谷的下田和白土薄地用来种柳树，不与农争地，做到地尽其利。同时，《齐民要术》中将细致整地作为植树造林的一项基本措施。对不同的树种提出了不同的整地方法。种榆树要先耕地作垄；插白杨要秋季细致耕地，第二年早春逆顺各犁一遍重新作垄，垄上挖小坑；种楮要"耕地令熟"；直播柞要熟耕三遍。

造林方法上，依据树种不同，造林方法也不同，有直播造林、植苗造林、埋条插条造林、分蘖造林等。柞、栗适宜直播造林，以播种柞树为例：在山旁地处，翻耕三遍，细致整地，散播柞树种子，随即耢两遍，出苗后，薅去杂草，一次定苗，不再移植。《齐民要术》中指出椒、楮、槐、梓、青桐、竹等适宜植苗造林，具体要领为："凡栽一切树木，欲记其阴阳，不令转易。"这是因为阴面和阳面光照、温度、水分等条件迥然不同，树木长期生长在某种环境中，其向阳面因光照较强、温度较高，为了减少体内水分蒸腾，皮层可能较厚，而背阴面情况正相反。如果栽树时未按原来的方位，则树木一时不能适应，就难以成活。但小树可逆性较强，环境变化对其影响较小，则不必记阴阳面了。"大树髠之，小则不髠。"大树枝叶多，要蒸腾许多水分，初栽时树根尚不能从土壤中吸收足够的水分来补偿蒸腾失去的水分，容易致使树体水分失去平衡。同时，树大招风，风摇树干，不利于树木扎根，所以栽植大树要修剪枝叶，小树枝叶少，影响不大，故不必修剪。"先为深坑，内树讫，以水沃之，着土令如薄泥，东西南北摇之良久，摇则泥入根间，无不活者。不摇根虚，多死。其小树则不烦尔。"栽树时挖深坑，树木放坑内后，浇水使土壤成稀泥状填于树根间，再四面摇动树干，使根系与湿土密切结合而无空隙，再填土紧实，使土壤毛细管恢复，土壤下层的水分可上升到树根附近，有利于保持土壤水分。白杨、杨柳适宜插条繁殖：如埋植白杨时，耕地打垄后，在垄上挖小沟，砍取手指粗的白杨枝条，剪成3尺长的小条，弯曲放入小沟里，用土压埋，但两头露出土外，向上竖着。插植杨柳则在五月至七月间，遇到雨天，趁雨折取当年春季萌发的嫩枝，切成一尺多长一条，插入春季挖好的垄内，几天后就可成活。楸、白桐适宜分蘖繁殖：贾思勰发现有些楸树只开花不结实的现象，所以说楸树无种子，所以主张在大楸树周围挖坑，掘出根蘖苗拿去栽植，直至今天分蘖繁殖也是楸树繁殖的常用方法。而自古至今泡桐多是无性繁殖。贾思勰在《齐民要术》中很强调造林季节，认为植树应以正月为上时，二月为中时，三月为下时；按树种分，正月植槐树、梓树，二月植榆树、楮树，正月、二月插白杨、埋柳条，二月、三月植椒大苗，三月移植青桐，五月初至七月末雨后插杨柳。同时，他还认识到种植树木必须整齐成行，疏密均匀，播种需要注意距离和密度。他主张种榆树"五寸一荚"，插白杨和杨柳"二尺一株"，植梓树、楸树"方二步一根"。

贾思勰已经在《齐民要术》中提出了农林间作法。如在桑树下种绿豆、小豆、禾类或芜菁，桑树下种植豆类不会损伤地力，反而能使土壤熟化肥美，保持湿润，有助于桑树生长。桑树下种芜菁，收获芜菁后，可以放猪去吃残叶残根，猪拱食能使土壤软熟，胜过犁耕。《齐民要术》中还记载有楮树、槐树与麻混种法，直播楮树时，先耕好地，将麻子与楮树混合播种，覆土耙平，秋季不收割麻，留着保护周围的楮苗，可以预防楮苗在冬季被冻坏。第二年早春，将麻割去，楮苗也贴地平茬。

3.3.2 森工技术

我国有着悠久的森林利用历史，而相关森工技术也源远流长。早在春秋战国时期，范蠡就提出轮回修枝打柴，以便森林永续利用。《齐民要术》中贾思勰提出森林轮伐法，比西方相关技术论述早800多年。

魏晋南北朝时期，伴随森工技术的发展，林木与时人衣、食、住、行等社会生活的诸多方面发生了更加广泛的联系。当时，"薪柴依然是人们日常生活中使用的最为普遍的燃料。"[1]不仅日常的炊事与取暖，即便是熬炼丹药，也以薪柴为能源。《魏书·释老志》记载："太祖好老子之言，诵咏不倦。天兴中，仪曹郎董谧因献服食仙经数十篇。于是置仙人博士，立仙坊，煮炼百药，封西山以供其薪蒸。"可见，为了满足道家炼制丹药需求，北魏太祖甚至封禁西山，专门提供西山林木作为燃料。据《齐民要术》记载，当时常见的薪蒸林木有榆木、柳木、柏木等。木炭是人们长期使用的燃料之一，木炭以林木为加工对象。魏晋南北朝时期，"木炭在日常生活中的应用范围虽然比不上薪柴，却也是生活燃料的一个组成部分。"[2]当时，作为主要燃料的薪柴和木炭，其生产都是通过对林木的采伐与加工来完成的。林木的枝、干、茎、叶此时均成为重要的燃料来源。

自古以来许多林产品都被作为代粮食品用以救荒，这一时期也不例外。《齐民

---

①② 夏炎.2013.魏晋南北朝燃料供应与日常生活[J].东岳论丛，14(2)：86.

要术·种桑柘第四十五》记载："椹熟时，多收，曝干之，凶年粟少，可以当食。"可知桑椹为北朝时期重要的救荒食品。有鉴于此，地方官员积极鼓励百姓种植、储备桑椹，"郡经葛荣离乱之后，民户丧亡，六畜无遗，斗粟乃至数缣，民皆卖鬻儿女。夏椹大熟，孝炜劝民多收之。"①试图借助桑椹抵御粮荒，养活百姓。此后，储椹备荒之风盛于一时。"今自河以北，大家收百石，少者尚数十斛。故杜葛乱后，饥馑荐臻，唯仰以全躯命，数州之内，民死而生者，干椹之力也。"②可见桑椹在灾荒之时确也发挥了重要的作用。此外，"果类"也是重要的救荒代粮食品。《齐民要术·种梅杏第三十六》记载："东北有牛山，其山多杏。至五月，烂然黄茂。自中国丧乱，百姓饥饿，皆资此以为命，人人充饱。"可见果品在战乱时期对于救荒充饥的重要作用。所以北魏明元帝神瑞二年(415 年)，因为气候不好，秋季收成锐减，发生了严重的饥荒，官员崔浩就献策说："至春草生，乳酪将出，兼有菜果，足接来秋。"③认为果类仍是重要的救荒物资。除此之外，北朝时期颁行的均田令中规定，桑田之内必须栽植"枣五株"，潜在考虑多半也因为枣实可以用来备荒。

韩非子《五蠹》曰："上古之世，人民少而禽兽众，人民不胜禽兽虫蛇，有圣人作，构木为巢以避群害，而民悦之，使王天下，号曰有巢氏。"可知树木是人类住宅最早的建筑材料。此后，尽管"中国的建筑形式、风格、技术均有所进步，并日新月异，但在消耗木材这一传统上，却始终如一，从未间断。"④林木作为重要的建筑用材一直贯穿于我国建筑发展的历程之中。及至魏晋南北朝时期，伴随社会上层崇尚奢侈以及信奉佛法风气的盛行，庞大、奢华的宫苑、第宅以及寺观等土木建筑开始广泛兴修。林木成为此时最重要的建筑材料之一。如灵芝钓台，"累木为之，出于海中，去地二十丈"⑤，永宁寺内九层浮图"架木为之，举高九十丈。"⑥伴随工程建设的展开，林木也被大量的消耗。北魏时期仿照洛阳、长安而兴修平城，耗费木材以百万计算。北周时期，西河内史王罴由于"京洛材木，尽出西河，朝贵营第宅者，皆有求假。如其私办，即力所不堪，若科发民间，又违法宪。"⑦因而辞官不拜，可见当时官僚贵族的住宅所消耗的木材也不在少数。

这一时期，丧葬也要耗费大量木材，较为常见的丧葬用材有柏、松、楸等。柏木为此时主要的棺椁材木之一。据记载，"后魏俗竞厚葬，棺厚高大，多用柏木。"(《酉阳杂俎》卷 13)又《北齐书·魏兰根传》记载："先有董卓祠，祠有柏树。兰根以卓凶逆无道，不应遗祠至今，乃伐柏以为椁材。人或劝之不伐，兰根尽取之。"砍伐祠柏以制作棺椁，足见时人对于柏木棺具的推崇。然而，由于柏木名贵，价格高

① ［北齐］魏收.1974.魏书［M］.北京：中华书局.
② ［北魏］贾思勰.缪启愉，校释.2009.齐民要术校释［M］.北京：中国农业出版社.
③ ［北齐］魏收.1974.魏书［M］.北京：中华书局.
④ 张钧成.1988.关于中国古代林业传统思想的探讨［J］.北京林业大学学报(社会科学版)，S1：34.
⑤⑥ ［北魏］杨衒之.范祥雍，校注.1958.洛阳伽蓝记校注［M］.上海：上海古籍出版社.
⑦ ［唐］令狐德棻.1971.周书［M］.北京：中华书局.

昂，因而其使用者多限于社会上层。除此之外，松木亦常被用于制作棺椁。大同智家堡出土的北魏漆棺即由松木制成；而这一时期的文献史料中，也多有用松木制棺椁的记载，如《魏书·崔亮附崔光韶传》记载："（崔光韶）弟顷横祸，权为松椁，亦可为吾作松棺，使吾见之。"颜之推遗言曾说，"吾当松棺二寸，衣帽已外，一不得自随。"[①]与此同时，楸木也是当时常见的棺椁用材之一。由于楸木质地坚硬，不易腐烂，且又速生高产，因而"以为棺材，胜于柏松。"[②]

3.3.3 造园技术

我国被称为"世界园林之母"，造园实践源远流长，而相关造园技术也随着园林建设不断发展。先秦两汉时期，皇家园囿内就已经宫殿楼阁富丽壮观，有山有水，树木丰茂，鸟兽群集。魏晋时期，基于帝王自身的文化修养和倚重士族的政治需要，皇家园林中自然山水式倾向明显，人文气息开始增强，但是造园手法仍主要承袭两汉。东晋南北朝，随着士人文化和造园艺术的发展，皇家园林汲取士人园林精华，融入佛学等新兴文化因素，逐渐摆脱了汉代宫苑"惟帝王之神丽，惧尊卑之不疏"（张衡《西京赋》）的单一模式，发展为融会帝王气象、文人风采和宗教氛围的综合体系。其中，南朝的宫苑较为文气清丽，北朝的宫苑则厚重深沉。与此同时，私人庄园别墅、自然山水园林以及寺庙园林都取得了快速发展。总体来看，魏晋南北朝时期已经注意将园林建筑、道路、观赏动植物和山水地形协调配合，经常采用远近借景，力求做到人工景观与自然景观的完美结合。

3.3.3.1 皇家宫苑园林

左思《魏都赋》中记载有曹魏的皇家园林，"（文昌殿）右则疏圃曲池，下畹高堂。兰渚莓莓，石濑汤汤。弱葼系实，轻叶振芳。奔龟跃鱼，有瞮吕梁。驰道周屈于果下，延阁胤宇以经营。"说的是宫城西的铜爵园，园内有曲池、石濑，有蔬圃、小洲，有龟鱼，有恢弘的高堂建筑，曹氏父子经常在园中进行政治及文化活动。又记载："苑以玄武，陪以幽林。缭垣开圃，观宇相临。硕果灌丛，围木竦寻。篁篠怀风，蒲陶结阴。回渊潋，积水深。兼葭薱，菫蕒森。丹藕凌波而的皪，绿芰泛涛而浸潭。羽翮颉颃，鳞介浮沈。栖者择木，雏者择音。若咆渤与姑馀，常鸣鹤而在阴。表清御，勒虞箴。思国恤，忘从禽。樵苏往而无忌，即鹿纵而匪禁。"说的是邺城西北的皇家园林玄武苑，园内林木丰茂，野生动物繁多，种植有竹子、果树，建有操练水师的陂池，甚至该园林还可以向民众开放，与民同乐。魏明帝曹叡时，开始修建芳林园（后改名华林园），青龙三年（235年）开挖池塘，景初元年（237年）堆筑景阳山，并铸造承露盘，还在天渊池南设流杯石沟。史料中对华林园多有记载：

---

① 〔北魏〕颜之推. 王利器，集解. 1993. 颜氏家训集解[M]. 北京：中华书局.
② 〔北魏〕贾思勰. 缪启愉，校释. 2009. 齐民要术校释[M]. 北京：中国农业出版社.

"是年[青龙三年]起太极诸殿，筑总章观，高十余丈，建翔凤於其上；又于芳林园中起陂池，楫棹越歌。……[景初元年十二月]起土山于芳林园西北陬，使公卿群僚皆负土成山，树松竹杂木善草於其上，捕山禽杂兽置其中。"①曹魏华林园建设中叠山、引水、植草木、蓄鸟兽等造园基本技术都有应用。

西晋沿用了曹魏的华林园，并进一步进行改造修建。史料记载："华林园内有崇光、华光、疏圃、华延、九华五殿，繁昌、建康、显昌、延祚、寿安、千禄六馆。园内更有百果园，果别作一林，林各有一堂，如桃间堂、杏间堂之类。……园内有方壶、蓬莱山、曲池。"②可见，西晋华林园内有宫殿、别馆，有假山、曲池，有果园，且依然保留汉以来苑囿的游观、求仙、园圃等诸功能。

东晋南朝造园可分为两种类型："一种在城中或近郊，多为人工造景，如宫城中的华林园。园中都筑山穿池，建楼观相望，移栽名树异卉，出自人为的景物较多，还有较密集的园林建筑。但这类人工园的造景仍具有极力追摹自然景物的特点。第二种是利用自然风景区，针对优美的自然环境稍加改造，点缀少量建筑，构成景观，以衬托自然风景之美为主。如乐游苑、上林苑等。从总体风格上看，东晋南朝的皇家园林则体现出兼具帝王体制和文人雅趣的独特风格。"③江南的自然环境，多为峰岭峻秀、林泉清澈。六朝以降，以自然山水的优美形态为师，集士人园之精华，皇家园林中的"写意"化景观层出不穷。叠石为山手法的勃兴，就是以石写意山林的代表。同样，以水写意、以建筑写意、以题额写意，也引发了园林中理水和建筑形态、空间意境等艺术手法的创新。宋时在华林园建清暑殿，依山就石，引水还堂，是叠石理水与建筑结合的成功范例。陈后主时，在华林园中大规模建设，至德二年（584年）于光昭殿前建临春、结绮、望仙三阁，有复道相通。阁下"积石为山，引水为池，植以奇树，杂以花药"④。这说明了将山石、流水和建筑紧密结合，整体经营，已经成为东晋南朝皇家园林中较为常用和日渐成熟的艺术手法。同时，皇家园林中的文会之风，肇始于曹魏邺城御苑中经常举行的文人聚宴，延至东晋南朝，御苑文会一直担当着促进帝王与士人集团交流和结合的重要责任。随着山水审美热潮的勃兴，一些在自然环境中举行的民俗活动，被文人雅士所发掘，赋予其浓厚的文化意韵，并带进了御苑文会中。从而引发了一些皇家园林景观的创造性营构，同时大大开发和升华了部分原有景观的审美功能和内涵。其中，最富代表性的是：由三月三的民间郊野被禊衍化而成的曲水流觞园林景观。以"曲水流觞"的禊赏活动为主题的园林景观构筑，诸如流杯渠、流杯沟、禊赏亭等，一直被当作中国古典园林中的代表性艺术表现手法加以推崇。其滥觞和发展正在魏晋南北朝时期。

十六国时，皇家宫苑继续发展。后赵石虎定都邺城，在曹魏皇家园林的基础上

① 〔晋〕陈寿.1959.三国志[M].北京：中华书局.
② 〔元〕佚名,纂修.1990.河南志[M]//宋元方志丛刊.北京：中华书局,8364.
③ 傅晶.2003.魏晋南北朝园林史研究[D].天津：天津大学博士学位论文,161.
④ 〔唐〕姚思廉.1972.陈书[M].北京：中华书局.

〔明〕文徵明《兰亭修禊图》（北京故宫博物院藏）

继续营造。据《邺中记》记载"华林苑，在邺城东二里，石虎使尚书张群发近郡男女十六万人，车万乘，运土筑华林苑，周回数十里。又筑长墙，数十里，张群以烛夜作，起三观四门。又凿北城，引漳水于华林园。虎于园中种众果，民间有名果，虎作虾蟆车箱，阔一丈，深一丈，四搏掘根，面去一丈，合土载之，植之无不生。华林园中千金堤上，作两铜龙，相向吐水，以注天泉池，通御沟中。三月三日，石季龙及皇后、百官，临水宴赏。又二铜驼如马形，长一丈，高一丈，足如牛，尾长三尺，脊如马鞍，在中阳门外，夹道相向。"[①]华林苑就是仿照了洛阳华林园建造，园中种植各种果木。北朝时，北魏先定都平城（今山西大同），平城广大的御苑区以生产性的园圃和猎场为主，游赏娱乐建筑偏少。道武帝时开始兴建鹿苑，凿渠引武川水注入苑中，疏为三沟，分流宫城内外，苑内开挖了鸿雁池。后孝文帝迁都洛阳，兴修洛阳宫苑区，集中在内城北部的宫城区，从西、北、东三面环绕着宫室，其中，西有西游园，西北是金墉宫，北面有华林园，东部是苍龙海（翟泉）。从城市环境角度上看，它们组成了一个绿化隔离圈，为宫室区营造了风景优美的人工山水环境。进而，在城市功能方面，它们与城市储备、供应，以及防御系统紧密地结合在一起。北魏在曹魏两晋华林园的基础上继续修建，明确使用了叠石为山的手法，如《魏书》记载："（茹皓）迁骠骑将军，领华林诸作。皓性微工巧，多所兴立。为山于天渊池西，采掘北邙及南山佳石。徙竹汝颖，罗莳其间；经构楼馆，列于上下。树草栽木，颇有野致。世宗心悦之，以时临幸。"[②]继续理水工程，以天渊池为主体，西北有玄武池，西南有流觞池、扶桑海，彼此呼应。结合水体的不同特征，营构岛、台、殿、坛等不同的临水建筑。园中的花木栽植，也十分注意与山水景观的结合和呼应。北齐营建晋阳宫苑，以仙都苑规模最大，呈现五岳、四海、大海的山水总体布局；北齐另一重要宫苑游豫园，却仍采用秦汉宫苑"一池三山"格局，表现蓬

---

① 〔晋〕陆翙. 1937. 邺中记［M］.// 王云五. 丛书集成. 上海：商务印书馆，4.
② 〔北齐〕魏收. 1974. 魏书［M］. 北京：中华书局.

莱求仙意象。

3.3.3.2 私家园林别墅

魏晋南北朝时期，私家园林快速发展。这一时期私家园林基本可分两类：一类是郊野的山居别业园林，多为退隐的朝臣和高门士族，凭借丰厚的家产，占有山林良田，结合自然环境兴建山居。齐梁之际，随着士族没落和士庶的日趋混淆，山居园林的规模渐小，风格则更趋萧散，手法也因此精致，"小中见大"等审美方式被运用于园林景观构筑中。一类是城市的宅园，多是在朝权臣的居所，由于自然条件限制，以挖池堆山等人工景观的构筑居多，但审美取向上仍与山居一致，推崇"有若自然"。"魏晋南北朝门阀政治、庄园经济等特殊的社会背景和空前活跃的文化氛围，促发了士人对'山水'这一审美对象的深入开掘，形成山水审美的社会风尚，与山水为伴的生活模式成为士人安顿身心的理想选择，士人园林日渐发展兴盛。魏晋时期的士人园林虽然仍多以庄园的形式出现，但在审美意趣和艺术风格上已与两汉私家园林不可同日而语；至南北朝，生产功能在士人园林中更加退居次要，园林进一步发展为士人娱游赏会和修身养性的文化生活场所，随着山水审美的深入发展，士人们在园林意匠和创作风格上推陈出新，开园林小型化和景观写意化之先河，为后世文人园的成熟和跃居中国古典园林体系的主导地位奠定了坚实的基础。"[1]

西晋的石崇园是两晋时期具有代表性的私家园林。典籍中记载，"（石崇）年五十，以事去官。晚节更乐放逸，笃好林薮，遂肥遁于河阳别业。其制宅也，却阻长堤，前临清渠。百木几千万株，流水周于舍下。有观阁池沼，多养鱼鸟。家素习技，颇有秦赵之声。出则以游目弋钓为事，入则有琴书之娱。又好服食咽气，志在不朽，傲然有凌云之操。"[2]他建园的目的在于"乐放逸，笃好林薮，遂肥遁"，所以没有特意堆筑土山，而是充分因借濒临金水的自然条件，以理水为主，配置植物和建筑景观，营造出"却阻长堤，前临清渠。百木几千万株，流水周于舍下。有观阁池沼，多养鱼鸟"的园林格局。可见，魏晋时勃兴的士人私家园林，在风格和旨趣上较两汉有了较大的转变。

与秦汉宫苑着重体现庞大而完整的山水体系、各种景观"视之无端，察之无涯"的充盈之美不同，魏晋南北朝的私家园林倾向营造"纡余委曲，若不可测"的空间感受，在繁多而复杂的景观因素之间建立起和谐而富于变化的矛盾平衡关系。如张伦庭园："尔乃决石通泉，拔岭岩前。斜与危云等并，旁与曲栋相连。下天津之高雾，纳沧海之远烟。纤列之状如一古，崩剥之势似千年。若乃绝岭悬坡，蹭蹬蹉跎。泉水纡徐如浪峭，山石高下复危多。五寻百拔，十步千过，则知巫山弗及，未审蓬莱

---

① 傅晶．2003．魏晋南北朝园林史研究[D]．天津：天津大学博士学位论文，203.
② 〔南朝梁〕萧统．〔唐〕李善，注．1987．文选注[M]//文渊阁四库全书．上海：上海古籍出版社，1329：795-796.

如何。"①其园林位于城市中，通过小尺度的人工造景摹写自然山水之意。注重对自然山水的充分利用，很多私家庄园都是凭山而建，如谢灵运的始宁山居"面山背阜，东阻西倾"，刘孝标的金华山居"山川秀丽，皋泽泱郁"，庾信的小园"山为箦覆，地有堂坳"，将自然山水与园林建筑巧妙融合。不仅如此，在对自然山水直接利用的基础上，更进一步讲究理水叠石，如谢灵运始宁山居则充分结合山水具佳的自然条件，营建丰富水景："正北狭处，践湖为池。……东北枕蠥，下则清川如镜，倾柯盘石，被奥映渚。西岩带林，去潭可二十丈许，茸基构宇在岩林之中，水卫石阶。"还在园林中多植树造林、种植果木，如石崇金谷园中"众果竹柏药草之属莫不毕备"，谢灵运始宁山居中甚至进行规模较大的农业经营活动，"杏坛、奈园，橘林、栗圃，桃李多品，梨枣殊所。枇杷林檎，带谷映渚。椹梅流芬於回峦，卑柿被实於长浦。"同时，热衷圈养动物，如石崇金谷园"金田十顷，羊二百口，鸡猪鹅鸭之类，莫不毕备"，庾信小园中"鸟多闲暇，花随四时"，既可满足日常生活所需，更可增加园林观赏功能。

3.3.3.3 寺庙园林

魏晋南北朝时期，佛教勃兴。尤其是获得了统治阶层的支持后，大兴土木，建造佛寺，寺院园林建设呈现出兴盛趋势，所谓"当时四海晏清，八荒率职，缥囊纪庆，玉烛调辰。百姓殷阜，年登俗乐。鳏寡不闻犬豕之食，茕独不见牛马之衣。於是帝族王侯，外戚公主，擅山海之富，居川林之饶。争修园宅，互相夸竞。崇门丰室，洞户连房，飞馆生风，重楼起雾。高台芳榭，家家而乐；花林曲池，园园而有。莫不桃李夏绿，竹柏冬青。"②

佛教传入江东以后，很快在皇室和达官贵族中传播开来。早在三国吴时，就已经在建康开始建造寺庙。东晋太元年间（376—396 年），僧人慧远在庐山营造东林寺。据《高僧传》记载："（慧）远创造精舍，洞尽山美，却负香炉之峰，傍带瀑布之壑；仍石垒基，即松栽构，清泉环阶，白云满室。复于寺内别置禅林，森树烟凝，石径苔合。"③这是寺庙园林兴建的重要史料记载。到梁武帝萧衍更是大兴佛法，广建寺庙。因为朝廷的支持，寺院获得了面积广大的田园或山林，凭借庞大的经济实力，其对园林建设的重视程度有如建设僧舍寺塔一样。如梁武帝为释慧超建的庄严寺，"园接连南涧。因构起重房，若鳞相及。飞阁穹隆，高笼云雾。通碧池以养鱼莲，构青山以栖羽族。列植竹果，四面成阴。木禽石兽，交横入出。"④

这一时期北朝寺院园林的建筑盛况和造园技法在《洛阳伽蓝记》中有集中体现。如洛阳城内永宁寺，"僧房楼观一千馀间，雕梁粉壁，青璅绮疏，难得而言。栝柏

①② 〔北魏〕杨衒之．范祥雍，校注．1958．洛阳伽蓝记校注[M]．上海：上海古籍出版社．
③ 〔南朝梁〕释慧皎．汤用彤，校注．1992．高僧传[M]．北京：中华书局．
④ 〔唐〕释道宣．2012．续高僧传[M]．台北：佛陀教育基金会．

松椿，扶疏檐霤；蕖竹香草，布护阶墀。"①景林寺，"在开阳门内御道东。讲殿叠起，房庑连属。丹楹炫日，绣栭迎风，实为胜地。寺西有园，多饶奇果。春鸟秋蝉，鸣声相续。中有禅房一所，内置祇洹精舍，形制虽小，巧构难比。加以禅阁虚静，隐室凝邃，嘉树夹牖，芳杜匝阶，虽云朝市，想同岩谷。"②这两个寺庙虽位于城内，但种植嘉树芳草，环境清幽优美，如同山野深谷。又如城南"景明寺，宣武皇帝所立也。景明年中立，因以为名。在宣阳门外一里御道东。其寺东西南北方五百步。前望嵩山少室，却负帝城，青林垂影，绿水为文形胜之地，爽垲独美。山悬堂观，光盛一千馀间。复殿重房，交疏对霤。青台紫阁，浮道相通。虽外有四时，而内无寒暑。房檐之外，皆是山池。松竹兰芷，垂列阶墀，含风团露，流香吐馥。"③该寺庙园林远借嵩山，近凭皇城，青山绿水，独特的地理位置，巧夺天工的布局，造就了景明寺在洛阳园林中"最为称首"的地位。有些寺庙园林以森林植被和果木丰富著称，如洛阳城西法云寺，"伽蓝之内，花果蔚茂，荒草蔓合，佳木被庭。"④又如洛阳城西永明寺，"房庑连亘，一千馀间。庭列脩竹，檐拂高松，奇花异草，骈阗阶砌。"⑤丰富的植物配置，增加了寺院的观赏景致。

3.3.4　农林古籍

3.3.4.1　戴凯之《竹谱》

戴凯之的《竹谱》是我国第一部植物谱录专著，其书首次对我国竹类资源进行了系统的概括总结。戴凯之，生平事迹不详。后世流传的《竹谱》及相关史志目录中大都记载他为晋人。《南齐书》中记载有一个"南康相戴凯之"，此人曾跟随刘子勋作乱，后被宋明帝镇压。胡立初等学者根据相关记载，以及《竹谱》中三次提及南康区域地名等信息，认为这个南朝宋明帝时期的戴凯之就是《竹谱》的作者。

《竹谱》全书约五千余字，大致可以分为两部分，前一部分是绪论，用一段简短的叙述，将竹的性状、分类、分布、生长环境、开花生理及寿命等作了一系列概括性的介绍，后一部分是分论，详细记述了各种竹的名称、性状特征、产地和用途。《四库全书总目提要》说："其书以四言韵语，记竹之种类，而自为之注，文皆古雅。"就是说全书以四字韵文为纲，这典型地体现了魏晋南北朝时期语言文字的特点；再以散文形式逐条进行了解释。其书开头对竹类的总特点进行概括，指出竹"不刚不柔，非草非木"，肯定竹是植物界里不同于草、木的一个独立的大类，"竹是一族之总名，一形之遍称也。""植物之中有草、木、竹，犹动物之中有鱼、鸟、兽也。"并指出竹"大同节目"，茎杆"分节"和"空心"是所有竹的共同特点。书中还提及竹类分布具有明显的地域性，由于生长受气候等原因影响，"九河鲜育，五岭

---

①~⑤〔北魏〕杨衒之．范祥雍，校注．1958．洛阳伽蓝记校注［M］．上海：上海古籍出版社．

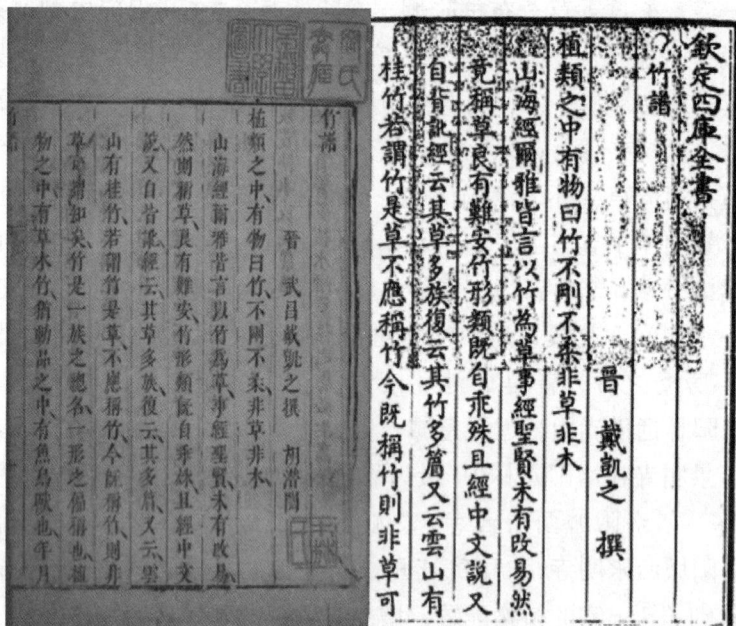

戴凯之《竹谱》书影

实繁"，指出黄河以北竹类很少，南方的竹类却很茂盛，科学性地发现了淮河、秦岭这一条竹类生物分界线。此外，书中还提到竹有六十年开花枯死，而又自然复新的现象。《竹谱》一书的主体部分，主要记载不同竹的名称、性状、形态、生长环境、产地和用途，每一条目下往往引述前人记载，再结合自己经历详细叙述。具体论述中涉及竹类资源的分布、竹子文化以及竹子的利用等多方面知识，比如竹子可以做笠、船等日常生活用具，也可以用来制作笙、箫、笛等乐器，反映了竹类与人类生活的密切关系，一定程度上展现了魏晋南北朝时期南方人民对竹类植物资源开发和利用的状况。

戴凯之的《竹谱》是世界上最早的一本竹类专著，其书首次对我国竹类资源进行了系统的概括总结，对后世产生了深远的影响。后世许多农林典籍都吸收了《竹谱》的相关知识，后来问世的如宋代释赞宁的《笋谱》、元代刘美之的《续竹谱》、李衎《竹谱详录》、清代陈鼎的《竹谱》等，无不深受其影响。

3.3.4.2 《魏王花木志》

魏晋南北朝时期，战乱不断，思想文化领域却异常活跃，两汉鼎盛的儒家思想逐渐瓦解，法家、道家思想得以广泛传播，玄学盛行，佛学兴起并产生广泛的影响。不断建立的大小政权，都在自己的都城建造园囿宫殿，出现了像华林园这样的皇家园林代表。当时社会上奉行闲散的生活，士大夫们都向往自然，热衷于隐居山林，过一种闲云野鹤的生活，很多人开凿私家园林，种植花木、养蓄动物以自娱。而佛教的渐渐兴起，直接带动寺庙园林的兴盛。无论是宫廷园囿、私家庄园，还是寺庙园林，多用花木点缀，所以花木、果木、竹类的培植成为重要的行业。正是基于园林建造、花木园艺等行业的发展，才会产生了相关的花木专著——《魏王花木志》。

这本书最早见于北魏贾思勰的《齐民要术》，后世史志、书目均未见记载，估计其书诞生不久即已亡佚了。《太平御览》《六家诗名物疏》《本草纲目》征引书目中虽有此书，但均未著录全书。现存两种版本，一种是元末明初陶宗仪编纂《说郛》本，一种是清代虫天子辑录《香艳丛书》本。关于具体内容，农史学者王毓瑚认为是我国古代第一部关于花木的专书。日本学者天野元之助在其著作《中国古农书考》中说："简述了如下十六种花木：思惟、紫菜、木莲、山茶、溪荪、朱槿、莼根、孟良菜、牡桂、黄辛、紫藤花、郁树、卢橘、楮子、石南、茶叶。此书象是摘抄本。"但实际上现存《说郛》本及《香艳丛书》本均辑有 17 种花木，天野元之助所参考的日本东研社收藏的《香艳丛书》本《魏王花木志》将"都勾"附于"石南"条后。现存《说郛》本及《香艳丛书》本中均收有"黄辛夷"条："卫公平泉庄有黄辛夷、紫丁香"。卫公是唐代李德裕，他曾经在唐东都洛阳南建平泉别墅，且自己作有《平泉山居草木记》。这条内容无疑是后代学者在重新编辑时掺入了唐代李德裕《平泉山居草木记》的部分内容。这是中国第一部花木专著，可惜在后世流传中亡佚，幸有相关辑佚文本可以得见其大概。根据其书名来看，应当是南北朝时期某一魏王园囿里花木种植的记载。

虽然该书在后世流传中已经亡佚，但根据现存相关内容还是可以大致推测该书的成书时间和作者的。书中有"山茶似海石榴，出桂州"。桂州，即广西桂林，南朝梁天监六年（507 年）始设桂州，据此确知该书成书当在 507 年之后。而北魏贾思勰著《齐民要术》（大概成书于北魏末年），其书卷 10 征引《魏王花木志》中"君迁"一条。据此大致推断《魏王花木志》成书于应在 507—533 年间。

该书作者历代未见著录，王毓瑚在《中国农学书录》中提出："又以《北史》魏广陵王欣（元欣）好营产业，多所树艺，京师名果多出其园，时代适相符合，因而也许就是这里所说的魏王。"但北魏定都洛阳，处于黄河流域，且并未统一中国；而现存其书中所辑录多是江淮吴越甚至东南沿海地区的花木资料，所以王氏之推论尚待考证。

3.3.4.3 贾思勰《齐民要术》

《齐民要术》，北魏贾思勰撰。《隋书·经籍志》农家类著录此书，后世流传颇广，《四库全书》《四部丛刊》均有收录。最早版本是宋崇文院本，现存日本京都博物馆的高山寺本就是这一版本。而现在通行的有石声汉的《齐民要术今释》（科学出版社，1958 年版）和日本学者西山武一、熊代幸雄的《齐民要术校订译注》（1959 年农业综合研究所出版）。

《齐民要术》全书十卷九十二篇，开头是贾思勰的自序，接着在正文之前是一篇"杂说"。第一卷叙述耕田、收种、种谷；第二、三卷叙述五谷、蔬菜的栽培、管

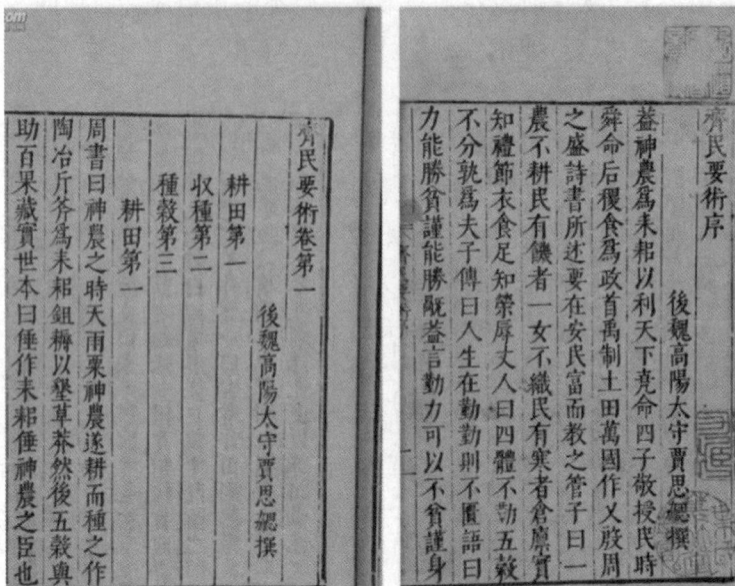

贾思勰《齐民要术》

理、利用和加工；第四卷是关于园艺种树，论述园艺及果树栽培方法；第五卷是蚕桑、竹木及特用作物；第六卷是关于养畜、养鱼和兽医内容，第七、八、九卷涉及麹、酒、酱、醋、染料等制作方法、烹调方法等内容；第十卷列举"非中国物产"约150多种。《齐民要术》是中国现存的最早的最完整的农书。其书系统地总结了6世纪以前黄河中下游地区农牧业的生产经验、食品的加工与贮藏以及野生植物的利用。书中详细地介绍了蔬菜种植、果树和林木扦插、压条和嫁接等育苗方法以及幼树抚育方面的技术。

《齐民要术》中有大量林业内容，其中卷四、卷五的31至55篇中关于林业的内容有23篇，约占全书的四分之一。这些林业内容可以分为五类：第一类为栽种榆、柏、杨、桑、柘、漆、槐、柳、楸、梓、梧、柞等用材类树木及竹子；第二类为栽种枣、桃、李、梅、杏、梨、栗、柿、安石榴等水果类树木；第三类为栽种蓝、紫草、红蓝花栀子等实用植物；第四类是林特产品的加工贮藏及利用；第五类为伐木类。

在讲述用材和经济树木的种植方面，注意到了各种树木不同的生长环境，强调选地、整地，不同的树木要有不同的整地方法，如种柞"宜于山阜之曲"，种竹"宜高平之地，近山阜尤是所宜"。强调不同的树种有不同的造林方法，如柞木可以用直播造林，一次定苗，不移植；而种植白杨经常使用埋条和插条的方法；楸树无种子，则使用分蘖造林。书中还指出要注意植树造林的时间，认为植树"以正月为上时，二月为中时，三月为下时"，按树种分正月植槐梓，二月植榆楮，正月、二月插白杨、插柳条、植竹，二月、三月植树椒大苗，三月移青桐，五月初至七月末雨后播杨柳等。提出农林间作，如主张麻、槐混种，这样做可以使槐树苗生长得直立笔挺。而具体林木抚育方面，榆木育苗讲究平茬，树苗不可缺水；桐苗冬天要防冻，可用葛束包裹等。

《齐民要术》中系统地记述了各种果树的栽培理论和技术，介绍了各种果树的品种和性状特点，并区分不同的果树种植方法，如枣、栗用种子繁殖，柰、林檎可以用压条繁殖，也可以用分蘖繁殖，而种植石榴则可以用压条和插条繁殖法，利用嫁接繁殖来栽培梨树。书中还提出果树种植密度要适当，不可过密，也强调了果树的抚育管理，主张要整形、防霜冻害、防虫害等。

《四库全书总目提要》称《齐民要术》："农家诸书，无更能出其上者。"书中所体现的林业思想、所记述的树木栽培技术，许多至今还有现实意义。

3.4 林业政策与管理

3.4.1 林业职官

中国古代国家政权机构中涉及林业领域的职官，先秦即已出现（如《周礼》所载之山虞、林衡），历秦汉至魏晋南北朝而不断发展、演变。魏晋南北朝时期政权更迭频仍，涉及林业的官制也多承前代而来。王希亮在《中国古代林业职官考》一文中将两汉时期的林业职官分为征敛赋税官（大司农、少府）、土木建筑官（将作大匠）、管理皇家林苑官（水衡都尉、上林苑令）三大体系，实际上魏晋南北朝时期林业职官的设置和沿革也大致符合这三个体系，简略述之：

少府中主发书之吏称之为尚书，汉成帝时设尚书五曹，曹魏黄初年间设六曹尚书，其中虞曹的职责涉及林业，其官名曰虞部郎中。"魏尚书有虞曹郎中，晋因之。梁、陈曰侍郎。后魏、北齐虞曹，掌地图、山川近远、园圃、田猎、杂木等，并属虞部尚书。后周有虞部下大夫，掌山泽草木鸟兽而阜蕃之，又有小虞部，并属大司马。"[1]三国魏又有户曹掾，七品，掌民户祠祀农桑种植之事。

将作监，秦有将作少监，汉景帝时更名为将作大匠，掌管修作宗庙、路寝、宫室、陵园木土之功，并树桐梓之类列于道侧。三国魏设将作大匠一名，三品，董昭、毌丘俭、郑浑、杨阜等都曾经担任过此职。"江左至宋齐，皆有事则置，无事则省。而梁改为大匠卿，陈因之。后魏亦有之。北齐有将作寺，其官曰大匠。后周有匠师中大夫，掌城郭、宫室之制。又有司木中大夫，掌木工之政令。"[2]十六国中夏设有将作大匠。又汉时有左右校令，三国魏黄初中右校又置材官校尉，"主天下材木事。晋江左改材官校尉曰材官将军。"[3]南凉也设有材官将军。

① ［元］马端临.1986.文献通考[M].北京：中华书局.
② ［宋］郑樵.1987.通志[M].北京：中华书局.
③ ［南朝梁］沈约.1974.宋书[M].北京：中华书局.

管理园囿自汉代就有上林署，"汉水衡都尉之职，后汉曰上林苑令丞"①，主管各苑囿中禽兽以及池沼、种植蔬果、藏冰之事。魏晋承袭两汉的这一设置，而东晋南迁以后一度停设。至南朝宋大明三年(459年)，复置上林苑令，隶属于尚书殿中曹。"齐因之，梁陈属司农。北齐及隋亦然。"②三国魏另有华林园令，主管华林园中松竹杂木善草以及捕捉山禽杂兽等事。南朝宋时梅道念、陈袭祖担任过华林园丞，臧延之担任过华林园令。又司竹监，两汉有司竹长丞，掌管植养园竹之事。"魏晋河南淇园竹，各置官守之。后魏有司竹都尉。"③

可见，魏晋南北朝时期各朝涉及林业的职官虽不一致，但基本上都是承袭秦汉而来，大致隶属于虞曹、将作、司农三大体系，有的只是名称的稍作修改；五胡十六国各政权存在时间较短，更替频繁，存世关于林业的职官文献较少；由于受到皇权的干预，这些职官在林业政策制定以及管理上多有局限，更多是起着执行工作的作用。

3.4.2　林业政策法令

三国时，由于汉末连年战乱，森林损毁严重，林木资源渐趋稀少。魏明帝即位后，令陈群等删节汉律，制定《魏律》一百八十篇，其中《治民》十八篇中就有"贼伐树木"的刑律。而西晋初订定新律，其中也有禁止破坏陵园草木的内容。

东晋和南朝也多次颁布禁止私占山林、乱砍滥伐的法令。晋成帝就曾下诏禁止擅占山泽，违者以强盗律论。但是在那个战乱的时代，许多禁律事实上只是一纸空文，很难能改变"富强者兼岭而占，贫弱者薪苏无托"②的局面。梁武帝时，见各地森林多有破坏，又下诏曰："又复公私传、屯、邸、冶，爰至僧尼，当其地界，止应依限守视。乃至广加封固，越界分断。水陆采捕及以樵苏，遂致细民措手无所。凡自今有越界禁断者，禁断之身，皆以军法从事。若是公家创内，止不得辄自立屯，与公竞作以收私利。至百姓樵采以供烟爨者，悉不得禁。及以采捕，亦勿诃问。若不遵承，皆以死罪结正。"③希望通过实行严厉的制裁来制止乱砍滥伐森林的不法行为。不仅中央朝廷重视森林保护，一些地方所设立的乡规民约，如"无恃险，无怙乱，无暴邻，无抽屋，无樵采人所植，无谋非德，无犯非义，戮力一心，同恤危难。"④也体现着他们自发性朴素的森林保护意识。

北魏曾要求在汉魏晋诸皇帝的陵园，百步之内禁止樵苏，以求保护前代陵墓林木。北齐也曾下诏："诏限仲冬一月燎野，不得他时行火，损昆虫草木。"⑤这是既

①~③ 〔唐〕杜佑.1984.通典[M].北京：中华书局.
② 〔唐〕房玄龄.1974.晋书[M].北京：中华书局.
③ 〔唐〕姚思廉.1973.梁书[M].北京：中华书局.
④ 〔唐〕房玄龄.1974.晋书[M].北京：中华书局.
⑤ 〔唐〕李百药.1972.北齐书[M].北京：中华书局.

保护森林资源又能防止山林火灾的重要措施。北周伐齐时，军队入齐境，禁伐树木及残害苗稼，犯者以军法从事，受到当时人们的支持。

除了保护林木之外，还有一些涉及野生动物保护的政令也值得我们关注。晋武帝为了杜绝王公贵族滥行狩猎之风，将进献的雉头裘焚于大殿之前，并"敕内外敢有献奇技异服者，罪之"①。宋明帝泰始三年下诏："自今鳞介羽毛，肴核众品，非时月可采，器味所须，可一皆禁断，严为科制。"②表现为一种适度、适时利用自然资源的姿态。北魏文成帝也曾下达过不再捕捉虎狼等野生动物的诏令。

总的来说，这些政令和民约虽然没能改变当时森林资源总体破坏、减少的趋势，但在森林免遭乱伐、增加森林面积以及野生动物保护方面还是起到了一定的作用。

3.4.3 林业管理

魏晋南北朝时期朝代更替频繁，各朝代的政策也多有变化，表现在林业政策上最明显的就是山林封禁的不断变化。有些朝代封禁山林，严禁占山樵采，起了一定森林保护的作用。但为了鼓励生产、发展经济，更多的帝王，都选择了"弛山林之禁"。晋元帝建武元年、七年两次下令弛山泽之禁；宋文帝元嘉十七年下诏弛山泽之利；南齐高帝建元元年下诏两宫诸王不得封略山湖；梁武帝天监七年下诏开山林薮泽之禁；北魏孝文帝太和六年罢山泽之禁，太和七年又诏开林虑山禁。通过开放山林，与民共之，希望达到鼓励生产种植、增加国家税收的目的。宋孝武帝大明初，由于考虑到开禁山林导致许多富强豪族抢占山林资源，同时许多贫苦人民却衣食无靠，又特地下诏："擅占山泽，强盗律论。赃一贯以下皆弃市……今更刊革立制五条，凡是山泽先恒气灼，种竹木薪果为林，仍及陂湖江海鱼梁鳅皆恒加工修作者，听不追旧。官品第一第二品，听占山三顷；第三第四品，二顷五十亩；第五第六品，二顷；第七第八品，一顷五十亩；第九品与百姓一顷。皆依定格，条上赀簿。若先已占山，不得更占。先占足若非前条旧业，一不得禁。有犯者水土一尺以上，并计赃，依常盗论除。"③希望通过具体的山林分配来充分发展林业经济，想法很好，但由于现实中豪强门阀的极力争夺，百姓获利极少。

税收是一个国家财政收入的重要来源。涉及林业的赋税很早就有，多是实物税的形式，《尚书·禹贡》中各地所贡之漆、丝、熊罴狐狸皮可以看作是中国林业赋税的萌芽。魏晋南北朝时期也有一些涉及林产品的实物贡，如三国魏时辽东地区就进贡有楛矢、貂皮等物。除此以外，还有些资料涉及林业的赋税，如据《文献通考》

---

① 〔宋〕司马光.1956. 资治通鉴[M]. 北京：中华书局.

② 〔南朝梁〕沈约.1974. 宋书[M]. 北京：中华书局.

③ 〔唐〕杜佑.1984. 通典[M]. 北京：中华书局.

载："宋孝武大明八年，诏东境去岁不稔，宜广商贾远近贩鬻米粟者，可停道中杂税。自东晋至陈，西有石头津，东有方山津，各置津主一人，贼曹一人，直水五人，以检察禁物及亡叛者。荻、炭、鱼、薪之类，小津并十分税一以入官。淮水北有大市，自余小市十余所，备置官司，税敛既重，时甚苦之。"①又晋安帝时，"先是，山湖川泽皆为豪强所夺，百姓薪采渔钓，皆责税直，至是禁断。"②又宋文帝元嘉十七年下诏云："州郡估税，所在市调，多有烦刻。山泽之利，犹或禁断；役召之品，遂及稚弱。诸如此比，伤治害民。自今咸依法令，务尽优允，如有不便，即依事别言。不得苟趣一时，以乖隐恤之旨，主者明加宣下，称朕意焉。"③由仅有的这几条材料来看，此时仍然没有独立的林业赋税，但税收规定已经比较明确；并且此时山林之税已经比较繁重了，甚至达到了引起统治者注意的伤治害民的地步。

3.5　林业思想文化

3.5.1　林业思想

3.5.1.1　统治阶层——帝王的林业思想

魏晋南北朝时期许多帝王在当国理政中，对生态环境有意识地进行保护，保持自然界生态平衡与自然资源不断再生，以达到持续开发之目的，主张"水陆捕采，各顺时日"，蕴含着朦胧的野生动植物保护思想。

三国时魏明帝自幼仁慈，随从魏文帝打猎，文帝射杀母鹿，要明帝射杀幼鹿，明帝拒绝，流泪回答"陛下已杀其母，臣不忍复杀其子"（《三国志·魏书·明帝纪》）。文帝因此舍弃弓箭，对明帝赞赏有加。魏明帝即位后，其仁慈之心也带到施政方针中，譬如下诏保护汉代帝王的陵墓及其植被，要求"高祖、光武陵四面百步，不得使民耕牧樵采"（《三国志·魏书·明帝纪》）。晋成帝曾下诏释放园囿中的动物，"诸养兽之属，损费者多，一切除之"，又下诏谢绝他国所献大象，"昔先帝以殊方异兽或为人患，禁之。今及其未至，可令还本土"（《晋书·成帝纪》）。可见，此类释放野生动物、使其归还山林的行为，魏晋时期帝王屡有行之。南朝宋武帝曾鉴于百姓困顿，为减少江陵的资源开发，下令停止樵采与动植物采捕，"台调癸卯梓材，庚子皮毛，可悉停省"（《宋书·武帝纪》）。孝武帝也认为地方贡献特产有较大弊端，下诏要求采捕禽兽草木等进贡，应当按照顺应时序原则，有保护地进行采捕，"凡寰卫贡职，山渊采捕，皆当详辨产殖，考顺岁时，勿使牵课虚悬，睽怜气

① 〔元〕马端临.1986. 文献通考［M］. 北京：中华书局.
② 〔唐〕李延寿.1975. 南史［M］. 北京：中华书局.
③ 〔南朝梁〕沈约.1974. 宋书［M］. 北京：中华书局.

序"，"水陆捕采，各顺时日"（《宋书·孝武帝纪》）。宋明帝的诏书更明确了这一准则，赞扬了上古圣王在位时对自然资源的保护"衡虞置制，缘纸不收川泽产育，登器进御。所以繁阜民财，养遂生德"，斥责了为谋求私利而对自然资源的挥霍，并在诏书中提出"自今鳞介羽毛，看核众品，非时月可采，器味所须，可一皆禁断，严为科制"（《宋书·明帝纪》）。陈世祖在诏书中也指出，因历代战乱，"无复五株之树，罕见千年之表"，并提出保护前代王侯陵墓及其植被，"墓中树木，勿得樵采"（《陈书·世祖纪》）。可见，上述魏晋南朝帝王诸种以时采捕、保护动植物的意识，虽以人类为主体，但更多地体现出对林业野生动植物资源的重视、保护，具有朴素的森林保护意识。

北朝时期部分帝王认为天生万物，生命可贵，野生动植物与人类一样有生命，需要重视和保护，禁止屠杀与滥伐。例如，北魏孝文帝提出"禁杀牛马""汉、魏、晋诸帝陵，各禁方百步不得樵苏践蹋"，在出巡时下诏要求"粗修桥梁，通舆马便止，不须去草铲令平也"，《魏书·高祖纪》"军事须伐民树者，必留绢以酬其直，民稻粟无所伤践"。北魏文成帝也曾明确阐明禁止滥杀生灵，在出猎活动中提出《魏书·高宗纪》"联顺时败猎，而从官杀获过度，既弹禽兽，乖不合围之义"，因而严令随从人员"自今已后，不听滥杀"。北周武帝在与北齐的军事战争时，不忘保护农林植被，《周书·武帝纪》"禁伐树践苗稼，犯者以军法从事"。北齐文宣帝在诏书中明确提出了滥捕渔产和肆意火田的禁令，"诸取虾蟹蛆蛤之类，悉令停断，唯听捕鱼"，《北齐书·文宣帝纪》"限仲冬一月燎野，不得他时行火，损昆虫草木"。可见，北朝帝王诏书中诸种禁杀禁伐以保护动植物的命令，更多体现出对生命的珍惜和对野生动植物资源的重视、保护，具有有益的生态保护意识。同时，北朝时期的帝王还主动放生，下令释放圈养的动物，例如，北魏孝文帝在观览虎圈后，认为圈养虎狼无益，《魏书·高祖纪》"虎狼猛暴，食肉残生，取捕之日，每多伤害。既无所益，损费良多，从今勿复捕贡"。《魏书肃宗纪》记载北魏孝明帝曾在诏书中下令"放华林野兽于山泽"。《魏书·孝静帝纪》记载东魏孝静帝在为政举措中有"后园鹰犬，悉皆放弃"的内容。《北齐书·后主纪》记载北齐后主也下诏"禁网捕鹰鸽及畜养笼放之物"。可见，北朝帝王诸种放生禁贡的行为，体现出对万物生命的珍惜、对野生动植物的爱护和对自然资源的保护，有益于保持自然资源的平衡与良性循环，并为林业资源的持续开发利用打下基础。

3.5.1.2 学者——贾思勰的林业思想

贾思勰，山东寿光人，曾做过高阳太守，北魏时期著名农学家，著有《齐民要术》。《齐民要术》中有关林业的内容占全书篇幅的近四分之一，系统地记述了主要用材树种的习性、苗木培育、抚育、伐木等技术，林木用途和效益，以及果树培育等内容，典型地反映了北朝时期以贾思勰为代表的农林学者对林业生产的相关认识。

作为一名农耕社会的传统学者，贾思勰仍是大农业思想，多是从保证农业收成、加强粮食生产角度出发，所以《齐民要术》中许多有关林业的记载，仍有着浓重的辅助农业的色彩，林木种植培育记述多集中于果树和用材林方面。但贾思勰也一定程度地认识到了发展林业的重要价值和作用。他引用前人事例说明林业的重要性，"黄霸为颍川，使邮亭、乡官皆畜鸡豚，以赡鳏寡贫穷者；及务耕桑，节用，殖财，种树。鳏寡孤独有死无以葬者，乡部书言，黄霸具为区处：某所大木可以为棺，某亭豚可以为祭。吏往，皆如言。龚遂为渤海，劝民务农桑，令口种一株榆，百本薤，五十本葱，一畦韭，家二母彘，五母鸡。民有带持刀剑者，使卖剑买牛，卖刀买犊，曰：何为带牛佩犊？春夏不得不趣田亩，秋冬课收敛，益畜果实、菱、芡。吏民皆富实。……颜裴为京兆，乃令整阡陌，树桑果，又课以闲月取材，使得转相告戒教匠作车，又课民无牛者，令畜猪，投贵时卖，以买牛。始者民以为烦，一二年间，家有丁车、大牛，整顿丰足。……故《仲长子》曰：丛林之下，为仓庾之坻；鱼鳖之堀，为耕稼之场者，此君长所用心也。是以太公封而斥卤播嘉穀郑白成而关中无饥年，盖食鱼鳖而薮泽之形可见，观草木而肥硗之势可知。又曰：稼穑不修，桑果不茂，畜产不肥，鞭之可也；杝落不完，垣墙不牢，扫除不净，答之可也。此督课之方也。……李衡于武陵龙阳泛洲上作宅，种甘橘千树，临卒，敕儿曰：吾州里有千头木奴，不责汝衣食，岁上一匹绢，亦可足用矣。吴末，甘橘成，岁得绢数千匹。恒称太史公所谓'江陵千树橘，与千户侯等'者也。樊重欲作器物，先种梓漆，时人嗤之。然积以岁月，皆得其用。向之笑者，咸求假焉。"①列举了黄霸、龚遂、颜裴、李衡等事例，充分说明植树造林、栽种果树的重要性，可产木材，解决棺椁、车马、器物等生产所需；可出桑果，满足百姓衣食所需；所产林产品更可直接进行交易，获取财富。所以贾思勰总结说："一年之计，莫如种谷；十年之计，莫如树木。"

贾思勰注重农林复合经营，相互促进。《齐民要术》中有多处农林复合经营的记述，如桑榆树与农作物（豆类）间作、楮麻混种等，通过农林复合，协调配合，既收获了粮食作物，又改善了树木生长环境，提高了单位土地面积的产出和经济效益，还有利于控制水土流失、改善生态环境。他引用《仲长子》中"丛林之下，为仓庾之坻"，说的是在丛林下面，谷物能够堆积的如山丘一样多，直白地指出了农林复合经营中林业对农业的促进作用。实际上，诸如桑豆间作，其科学性在于豆类作物有根瘤菌，能够固定空气中的氮素，无形中增加了土地的肥料，种在树下，对树木有好处。

贾思勰更重视林业的经济效益，《齐民要术》中有许多专门记载，如种白杨"以蚕檲为率，一根五钱，一亩一岁收二万一千六百文。岁种三十亩，得钱六十四万八千文。周而复如，永世无穷，比之农夫，劳逸万倍"；种榆"能种一顷，岁收千

---

① ［北魏］贾思勰. 缪启愉，校释. 2009. 齐民要术校释[M]. 北京：中国农业出版社.

匹";种棠"成树之后，岁收绢一匹";种楮"种三十亩者，岁砍十亩，三年一遍，岁收绢百匹";种柳"三十亩都合收钱五十八万三千二百文"。他的这些思想认识，更多是为了满足百姓衣食需求，改善民生。当前我们发展林业的出发点，是在强调林业经济价值之外，更看重重要的生态功能。

3.5.2 林业文化

3.5.2.1 山居旅游和森林游憩文化盛行

山居旅游和森林游憩文化是古代林业思想与文化的一个重要组成部分。魏晋南北朝时期，朝代更迭频繁，战乱连绵，尤其是政治杀戮残酷，文人士大夫们常身不由己地被卷入政治斗争并死于非命，因此遁居山林便成了他们全身免祸的最佳选择和途径。同时，这时儒学的渐趋衰微和崇尚老庄哲学的玄学思潮大行其道，更造成了士人极大的失落感以及对主流体制的疏离感。王弼的名教本于自然和"崇无说"深深地影响着此时士人们的人生态度、理想和生活情趣。庄子不蕲畜乎樊中，其表现出对隐逸生活的向往，对精神自由和个性解放——这一对理想人生境界的高度追求，使士人的人生观发生了根本的转变，开始把目光更多地投注在自身的精神寄托和生存问题上，更注重个体价值。正是由于这样一种自我意识的觉醒，促使大批士人选择了山林隐逸的方式和生活。另外，此时期统治者又在相当大程度上提倡、鼓励和奖掖隐逸。宋文帝、齐太祖等为雷次宗等隐士修园建馆，宋武帝对周续之，梁武帝对何点、何胤和陶弘景等隐士礼贤备至等等。所以当时社会上不论朝野士庶，形成了一种普遍崇尚追求和倚重隐逸思想行为的风尚①。

西晋时期，阮籍、嵇康、山涛、刘伶、阮咸、向秀、王戎等"七人常集于竹林之下，肆意酣畅，故世谓竹林七贤。"②这就是著名的森林游憩的故事。西晋著名思想家、道士葛洪晚年就隐居于罗浮山，成为一名森林隐士，在林间以炼丹和著书为业。东晋和南朝许多文人，都喜爱名山大川，是森林旅游的爱好者。如东晋大臣谢安"寓居会稽，与王羲之及高阳许询、桑门支遁游处，出则渔弋山水，入则言咏属文，无处世意。"③东晋书法家王羲之辞官以后"与东土人士尽山水之游，弋钓为娱。又与道士许迈共修服食，采药石不远千里，遍游东中诸郡，穷诸名山，泛沧海"④。永和九年(353年)，王羲之与孙绰等人在会稽山兰亭的集会，就是典型的森林游憩活动，所成之《兰亭集序》，成为流传后世的书法经典。东晋戴颙兄弟不仅喜欢造园，而且游历桐庐群山。东晋的宗炳是将音乐、山水画和森林游乐融为一体的代表性人物，他"妙善琴书，精于言理，每游山水，往辄忘归……好山水，爱远游，西

---

① 刘雪梅. 2013. 生态文化视野中的中国古代山居文化研究[D]. 北京林业大学博士学位论文, 7.
② 〔南朝宋〕刘义庆, 徐震堮. 1984. 世说新语[M]. 北京: 中华书局.
③④ 〔唐〕房玄龄. 1974. 晋书[M]. 北京: 中华书局.

陟荆巫，南登衡岳，因而结宇衡山，欲怀尚平之志。有疾还江陵，叹曰：老疾俱至，名山恐难遍睹，唯当澄怀观道，卧以游之。凡所游历，皆图之于室，谓人曰：抚琴动操，欲令众山皆响。"①自此，"卧游"成为欣赏山水画卷的成语。

南北朝时期，游历群山，徜徉森林，寄情于山水，成为文人雅士的崇高旨趣。南朝宋谢灵运是著名的山水诗人，同时也是著名的造园家和旅游者。他"寻山陟陵，必造幽峻，岩障千重，莫不备尽……尝自始宁南山伐木开径，直至临海，从者数百人。"②他的《山居赋》，叙述山野、草木、水石、谷稼之事，全面总结了山居之乐。他写了不少山水诗，有许多描绘山水、森林之美的传世名句，如"池塘生春草，园柳变鸣禽""白云抱幽石，绿篠媚清涟"等。南朝齐梁时期著名医药学家陶弘景，在江苏句容茅山隐居40多年，朝中每有大事，皇帝仍经常前往咨询，号称"山中宰相"。他遍游群山，寻访仙药，"身既轻捷，性爱山水，每经涧谷，必坐卧其间，吟咏盘桓，不能已。……特爱松风，庭院皆植松，每闻其响，欣然为乐。有时独游泉石，望见者以为仙人。"③

魏晋南北朝以来，伴随释道二教的兴盛，山居旅游和森林游憩蔚然成风。伴随着山居游乐，私家园林勃兴，山水文学开始出现，山水游记不断涌现，而杂糅着农林科技、养生、医药在内多角度论述的山居著作不断出现，作为中国林业文化的重要传统之一，代代传承，不断发展。

3.5.2.2 茶文化的真正发展

中国是茶的故乡，是最早种茶、饮茶的国家。中国人很早就发现和利用茶了，所谓茶"发乎神农氏，闻于鲁周公"，伴随着先人对茶由药用到食用再到饮用，茶文化也逐渐孕育、发展。虽说先秦两汉时期已有关于"荼"的相关记载，但中国茶文化真正的发展时期应在魏晋南北朝。

秦汉之际零星的史料记载的饮茶活动主要在古巴蜀地区，魏晋南北朝时期，茶文化推广传播至长江以南广大地区。东晋裴渊的《广州记》记载："酉平（今广东惠阳县西）县出皋芦，茗之别名，叶大而涩，南人以为饮。"④又南朝宋沈怀远的《南越志》中记载："茗，苦涩，亦谓之过罗。"⑤明确说明了此时两广地区已经开始饮茶了。魏晋南北朝时期喝茶的人多为上层贵族及文人，如《三国志·吴志》记载："皓每飨宴，无不竟日，坐席无能否率以七升为限。虽不悉入口，皆浇灌取尽。曜素饮酒不过二升，初见礼异时，常为裁减，或密赐茶荈以当酒。"⑥可见，三国时吴国一带已经喝茶，且很可能只是达官显贵才有资格享有的东西，韦曜因备受孙吴末帝孙皓的赏识，才可以在宴会上以茶当酒。西晋时期，南方贵族开始普遍饮茶。西晋的

①② 〔南朝梁〕沈约.1974.宋书[M].北京：中华书局.

③ 〔唐〕李延寿.1975.南史[M].北京：中华书局.

④ 《御定佩文斋广群芳谱》卷21.

⑤ 《太平御览》卷967.

⑥ 〔晋〕陈寿.1959.三国志[M].北京：中华书局.

张载写有《登成都白兔楼诗》，中有"芳茶冠六清，溢味播九区"等句，表明在晋武帝太康年间（280—299 年），成都已经成为茶文化的重要传播地区。西晋时左思《娇女诗》有"心为茶荈剧，吹嘘对鼎𬥖"，说的是家里二女子对着茶炉吹火着急吃茶的情景，表明以左思为代表的中原地区（洛阳）的人们已经开始吃茶。伴随晋室南渡，北方士族南迁，南方的饮茶习惯开始影响北方人。据《天中记》卷44记载："晋司徒长史王蒙好饮茶，人至辄命饮之，士大夫皆患之。每欲往侯，必云今日有水厄"，可见，当时既有像王濛这样嗜茶之人，也有很多人对饮茶不太习惯。北魏时期，虽然朝廷宴会时"设有茗饮"，但很多贵族仍然认为是奇风异俗，"皆耻不复食"。当然，魏晋南北朝时期吃茶方式不太统一，有孙皓的"赐茶荈以代酒"，即直接饮用；更多是以煮饮为主，如郭璞《尔雅注》所记载："树小如栀子，冬生，叶可煮作羹饮。"即汉唐时期，是直接采茶树树叶煮成汤羹饮用，有点像现在的蔬菜汤。

魏晋南北朝时期，儒释道三家思想传播的同时，促进了茶文化的传播。相较于耗费大量粮食酿造的酒，茶相对廉价、普通，一定程度上符合当时一些儒家知识分子闲散、节俭等追求，所以日常生活中以饮茶表现自己品行，于是出现了陆纳以茶为素业、桓温以茶替代酒宴、南齐世祖武皇帝以茶示简等事例。据陆羽《茶经》卷下记载："陆纳为吴兴太守时，卫将军谢安常欲诣纳。纳兄子俶怪纳无所备，不敢问之，乃私蓄十数人馔。安既至，所设惟茶果而已。俶遂陈盛馔珍羞毕具。及安去，纳杖俶四十，云：汝既不能光益叔父，奈何秽吾素业？"陆纳认为茶是待客最好的礼节，可以展示自己的清廉气节。儒家重礼节规矩，客来敬茶这一习俗在两晋时期就已形成，《洛阳伽蓝记》中记载萧正德归降时，北魏孝明帝元诩就用茶招待他。道教兴起后，道士们在养生甚至追求长生不老的过程中推崇茶的价值，《神异记》记载虞洪入山采茗，遇道士丹丘子，听说虞洪善于烹茶，请他到漆布山。著名道士陶弘景在《杂录》中记载"苦茶轻身换骨，昔丹丘子、黄山君服之。"认为吃茶有助修行和升仙。南北朝时佛教兴起，僧人倡导饮茶，也使饮茶有了佛教色彩，促进了"茶禅一味"思想的产生。

魏晋南北朝时期，伴随着吃茶的兴起，茶渐渐开始成为文人墨客赞颂、吟咏的对象，茶文学初步兴起。左思的《娇女诗》中"心为茶荈剧，吹嘘对鼎𬥖"，可能是中国最早吟咏茶的诗句。而晋代杜育的《荈赋》，应该是现存最早专门吟咏茶的辞赋。《荈赋》一文完整地记载了茶叶从种植到品饮的全过程，文章从茶的种植、生长环境讲到采摘时节，又从劳动场景讲到烹茶、选水以及茶具的选择和饮茶的效用等。文中所写"灵山惟岳，奇产所钟。瞻彼卷阿，实曰夕阳。厥生荈草，弥谷被岗。承丰壤之滋润，受甘露之霄降。"指的是生长环境，"月惟初秋，农功少休"指的是采摘时节，"结偶同旅，是采是求"指的是采摘场景，"水则岷方之注，挹彼清流"指的是对水的选择，"器择陶简，出自东隅；酌之以匏，取式公刘"指的是对茶具的选择，"惟兹初成，沫沈华浮。焕如积雪，晔若春敷"指的是烹茶初成时的茶汤状态，"调神和内，倦解慵除"指的是饮茶的功效。《荈赋》比唐朝陆羽的《茶经》要早

400 多年，陆羽在其《茶经》一书里 3 次提到杜育作品，由此可见《荈赋》在中国茶叶史上具有极高的地位。

林业经典文献选读

〔北魏〕贾思勰《齐民要术》（节选）

【栽树第三十二】

凡栽一切树木，欲记其阴阳，不令转易。阴阳易位则难生。小小栽者，不烦记也。大树髡之，不髡，风摇则死。小则不髡。先为深坑，内树讫，以水沃之，著土，令如薄泥，东西南北摇之良久，摇则泥入根间，无不活者；不摇，根虚多死。其小树则不烦尔。然后下土坚筑。近上三寸不筑，取其柔润也。时时溉灌，常令润泽。每浇水尽，即以燥土覆之，覆则保泽，不然则干涸。埋之欲深，勿令挠动。凡栽树讫，皆不用手捉，及六畜抵突。《战国策》曰："夫柳，纵横颠倒树之皆生。使千人树之，一人摇之，则无生柳矣。"凡栽树，正月为上时，谚曰："正月可栽大树。"言得时则易生也。二月为中时，三月为下时。然枣——鸡口，槐——兔目，桑——虾蟆眼，榆——负瘤散，自余杂木——鼠耳、虻翅，各其时。此等名目，皆是叶生形容之所象似，以此时栽种者，叶皆即生。早栽者，叶晚出。虽然，大率宁早为佳，不可晚也。树，大率种数既多，不可一一备举，凡不见者，栽莳之法，皆求之此条。《淮南子》曰："夫移树者，失其阴阳之性，则莫不枯槁。"高诱曰："失，犹易。"《文子》曰："冬冰可折，夏木可结，时难得而易失。木方盛，终日采之而复生；秋风下霜，一夕而零。"非时者，功难立。崔寔曰："正月，自朔暨晦，可移诸树：竹、漆、桐、梓、松、柏、杂木。唯有果实者，及望而止；望谓十五日。过十五日，则果少实。"《食经》曰："种名果法：三月上旬，斫取好直枝，如大母指，长五尺，内著芋魁中种之。无芋，大芜菁根亦可用。胜种核，核三四年乃如此大耳。可得行种。"凡五果，花盛时遭霜，则无子。常预于园中，往往贮恶草生粪。天雨新晴，北风寒切，是夜必霜。此时放火作煴，少得烟气，则免于霜矣。崔寔曰："正月尽二月，可剥树枝。二月尽三月，可掩树枝。"埋树枝土中，令生，二岁已上，可移种矣。

〔北周〕庾信《枯树赋》

殷仲文风流儒雅，海内知名。世异时移，出为东阳太守。常忽忽不乐，顾庭槐而叹曰：此树婆娑，生意尽矣。至如白鹿贞松，青牛文梓；根柢盘魄，山崖表里。桂何事而销亡，桐何为而半死？昔之三河徙植，九畹移根。开花建始之殿，落实睢阳之园。声含嶰谷，曲抱《云门》。将雏集凤，比翼巢鸳。临风亭而唳鹤，对月峡而吟猿。乃有拳曲拥肿，盘坳反复。熊彪顾盼，鱼龙起伏。节竖山连，文横水蔂。匠石惊视，公输眩目。雕镌始就，剖劂仍加。平鳞铲甲，落角摧牙。重重碎锦，片片真花。纷披草树，散乱烟霞。若夫松子、古度、平仲、君迁，森梢百顷，槎枿千年。秦则大夫受职，汉则将军坐焉。莫不苔埋菌压，鸟剥虫穿。或低垂于霜露，或撼顿于风烟。东海有白木之庙，西河有枯桑之社，北陆以杨叶为关，南陵以梅根作冶。小山则丛桂留人，扶风则长松系马。岂独城临细柳之上，塞落桃林之下。若乃山河阻绝，飘零离别；拔本垂泪，伤根沥血。火入空心，膏流断节。横洞口而敧卧，顿山腰而半折，文斜者百围冰碎，理正者千寻瓦裂。载瘿衔瘤，藏穿抱穴，木魅睒睗，山精妖孽。况复风云不感，羁旅无归。未能采葛，还成食薇。沉沦穷巷，芜没荆扉，既伤摇落，弥嗟变衰。《淮南子》云"木叶落，长年悲"，斯之谓矣。乃为歌曰：建章三月火，黄河万里槎；若非金谷满园树，即是河阳一县花。桓大司马闻而叹曰："昔年种柳，依依汉南；今看摇落，凄怆江潭；树犹如此，人何以堪！"

思考题

1. 请结合社会历史背景，谈谈魏晋南北朝时期影响森林资源变迁的因素有哪些？

2. 相较于先秦两汉时期，魏晋南北朝时期中国园林的发展有哪些特点？

推荐阅读书目

1. 竹谱(《四库全书》第 845 册).〔晋〕戴凯之.上海：上海古籍出版社，1987.

2. 齐民要术校释.〔北魏〕贾思勰.缪启愉，校释.北京：中国农业出版社，1982.

3. 中国古代林业文献选读.张连伟，李飞，周景勇.北京：燕山出版社，2015.

4. 魏晋南北朝社会经济史.蒋福亚.天津：天津古籍出版社，2004.

第4章
隋唐五代时期的林业

581 年，"关陇集团"的代表人物杨坚，胁迫周静帝禅位，自立为隋文帝，建立了隋朝。开皇九年（589 年），文帝南下灭陈，结束了自东晋以来，我国长期存在的南北朝对峙和分裂的局面。隋的统一，顺应了社会发展的必然趋势，亦即长达两三个世纪以来，我国种族大融合以及南北经济恢复，发展所造成的重封建帝国的社会经济发展趋势；也得益于一些有利于社会安定的制度和实行的一些有助于生产发展的政策。隋文帝创立的制度和实行的政策，对于实现南北统一，巩固和发展统一后的政权发挥了重大作用。隋文帝与隋炀帝兴建举世闻名的隋唐大运河以及驰道，建立大兴城和东都洛阳，并且兴建长城和保护归附外族。这些都提升了位于关中的隋廷对北方地区、关东地区与江南地区的掌控力。

618 年 5 月，李渊在长安称帝，改元武德，建立唐朝。唐承隋制，继隋之后的唐朝，在黄河、长江两大经济区相结合的基础上，基本沿袭隋文帝创立的一些制度和实行的一些政策，并能以隋亡为鉴戒，自贞观，历经武周，而至开元、天宝，终于迎来了中国封建社会的所谓盛世。"盛唐"之誉彪炳青历，驰名世界。安史之乱是唐朝由盛转衰的关键转折，在此之后，黄河流域战火连绵，社会生产力与自然生产力都遭到极其严重地破坏，以至唐廷只能仰赖长江流域特别是江南的财富，才能勉强地支持其中后期的统治。全国经济重心，于是进一步向南方转移。南方社会经济特别是商品经济，比以前有了显著的发展。公元 880 年，黄巢起义军在潼关大败唐军，唐廷名存实亡。

907 年，朱温代唐自立，尔后出现了后梁、后唐、后晋、后汉、后周五个短暂朝代，史称五代；在南方先后出现了前蜀、后蜀、吴、南唐、吴越、荆南、楚、南汉、闽九个政权，加上割据山西的北汉，史称十国。五代十国，实际上是唐末藩镇割据局面的延续。这个时期中，北方军阀混战，经济受到很大破坏，南方战争较少，社会相对稳定并拥有优越的自然生产潜力，人民生活比较安定，生产有了较快发展，南方经济优势更进一步地显示出来。总之，隋唐五代是我国封建社会中期的兴盛时代，它的政治、经济、文化都比以前有着更高的成就和发展，并在各方面都表现出一定的时代特色，就林业而言，隋唐五代天然林的变迁、人工林的营造、林特产品的经营、森林采伐、城镇绿化以及林政建设、林业思想、林业文化、林业科技、也都有表现出一定的时代特色。

4.1　森林资源分布及变迁

4.1.1　华北地区

华北是古代汉族的重要活动中心之一，农业生产发展甚早，破坏森林也很早，修筑城池也甚多，历朝以来，有近百处规模宏大的建筑群，消耗木材数万立方米，太行山南段的森林受毁严重。魏晋十六国南北朝时期由于统治者的争战，人口流动性很大，加剧了对森林的破坏。南北朝时，北魏迁都洛阳建造规模宏大的新宫，所需木材取自吕梁山、中条山和太行山南段。魏晋时阴山森林在继续破坏，北魏西征夏国统万城时，就在阴山上伐木制造工具。隋唐五代时期，隋初南北刚刚统一的社会政局较稳定，但是，隋代开凿通济渠、永济渠，贯通大运河，修御道，建宫殿，三伐高丽，人力、物力耗费巨大，社会矛盾激化。不久，隋朝在农民起义队伍的打击下很快就覆灭了，同时导致华北森林的大破坏。唐代建立之后，山西、河北的南部地区农业发达，手工业兴旺，商业贸易繁荣，而华北北部则较落后，唐开元初年（713 年），派人到燕山、阴山、太行山北段山地进行森林采伐，生产木材。当时华北北部山地森林中野生动物甚多，据记载，唐代裴旻打猎时竟"一日得虎三十"，这至少说明当时华北北部森林草原是相当茂密的。鄂尔多斯和山西吕梁山是全国著名的木材生产基地，森林连遭破坏。由于森林遭到严重破坏，黄河水患日益频繁，汾、沁、漳、浍、永定等河到末期也开始浑浊，不仅平原丘陵已无森林，山区森林也遭到严重破坏。

关中南部的终南山，唐时树木森密；"叠松朝若夜"，林霭阴间，曾是伐木取材之地①。但至北宋，由于山上"长林大竹"，仍与山下幽谷林泉相映成趣，此地森林尚不为少，还是引人入胜的去处。洛阳附近的熊耳、嵩山以及黄河北边的王屋、析城、太行诸山，也大体如此。这里唐时"松杉出郭外，雨电下蒿阴"②；还有"枫香林"与"东溪松"遥相呼应。降至北宋，这一带分布松林的山体，仍是制墨松材的重

---

①　〔清〕徐松.2006. 增订唐两京城坊考[M]. 西安：三秦出版社.
②　〔唐〕元结.1961. 元次山集[M]. 北京：中华书局.

要取地①。关中西部的陇山、歧山、曾是唐朝的重点采伐区"垂拱初，运歧陇木京城"。陇山森林直至北宋仍然持续采伐，而歧山在那时则成了色之山，天然森林已荡然无存。陇山东北的良原、甘泉山以及歧山以西的天合山，隋唐时期曾分别以"平林""山林深僻"见称，那时森林尚不为少。

河东的中条山，《韩昌黎集·条山苍》："条山苍，河水黄，浪波云云去，松柏在山冈"说的是唐代的情况；《小畜集·中条山》："阴壑乘龙蜇，柘杉冻飔穿"说的是北宋的情况。其西北的王官谷，即多松柏，又多竹树，这有《王官十咏》为证。至于王屋山的天坛，唐人马戴曾咏："深林盘度鸟应闻"自是森林茂密之地。太行山下的盘谷，也向以草木丛茂著称②。吕梁山北段，是唐代建设两京的主要伐木基地。再往北是芦芽山，其山南森林在中晚唐时的破坏比吕梁山北段更为严重，直至北宋还没完全恢复③。

与此东邻的五台山山系，则因水运不通两京，又非交通要道和屯垦地带，除当地冶银和生活、建筑消耗少量用材，自而至北汉，一直都是密布森林的胜地。这一带包括今之五台县全境、繁峙县东南山原平县东山区和定襄县、孟县北山的一部分以及河北省阜平县龙泉关以西的山区，面积达6530平方公里。其中五峰内外的中山、深山区，诚如唐调露元年（679年）的《古清凉传》言："环基所至五百余里……壑谷飞泉，融石吐云，茂松盖数……烟雾常积""东连桓岳，中间幽旷，人迹罕至""林泉清茂""深林密菁"不愧为远近闻名的福地。这种情况直至开成五年（840年）依然保持着。

4.1.2　西北地区

阴山山脉的森林，唐·李吉甫《元和郡县图志·关内道四·天德军》有所涉及："天德军……天宝十二载安思顺所置。其城居大同川中，当北戎大路，南接牟那山钳耳嘴，山中出好木材，若有营近，不日可成。牟那山南又是大泊，其地良沃，远近不如。"考天德军在今内蒙古玉原县北境阴山山脉的支脉，阴山支脉"出好木材"，主脉也应作如是观。

至于贺兰山和六盘山的情况究竟如何？贺兰山，在（保静）县西九十三里。山中树水青白，望如骄马，北人呼为贺兰。唐李吉甫《元和郡图志·关内道·灵州》其得名由来就与森林密切相关。六盘山当时森林茂密，陈加良《六盘山古森林概况及其历史启迪》中有一段考述，可以引来作为佐证："唐代保历年间（825—826年）朱庆余《望萧关》诗曰：川绝衡鱼鹭，树读带箭。据《辞海》，可通眉，箭眉，应是松柏

① 〔宋〕沈括．2017．新校正梦溪笔谈［M］．上海：上海人民出版社．
② 〔唐〕韩愈．2014．韩昌黎集［M］．上海：上海古籍出版社．
③ 〔宋〕乐史．2008．太平寰宇记［M］．北京：中华书局．

枝叶的形容。因为两句虽用动物对仗，但上句既是描写唐时萧关（今李旺）川地似尽更宽阔，下句必是树木葱郁多松柏。果然，正如本文前述，在距李旺西北 20 公里的关桥，1981 年集团性出土了圆柏古木，其中Ⅱ号是据碳十四断代测定距今 1300 年 ±135 年前入土的，这就在大致的地带年代上，证明诗人没有无病呻吟，笔者也非望文生义。黄土区北缘的关桥，李望在大致千年后既然能树多翠柏，那么纬度更低，海拔更高的天台山区，松杉必然葱郁如故，这已经与一二百年后隆德史料所呼应，北松刘兼济说："徒知笼竿城，夏人寇边，众号树方兼济将兵千余，转战黑松林，败之（《宋史·刘平传附刘兼济传》）。据《中国历史图集》第 20～21 页，笼竿城在今隆德县境内，因此这个黑松林应在隆德县或其附近，既然叫黑松林，特别冠以黑字，松树当不在少数。

陇右道包括东接秦州，西距威海，南及吐蕃，北界沙漠的广大地带，河北道（今河北山东黄河以北，东北外兴安岭一带）包括东并海，南至黄河，西达太行山，东北至外兴安岭的广大地带，是唐时我国北方西部，东部两个重要地理区域。陇右道的天山山脉，横度新疆中部，将新疆分为南北两部。南部即天山南路，有塔克拉玛干大沙漠；北部即天山北路，古尔班通古特沙漠。沙漠地带以荒漠植被为主，但在河边湖畔和地下水丰富处，曾经分布大片胡杨林，红柳林。这些胡杨林，红柳林的兴废，主要受水系变迁所制约。例如，塔克拉玛干北部沙漠以南的塔里木河中游一带，古代是一片著名的冲积平原，从南到北分布着许多相互平行的古河道，沿岸都有胡杨、红柳分布。但其生长情况为北部较好，沿河形成绿色走廊，南部较差，不仅分布稀疏而且大部已枯死，这是河道自南向北转移的结果。北部的胡杨林阻挡风沙、保障河水，可谓天然防风故沙林。目前从沙丘覆盖的古河道沿岸发现了唐代器物，说明这一带荒漠景观应是唐以后的产物，其胡杨林的枯死也必在唐代以后。

陇右道东部的河西走廊，在唐代前期实行大规模农业开发，至开元，天宝之世，拥有耕地总亩数约合今三百二十万市亩；它相当于 1944 年本区耕地面积 565.98 万亩的 40%。难怪唐前期的河西走廊是国家所依重的富庶农业基地之一[①]。但在河西走廊附近的祁连山、焉支山，却以林牧著称，分布着不少森林与牧场。前者见于张澎所辑《西河归事》"祁连山在张掖、酒泉二郡界上，东西二百余里，南北百余里，有松柏五木，美水草、冬温夏凉、宜牧畜养"；焉支山（约在今龙首山与祁连山之间）"东西百余里，南北二十里。有松柏五木，其水草茂美，宜畜牧，与祁连同"。

河湟地区开发较早，但至隋唐时代，森林尚不为少。据《隋书·炀帝记》称：大业五年（609 年）炀帝巡视西宁，曾"大猎于扶延山（今隆化县境），长围周亘二千里"。《元和郡县图志·廓州·化城县》记载："扶延山，在县东北七十里。多麋鹿"等森林动物。则当时的扶（或作拔）延山森林还不少。又据唐·长庆元年（公元 821）刘元鼎出使吐蕃的见闻："赤岭（即日月山）……河之西南地如砥，原野香沃，夹河

---

① 李并成.1990. 唐代前期河西走廊的农业开发[J]. 中国农史(1)：98.

多町柳，山多柏坡"《使吐蕃经见记略》；元·潘昂霄《河源记》记载：积石山一带的东北，"草木畅茂"。今共和至兴海一带以及积石山"（今循化）东北，森林尚多"。

渭河上游，自隋至唐末都不愧为森林茂密之区：隋炀帝西征，路过渭源，盛赞鸟鼠山"长林啸白兽"。陇南部分山区"大小乔林，跨于数县"，森林规模应当不小。唐乾元二年（公元759年），诗人杜甫度关陇，客秦州，寓同谷，取道栗亭、当房村，越木皮岭"下有冬青林，石上走长根。西崖特秀发，焕吴灵芝繁"①。则是这一带究竟生长何种森林的写照。入唐后，为恢复经济，不仅继续开垦土地，还在陇西、天水、兰州等地建立军马场。安史之乱后，军队也毁林开荒，面积达三四百万亩。砍伐森林的范围除陕西外，又扩展到宁夏的贺兰山、六盘山，甘肃的洮河、陇南山地。甘肃省从地势上由东向西北可划分为森林、草原和荒漠三个地带，其森林地带集中分布在甘肃东南部，即今庆阳、会宁、清水、徽县、甘谷、天水、礼县、西和、婺漳县、康县、临泽、秦安、宁县等广大地区，即在渭水上游、西秦岭山地，洮河中上游，白龙江上游和下游，西汉水域以及燕子河流域。属山地森林的则分布在子午岭、六盘山、陇山、祁连山东部余脉和大夏河两岸。另外，在太白梁、景山、回中山、笔峰山、大流山、山洞山、良原、五龙山等也有成片森林，即使是在荒漠地带的连城、古城、朱岔、东西大河、童子坝河、洪水河以及张掖一带也有零星分布。

4.1.3　东北地区

隋唐时期，农业生产是以木制的犁进行耕种和木制滑雪工具作为交通工具的。唐中期（712年以后），东北地区的肃慎族后裔在今黑龙江宁安市渤海镇，建立了地方政权——渤海国，受汉族影响，渤海国统治者曾大兴土木，仿长安的格式修建宫殿庙宇，大力发展手工业、冶铁业、造船业，开展对日本和朝鲜的贸易，商品多为林副特产类；毁林开荒，发展农业，种植稻、粟、蔬菜、水果和豆类，破坏了大量森林。但另一方面，他又对森林加以保护，在中央机构中设立了管理林业的机关，所以破坏后的森林恢复得也较快。

河北道北部是一个巨大的林区，唐时森林概况，仍是"松柞蓊郁""林树深密"或者"树木参天……不知纪极"。河北道南部的燕山至北京附近也大体如此：这里直到明代嘉靖年间（1500—1567年）仍是森林茂密之区："重冈复岭，蹊径狭小，林木茂密"。此前的成化年间（1465—1488年）则是"复自偏头……直到山海关一带，延襄数千里，山势高险，树木茂密，人马不通"。

---

① 〔唐〕杜甫.2003.杜工部集[M].沈阳：辽宁教育出版社.

4.1.4 华南地区

三国到魏晋南北朝时期，湖北、湖南又相继成为古战场，这一带森林均遭破坏。到隋唐五代，中南天然林已大为减少，其中破坏最严重的地区是河南、湖北和湖南，而广东和广西由于社会经济尚不发达，刚刚进入开发阶段，破坏较轻。

淮南道（今淮河以南，长江以北，安徽、江苏、湖北一部）包括东临海，西抵汉水，南据长江，北据淮水的地带，江南道（今江苏、安徽长江以南地区、浙江、福建、江西三省，湖南大部，四川、贵州一部）包括东临海，西抵蜀，南极岭，北带江的广大地带，是唐代我国东南部的两大地理区域。这两个区域，开发较晚，长期以来被中原正统视为蛮夷之地。六朝以降，虽渐有开发，不少地区农事活动日盛，耕地日渐扩大，"然亦健康一隅而止"。及至唐初，大部山地丘陵依然处于森林密布，地广人稀状态。据记载，中晚唐时期，苏、湖、饶、越、舒、滁、寿、长沙、豫章诸州县，都还有十分丰富的森林资源可供采伐。这就应了一句话"材干筋草，出自江淮"。

淮南山地唐时虎象出没，史册时有猎杀的记载：元和时韩震曾在舒州焚杂草木，除杀猛虎[1]；而宝历中李坤于滁寿二州，尽除暴虎；淮南多象，猎者在和州山中获取象牙凡三百茎。虎象的大量存在，可证森林覆盖面积之广大。闽浙山地，史册早有"南林""深林丛竹"[2]的记载，直至北宋后期，仍常以"山林险阻，连亘数千里"见称[3]，隋唐时期的林相，自应更为完好。赣南山地，据乐史《太平寰宇记》称："龙泉（今逐州）县，本吉州泰和县龙泉乡什善镇地。后唐保大元年（943年）置龙泉场，以乡为名，采择林木之故也。又据同治（龙泉治县）载："李孟俊，隆兴人保大元年以泰和什善镇为龙泉场，命孟俊以银青光禄大夫上柱国充龙尔镇遏使知场事。南唐受吴禅，保大初采研竹木修全陵宫室，又加采研使。"则该地不晚于唐末五代即已成为远近闻名的竹木产区。

4.1.5 西南地区

隋唐五代时期，全国经济重心逐渐南移，西南地区封建经济呈现持续繁荣景象，人口迅速增长，四川已拥有上千万人口。这时，一个突出的表现是盆地、广大丘陵地带，因广开农田，可作梯田的山地面积得到大幅度开发，盆地、丘陵的原始森林因之而基本消失。唐代土地允许买卖，毁林开荒不受限制，土地兼并剧烈，官

---

① 〔宋〕乐史.2008. 太平寰宇记［M］. 北京：中华书局.

② 〔东汉〕赵晔.1992. 吴越春秋［M］. 南京：江苏古籍出版社.

③ 〔元〕脱脱.1985. 宋史［M］. 北京：中华书局.

贵豪强乘机争田夺地，劳动者不是沦为佃佣，就是逃入山林以开荒为生，致使一些尚未垦殖的林地向着耕地转化。宋代还仰仗于梯田制的推行。梯田就是山乡贫民无田可种，循古人刀耕火种之法，在山麓开旱田，北山种完种南山，大面积森林被毁，林地向农地转化。此时，庄园制综合经济开始繁荣，农区由大小庄园组成，一个庄园就是一个自给自足的综合经济单位，每个庄园都拥有一定数量的庄宅、田土、茶园、果园、菜园、店铺、碾硙、车坊、竹林及相当数量的各类森林。因此，逐渐改变了以往相对单一的经济结构，向多种人工经济发展。庄园综合经济的繁荣还对当时发展林副特产经营提供了条件，如经营利用五倍子等。隋唐时期对植树造林较为重视，这在客观上有利于自然环境的稳定。

在安史之乱以及宋末战乱年代，西南森林（四川部分偏远山区森林），受到了一定程度摧残，如吐蕃乘安史之乱，一度夺取川西南和川西北的大片土地，致使四川西部部分森林遭受破坏。造纸术是我国古代四大发明之一，唐代的四川一跃而为全国造纸中心，这时四川开始生产大量益州纸，作为贡品运销长安、洛阳。四川造纸业的长足发展，消耗了大量木材，对森林影响甚大。井盐生产在唐宋时期进一步发展，消耗大量木材，大量林木被砍伐殆尽。此外，四川的造船业已遍布江河两岸城镇，其所造船舶的种类有战船、马船、漕船、驿船、商船、渡船、舫船等。消耗了数量很大、种类甚多的木材，造船材料必须挑选良材，如大径级的楠木、楮木等。此时四川、云南东北部及贵州西北部的楠、樟巨木资源大部分被消耗掉了。

四川盆地西缘，唐时森林至为茂密。所谓"沈黎（今雅安一带）界上，山林参天，岚雾晦日者也""贞观二十二年……于剑南道伐木造舟舰……役及山僚，雅、邛、眉三州僚反"，可以互证。东缘也基本如此，《隋水·杨素传》记载杨素平陈前在永安（今奉节）大造战船是其一例；唐时云安（云阳）为森林覆盖又是一例。盆地北部，则如元秋酬乐天咏通州（今达县）诗云："田畴付火去耕锄"，唐宣宋年间（847—859年）有"渠州（今渠县）犀牛见"，捕捉后又"复放于渠州之野"的记载①，这一带在有唐一代森林仍然不少。盆地南缘山地，隋唐五代编户不多，又未遭受兵火之灾，森林植被良好。这由"唐之筠连"可见其大概。筠连东边的南州（今南川，唐时先属江南道，后属中道）"山多楠木，堪为大船"②说明盆地南部，属于盛产楠木的亚热带常绿阔叶林区。唐代在贵州就有了水田，拦河为堰、围泉自流等传统农业生产技术已广为采用。漆树、茶树、桐树已有人工栽培。山区森林尚保存完整。

① 〔唐〕裴庭裕.1994.东观奏记[M].北京：中华书局.
② 〔唐〕李吉甫.1983.元和郡县志[M].北京：中华书局.

4.2 森林培育与利用

4.2.1 林木培育

隋朝和初唐，沿袭北魏、齐、周的均田制，继续推行均田：每丁除授八十亩"露田"外，又给二十亩"桑田"或"永业田"，作为培育人工林的法定林业用地，在这法定林业用地中，隋朝规定：每亩"皆遵后齐之制""课桑五十根，榆三根，枣五根。不在还受之限"①。初唐规定："每亩课种桑五十根以上，榆、枣各十根以上。三年种毕。乡土不宜者，任所宜树充。"②均以栽植桑、榆、枣等树为其民务，是当时功省效宏，既能满足受田户用材、烧材需要，又能作为商品获取厚利的一项重要林业生产活动。在"桑田"或"永业田"中栽植桑、榆、枣等树，隋朝沿袭北魏的规定，每亩只要求栽植五十八株，其栽植密度比较低。迨至初唐，每亩至少增加了十二株以上，栽植密度已有所提高，又由于隋唐"桑田""永业田"，多数盛行"农林混作"、乔灌混交或者实施大苗移栽，栽植技术得到了进一步发展。

庄园经济是中晚唐和五代的主要经济形式。当时不仅地主所占土地设庄经营、寺院所占土地设庄经营，甚至官府掌握的屯田、营田也设庄经营。大、小私庄、官庄遍布于全国农区。还经营林业、副业、手工业，是一种同市场有着一定联系的自给自足型经济单位。从林业的角度考察，庄园制要比均田制更有利于林业，特别是植树造林事业的发展。因为在庄园制条件下，树木培育与种植受制于庄园本身和市场的需要，行政手段除唐元和七年诏令天下州府民户每田一亩课种桑榆二树外，主要表现为税收管理，其积极性有了显著提高。这在两种基本类型的庄园中都有其反映。

一是自给自足为主的庄园。例如，王方翼的"凤泉别业""辟田数十顷，修饰馆宇，列置竹木"③；严郜的许州"别业""良田万顷，桑柘成阴，奇花芳草与松竹交错"。这类庄园的植树细节，树种布局，惜不可考，但从反映中晚唐时期我国中原地区农林生产的一定面貌。《四时纂要》一书的记载，我们知道大致是按正月"接树""种桑""移桑""种梓""种竹""种柳""种白杨林""栽种""桧柏杂木""二月""种粟""移椒""种枸杞""种茶""栽柳""舒萄桃上架"；三月"种石榴""种诸名果""栽杏""收榆子"；四月"移椒"；五月"种槐""种桑椹""移竹""种诸果（梅、杏、桃、李）……来安排，有选择地进行。其可供选择的树种，无疑已是相当丰富了。"在四川盆地，这类庄园的营林活动主要是以"林盘"的形式来表现。在"林盘"内栽植桤

---

① 〔唐〕魏征. 1973. 隋书[M]. 北京：中华书局.

② 〔唐〕杜佑. 1988. 通典[M]. 北京：中华书局.

③ 〔后晋〕刘昫. 1975. 旧唐书[M]. 北京：中华书局.

木、龙竹、各种乔木、果树、花卉，则烧材、用材、鲜果、时花及别的需要（如养殖需要）都能自给自足。难怪这类"林盘"历久不衰，一直持续到现代。

二是与市场联系比较紧密的庄园。例如，见之于《元和郡县图志》的荔枝园：戎州荔枝园、涪州妃子园；见之于唐代租佃文书的葡萄园：长安三年二月，严苟仁和鞠善通租进葡萄园，见之于《太平广记·阳平谪仙》的茶园：彭州九陇人张守的茶园；见之于《唐甫里先集·甫里先生传》的茶园：陆龟蒙在顾诸山下的茶园。这类庄园一般都看准市场的需要，实行比较规模化、集约化、专业化的经营，以发挥其地理优势和技术优势，从而获取厚利。

隋唐五代时期，涉及山地育林的史料较少，但仍有两则值得称道。一则是《太平寰宇记》关于唐宪宗元和年间，桐城县令韩震在大别山区倡值松杉的记载："元和八年（813年），县令韩震焚烧草木，栽植松杉。"这则史料的意义在于：尽管我国人工植杉的历史，可以追溯到东晋时代，那时陶侃在长涉"种杉结庵"，但大规模栽植杉木，似应始自唐代。一则是唐人卢肇《震山岩记》关天震山（江西宜春县境）西林实行封山育林的记载："在震山之西，又得枫树之林于溪南，……予既得西林，而罗鸟置兔挟弹走马于其间，亦请命其林曰卢氏弋林。……谓高公使郡人无得樵樵，于是林之檀、栾、杉、桧、不日半芃以冠于郡。"这则史料说明封山育林在南方林区，至少从唐代起，就是一种行之有效的营林方法了。

隋唐五代是我国行道树建设兴旺发达的时代，此时不仅通行要道、城市街巷列植多种树木于两旁，而且还在不少农村的阡陌通道上夹植柳杨等树。形成一个绿阴纵横、婆娑交错，至为壮观的行道树网。在通行要道上，常见槐树、杨树、松、柏以及果树作为行道树。这见于《唐国史补》记载：自长安至洛阳的"两京道"上，"官槐""东西列植，南北成行，辉映秦中，光临关外"。又见于《旧唐书·本杨第九·玄宗下》"开元二十八年春正月，令两京路及城中苑内种果树。"以果树补植两京道的枯槐及风倒木，还见于马令《南唐书·马殷传》关于马殷割据谭州、衡州、永州、郴州等地时，自湖南零陵至广西全县的驿道两旁种松为行道树，既以遮阴，又以护路的记载。隋唐五代行道树的发展，既是当时重视栽植的产物，也是当时严格加以保护的产物。就严格保护而言，这里应当提到朝廷的法令。例如，唐代宗大历八年令称："诸道路不得有耕种及斫伐树木"①，在街道上建房者"并令拆毁"，但"其种树栽植，如闻已滋芃，不得其有斫伐，令死损"。这则史料不仅反映了唐人对于绿化和行道树建设、保护的远见卓识，而且也是唐朝重视行道树建设和保护的生动例证。

---

① 〔宋〕王溥.1957.唐会要[M].北京：中华书局.

4.2.2　森林利用

隋文帝开皇二年(582 年)，杨坚诏于汉长安城东，营近新都大兴城，城内建筑承继秦汉以来的传统，形成一个完整的以木结构为主体的优美建筑群。进入唐代，改大兴城而为长安城，又称京师城，并在原有基础上进行扩建。长安城规模宏大，人口众多(唐时住民多达百万以上)，是当时世界上最为宏伟的大城市。营建、扩建如此大规模的城市，其所需材木当然只能通过相当规模的森林采伐才能保证供给。城市建成使用，其住民的生活用柴，当然也只能通过森林采伐才能源源供应。据史念海先生推测，长安城的木材供应可能就在终南山中，因为这时各山道初开未久，可以充分利用运输。唐玄宗天宝二年(743 年)，还曾在长安城南开凿一条漕渠，引潏河水入城，置潭于西市，以贮材木。可见当时断续采伐，迄未终止①。入唐后，长安城所需木材竹材如《旧唐书·职官志》言："将作监所属有百工、就谷、库谷、斜谷……等监，掌管材木采伐。本注称：百官监在陈仓、就谷监在王屋，库谷监在户县……，皆在出材之所。"斜谷监在今眉县，百官监在陈仓即今宝鸡市，库谷监在今户县。它们均在关中终南山北坡，各就附近"出材之所"进行森林采伐。继后，仅在上述基地采伐已不能满足长安君民对于材木薪炭的需要，森林采伐便远涉岐山、陇山和岚州、胜州，这些地区逐渐成为重要的采伐基地。在岐陇山区采伐森林，见于《新唐书·地理志》记载："宝鸡西北有开原渠，引水至咸阳。垂拱初(685—688年)，运岐、陇水入京城。"其中"岐、陇水"，系"岐、陇木"之谈。它说明早在武则天垂拱初年，伐木基地已扩展至岐山和陇山。由于不断采伐从陇山西麓至甘谷县，至北宋已经无森林可言②。远涉岚州、胜州采伐，则见于《新唐书·裴延龄传》岚州即今山西岚县，当时管辖今河、岚、静乐、岚谷诸县，皆地处吕梁山之北端；胜州则地处阴山之南，隋时管辖今内蒙古准格尔族，达拉特旗和托克托旗等地，唐时专辖黄河右岸的二连城地带。秦汉时期著名的榆溪塞就东延至此，直至唐元和年间(806—820 年)尚见残存的榆溪塞段落。唐时胜州与黄河对岸吕梁山北的岚州以出产巨材并称。胜州除富产榆林以外，松柏林也多见于山头。

唐代扩建东都，基本不取隋朝陆运之法，远涉江南材木。初时主要通过作监设在陆浑、伊阳二县的太阴、伊阳两个采木监司进行。这两个监司接地出今嵩县境，它们兼顾熊耳、外方两山，可以通过伊河进行水运。由于熊耳，外方森林毕竟有限，继后木材采伐基地便学长安城所需材木远求岚州、胜州，向吕梁山区北段的岚州转移。岚州逐渐成为同时供应东都和长安材木的重要采伐基地。吕梁山区芦芽山东南部的森林，在唐中叶以后也一直是重点采伐地区，因为过度采伐，迄至宋初尚

---

① 史念海 .1981. 河山集 [M]. 二集 . 北京：三联书店 .

② 〔元〕脱脱 .1985. 宋史 [M]. 北京：中华书局 .

未得到恢复。竹材则主要通过司竹监在洛阳城外和太行山南的汾阳盆地伐区提供。

唐代重视养马，养马规模最大，我国西北不少林区由此而加速了采伐，将林地转变为牧马地，跨有陇右（治所在今甘肃陇西）、金城（治所在今兰州）、平凉（治所在今甘肃平凉）、天水（治所在今甘肃秦安）四郡，西边一直达到青海东南黄河转弯处。后来牧区向东发展，又包括岐（治所在今陕西凤翔）、邠（治所在今陕西彬县）、泾（治所在今甘肃泾川县）、宁（治所在今甘肃宁县）、诸州，东边一直到银（治所在今陕西横山县党岔）、夏（治所在今陕西靖边县白城子）二州，更越过黄河，伸延到现在山西静乐县南的楼烦镇，这里当时叫楼烦监。养马之地为此广袤，其所对各地森林的影响必然也很严重。这种影响不仅表现为养马于群山起伏之间，出入于森林茂密之区，致使森林植被逆行演替，并且焚烧山林和采伐森林，致使林地转变为牧地。其中著名的楼烦监，就是为了养马，通过先期采伐，而在森林茂密的吕梁区，将林地转变而为"马坊""马圈墕""马圈山"等牧马地的例证。楼烦监地处吕梁山北部，这一带诸州县向以森林茂密、盛产松柏巨材著称，是唐代中后期重要采伐基地。在盛产松柏，作为森林采伐基地的吕梁山北部，唯独楼烦监是"牧马之地无所出"[①]，合理的解释显然只能是为了牧马的需要，而先期进行森林采伐。

其他手工业的发展与森林采伐：制盐业。制盐即煎盐，其原料或者来自海水、盐池之水，或者来自盐井抽提的卤水，原料可以有所不同，但是以火煎煮，却是共同的需要，当时能源主要靠木材和柴草，因为隋唐五代还不是以煤为主要燃料的时代，而且可被利用的天然气也非到处都有开发，即便是早就拥有"火井"的剑南四川，也只能如此。煎盐的锅，当时称为"牢盆""其下列灶燃薪"，是"牢盆"煎盐的基本途径。"牢盆"大者煎盐多，用柴量亦多；小者煎盐小，用柴量亦少。因此，在原料供应比较丰富的前提下，木材、柴草资源丰富与否，便成为制约各地食盐生产的主要因素。在我国西部盛产井盐的剑南两川和山南西道等今四川的一些州县，制盐业除了煮盐要消耗大量竹、木、柴、草等不断进行森林采伐以外，在各地开凿盐井时也消耗了大量珍贵木材，即必须采伐梗、楠等珍贵林木作为盐井的井壁。据查，当时剑南东川的梓、逐、绵、合、泸、荣、陵州有盐井 460 眼；剑南西川的嘉、眉诸州有盐井 13 眼；山南西道的果、阆、开、通四川有井 123 眼；黔州有盐井 41 眼。这些盐井，属于大坑井或大口井，是开凿到一定深、广度后，就得用梗、楠等耐湿性强的良材美木来"锁叠"井壁的特殊类型盐井。前蜀，杜光庭《道貌岸然教灵验记》记载："陵州盐井归深五十丈，纵广三十丈……其中上木下石，石之上凡二十余丈，以梗、楠木四面锁叠，用障其土。"可以作为上述盐井消耗梗、楠木材的代表。由此而及当时四川多达 637 眼以上的盐井；其所需梗、楠大小都靠森林采伐供应。则四川常绿阔叶林区森林资源，仅此一项采伐消耗即已相当巨大。

综观雕版印刷的发明及其在唐五代的流行，我们可以考察它与当时林业生产的

---

① 〔宋〕乐史.2008. 太平寰宇记［M］.北京：中华书局.

关系。雕版版木消耗可观，一部大书通常需要雕刻成千上万块版，然后付印①。据此推行，只说始自后唐长兴三年，终至后周广顺三年，经历22年所刻成的《九经》《五经文字》《九经字样》各二部，130册，就不知采伐了多少林木。何况并非什么木材，都可以人为雕版版木应用。杜甫诗云"峰山之碑野火焚，枣木传刻肥失真，只有枣、樟等纹质细密、坚实耐用的优质木材才合乎要求。迨至宋代，叶梦得之所以评价天下印书以"杭州为上，蜀本次之，福建最下"，一个重要原因就在于"蜀与福建多以桑木刻之，取其易成而速售，故不能工"，违背了选用材质细密者作为版木的原则。其中福建的建本之所以"最下"而又"几遍天下"，正是因为雕版采用材质松软的榕木，"取其易成之故"②。总之，隋唐五代时期既因雕版版木的大量需要，又因必须选用枣、樟等木也顺应雕版印刷业的发展而且也形成大量伐木相关产业。

雕版印刷尚需相当数量的松烟墨作为书写原料和着色原料。松烟墨自东汉以来，到魏晋南北已相当精妙，唐五代时期必有大量生产。可目前尚无当时伐取松木烧烟制墨的直接记载。不过北宋沈括所记：由于"松木烧烟"，而使"齐鲁间松林尽童，烟至太行，京西、江南、松山大半皆童矣"③，无论"松林尽童"还是"松山大半皆童"，都不能说只发生在宋代，至少见于洛阳附近黄河北的童山，应有相当部分是在隋唐五代时期陆续伐木烧烟所致。与采伐松木烧制松烟墨相联系，本时期采收油桐制桐油烧制质量优良的桐华烟也应运而生。"一点如漆"的常规松烟墨，则此时不说大量采用桐华烟墨，也应说必用于松墨的掺和。与雕版印刷术休戚相关的是造纸术。自东汉而至南北朝，纸已成为取代帛、简的普遍书写材料。降至隋唐五代，不仅抄写印刷需要大量的纸，社会上也广泛用纸，人死之后，送葬时还要焚烧纸钱。大的城市，甚至县城内也有造纸作坊。造纸成为一种遍布全国的新兴而重要的手工业。著名的楮纸，就是以楮树（榖树、构树）皮为原料制成的纸，其主产地在剑南广都（今四川双流），故又称广都纸，楮纸的制造是剑南道森林采伐的主要原因。

4.3 林业科学技术

4.3.1 林产品加工技术

木材、竹材、薪炭是我国古代极其重要的建筑材料和生产、生活物资。它们在有隋一代，主要有三种经营方式：一是官营官办；二是"任土作贡"；三是民间自由贸易。一、二两种方式，前面已有记述。第三种方式之所以也是一种不容忽视的经营活动，是因为它以木材商作为媒介，而木材商的频繁活动，必然对各地木材生产

① 〔宋〕王溥. 1998. 五代会要[M]. 北京：中华书局.
② 〔宋〕叶梦得. 1995. 石林燕语[M]. 北京：中华书局.
③ 〔宋〕沈括. 2017. 新校正梦溪笔谈[M]. 上海：上海人民出版社.

和销售，产生既广泛而又深刻的影响。隋代商人因经营木材而致大富者，不乏其人。并州文水（今山西文水县）人，武则天的父亲武士彟，即是以经营木材获取厚利，"致大富"（《太平广记》卷一三七《武士彟》）的典型。这个木材商人，后来追随李渊起兵反隋，在唐立国之后，官至工部尚书竟然以非士族出身而成为李唐王朝掌管林业政令的官僚。武士彟早年从事木材经营，主要活动于吕梁山北段的岚城县一带。这一带北魏时属苛岚县，入唐后置为岚州，辖境介于汾河上游与黄河之间的广大地段。岚城在隋时成为木商云集之地，岚州又在唐代中叶成为李唐王朝供应长安、东都材木的主要森林采伐基地。这一带不仅森林资源丰富，人民掌握了大规模森林采伐技术，富于伐木传统，而且还有水运木材的方便，具备了森林采伐基地所需要的基本条件。唐初也允许木材自由贸易，例如《太平广记·杨溥》引《纪闻》："豫章诸县，尽出良材。求利者采之，将至广陵（扬州），利则数倍。天宝五载，有杨溥者，与数人入林求木"。正是允许木材如此自由产销，民间才出现了"伐木为室"的"丰余之辈"。为此，理财家刘彤，竭力主张"诏盐铁伐木等官，各收其利，贸迁于人"，实行盐、铁、木专营专卖，以"夺丰余之人""惠群生""柔荒服"。后来木材专卖虽未实行，但至德宗建中时代，赵赞率先向商贾征税，规定"竹木茶漆什一税之"，改竹木茶漆的自由产销而为有限制的自由产销，材利、茶利遂不为商人所独有。以后无论是涉及面甚广的草市、炭市，凡经营木材、竹材、薪炭，都得纳入类似的税收管制。五代十国对于木材、竹材、薪炭的经营，大体沿袭隋唐做法，只是取之者多，育之者少，森林资源急剧消耗。当时有不少材料涉及竹木薪炭的征榷、督办和贸易。例如，当时官府的建筑材料来源，大体出于贡献或购买。"市材于山，市瓦于陶……林木六千，资于连山。钉十万出至真阳，余悉督办于韶之境。"[①]或亦由征榷所得，或官自采办为之。

桐油是我国特有的林产品，也是传统的出口物资。我国利用桐油的历史，源远流长。过去谈到桐油的利用，多局限于文字记载，着眼于桐油在宋元明清时期的历史地位。对于桐油在隋唐五代时期的利用，则主要根据唐人陈藏器《本草拾遗》记载："罂子桐有大毒，压为油毒鼠立死，摩疥癣、虫疮、毒肿。一名虎子桐，似梧桐，在山中。"只看重其药用价值。其实，桐油在隋唐五代时期，已经进入普遍利用阶段，它同不少手工业的发展都有着密切的联系。例如，造船业需要相当数量桐油作为船体的防腐涂料和不少油灰作为板缝的填料、钉帽的封固材料。这见于《川杨河古船发掘简报》的报道：一艘"唐武德年间仍然使用"着的"隋代古船""外涂桐油"；其船板、接口"缝隙填塞油灰""铁钉帽亦用油灰封固"。还见于《唐语林·政事》关于唐时杨子船场"堪多船板、钉、灰、油、炭多少而给之"[②]的记载。这个记载同前述考古材料结合起来，足证隋唐五代时期造船，桐油和桐油与石灰制成的油

---

① 〔清〕方履籛.1965.金石萃编续编补正[M].台北：国联图书出版有限公司.
② 〔宋〕王谠.1987.唐语林[M].北京：中华书局.

灰，同木板、铁钉、木炭等一样，都是不可缺少的必备材料。

又如造纸业已采用桐油涂纸，以生产世界上最早的防水纸。这种纸既能防水又明亮度大增，除了一般的用途，它最迟在中唐时期即已作为糊蒙窗隔的常用纸了。"杨炎在中书，后阁糊窗以桃花纸，涂以水油（按水油即桐油。《尔雅·释器》云："水，脂也。"郭璞注《庄子》称："'肌肤若冰雪'，冰雪，脂膏也。"古代因此而称桐油为水油或膏油），取其明甚。"（冯贽《云仙杂记》卷二）当然只是一个例证。后来明人补订《新增格古要论》卷九记述"读书须窗明几净，以油纸糊窗隔则明"，并介绍造油纸的油料，大多采用"桐（油）三、麻（油）四"的配方。这显然是唐代利用桐油涂纸制作防水纸的继承与发展。

再如，雕版印刷业也很有可能使用桐华烟墨或使用桐华烟与松烟混合制成的烟墨，作为印刷品的着色材料。而桐华烟乃是桐油烧制之墨，这在前面已作记述，此不赘举。

桐油利用如此广泛，经营油桐采收桐子以供榨制桐油之用，也应在当时有着相应的发展。只是唐朝开元年间，油桐尚以罂子桐、虎子桐见称，是说以种"似梧桐，生山中"（唐·陈藏器《本草拾遗》），具备着乔木形态的油桐。这种油桐较早见于出土于汉代古墓画像砖"桐林图"[1]"桐树像"[2]的画面，当属千年桐。其经营状况大抵也如画面所示：桐植于园，园中有门，门里有人在密集的桐树间举长竿打桐子。但因桐树密度甚大，产量不会很高，何况培育乔木经营周期必长，当属粗放经营，不能认为此时经营水平已经比较高了。中唐以降，诚如北宋文献记述：另有一种油桐"其耸枝迟小……其实大而圆，一实中或二子，或四子，可以取油为用。今山家多种成林"（北宋·陈翥《桐谱·类属第二》）；"荏桐，早春先开淡红花，状如鼓子花，成筒子，子可作桐油"（北宋《本草衍义》）。还有明人文献记载："油桐，枝干花叶类？桐而小，树长亦迟，花亦微红。但其实大而圆，每实中有二子或四子，大如大风子。其肉白色，味甘而吐人。……人多种莳收子，货之为油，入漆家及舱船用……"（明·李时珍《本草纲目》）大概不迟于晚唐和五代，由于以荏桐、油桐见称的三年桐被开发了出来，其经营情况遂逐渐改变粗放经营的传统，而向着集约经营方向转化。

这种称之为荏桐、油桐的三年桐，树形矮化，每实二子或四子，产量较高而且经营周期较短，显然要比称之为罂子桐、虎子桐的拥有高耸的干形，每实三子，产量较低而又要求较长经营周期的千年桐优越得多。

我国人民最先用漆，制作漆器，也最早植漆、经营漆林，并逐渐赋予深邃、丰富的内涵，形成举世瞩目，光辉灿烂的漆文化。降至隋唐五代，河东道、山南道贡

---

[1] 闻宥集. 1955. 四川汉代画像选集[M]. 上海：群联出版社.
[2] 四川文管会. 1983. 四川彭县义和公社出土汉代画像砖简介[J]. 考古(13)：76.

漆；"竹、木、茶、漆税十之一"①，可见，漆是重要的贡品。不仅官营孙漆手工业兴旺发达，私营孙漆手工业也很发达。《新唐书·百官志》记载少府监关于官府手工业训练徒工的规定："钿镂之工教以四年；……平漫、刀销之工二年；失从、竹、漆之工半焉；……。"训练漆工必须一年时间，而见其大概。私营孙漆手工业见《唐国史补》卷中所说："襄州人善为漆器，天下取法，谓之襄样。""故相国陇西工夷简之节度汉南也，少与先生游，且思以见。命列将以襄之孙漆千事赂武俊，以请先生。武俊许之。先生由是为汉南相府宾冠。"见其至为昌盛。不过，此时襄州孙漆名扬天下，既为"天下取法，"则私营孙漆手工业必不只是在襄州和别的产漆区发达，大抵非产漆地也已是广泛流通的商品。正是通过这样的生产，漆的利用便深入到千家万户。

在植漆，经营漆林方面，这一时期也有值得记述的特点，首先，这时植漆、经营漆林已成为产漆区庄园经济的重要组成部分，不少产漆区的庄园、副业，都有经营漆园的内容，例如，著名诗人王维的辋川别业，就有远近闻名的漆园，这类漆园，正如裴迪诗云："今日漆园游，还同庄园乐"；柳宗元诗云："种漆南园侍成器"即令属意于息影山林的文人雅士们所经营者，其漆园也不仅仅作为游赏之地，而是兼顾了经济收益。其次，这时植漆、经营漆林的主要地区，分布在兴州（今甘肃武都南境）②、金州（今陕西安康一带）、襄州（今襄阳迤西）、还有婺州（今浙江义乌等地）、台州（今浙江天台山一带）贡。其主要分布格局显然与秦汉时期不同，但与今日沿秦岭、巴山、武当山、巫山、武陵山、大娄山和乌蒙山的分布基本一致。可以视之为现代漆林分布的初起，这时我国历史气候转寒，人口增殖和耕地的扩展，致使过往主要分布于北方的格局，不得不陆续向南转移。

荔枝，一名离枝，一名丹荔，是原产于我国，具有悠久栽培历史的重要果树。降至隋唐五代，荔枝产地主要在戎州及其相邻地带和广州及其相邻地带，这同唐以前的文献记载荔枝主产四川和两广基本一致。四川在本时期不仅经济发达，气候适宜，而且距离京师较近，因此荔枝的栽培和进贡都较两广为甚。从栽培来说，当时有两点值得称道，一是不仅在戎州（含宜宾）、泸州（今泸州）、涪州（今涪陵）等沿长江地带大量栽培，而且在成都也栽培荔枝，因此荔枝分布很广。二是品种形成较早，较多。据《广志》城：四川"键为僰道，南广荔枝熟时，百鸟肥。其名之曰：焦核、小次旦春花，次曰胡偈，此三种为美。次鳖卵，但而破以为酸和率生稻田间"。则四川形成荔枝品种的历史相当早。此外还有并头欢，紫王环、夜半香等品种，大抵也是在本时期就形成了。驰贡荔枝虽属弊政，但在技术上并不荒诞，因此，当时能够做到"七日夜到京师"而鲜香如故，无疑是在水果保鲜技术上有所突破，这很值得研究。

---

① 〔宋〕欧阳修，宋祁. 1975. 新唐书[M]. 北京：中华书局.
② 〔唐〕李吉甫. 1983. 元和郡县志[M]. 北京：中华书局.

柑橘，柑是柑，橘是橘，唐人辩之甚名，所以现在依据唐代史料，不难分别作出统计。据查唐代贡柑州达到 24 个之多，即澧、峡、台、洪、资、简、眉、变、荆、遂、循、朗、襄、梁、文、开、苏、湖、温、悉、普、荣、端各州；贡橘州将近十个，即澧、明、杭、越、荆、变、苏、温、极等州。这些州全在南方尤其多见于四川盆地，这是唐代柑橘生产值得重视的特点，此时，还有一个特点，就是有些州兼贡柑、橘，柑、橘经营在同一地也兴旺发达。

栗、枣、柿是原产我国的三种木本粮食类树种。《战国策》云："北有枣，栗之别，民虽不田，枣、栗之实，足实于民矣，此所谓天府也。"《史记》称："秦饥，应候，请发五苑枣、栗。"《周礼》《礼记内则》列植物十四种（主要为果树），任人用来"实笾豆""供祭祀""享宾客"，足证它们在先秦、前汉的地位是何等重要。降至隋唐五代，枣或者作为永业田的法定造林树种，生产枣实以补充食粮之不足，或者作为庄园经济的一个重要项目，既生产枣实又生产枣木，进行多途利用，都显示了它的重要性。对于前者，《大唐六典》记载：一品官吏每日供给"干枣一升"，可证枣实不仅是老百姓膳食所需，而且也是官吏膳食之所需。对于后者，杜工部诗云："峰之碑野火焚，枣木传刻肥失真。足正枣在唐时绝不只是名果，而且还是版刻所需的良材。前面说过，唐朝是雕版印刷兴旺发达的时代，枣的种植亦因此而有长足的发展。

4.3.2　林业保护技术

隋唐时期，人们已经开始重视树木害虫的防治。可见于历史文献记载的有白蚁、黄蚁、蝗虫、天牛幼虫等。唐段成式《酉阳杂俎》一书曾有唐代关于防治白蚁保护树木的记载，推知唐代从事林业生产的人，已经熟知白蚁向阳穴居的特点，并且对于白蚁穴有了准确的描述。《南柯记》中记载白蚁对于槐树的破坏，以及艺人如歌处理槐树主干下的白蚁大穴以防治其"直上南枝"的过程。刘恂的《岭表录异》当中记载岭南的物产、风俗和草木禽兽，其中就提到了岭南人民防治白蚁的方法，并记载岭南市场有人贩卖白蚁窠臼的过程，记载道这同时也是防治白蚁虫蛀柑树的有效手段。唐开成年间，镇、定等州遭遇蝗灾，田稼既尽，至于野草、树叶也消耗殆尽。兵部尚书姚崇发现"蝗既解飞，夜必赴火"，于是首创了夜中设火、火边掘坑的除治蝗虫的方法。《酉阳杂俎》记有治杏树害虫的故事："杜师仁常赁居，庭有巨杏树。领居老人每担水至树侧，必叹曰：'此树可惜！'杜诘之。老人曰：'某善知木病。此树有疾，某请治。'乃诊树一处曰：'树病醋心。'杜染指于处，尝之，味若薄醋。老人持小钩披蠹，再三钩之，得一白虫如蝠，乃傅药于疮中，复戒曰：'有实青皮时摽之，十去八九则树活。'如其言，树益茂盛矣。"这不是一个荒诞的故事，所说的确合乎科学道理。这位老人是有丰富的防治树木害虫的经验的。这里侵害杏树的可能是一种天牛的幼虫，的确有多种天牛的幼虫是白色的，但说形如蝙蝠就不对了。天牛幼虫侵害树木时先蛀食皮层，再逐渐侵入木质部。树木受伤后常常会流淌树液，发酵后就会变酸，这就是老人所谓"树病醋心"的道理。用钩钩出幼虫是可行而有效的，这一方法至今民间仍然采用。虫孔敷药，或为毒杀未钩尽害虫，或为抑制树液继续流淌。树木被侵害后，长势衰弱，应让它休养生息，故结实后尚未成熟时应将大部分果实打去。此外，隋唐历朝，多次进行山林川泽的封禁，以此来保护原始森林的恢复生长。京兆附近和名山大川管理尤为严格。据《唐六典》记载，唐代"凡京兆、河南二都，其近为四郊三百里皆不得弋猎采捕。凡五岳及名山，能蕴灵异，兴云致雨，有利于人者，皆禁其樵采。"每年春季，往往会颁发禁屠钓、禁渔猎的朝廷禁令，以此达到保护野生动植物的目的。

4.4 林业政策与管理

4.4.1 林业官制

隋代北周，高祖杨坚在官制方面上，一反宁文氏摹仿《周礼》六官的复古旧制，颁布了一套上集汉魏以来变化之大成，下启唐宋以后各代的新型职官制度："置三师、三公及尚书、门下、内史、秘书等省，御史、都水等台，太常、光禄、卫蔚、宗正、太什、大理、鸿胪、司农、太府、国子、将作等监，左右卫、左右武卫、左右候、左右卫领、左右监门，等府，分司统职马。"①在这套官制中，三师(太师、太傅、太保)"不主事，不置府僚"；三公(太尉、司徒、司空)"参议国之大事，……无其人则阙"，实则是给予大臣以荣誉的虚职。御史台及大业三年(607年)增设的谒者台、司隶台，属于监察机关。左右卫等府，属于军事宿卫机关。秘书省和后来境设的内侍省、殿内省，只管图书皮藏整理及内廷供奉事务。尚书省(辖六部二十四司)、内史省、门下省则分掌行政、封驳之大权，是中央政务中枢机关。此外，都水台及太常以下寺监，至大业三年演变而为太常、光禄、卫尉、宗正、太仆、大理、鸿胪、司农、太府等九寺以及国子、将作、长秋、都水、少府侍五监，统称诸寺诸监，也是中央重要的办事机关。总之，三省六部制是隋朝官制的核心。

六部即史部、礼部、兵部、都官(开皇三年改称刑部)、度支(开皇三年改称民部)和工部，是尚书省的下属机构。部的长官称尚书，六部尚书与尚书省左右仆射合称"八座"，是当时颇为显赫的官职。六部尚书分掌全国政务，自隋定型。各部均辖四司(曹)，司的长官即侍郎(1~2名)，六部共三十六侍部。开皇元年(586年)，又于二十四司各置员外郎1人，司本曹籍账，相当于侍郎次官。炀帝大业三年，方于六部尚书之下各置侍郎1人为本部次官，同时改诸司侍郎为郎，改员外郎为承

---

① 〔后晋〕刘昫.1975.旧唐书[M].北京：中华书局.

务郎。

诸寺诸监即太常、司农待九寺和将作、少府等五监，寺的长官称卿，监的长官名令或大臣。寺、监下属机构是署，各署分置署令各2人。

在上述职官系统中，林业职官主要分布于尚书省的工部及其所辖虞部司，司农寺及其所属上林署，将作监及其所辖校署，源程序府监及其所辖有关署。其中尚书省工部领虞部司，掌管林业行政、山泽资源保护、营造及田猎采捕政令；司农寺、将作监、少府监分掌屯田种植、劝民农桑、征收税赋、采伐材木、土木工程、百工技巧等关系林业的事务。

寺、监长官得躬新具体事务，隋朝常派学有专长的大臣担任。例如，将作大匠涉及土木工程管理，而宇文恺素好技艺之事、有巧思，时正殊连除名在家，杨坚建仁寿官，特召其代理将作大匠，以总其事。又如司农寺职掌屯田种植各事，樊叔略在任期间，"凡种植，叔略别为条例，皆出人意者"①，确属行家里手。再如太府寺在开皇年间兼管官手工业（后拆置为少府监），苏孝慈任太府卿，"征天下工匠，纤维之巧无不毕集，孝慈总其事，世以为能"②。

隋朝地方官制，初沿齐、周的州、郡、县三级制，一般有两套职官：一是吏部任命的州刺史和长史、司马、秉事参军事以及诸营参军事等；一是由州刺史辟置的州都、州正、祭葵酒从事、部郡从事等。郡也是如此，除郡太守、丞、尉由中央任命外，另有县正等由郡太守自辟的僚佐。开皇三年，文帝采纳尚书杨尚希建议，罢废郡一级，实行州、县二级制，并同时罢废州都、郡正、从事等长吏自辟的僚佐，炀帝时改州为郡，实行郡县二级制。此时郡置太守，并以先赞务（后改称丞）佐之。寻又在太守、赞务之间加设通守一职。至大业三年，全国实有郡190、县1255，各郡（州）、县皆设诸曹参军事与中央六部职官呼应，其中林业职官也是上下呼应的。隋朝县以下还有保、间、族、里、党等基层组织：畿内"人五家为保，保五为间、间四为族，皆有正；畿外置里正比间正、党长比族正；以相检查马"③。保正、间正、族正或保正、里长、党长，就是隋朝在基层推行均田、劝课农桑、催驱税赋、检索户口的头目。

唐朝中央职官制度，大体继承隋朝而来，有所改进和发展。唐朝的三省即中书省、门下省、尚书省。中书省掌定策，长官是中忆令（正三品）2人、中书侍郎（从三品）2人；门下省掌封驳，长官是侍中（正二品）2人、门下（黄门）侍郎（从二品）2人；尚书省掌管行政、执行政令，长官是尚书令（正二品）和左右仆射（从二品）。凡军国大事，三省长官共议，中书省草拟政令，历门下省核，经皇帝批准，产尚书省执行贯彻。尚书省是全国政务中枢，其总办公厅为都省，又称都司、都台、都堂。辖六部二十四司：吏部掌文官选任，下设吏部、司封、司勋、考功四司；户部掌天下户口、土地之政令，下设户部、度支、金部、仓部四司；礼部掌天下礼仪、

①～③ 〔唐〕魏征.1973.隋书[M].北京：中华书局.

贡举之政令，下设礼部、祠部、膳部、主客郎四司；兵部掌天下军卫武官选授，下设兵部、职方、驾部、库部四司；刑部掌天下刑法，下设刑部、都官、比都、司部四司；工部掌天下百工、屯田、山泽政令，下设工郎、屯田、虞部、水部四司。六部分三行，吏兵二部为前行，户刑二部为中行，礼工二部为后行，升官提拔逐行而进。

尚书省各部的长官，是尚书（正三品）1人，侍郎（吏郎侍郎属正四品上，余皆正四品下）1~2人。各司则以郎中（吏郎郎中属正五品上，余皆从五品上）1~2人为其长官，员外郎（从六品上）1~2人副之，他们被称为郎官。尚书郎、省郎，是当时很受人重视的官职。

诸寺诸监即太常、光禄、卫尉、宗正、太仆、大理、鸿胪、司农、太府九寺和国子、将作、都水、少府、军器五监，寺的长官称卿，监的长官是大匠或监（将）。卿、监的品位，除太常卿正三品，余皆是从三品下。唐廷按既定的进官组织章程及职事条例、办事细则行事；《唐六典·刑部》条中的"格"和"式"，就是尚书诸曹和诸寺诸监的组织法或办公条例。"格""以禁违正邪""式""以轨物程事"。《格》二十四篇，主要以尚书省六部二十四司为其篇目；《式》三十三篇，则以太常、太府、司农、少府、水部等为其篇目。遗憾的是，这些篇目的内容多无可考，目前只从敦煌残卷中查找到《水部式》①，从中可以印证《唐六典》中"格""式"的篇目，更可以窥见开元年间置于尚书工部之下的水部司以及诸监诸寺系统的都水监所应遵循的办公条例。

唐朝林业职官，也大体同于隋朝，不过，唐朝林业政务机关与林业事务机关的职掌远比隋朝分明，其下属机构的分工也比隋朝细致得多。唐朝尚书工部"掌天下百工、屯田、山泽之政令"，其所属虞部司（天宝年间曾改称司虞）是专管山泽草木、苑囿封禁、街巷植树、樵采牧和田猎政令的林业政务机关。虞部司编制：长官郎中1人，次官员外郎1人，主事（从九品上）2人，令史4人，书令史9人，掌固4人。司农寺、将作监、少府监及其有关监署，是仰承尚书工部之政令，分掌劝课农桑、薪炭供应。竹木种植、林木采伐以及部分官手工业的林业事务机关或林业职能机关。司农寺沿隋制设置上林（管苑囿园池）、太仓（管帮国粮库）、钩盾（掌薪炭供给）、导官（掌细粮供应）四署外，双增设司竹、诸京苑、盐池等监。其中司竹监设监（从六品上）1人，副监（从七品上）1人，丞（正八品上）2人，"掌植竹苇，供宫中百司常箔之属，岁以笋供尚食"；京都诸宫苑设总监（从五品）1人，监（从五品下）1人，副监（从六品下）2人，丞（从七品下）2人，主薄（从六品上）4人，职掌苑内宫馆园池草木蔬果诸事；上林署设署令（从七品上）2人，丞（从八品上）4人，掌园池苑囿，种植树蔬果以供苑祀。

唐朝地方官制，在安史之乱前一般实行州县二级制，而后演变而为道州（郡、

---

① 罗振玉．2004．鸣沙石室佚书正续编［M］．北京：北京图书馆出版社．

府)县二级制。唐初(贞观十三年),全国有州358、县551。州县皆按地位轻重、辖区大小、户口多寡以及经济开发程度划分为不同等级,并一直沿用至五代。州的长官称刺史(天宝年间易州为郡时政称太守),下属佐官有别驾、长史、司马以及录事参军事和司功、司仓、司户、司兵、司田、司法等诸曹参军事。别驾、长史、司马属"上佐",在刺史缺员或亲王遥领时,可以代理州事。诸曹参军事分掌州府军政财士农工事务,别称"判司",处于统领督察地位,实权只在刺史之下。县的长官是县令,佐官有县丞、县尉、主薄等职。丞为令之副,尉则分判众务,催征租赋,主薄职掌文书薄记。此外,还有承接州(郡)诸曹的司功佐、司仓佐、司户佐、司兵佐、司法佐、司田佐等僚佐。

唐代首都、陪都所在地,有所谓"府"的建制。开元初,玄宗改雍州为京兆府、洛州为河南府,并州为太原府,其长官为"牧",由亲王遥领,实际主持府政的是"尹"。后业所置凤翔、成都、兴元、江陵等府,也都有"尹",但已不再设挂名的"牧"了。在府尹之下,除设置少尹作为次官,还设置司录事参军事及六曹参军事,其职掌与诸州相同,但规格略高。唐代的道,是安史之乱后逐步形成的一级凌驾于州县的地方行政机关。道即方镇、藩镇,长官初为采访使,后改观察使。各道下属的州称为支州,其刺史无兵权。

唐代州县二级或道州(府)县三级地方政府,都有诸曹参军事官职逐级呼应并与中央六部职官呼应,其林业职官也是如此。唐朝县以下"百户为里,五里为卿;两京及州、县之廓内,划分为坊,郊外为村。里、村、坊皆有正,以司督察(里正兼课农桑、催驱赋役)。四家为邻,五邻为保。保有长,以相禁约"①。其中,里正由勋官六品以下或富户白丁充任。其职责是"按比户口,课植农桑,检察非违,催驱赋役",对人民进行直接的统治。唐代是中央集权高度发展的时期,但相对于中央的三省六部诸寺诸监而言,其地方行政制度却显得相当落后,各机构浑然一体,职权界限严重不清,地方诸曹只与中央六部呼应,而无直接联系。因而,无论行政管理,还是财政管理,都是严重脱节的。为了改善这种脱节现象,增强国力,唐朝中后期从强化国家尤其是地方财政管理考虑,除在中央设置坊管手工业、商业、茶税的盐铁司,又在地方设置了直属于中央财政三司(度支司、户部司、盐铁司)的地方巡院及其下属组织。地方巡院的主要职责是:"巡防四方货殖低昂及其他利害";报告地方灾情,收榷各种商税;管理盐茶事务及漕运事务;负责草粮供应等。巡院一般设置监院官、知院官、留后、巡官、推官等官职。地方巡院的作用涉及政治、经济诸方面,就其经济作用而言,一般认为它既是相当于完整的地方财政管理机构,又是不可忽视的地方林业经营机构。

唐代中央官制虽然比较完备,但从开元年间开始,被"使职差遣"制度所侵蚀,一些新出现的使职,渐渐占据了中央和地方的大权,以致形成了"为使则重,为官

① 〔唐〕魏征.1973.隋书[M].北京:中华书局.

则轻"的局面。这就给后来的五代十国乃至两宋官制打下了深深的烙印。五代时，枢密院作为中央最高军政机关，就是"使用权职差遣"制度的恶性发展。不过，五代省、台、寺、监之设置，仍与唐朝大同小异，林业职官在中央政府中的分布，也同唐朝类似。十国官制，也基本依仿唐朝，其中有的虽然臣服中原，但在其国内俨然是独立王朝，所以一般都有省、台、寺、监的设置；设官也有尚书、侍郎、卿、监之类。

总的说来，五代十国官制有两点值得注意：一是体制虽有一定程度变化，但是涉及林业职官的变化却很小；二是五代十国的"天子"大都从藩镇节度使起家，所以他原来的幕职往往就成为新政权的骨干，尽管一些人并不称职。而给前代遗老的职位多半只是一个三师、三公或者省的虚衔。此外，对于那些有功将士，往往要给予官号作为赏赐。这些做法，一直持续到北宋，成为北宋冗官的历史渊源。

4.4.2 林业政策法规

隋法律、令、格、式并行，以"律"为主，"令""格""式"是"律"的三种补充形式或制约方式。唐朝也是如此，体式有"律""令""格""式"四种："律""以正刑定罪"，是国家根本大法；"令""以设范立制"，凡"律无文者则行令"，是国家规章制度单项条例；"格""以禁违正邪，百官所常行之事"，是百官组织章程及职事条例；"式""以轨物程事"，是百官办事楷则。其中"格"与"式"，相当于现代中央和地方机构行政法。著名的隋朝《开皇律》和《大业律》都没有保存下来，"令"是今天所能见到的最为重要的隋法补充形式，也是涉及隋代林业法制的主要形式。举凡"驰山泽之禁""均田"，厚偿运河植树等，都是通过"令"的形式反映的林业法制。

令"驰山泽之禁"，见于《隋书·高祖纪》："高祖开皇元年三月戊子驰山泽之禁。"这条法令顺应了汉魏以来要求"山泽开禁""分润山泽"等主张的进步趋势，它对于隋代天然森林的变迁以及农、林业和手工业生产的发展，都有着明显的影响。"均田"令，计有三通：开皇三年(581年)，杨坚即皇帝位后，立即诏令衬会，继续实行均田。令称："自诸王以下至于都督，皆给永业田各有差，多者至一百顷，少者至四十亩。其丁男、中男永业、露田、皆遵后齐之制，并课树以桑榆及枣。其园宅率三口给一亩。奴婢则五品给一亩。……京官又给职分，一品者给田五顷，每品以五十亩为差，至五品则田三顷，六品二顷五十亩，其下每品以五十亩为差，至九品为一顷。外官亦各有职分田。双给公廨田，以供公用。"①中"永业、露田，皆皆后齐之制"，是说百姓丁男，一夫受露田八十亩，妇四十亩，奴婢良人，限数与在京面官同。丁牛一头，受田三十亩，限止四牛。又每丁给永业田二十亩为桑田，其中种桑五十根，榆三根、枣五根，不在还受之限。非此田者，悉入还受之分。土不

---

① 〔唐〕魏征.1973. 隋书[M]. 北京：中华书局.

宜桑者给麻田，如桑田法。至开皇十二年（592年），文帝又"发使田出，均天下之田，"将上述均田令推广于江南。但在江南"其狭乡每丁才至二十亩，老小又少马"，受田限额严重不足。以后大业五年（609年）炀帝"诏天下均田"基本上遵循了上述均田令的做法。

隋代"均田"的土地范围，主要为无方荒地及政府直接掌握的官田，并未触及大小地主所占之地。因此，它主要有利于各级官僚占田，农民占田非常有限，授田限额既低，实授之数又从未足额。不过在战乱之后，农民毕竟有田可耕，得到了一定实惠，因而对于隋代农林业的恢复和发展，"均田"的作用还是积极的。就林业而言，由于隋代"均田"继承了北魏以来的传统，把农作物的培育同经济林、用材林的培育结合起来，突破了过往单一种植农作物的局限，这就充分显示了广大农村实施农林兼营的必要性。又由于继承了北魏以来"授田"严格区分"还受"和"不还受"的做法，把培育桑榆枣等经济林、用材林的"桑田"规定为必须世代经营的不必"还受"的"永业田"，反映了林木培育期较长的特点，这就有效地调动了农民经营林业的积极性。总之，"均田"特别是授予"永业田"对于隋代农区的人工林，提高农区森林覆被率、保障农业生产，确实发挥了重要作用。

厚偿运河植树，见于《隋书开河记》：大业中，都汴渠两堤，上载垂柳，诏民间有柳一株偿一缣，百姓竞植之。在运河两岸植树，还见于《大业杂记》关于大业初年开通通济渠的度载："水面四十步，通龙舟，两岸为大道，种榆柳。自东都至江都二千余里，树荫相交。"运河的开凿，虽然同炀帝个人有关，但毕竟是社会经济发展的反映。同样，运河植树不能不说也涉及炀帝个人生活，但客观效果则是：运河两岸绿树成荫，既固堤又美化，既有经济效益又有生态效益值得人们称道。

《唐律》是唐王朝的根本成文法。早在太原起兵时，李渊即有约法十二章。及至长安建国伊始，又下诏刘文静等人制定"新格"五十三条。在此基础上完成了《武德律》十二篇五百条。贞观十一年（623年），由房玄龄等人主持完成了《贞观律》十二卷五百条。高宋李治时，又据此而订定《永徽律》。接着长孙无忌等人授命对唐律进行疏证诠释，撰写《唐律疏议》三十卷，内分名例、卫禁、职制、户婚、厩律、擅兴、赋盗、斗讼、诈伪、杂律、捕亡、断狱十二篇，计五百条，是为现存的一部唐代完善的法典。《唐律》有些条文涉及林业，不少诏令也涉及林业：唐初继续实行"均田"，从武德年间起到开元末年止，就颁行了三次诏令。武德七年"均田令：凡天下丁男，给田一顷；笃疾废疾，给田四十亩，寡妻妾，三十亩，若为户者加二十亩。所授之田，十分之二为世业，余以为口分。世业之田，身死则承户者授之。分则收入官，更以给人。"①开元廿十五年的"均田令"："诸永业田皆传子孙，不在收授之限，即子孙犯除名者，所承之地亦不追。每亩课种桑五十根以上，榆枣各十根以上，三年种毕，乡土不宜者，任以所宜树充……诸度人有身死家贫无以供葬者，

---

① 〔宋〕王溥.1957.唐会要[M].北京：中华书局.

听卖永业田，即流移者亦为之；乐迁就宽者，并听卖口分。诸买地者，不得过本利，虽居狭乡，亦听依宽制。其卖者不得更法。凡卖买者皆须经的部官司申牒，年终彼此除附。"可以反映唐初实行"均田"的概貌。

此外，《唐律疏议》记载："诸里正依令授人田，课农桑，若应受而不授，应还而不收，应课而不课，如此事类违法者，失一事，答四十。"又记载："谓永业田家贫卖供葬，及口分田卖充宅及碾邸店之类，狭乡乐迁就宽乡者，准令并许卖之。"则说明唐初"均田"，已被正式纳入了唐代法典。唐代"均田"的主要内容和基本精神，仍是北魏以来均田制的继续，但因历史条件不同，特别是封建土地私有制的发展以及唐初国家占有土地的减少和社会阶级状况的变化，便产生了两大特点：第一，取消了奴婢、部曲和耕牛受田，降低了农户受田额，第二，规定官吏和广民可以在各种名义下买卖土地，土地买卖的限制较前代有所放宽。这是北魏以来封建土地私有制进一小步发展在法令上的反映，它反过来又为地主兼并土地提供了合法的依据。基于土地兼并盛行，不久均田制终于崩溃，庄园经济便兴旺发达起来。

以上是总的特点，若从林业生产的角度加以考察，还须指出另外两个特点：第一，每亩"永业田"应载桑、榆、枣树的数量，唐初较前代为多。唐初规定"种桑50根以上，榆枣各10根以上"，而隋代只要求"种桑50根，榆3根，枣5根"。第二，作为世业的"桑田"，唐初规定"乡土不宜者，任所宜树充"，可以不种桑榆枣三种树，但必须种所宜的其他树种，隋朝则规定"桑田"可以作"麻田"，不要求必须种树。这说明唐初"均田"更加重视农林兼营的实施。

唐初为了贯彻均田令，从中央到基层都有官吏等职掌人负责。户部郎中、员外郎的职责之一，就是"以永业、口分、园宅均其土地"。地方则郡由司户参军事负责，县由县令亲管，基层则由里正经办。"凡授田，先课役后不课役，先无后少，先贫后富"是其基本原则。此外，《唐令》《唐律》在护林防火、名胜古迹保护和实施"时禁"等方面，也有具体的反映。贞观四年，太宗诏令："禁刍收于古明君、贤君、烈士之墓。"继后"凡郭祠神坛，五岳名山，樵采、刍牧皆有禁，距三十步外得耕种。春夏不伐木。京兆、河南府三百里内、正月、五月、七月禁伐猎"，逐成为制度。为了有力的打击森林火灾的肇事者、非对烧荒者、盗窃林木和非法占有山泽之利者，《唐律》还列有相应的刑法条文。据《唐律疏议》称："诸于山陵兆域内失火者，徒二年；延烧林木者，流二千里……非时烧田野者，答五十；……诸占固山野陂湖之利者，杖六十；……诸盗园陵草木者，徒二年半；若盗他人墓内树者，杖一百。"①

五代十国林业法制，基本沿袭中晚唐而来，主要也是从庄园经济的法律地位和个体小农依法请射承佃无主庄田，永业两个方面表现出来。但此时有三点值得注意：一是土地买卖情况，擩《续古今考》称："买卖田土有文契……唐末有五代之刻

---

① 〔唐〕长孙无忌. 2013. 唐律疏议[M]. 上海：上海古籍出版社.

版印契。"卖买田土而需用刻版印超，足证田地卖买的事情必多，不过当时的田寺买卖，须先兄弟，兄弟不买，再卖别人。这见于《旧五代史》卷七五："常山属邑曰九门，有人鬻地，与异居兄议价不定，乃移于他人。他人须兄立券。兄固抑之，因诉于令。令以兄弟俱不，送府。"后来只好"市田以高价者取之"；二是关于私庄，五代私庄多为达官贵人所有。例如：《旧五代史·李从俨传》记载：从俨"先人之间有田千顷、竹千亩。"《新五代史·赵传》称：赵子赵在陈州"占天下良田大宅，刻商旅，其门如市。"《新五代史·后蜀世家孟昶》记载："将相大臣皆知祥故人，知祥宽厚，多优纵之。及其事昶，益骄赛多愉法度，务广宅弟，奇人民良田，发其喷墓，而李仁罕、张业尤甚。昶即位数目，执仁罕杀之。"三是后周、南唐的经济恢复时期，后周时太祖郭威顺应当时的社会发展趋势，率先在我国北方进行了一些具有积极意义的改革，其中，把系省庄园（官庄）都分派给佃户作为永业的规定，效果显著。据《归五代史·周太祖纪》称："帝在民产，素知营田之弊，至是，以天下系官庄田仅万计，悉以分赐见佃户充永业。是岁（952年），出户三万余。百姓既得为己业，比户欣然，于是葺屋植树，敢致功力。"一下就为后周增加了三万多户颇有积极性的纳税户。接着，周世宗柴荣，又进一步实施改革。柴荣改革的首要内容，其中一项，正如前面所作此述：逃户庄田请射承佃，力民还乡给予优待，乃是对于逃户庄田作出了合理处置和给予边民生产以应有优待；其次是打击寺院经济势力；第三是均定田租；第四是兴修水利、整顿澶渠。柴荣继续郭威在经济上的改革，奠定了他开始统一事业和抗击契丹的物质基础。

4.5 林业思想文化

4.5.1 林业思想

唐太宗是唐高祖李渊的次子。它在隋末劝其父起兵反隋，李渊称帝后，被封为秦王，任上书令。武德九年（626年），因"玄武门之变"，得为太子，继帝位，改元贞观。唐太宗在位期间（626—649年），积极推行均田制，租庸调法和府兵制度，并加强对地方官吏的考核。又修《氏族志》，发展科举制度。当时社会经济因此获得了快速恢复和发展，后被史家称为"贞观之治"。唐太宗能够顺利地推行重农政策，亦即"次其耕嫁"的"富农"政策。"轻徭薄赋"的"劝农"政策，"增殖人口"的"利农"政策，"兴修水利"的"贵农"政策，维护小农经济这个封建社会的物质基础，恢复并发展农林业生产，进而实现"贞观之治"，显然正是农为邦本，静为农本的重农思想，得到了坚决贯彻的结果。

我国自古以农立国，重农思想在我国有着悠久的历史。至迟在西周初年，重农思想即已萌芽。降至春秋战国时期，就形成了"舍本事而末作，则田荒国贫矣"的

"农本思想"。秦汉时期，许多政治家、思想家都倡导"宗本抑末"和"重农理论"。魏晋南北朝以来，"重本，国之大纲"都是重要的重农言论。李世民的民为邦本，静为农本的重农思想，就是对于上述重要思想的继承和发展。其中，"民为邦本"，原是先儒传统的政治思想，它以"君"和"民"之间存在着既对立又依存的相互关系为其基本思想。尽量缩小了君民对立的侧面，强调了君民相互依存的侧面，深化了民为邦本的思想内涵。

在北周时，凡盐池，盐井皆禁百姓使用，官赋其税，至隋文帝开皇初年驰山泽之禁，始取清官营酒坊，开发盐池井，任百姓经营。入唐后，诸州所造盐铁，每年虽有官课，但中央似乎不多过问。刘彤正是这种形势下，才形成其盐铁木专业思想的。他说："古费多而货有余，今用少而财不足者，何也？岂非古取山泽而今取贫人哉。取山则公利厚而人归于农，取贫人则公利薄而人去其业。故先王之作法也，山海有官，虞衡有职，轻重有术，禁发有时；一则专农，二则围绕，济民盛事也，臣实为当今宜之。夫煮海为盐，采山铸钱，伐木为室，半余之辈也。寒而无衣，饥而无食，佣凭自资着，穷苦之流也。若能收山海厚利，夺丰余之人；调徭役，免穷苦之子；所谓损有余而不足，帝王之道，可不谓然乎？然臣陛下诏盐铁伐木等官，各收其利，贸迁于人。则不及数年，府有余储矣。然后下毙大之令，属穷独之徭，可以惠群生，可以柔荒服。"

这里，刘彤继承了管子、桑弘羊等人的盐铁专用，把盐铁木三者作为其实现"损有余而益不足"之社会政策的手段。这乍看似乎只是一种劫富济贫的社会改良思想，其实它的目的在于借税源的扩充以减轻农民负担和刺激农林业生产，属于"柔荒服""惠群生"的强国富民主张。刘彤这一思想在初唐出现，适与唐初一般思想家只靠征收农业单一税主张对立，诚所谓"生不达时"，注定乐不会为当时统治者所接受。四十年后，李唐王朝由盛转衰，经济形势发生重大变化，刘彤的主张有了实施条件，才为当时理财家第五琦和刘晏所接受。距理财家杨炎推行两税法，大概还不到三十年时间。因此，刘彤的专业思想，必对后之第五琦，刘晏和杨炎等理财家，产生过重要影响。总之，刘彤关于盐铁木专费特别是木材专费的思想，在中国财政思想史上是独树一帜的。

陆贽（754—805 年），苏州嘉兴人，是唐代著名思想家，享有极高声誉。陆贽指出："国之纪纲，在于制度，商，农，工，贾，各有所专，凡在食禄之家，不得与人争利。此王者所以节材力，励廉隅，是古今之所同，不可得而变革者也。"①又指出："代理则其道存而不犯，代乱则其制委而不行；其道存，则贵贱有章，丰杀有度，车服，田宅，莫敢替越，虽绩货财，无所施设，是以咸安其分，罕徇贪求，藏不偏多，故物不偏，用不偏厚，故人不偏穷圣王能使礼让兴行而财用均足，则此道也。"他认为"商农工贾"各业，对于封建国家具有同等重要性，而封建国家的

---

① 〔唐〕陆贽.1983. 陆宣公奏议[M]. 南京：江苏古籍出版社.

任务，正在于使"商农工贾，各有所专，凡在食禄之家，不得与人争制"，让人们能够"咸安其分"以从事经济活动。总之，重视各业人们在社会经济活动中的作用，乃是贯穿陆贽全部经济思想的一个基本概念。从这一基本概念出发，陆贽力陈农村贫富不均的弊害："富者兼地数万亩，贫者无容足之居，依托强豪，以为私属。贷其种食，凭其田庐，终年服劳，无日休息。磬输所假，常患不充，有田之家，做食租税，贫富悬绝，乃至于斯。厚敛促征，皆甚公赋。今京畿之内，每田一亩官税五升，而私家收租，殆有亩至一石者，是倍于官税也。降至中等，租犹半之，是十倍于官税也，夫以土地，王者之所有，耕稼，农夫之所为，而兼并之徒居然受到。官取其一，私取其十。人安得足食？公禀安得不壅。"①形成了自己的贫富观。他将财富不均归结为地主阶级的残酷剥削，这是他以前的思想家很少提到过的新的正确观点。贫富不均问题大多归咎于商人兼并农民，稍后归咎于豪强兼吞土地，或归咎于财政捐税太重。陆贽从封建地租的沉重剥削来说明问题，当然更为深刻。除此之外，陆贽的经济思想，确有相当部分属于折衷主义观点，虽然不无可取之处。例如在山泽驰禁方面，他认为最好是开放山泽，由人们自由经营，不必由国家垄断："三代立制，山泽不禁，天地材利，与人共之"；可是，如果"兴推管之法，以佐兵赋，以宽地征"，那也未尝不可。反映了他拥护"山泽国有"的保守思想。

柳宗元(773—819年)，字子厚，河东(今山西永济县)人，中唐著名思想家、文学家和诗人。他在文学史上，素享盛誉，在哲学史上是一位具有朴素唯物主义思想的学者，在政治史上，因他倾向改革，参与反守旧的斗争，史家亦有好评，在农林业科学技术上，他的贡献也是颇为突出的。柳宗元给后人留下了大量的诗文，其中有一部分堪称为农林业科学技术的佳作，现在介绍涉及林业的《时令论》和《种树郭橐驼传》。《时令论》的中心思想，在于强调重视农时，农林业生产必须按时序来进行，不能变动。别的非农事政务，则可以随时进行，不必按月进行安排。"农时"是劳动人民在从事农林业生产的过程中，长期跟自然界进行斗争所积累起来的经验总结。先民们很早就认识到每一种农林作物，从播种、生长发育到收获，都具有极强的季节性，唯有重视季节性，才能事半功倍。可是自战国后期，经历秦，汉王朝，由于当时统治阶级的需要，在这方面混入了许多荒诞不经的说法。柳宗元以朴素唯物主义观点，对《吕氏春秋·十二月纪》《礼记·月令》中的不科学的说法，一一进行了批判，从而使《时令》《农时》的科学性重现光彩，这在当时是非常可贵的。《种树郭橐驼传》见于《柳河东集》第十七卷。它把当时种树经验加以总结，并在此基础上得出"能顺木之天，以致其性焉"的结论，亦即种树要在顺乎树木天然生长本性以及遵循树木生长的特点而进行栽植和管理，从理论上作了说明。这在林业科技史上，无疑占有重要地位。

---

① 〔唐〕陆贽.1983.陆宣公奏议[M].南京：江苏古籍出版社.

4.5.2　林业文化

4.5.2.1　茶文化

茶是山茶科山茶属一种常绿阔叶树种，原产于我国西南地区。现在世界各国的茶树品种，都是我国原始种传植、驯化的产物。关于茶，唐人陆羽《茶经》指出："其字或从草、或从木、或草木并。其名：一曰茶，二曰槚，三曰蔎，四曰茗，五曰荈。"清人王夫之的《诗经稗疏》说过："徐铉以《说文》无荼字，谓即是荼字。不知《尔雅》槚、苦荼"在《释木》篇中，本非草类。汉以上人无煮饮之者。唐朝"风俗贵茶，茶之名品益众"。这是《唐国史补》卷下论茶之名品的开场白。它接下来指出："剑南有蒙顶石花，或小方，或散芽，号为第一；湖州有顾渚之紫笋；东川有神泉小团、昌明、兽目；峡州有碧涧、明月、芳蕊、茱萸；福州有方山之露芽；州有香山；江陵有楠木；湖南有衡山，岳州湖之含膏；常州有义兴之紫芽；婺州有东白；睦州有鸠坑；洪州有西山之白露；寿州有霍山之黄芽；蕲州有蕲门团黄……"。真是琳琅满目，如数家珍。

我国茶叶，起初作为菜食、药物，以后才发展成为饮料。饮茶之风，从晋宫南渡以后，更是一天比一天盛行起来，但不愿喝茶的人还是很多。据《太平御览》引《世说新语》称："王蒙好饮茶，人至辄命饮之，士大夫皆患之，每遇往候，必云今日有水厄。"说的是东晋时，司徒长吏王蒙，自己嗜茶，客来必献茶，所以不喜饮茶的人去王蒙家作客，就自称有"水厄"。后业，北朝人事事学南朝，竟称饮茶为"水厄"。从唐初到元，主要为末茶法。其中唐代多饮草茶，宋元多饮膏茶。唐代茶饮盛况，《封氏闻见记·饮茶》记之甚详："茶，早采者为茶，晚采者为茗。本草云：止渴，令人不眠。南人好饮之，北人初多不饮。开元中，泰山灵岩寺有降魔师大兴禅教，学禅务于不寐，又不夕食，皆许其饮茶。人自怀挟，到处煮饮。从此传相效仿，遂成风俗。自邹、齐、沧、隶，渐至京邑，城市多开店铺，煎茶卖之，不问道俗，投钱取饮。其茶自江淮而来，舟车相继，所在山积，色额甚多。楚人杜鸿渐（陆羽）为茶论，说茶之功效，并煎茶、炙茶之法。造茶具二十四事，都统笼贮之，远近倾慕，好事者家藏一副。有常伯熊者，又因鸿渐之论，广阔色之。于是茶道大行，王公朝士无不饮者。按此古人亦饮茶耳，但不如今人溺之甚，穷日尽夜，殆成风俗语。始自中地，流于塞外。往年回鹘入朝，大驱名马，市茶而归亦足怪焉。"[①]

4.5.2.2　花卉文化

我国花卉文化的初起，可以追溯到原始社会时代，那时的许多陶器上频频出现五叶形、枝叶形和花瓣形陶纹，即是我国先民花卉意识萌芽的反映。自此以后的发

[①]　〔唐〕封演.2005.封氏闻见记[M].北京：中华书局.

展，可以按汉代划线，大致划分为两个阶段：一是重花卉实用价值的阶段；二是花卉文化全面发展的阶段。也可以按隋代划线，大致划分为前后两期；前期属于局部发展时期；后期属于全面发展时期。

按隋代划线，主要考虑三点：一，花、卉字形分别经复杂演变后，至东汉虽然定型，但将之联骨却是南北朝的事："园中有卞忠贞象，点植花卉于象侧"（《梁书·何典传》）；"聚石移果，杂以花卉，以娱休沐，用托性灵"（《南史·徐勉传》）。南北朝的花卉概念适与今日吻合。二，隋以前花卉专著凤毛麟角，即使在强调农作物种植和平民生计为中心的重要技术专著《齐民要术》一书中，作者北魏·贾思勰，亦明言不收录"花草之流"的内容："花草之流，可以悦目，徒有春华，而无秋实，匹诸浮伪，盖不足存。"足证以前花卉文化影响所及，毕竟有限，尽管局部的发展，确在不少方面都值得称道。三，文化的重要特征之一在于它的社会性（认同、共享、传播和继承等），花卉文化的全面发展也应从社会性方面表现出来。而唐宋时期之所以成为我国花卉文化的黄金时代，正是比较全面地反映了这一特征的结果。其后的发展，仍然是此一特征在新条件下的反映。

现在就来看看唐、宋两代我国花卉文化的发展。唐朝，特别是唐朝中晚期花卉文化的主要特色，是专业花农的出现；城市花卉交换的兴起；多种花卉专著的问世以及它同文学艺术的交叉。唐宣宗大中年间，司马札《卖花者》一诗对于一类花农的描述至为生动："少壮彼何人，种花荒苑外。不知力田苦，却笑耕耘辈。当春卖春色，来往经几代。长安甲第多，处处花堪爱。良金不惜费，竟取国会中最。一蕊才占烟，歌声已高会。自言种花地，终日拥轩盖。农夫官役时，独与花相对。那令卖花者，久为生人害；贵粟不贵花，生人自应泰。"这是大城市长安附近传了几代的种花、卖花专业户。这类花农较早从传统农业中分化出来，自然是有利可图的，所以比一般农户要好过一些。为此，作者竟囿于传统"本末"观念，贬之为"久为生人害"，未必公平。《太平广记》引《酉阳杂俎·碧玫瑰》："洛中鬻花木者，言嵩山梁处有碧色玫瑰，而今亡矣。"记述一类花农往返于嵩山、洛阳之间。他们同"杜陵村人不田稻，入谷经溪复缘壁，每至南山草木春，即向候家取金碧"的杜陵村人往来于南山、长安之间一样，属于进山林峡谷采摘各类野花而应市的另一类花农。

还有一类种花、卖花者："长安贵游尚牡丹，三十传余年矣，每春暮，车马若狂，以不就为耻。金吾铺园外寺观，种以求利。"[1]他们是和尚、尼姑。因为牡丹之类能赚钱，因而"种以求利"，其作用和效果当与花农类似。这自然只是花农职业者也从事花木经营的一个例证。当时花农的情况，还见于司空图《与台丞书》："某昔者常从其友于郡邑之都，其邻有善艺卉木者，或从之鬻于都下，未尝不讴售而返。"吴融《卖花翁》："和烟和露一丛花，担入宫城许史家。"《太平广记》引《稽神录·僧珉楚》："常与中山贾人章某者亲热，……顷之，相与南行，遇一妇人卖花。"他们

---

[1] 〔唐〕李肇. 1957. 唐国史补[M]. 上海：上海古籍出版社.

大都住在城市周围，并且不乏"善艺卉木者"。由于"鬻于都下"，大抵采用肩挑手提方式，当属各自为业、小型经营无疑。

唐代城市花卉交换的兴起，主要表现为花市的出现："锦江风散霏霏雨，花市香飘漠漠尘。"①而花市的出现，又是："家家楼上花如人，千枝万枝红艳新"的结果。当时各大城市都设花市，而以长安花市为最繁华："帝城春欲暮，喧喧车马度。共道牡丹时，相随买花去。……有一田舍翁，偶来买花处，低头独长叹，此叹没人喻。一丛深色花，十户中人赋。"《全唐诗》卷四二五，白居易《卖花》在花市中不仅出售鲜花：牡丹、李花、杏花、樱花、茶花之类，而且还盛行种苗交易。例如："终南及庐岳出好李花，两市贵族富民以千金买终、庐有致富者"汤赟《云仙杂记》。品种繁多，也是花市交换兴盛的一项标志。

在花市上，花卉无不因物定价："无言无语呈颜色"，紫艳红苞价不同《全唐诗》卷六四二，来鹄《卖花谣》；"贵贱无常价，酬直看花数"《全唐诗》卷四二五，白居易《卖花》。花卉质量、品种，与花农、花卉经营者的收益关系密切。所以经营花卉者都以保证质量，开发新品种为其要务。在这方面，《酉阳杂俎》记述转愈之侄，掌握了改变牡丹花颜色的技术，无论青、紫、赤、黄，皆顺心所欲。就是唐时种花人刻意追求的基本心态和不断提高技术水平的反映。

唐代花卉的繁荣，主要表现为生活于城市的各阶层所形成的尊花、买花、赏花、种花的风尚。这同皇帝的提倡、大小贵族、富民以及士生、举子的效仿不无关系。正因为如此，就出现"三条九陌花时节，万户千车看牡丹"②，"春风十二街，轩骑不暂停，奔车看牡丹，走马听秦筝"的盛况，和形成了"家家有芍药""四邻花竞发"的美化环境。与唐代赏花风尚相适应，我们看到花卉专著相继问世，其中杜师仁的《栽植经》、王方庆的《庭园草木疏》、王晏的《山居要术》、贾耽的《百花谱》和李德裕的《平泉山居草木记》就是其佼佼者。我们还看到花卉对于当时文学艺术产生的影响：首先是促进了唐诗的繁荣，反过来唐诗对于花卉的多方面咏叹，又推动了花卉文化的发展。其二是扩宽了绘画艺术的表现面："尝见卫公图中有冯绍正鸡图，当时已画牡丹。"然只是一例。一些帝王将绘有漂亮花卉的图画收入后宫，给妃子们欣赏，也只不过是一例。然则花卉多见于艺术品，则花卉文化必也因此益发兴盛。

①② 〔清〕曹寅．2011．全唐诗［M］．北京：中华书局．

〔唐〕柳宗元《种树郭橐驼传》

　　郭橐驼，不知始何名。病偻，隆然伏行，有类橐驼者，故乡人号之"驼"。驼闻之，曰："甚善。名我固当。"因舍其名，亦自谓橐驼云。其乡曰丰乐乡，在长安西。驼业种树，凡长安豪富人为观游及卖果者，皆争迎取养。视驼所种树，或移徙，无不活，且硕茂，早实以蕃。他植者虽窥伺效慕，莫能如也。有问之，对曰："橐驼非能使木寿且孳也，能顺木之天，以致其性焉尔。凡植木之性，其本欲舒，其培欲平，其土欲故，其筑欲密。既然已，勿动勿虑，去不复顾。其莳也若子，其置也若弃，则其天者全而其性得矣。故吾不害其长而已，非有能硕茂之也；不抑耗其实而已，非有能早而蕃之也。他植者则不然，根拳而土易，其培之也，若不过焉则不及。苟有能反是者，则又爱之太恩，忧之太勤，旦视而暮抚，已去而复顾，甚者爪其肤以验其生枯，摇其本以观其疏密，而木之性日以离矣。虽曰爱之，其实害之；虽曰忧之，其实仇之，故不我若也。吾又何能为哉！"问者曰："以子之道，移之官理，可乎？"驼曰："我知种树而已，官理，非吾业也。然吾居乡，见长人者好烦其令，若甚怜焉，而卒以祸。旦暮吏来而呼曰：'官命促尔耕，勖尔植，督尔获，早缫而绪，早织而缕，字而幼孩，遂而鸡豚。'鸣鼓而聚之，击木而召之。吾小人辍飧饔以劳吏者，且不得暇，又何以蕃吾生而安吾性耶？故病且怠。若是，则与吾业者其亦有类乎？"问者曰："嘻，不亦善夫！吾问养树，得养人术。"传其事以为官戒。

〔五代〕陶谷《请禁伐桑枣奏》

　　窃以稼穑为生民之天，机杼乃丰财之本。是以金根在御，王者用三推之仪；鞠衣载陈，后妃有躬桑之礼。则知自天子至于庶人，不可斯须忽于农桑也。又司马迁著书曰："齐鲁之间千亩桑，安邑千树枣，其人与千户侯等。"伏见近年以来，所在百姓，皆伐桑为柴。忘终岁之远图，趋一日之小利。既所司不禁，乃积习生常。苟桑柘渐稀，则缯帛须阙。三数年内，国用必亏。虽设法课人种桑，且无及也。旧木已伐，新木未成。不知丝绵，欲凭何出。若以下民方困，不可禁之。傥砍伐一空，所在如是，岁或不稔，衣食尽忘。饥冻逼身，须为群盗。图难于易，哲王令猷。作事谋始，有国常务。乞留睿览，询访辅臣。欲望特下明敕，此后不得以桑枣为柴，官场亦不许受纳，州县城门不令放入，及不得囊私置卖。犯者请加重罪。

思考题

1. 唐代剑南道森林减少的主要原因是什么？
2. 简述隋代的林业政策。

推荐阅读书目

1. 中国林业科学技术史．熊大桐．北京：中国林业出版社，1995.
2. 中国森林史资料汇编．中国林学会林业史学会．1990.
3. 黄土高原森林与草原的变迁．史念海．西安：陕西人民出版社，1985.

第5章

宋元时期的林业

　　本章所描述的历史时期——宋元时期（960—1363年），是对中国历史上的宋朝、辽朝、金朝和元朝四朝之合称，是中国封建社会民族融合的进一步加强和封建经济的继续发展时期。907年，契丹首领耶律阿保机建立辽朝，定都上京。960年后周大将赵匡胤黄袍加身，建立宋朝，定都东京。北宋建立后，结束了五代十国的分裂局面。1038年，党项首领李元昊建立了西夏。北宋中期，出现了财政困难等危机，为了克服统治危机，王安石实行了变法。1115年，女真族首领完颜阿骨打建立金朝。1127年金军南下，结束了北宋的统治，南宋的统治开始。南宋与金对峙，南北经济都有新的发展，同时也加强了经济文化交流。蒙古族的首领铁木真于1206年统一蒙古各部，建立了蒙古政权。成吉思汗及其子孙发动了大规模的战争。忽必烈在1271年建立元朝，1279年统一了全国。元的统一促进了多民族国家的发展。这一时期，我国幅员辽阔，自然环境条件复杂，致使各地区森林资源分布和森林类型存在着差异，呈现不同的森林景观。

5.1　森林资源分布及变迁

　　宋元四百余年间，各个政权的社会经济发展水平和人口密度与不同分布以及政治经济政策和传统习俗的区别，不同程度的战争影响各个地区对于森林资源的开发利用，森林资源变迁呈现极大的不平衡性。但就总趋势而言，天然林日益减少，人工林有了较为明显的增长。本章叙述宋辽金元时期森林资源，是以宋、元的行政区划为主体兼及辽金时期的变化。从自然地理区域划分与行政区划单位相结合，阐述森林资源的分布与变迁。

5.1.1 华北地区

京西南路位于华北平原的南缘，其山地丘陵为秦岭东沿余脉，森林资源丰富。其东部的唐州(今河南唐河县)、邓州(今河南邓县)、襄州(今湖北襄樊市)"治平(1064—1067年)以前，地多山林，人少耕殖。自熙宁中(1068—1077年)，四方人民辐凑开垦，环数十里，并为良田。"①山地森林茂密。绍熙四年(1193年)，南宋枢密院奏章说："两淮荆襄控扼去处，全籍山林蔽护。"②元军攻打金军时，金军万人"宿(光化)竹林中"可见光化竹林之广大。郢州的京山鹿成群，"弥望可数里，巨鹿无数，四环成围，以角向外，凡数十重，而麋鹿处中，勃跳嬉戏。"京西北路的郑州贾谷山和西京(洛阳)南山，北宋时此地尚有森林分布。其南面的汝州(今河南临汝)"地多山林"。金兵攻打汝州时，因"汝州东南及北面皆山林险阻，不可以骑军战。"③说明此地也是森林茂密之地。

京东东路、西路位于黄河下游，是齐鲁故地。境内山地丘陵亦有少量森林。北宋于州设有莱芜监。莱芜大冶炼家吕正臣曾于比"募工徒，斩木锻铁。"王禹咏《黑裘》诗云："野蚕自成茧，缫络为山绅。此物产何许，莱夷负海州。"此诗反映山东半岛分布有茂密的柞栋林木。北宋时期，齐鲁松林由于过量采伐而受到严重摧残，因此沈括说："今齐鲁松林尽矣。"泰山地区至金代仍是森林茂密之地。据《金史·承晖》记载：山东盗起，"往往潜匿泰山岩穴间。按察司请发数万人刊除林木盗贼无所隐矣。"北宋时期，京东西路北部及河北路东南部尚有茂密的人工林。史称："今齐(今山东济南)棣(今山东惠民)间数百里，榆柳桑枣四望绵亘，人马实难驰骤。"④成为北宋防御辽兵的绿色屏障。

河北西路境内太行山区"饶林木"。史称：林虑(今河南林州)"县依山，俗以蒐田为生。"⑤河朔沿西山林木茂密，是北宋扼制辽军骑兵南下的天然屏障，也是辽金元朝兴建燕京的重要采伐基地。河北东路原平原旷野，北宋为防范辽军南下，效法榆塞，大力营造国防林。即所谓"自沧州东接海，西抵西山，植榆柳桑枣，数年之间，可限契丹。"⑥辽朝南京道(今北京市)，境西部与北部多山地丘陵，林木资源丰富。其西南之大房山是太行山脉的一部分，也是金陵所在地。金史称其"峰峦秀出，林木隐映""巍然大房，秀拔混厚，云雨之所出。"冀北山地是燕山山脉的南缘，林木茂密。《大金国志》说："榆关、居庸可行大车通饷馈。松亭、金坡、古北口只通

---

① 宋会要辑稿：第一百六十三册[M]//食货七口：24.
② 宋会要辑稿：第一百六十五册[M]//刑法二：126.
③ 金史：卷八十六[M]//宇术鲁定方传.
④ 续资治通鉴长编：卷二三五，卷二八四[M].
⑤ 宋史：卷三百二十二[M]//王猎传.
⑥ 宋史[M]//河渠志.

人马，不可行车。山之南，地则五谷百果，良材美木，无所不有。"天会十三年（1135年），金朝役"夫四十万人之蔚州交芽山采木为筏"由运河水运至雄州造成形胜之势。元初，《扈从北行记》描述张家口以东，皆深林覆盖。

河东路（今山西大部、陕西东北、隔地）、永兴军路陕西大部兼涉甘肃东端、山西西南端及河南西端、秦凤路（甘肃东部、陕西西端、宁夏南部、青海东部部分地区），属于黄河中上游的黄土高原地带。河东路东部为太行山脉，是黄土高原与华北平原的分界线，山峦起伏，林木茂密。五台山位于太行山北麓，森林繁茂。太平兴国元年（1976年），宋太宗诏书称"五台深林大谷，禅侣幽栖"之地。至宋徽宗政和年间（1111—1118年），山林"采伐渐稀"。金元时期，五台山大兴土木，人口增多，山林受到较为严重的摧残。但据《清凉山志》记载："自古相传五峰内外七百余里，茂林耸森，飞鸟不度，国初（明初）尚然。"

河北路南部的太行山南麓和中条山脉，宋初尚是森林茂密之地，为宋代采伐基地之一。宋朝治理河患，每年调陕府、虢州、解州、绛州、泽州等地数万民夫入山伐木。及至宋仁宗天圣年间（1023—1032年），"山林渐稀"。吕梁山位于河东路西部，森林茂密。岚州（今山西岚县）、离州（今山西离石）、岢岚军（今山西岢岚）盛产松柏，是北宋初年采伐基地之一。麟州（今陕西神木）以产松著名，丰州（今陕西府谷境北）"环成数千里，皆草莽林麓""而多榆林"[1]。

陕西北部的永兴军，宋时也是森林茂密之地，林木资源丰富。史称，自无定河岸至银州（今陕西横山）柏树丛生。"自鄜（今陕西富县）延（今延安）以北，多土山柏林。"[2]鄜延路押班岭以东一带，与北界山林接连。鄜州西南的同州（今陕西大荔）盛产松。史称"秦陇同州出产松材"，北宋营建汴京曾于此采伐松木[3]。华州（今陕西华县）亦是木材产地。宋真宗时，鲁国公主曾派人于此私贩木材。

秦凤路，宋代祝穆《方舆胜览》说：陇南山地"大山乔木，连跨数县"，是北宋重要的采伐基地。陇州（今陕西陇县）的大洛门、小洛门"多产良木"。秦州（今甘肃天水市）西北的夕阳镇"连山谷，多大木"，史称："秦州夕阳镇，古伏羌县三地也，西北接大树，材植所出。"[4]这表明陇山和陇南山地森林茂密，林木资源丰富。金代海陵王完颜亮营建南京（汴梁），于正隆二年（1156年）派张中彦至关中采木，亦在此地。渭水流域，竹林繁茂。宋元皆在凤翔府（今陕西凤翔）设立"司竹监"。北宋治理河患，致使关中竹园"砍伐殆尽，不及往日蕃盛。"金元两朝也都在关中砍伐治河竹材，关中竹园受到较为严重的摧残。

① 温国文正司马公集：卷21[M].
② 宋史：卷二百六十四[M]//宋琪传.
③ 洪迈. 容斋笔记：三笔[M]//宫室土木.
④ 续资治通鉴：卷三[M].

5.1.2 东北地区

辽代上京道、中京道和东京道，基本上属于今东北地区。金代则设置为上京路、咸平路、东京路、北京路和临洪府路。元代属于辽阳行省及岭北行省东南部地区。辽金元时期的东北疆域比现今更为辽阔。辽代上京路，其境西至金山（今阿尔泰山）、北至西伯利亚，南及蒙古河套以北，东部至辽吉黑三省西部地区。治所临潢府（今内蒙古昭盟巴林左旗南波罗城），位于蒙古高原东部边缘大兴安岭东南麓森林草原地带，是契丹肇兴之地。丘陵起伏，沟壑纵横，林木深邃，辽金国秋狩之地。

临潢府境祖州（今内蒙古巴林左旗），"辽太祖秋猎多于此。"庆州（今内蒙古林西县西北白塔子）"本太保山、黑河之地。谷险峻，穆宗建成，号黑河州，每岁来幸，射虎障鹰。……圣宗秋畋，爱其奇秀，建号庆州。"①《契丹国志》说："穆宗性好游畋……如京东（应作西）北，有山曰黑山、赤山、太保山，山水秀绝，麋鹿成群，四时游猎，不离此土。"《金史·地理志》称：临潢府"有天平山，好水川，行宫地也。……熙宗皇统九年（1149年）当避暑于此。"海陵王亦曾以到临潢围猎之名，行迁都燕京之实。金世宗几乎每年都到临潢府境秋猎，山林深邃幽暗。

上京东南为丘陵沙漠地带，亦多林木。《辽史·营卫志》称："冬捺钵曰广平淀，在承州东南三十里，本名白马淀。东西二十余里，南北十余里，其他坦夷，四望皆砂碛，木多榆柳。"开禧四年（1020年），宋缓使辽，他说："渡土河（今老哈河）……聚沙成墩，少人烟，多林木，其河边国主曾于此过冬。"

上京西南有"平地松林"，唐人称之为"千里松林"。《胡峤陷北记》说："自上京东去四十里，至真珠寨，始食菜。明日东行，地势渐高，西望平地松林，郁然数十里。"北宋曾公亮《武经总要》说：平地松林"东至怀州四十里"。据辽史《本纪》及《游幸表》记载，平地松林亦为辽王畋猎之地。辽代中京道，金改置为北京路，元时属于辽阳行省大宁路，其他略相当于今内蒙古东南部、辽宁西部及河北北部。中京治所大定府（今内蒙古宁域大明城）境内有七金山、马孟山、双山、松山等，属于今燕山山脉东麓，山林茂密，是辽主畋猎与避暑胜地。史称，马孟山（今七老图山）"山多禽兽林木，国主多于此打围。"②

中京道兴中府（今辽宁朝阳市），据考古发现辽代《梁援墓志铭》记载：大安三年（1087年），兴中府"百里内野蚕成茧。"表明今朝阳附近地区尚有大量柞、栎等阔叶林。其所属宜州（今辽宁义县）"有坟山，松柏连亘百里，禁樵采。"显州（今辽宁北镇）医巫闾山山水奇秀，是辽代显陵、乾陵所在地，辽主每岁冬射虎于显州。宣

① 辽史：卷三十七［M］//地理志.
② 契丹国志：卷二十四［M］//王沂公行程录.

和元年(1124年)《许(亢崇)奉使行程录》说:"出榆关以东行,南濒海,北限大山,尽皆粗恶不毛。至此,山忽峭拔摩空,苍翠万仞,全类江左,乃医巫闾山也。"①锦州桑柘柞栎林木繁茂。元代,辽西地区森林仍很茂密。据《大元一统志》记载:大产路(今辽宁朝阳)松、柏、榆、梓、桑、椴等林木资源丰富。

辽金元时代,辽西不仅天然林丰茂,园圃经济林木亦甚发达。据北宋路振《使辽录》记载:沿灵河(今辽宁大凌河)"灵、锦、显、霸四州,地生桑麻贝锦,州民无田粗,但蚕织,名曰太后丝蚕户。"白川州(今辽宁北票)"地有桑柘,民知织维之利。"由此可知,辽代辽西丝织业的发达及园圃桑林繁荣的景气。《大元一统志》记载了大宁路各县盛产梨、枣、桃、栗、郁李、葡萄等果类,反映了元代辽阳地区园圃经济发达,是全国繁华地区之一。

在辽阳以南及辽东半岛山地丘陵林木繁茂。如位于鸭绿江以西的五节度热女真,"其地南北七百余里,东西四百余里""共一万余户,皆杂处山林,尤精戈猎……所产人参、白附子、天南星、茯苓、松子、猎苓、白布等物。"②就所产林特产品来看,辽代辽东半岛椴树阔叶林与红松针叶林林木丰茂。据金史记载:"复州合斯罕关,地方七百余里,因围猎禁樵采。""复州,岁贡鹿筋,大定八年(1167年)罢之。"由此可见,辽东半岛南端于金代中期仍为丛林草莽,野鹿成群之地。金章宗明昌元年(1190年),王寂巡视辽东半岛时说:在复州"龙岩山前数十里,北望大山延绵不绝,数峰侧立,状如翠屏,秀色可掬,里人谓之磨石山,以出磨石故也。"③山峦呈现"翠屏""秀色可掬"之态,显示山林深邃的森林茂密景观。辽东半岛以北为熟女真部,史称:"其地东西八百余里,南北一千余里。居民皆杂处山林,耕养屋宇,与熟女真五节度同。……以金帛、布、黄蜡、天南星、人参、白附子、松子、蜜等诸物,入贡北蕃;或只于边上买卖。"④其他大略相当于今辽宁东北部与吉林东南端。就其贡品与交易的林特产品来看,亦是针叶林与阔叶林混交林区。

长白山,《契丹国志》称之为"东山"。金朝把长白山视为"兴王之地",其"山狱神秀"。洪皓《松漠纪闻》说:"其山禽皆白,人不敢入,恐秽其间,以致蛇虺之害。"这种带有神话色彩的描绘,正表明在金代长白山仍为森林茂密的原始林区。长白山以西的山地丘陵森林亦很茂密,辽史称,咸州(今辽宁开原)"地多山险,盗寇以为渊薮。"⑤不言而喻,只有茂密的森林掩蔽,才能形成"山险",成为"盗寇"反抗朝廷的基地。

金上京会宁府(今黑龙江省阿城白城子),位于张广才岭西麓,附近山林茂密。

---

① 大金国志:卷四十[M]//许奉使行程录.
② 契丹国志:卷二十二[M].
③ 王寂. 鸭绿行部志[M].
④ 契丹国志:卷二十四[M].
⑤ 辽史:卷三十八[M]//地理志二.

金朝称其"蔚彼长林，实壮天邑，广袤百里"①。林中禽兽众多，是金朝春水秋山之地。如皇统八年(1148年)，"宰臣以西林多鹿，请上(金熙宗)猎。"②据考古发现，金上京东南与五常毗邻的丰山区山岭、五道岭一带分布有金代早期冶铁遗址，这也表明此地林木丰茂，为冶铁提供了充足的燃料能源。

东京道北境为室韦。室韦位于今大兴安岭东麓、小兴安岭亦处其境内，其辖区北至外兴安岭。据《布特哈志略》说：室韦，"係锡窝之音转，即蒙语树丛"之意。室韦国，即蒙语林中百姓或森林部落之意。《契丹国志》说：室韦"气候多寒，田收甚薄，饶獐鹿，射猎为务，食肉衣皮，凿冰没水中而网射鱼鳖。地多积雪，惧陷阱阱，骑木而行。"③以射猎獐鹿为衣食之源，表明其地有丰茂的森林和丰富的动物资源。

5.1.3　华东地区

淮南东路(今安徽东北部、江苏北部、中部地区)、淮南西路(今安徽西南部、河南东部、湖北东端地区)，大体相当于今淮河流域。淮南东路，大部分为淮北平原，是华北大平原的一部分。其东南部滁州(今安徽滁县)山林较为茂密。与滁州相邻的真州(今江苏仪征)瓜步山，"山蜿蜒蟠伏……多虎豹害人。"瓜步山森林茂密，是虎豹栖息的场所。淮南西路，处于江淮之间，其他为大别山山地和淮南丘陵，竹木苍翠，山林深邃。庐州(治所在今安徽合肥)"扼守淮水要害""四望群山，皆翠杉苍桧，凌云千尺，与天无穷。"④大别山南麓的蕲州(今湖北蕲春)以盛产薪竹而闻名遐迩。陆游《入蜀记》说："蕲州以西，陂泽深阻，虎狼出没……山麓时有居民往往作棚，持弓矢伏其上伺虎。"黄州(今湖北黄冈)竹林茂密。孔武仲描述黄州是"城开云水苍茫处，人在茅篁掩映中。"都说明黄州竹林的茂盛。其境内黄陂县，宋初尚有野象出没，大别山区的麻城，"其地多茂林绝麓"⑤。

江南东路(今安徽南部、江苏西南和江西东北部)、两浙路(江苏东南部和浙江)相当于长江中下游。江南东路的江宁府(今南京市)沿江冈陇重复，蒋山、钟山林木苍翠，烈山"草木极茂盛"，表明宁镇山脉尚有茂密的森林。池州(安徽贵池)"江南群山，苍翠万叠，如列屏障，凡数十里不绝，自金陵以西所未有也。"⑥江州(江西九江市)，"即唐之浔阳县，柴桑栗李皆其地也。"用材林和果木经济林比较发达。位于江州境内的庐山，为幕阜山余脉，林木葱翠，是佛教与旅游的圣地。基地

① 金史：卷三十五[M]//礼志八.
② 金史：卷四[M]//熙宗本纪.
③ 契丹国志：卷二十六[M]//室韦国.
④ 宋史：卷四百一十二[M]//木土果传.
⑤ 洪迈. 夷坚丁志[M].
⑥ 陆游. 入蜀记[M].

盛产"竹箭"和"千寻之名材"。

歙州(南宋改为徽州,今安徽歙县)竹木资源丰富,是宋代重要的木材产地之一。南宋临安火灾后,宋王朝鼓励木商贩运"严州、徽州木筏"直运临安府。

两浙路,多丘陵山地,山林深邃,竹木资源丰富。浙西的睦州(南宋改为严州,今浙江建德)林木资源丰富。其清溪县(今浙江淳安)"有漆、楮、杉木之饶"①。衢州(今浙江衢县)盛产椿木,与其相邻的婺州(今浙江金华),盛产竹木,是北宋治河竹材的重要供应地。婺州还盛产供御用的木炭,表明婺州楸类林木丰茂。衢州、婺州是林灌草莽丛生之地。越州(南宋改为绍兴府,今浙江绍兴)、明州(南宋改为庆元府,今浙江宁波)盛产杉木。位于越州与明州交界的四明山,在南宋以前,巨木高深,沿溪平地,竹木亦皆茂密。台州(今浙江临海)、温州盛产木材。宋真宗营造玉清宫时曾在两浙路大肆采伐。温州雁荡山,宋初尚为"深谷林蔽""祥符中,因造清宫,伐山取材,方有人见之。"②

南宋建都临安(今浙江杭州),大兴土木,营建宫观,大规模采伐邻近山林,以致会稽山区呈现"有山无木"的景观。四明山区亦成为"靡山不童,而平地竹林,亦为之一空。"③两宋时代,有所谓"四方之民,云集两浙,百倍常时"之说。两浙出现"地狭人众"之势。精耕细作使太湖流域成为宋代的粮仓,并使经济林木种植发达起来。史称,苏州太湖洞庭山,"地方几百里,多种柑橘桑麻"④等经济果木。山地丘陵人工植杉亦有较大的发展。

5.1.4 华南地区

荆湖北路(今湖北中、南部,湖南北、西部)、荆湖南路(今湖南大部)。位于长江中游的两湖地区,森林资源丰富。宋史称其产物"大率有材木、茗之饶,金、铁、羽毛之利"⑤。荆湖北路,"地广人稀"。北宋时期"州县建置二十五年矣,今犹极目蒿莱,开垦不及十二三。"⑥广大地区为丰林茂草所覆盖。鄂西山区人口较为稀少,林木更加繁茂。景祐三年(1036年),欧阳修贬谪峡州夷陵(今湖北宜昌)令,他在诗中描述夷陵"青山四顾乱无涯,鸡犬萧条数百家""县楼朝见虎,官舍夜闻鸮",仍是村野僻壤的景色。其地盛产竹、橘、漆、花椒。即所谓"野篁抽夏笋,丛桔长春条。……斫谷争收漆,梯林斗摘椒"可见山林资源十分丰富。巫山位于该归州县境,森林茂密。荆门军(今湖北荆门)竹木资源丰富。"荆门岁以夏伐竹,并税

---

① 宋史:卷四百[M]//方腊传.
② 沈括.梦溪笔谈:卷二十四[M]//雁荡山.
③ 四明它山水利备览[M].
④ 庄季裕.鸡肋篇[M].
⑤ 王炎.双溪集:卷十一[M]//上林鄂州书.
⑥ 胡宏.五峰集:卷二[M].

薄输荆南造舟。"宋初,安州(今湖北安陆),复州(今湖北天门)尚有野象出没。太祖建隆元年(960年)八月,"安复间有象食稼,遣使捕之。"表明安州、复州有丰林茂草,为野生动物栖息之地。荆湖北路南部的澧州(今湖南澧县)、鼎州(今湖南常德市)森林资源丰富,盛产楠楸楮樟等木材,是北宋采伐和造船基地。洞庭湖区经济林木发达,尤以盛产枹桔而闻名。辰江(今湖南沅陵)、沅州(今湖南芷江)、靖州(今湖南靖县)森林茂密。

荆湖南路的山地丘陵森林茂密。史称:"凡羽毛筋革舟辑竹箭之材,多出所部"[1]潭州(今湖南长沙)、衡州(今湖南衡阳)、永州(今湖南零陵)、遂州(今湖南道县)或产桵(楸)、枬(楠木)、楮杉等木材,是北宋兴建玉清昭应宫的采伐基地之一。政和年间(1111—1117年)建迎福宫亦在此地进行采伐,即所谓"湖南瑶地材木供营造"。宋在潭州设有造船务,利用当地木材制造船舶。宋代,湘江流域人口逐渐增多,刀耕火种的耕作方式加速了森林资源的破坏。

江南西路(今江西大部分地区),位于长江中下游以南。境内多山地丘陵,林木森茂。兴国军大治县"有石濑茂林"。洪州(今江西南昌市)其西部位于蒂府山东麓,森林茂密。宋代在洪州设有造船务。抚州(今江西临川)灵谷山是竹木重要产地。王安石《灵古诗集》说:灵谷山,"江南之名山也……梗、楠、豫章、竹箭之材,皆白山出。"吉州(今江西吉安)林木资源丰富,盛产梓、杉等木材。宋初曾在此采伐,并设置造船务。其所属永新县和龙泉(今江西遂州),森林茂密,是杉木重要产地和木材贸易市场。虔州(今江西赣州)亦是森林茂密之地。

福建路,即今之福建省,境内山峦起伏,河谷盆地穿插其间,亦是多林地区。史称:"闽越山林险阻,连亘数千里",森林资源丰富。境内北部,建州(今福建建阳)和邵武军(今福建邵武)之间,"茂林修竹,所在皆是"福建东南部平原较宽广,其上有孤丘散布,林灌草莽密布,时有象群出没。金元时期,人口南移,福建是人口增长最快的地区之一。南宋淳熙年间(1174—1189年),福建"垦田若园林山地等顷亩,较之国初,殆增十倍。"其中尤以建州、南剑州、邵武军、汀州等地梯田最为发达,呈现出"四望无平地,山田级级高"的景观。梯田增多,虽然使天然林减少,但优越的自然条件,人工用材林和果木经济林有了飞跃的发展。福建路是宋代荔枝、龙眼、柑橘等热带、亚热带水果以及竹、杉等木材的重要产区。

两广路,热带和亚热带森林茂密。广南东路,今广东省。宋元时期,除珠江三角洲地区经济较为发达之外,多为"人稀土旷"之地。粤北山地丘陵地带,山岭更叠,森林密布。由粤北山地向西南直至雷州半岛,为山地与台地,云开大山和云雾山区林木茂密,山林中有群象。广东沿海的潮州,在宋代尚是象群生息的丰林茂草丛生荒僻之地。广南西路,包括今广西大部及海南岛。境内山岭绵延、高山深谷,

---

① 宋史:卷三百三十四[M]//沈起传.

森林繁茂。北宋年间，"广西一路户口才二十余万，盖不过江淮一大郡"①。所以，在宋代，广西路大部分山地尚是未开发的原始林区。桂州（今广西桂林）位于境内东北部，其山地是南岭山地的一个组成部分，开发历史较早。据周去非《岭外代答》：桂州所属兴安、灵州、临桂、义宁、古县与瑶镜相接。瑶人所居地皆高山，而所产乃轻重，……土产杉板、滑石、蜜蜡、零陵香、燕脂木。表明桂州沿边各县森木资源丰富，居民大都依赖木材和林特产品为生。柳州盛产杉木，是宋代采伐基地和造船基地之一。境西北部宜州（今广西宜山）、邕州（今广西南宁）处于九万大山、凤凰山麓，山高谷深，山林苍翠。《宋史·地理志》称其地"山林翳密，多瘴毒。凡命官吏，优其秩奉"。邕州右江西南居住有獠（今仡佬族），"俗谓之山僚。依山林而居，无酋长版籍，蛮之荒忽无常者也。以射生食动而活，虫豸能蠕动皆取食"②，说明宋代獠人尚处于原始渔猎阶段，对山林尚未开发利用。邕州溪峒盛产麝香以及热带林木。广南西路南部山地，包括云开大山、六万大山、十万大山，山间林木茂密。其平原地带亦多林木草莽。是野生动物的良好栖息繁衍场所。琼州（今海南省），宋代为广南西路所辖，人稀地旷，热带林木葱郁，大部为洪荒僻壤，是宋代一些官员被贬谪的地方，人稀地旷，是原始林的集中分布区域。

5.1.5　西南地区

成都府路（今四川岷江流域）、梓州路（今四川中部）、夔州路（今四川东部、贵州东北、湖北西部地区）、利州路（今四川北部及陕西南部部分地区），位于长江上游的川峡四路是宋代西南边陲，其边郡大部分为原始森林所覆盖。西与吐蕃接壤，南以金沙江与大理政权为界。梓州路（南宋改为潼川路）南部与西南蛮夷为邻。川峡四路边郡森林茂密，是宋代国防天然屏障。宋史称："巴蜀……，绵亘数千里，所恃为形胜者，非特山溪险阻，盖有林木以为障蔽，谓之禁山。"③又称："蜀之边郡多与蕃相接，深山峻岭，大林巨木，绵亘数千里，虎狼窟穴，人迹不通，自无窥伺之虞。"梓州路南部泸州境内的宴州、思峨州"其山崛起数百仞，林箐深密。"④利州路（今四川北部、陕西南部）境内泽州（今陕西洋县）"真符县沿边所置关隘皆高山峻岭，林木参天，虎豹熊罴，不通人行，自可以限隔。"洋县西北的筜簹谷，人工竹林茂密，苏辙谓之"盈谷万万竿"。

两宋时期，由于人口增长和商品经济的发达，川峡四路森林开发利用日广，林木渐稀。此外，战备的需要亦加速了森林采伐的进程，如南宋初年"以军奖而制器

---

① 续资治通鉴长编：卷301［M］.
② 周去非. 岭外代答［M］.
③ 宋会要辑稿：第一百六十五册［M］//刑法二：150.
④ 宋史：卷三百四十八［M］//赵遹传.

械，运粮而造船筏，自近及远採砍殆尽。异时障蔽之地，今乃四通八达。"①川峡四路人口以成都增长最快。淳熙二年（1175年），成都府路人口达742万，居全国第一位，人口增长的压力和"天府之国"的优越自然条件，促使成都府路农田内部结构发生变化，茶桑果木种植已逐渐成为新的专业生产部门，经济林有了明显的发展。以茶为例，有所谓"蜀道诸司，惟茶马一台，最为富盛。"②经济林的发展，既安定了民生，繁荣了经济，又有利于生态环境的改善。

5.2　森林培育与利用

宋元时期，国防林、堤岸林、行道树以及人工用材林和经济林的的培育日益受到重视。伴随手工业、城市建筑以及交通的发展，社会对木材的需求迅猛增长，由此带来对森林资源的大量采伐。另外，商品经济的发展和林木种植业的兴盛，使国内涌现出了众多木材交易市场，部分木材成为进出口的物资，木材贸易呈现出了繁荣的局面。

5.2.1　森林培育

两宋历代皇帝都推行以农桑为本的国策，随着农业、手工业的日益发展，林产品需求的增长，以及汉族文化的影响，以畜牧经济为主的民族，亦承袭宋制，劝课农桑，重视林木培育。

5.2.1.1　营造边防林

出于军事防御的需要，边防林建设成为两宋时期重要的国防举措。北宋时期，皇帝及很多守边大臣都充分认识到植树造林是事关边防的要事，由于朝廷上下的重视，宋辽交界河北、山西区域边防林的营建成效卓著。南宋西南边境毗邻吐蕃诸部和大理政权，而四川更是首当其冲，南宋王朝也非常重视四川等地的边防林营建。

景德四年（1007年），李允则担任瀛州（今河北河间县）知州，时值宋辽和议期间，他教育士卒提高战备观念，"下令安抚司，所治境有隙地悉种榆。久之，榆满塞下。顾谓僚佐曰：此步兵之地，不利骑战，岂独资屋材耶！"③大中祥符七年（1014年），宋真宗根据河北沿边安抚司的建议，诏令"于沿边军城种柳蒔麻，以备边用。"④北宋名将韩琦在其奏章中也指出："遍植榆柳于西山，冀其成长以制蕃骑。"大中祥符九年（1016年），宋真宗"出北面榆柳图示辅臣，数踰三百万。帝曰：

① 〔清〕徐松.1957.宋会要辑稿：第一百六十册[M]//刑法二：一百二十三.北京：中华书局.
② 〔宋〕洪迈.2007.容斋随笔[M]//三笔.蜀茶法：卷十一.北京：中华书局.
③ 〔元〕脱脱.1977.宋史：卷三百二十四[M]//李允则传.北京：中华书局.
④ 〔清〕徐松.1957.宋会要辑稿：第一百八十五册[M]//兵二七：之十八.北京：中华书局.

此可以代鹿角也。"①由于北宋重视宋辽边境的边防林建设，使得河北边界地区一度榆林广布，所种树木达三百余万棵，边防一派苍翠葱绿。宋神宗时全面营造北部国防林的行动引起了契丹的警觉与不满。辽使萧惟辅抱怨说："白沟（今拒马河）之地为两属，今南朝植柳数里，而以北朝渔界河为罪，岂理也。"②熙宁六年（1073年），契丹要求宋割让代州（今山西代县）以北之地。韩琦认为契丹此举的原因之一，是宋朝"遍植榆柳于西山，冀其成长，以制蕃骑。"③因此，契丹作出先发制人的反响。

南宋时期，宋金以淮河与秦岭为界，宋王朝为防范和抵御金兵南下，继续进行边防林的营建。淳熙九年（1182年），四川制置司再次进言："沿边州郡应私道路，乞尽依旧法，多栽林木，重立赏罚，断绝往来。"④绍熙二年（1191年），宋光宗鉴于两淮地区地势平坦，难以阻遏骑兵进攻，提出要加强国防林的建设："淮上一望都无阻隔，时下栽种榆柳，虽未便可用，缓急亦可为藩篱。"⑤绍熙三年（1192年），宋光宗下诏，要求两淮、京西、湖北、四川等地均要密切勘察边防小径私路，多种林木，增派人手加强防守。

5.2.1.2　营造堤岸防护林

自唐末五代以来，黄河决溢陡增。宋王朝推行防治河患与植树造林相结合的政策，大力提倡营造堤岸防护林，并取得可喜的成果。

开宝四年（971年）十一月，黄河于潭州（今河南濮阳）决口，数州县受灾。宋太祖于次年正月发布诏令，"自今沿黄、汴、清、御等河州县，除准归制种艺桑枣外，委长吏课民别种榆柳及土地所宜之木。仍案户籍高下，定为五等，第一等岁树五十根，第二等以下递减十根。民欲广为树艺者听之，"⑥加速全面营造堤岸防护林的进程，为防治河患而发动沿河民众大规模营造堤岸防护林。

宋代不仅历代帝王发布了营造堤岸防护林的诏令，许多官吏因重视营造堤岸林而名彪史册。谢德权于宋真宗景德二年（1060年）主持汴河堤防，一次便督率民众"植树数十万以固堤。"⑦陈尧佐（963—1044年）"知河南府，徙并州（今山西太原），每汾水暴涨，州民辄忧忧。尧佐为筑堤，植树数万本作柳溪，民赖其利。"⑧苏轼于宋哲宗宋元佑四年（1089年）知杭州，疏濬西湖"取葑田积湖中，南北径二十里为长堤，以通行者……堤成，植芙蓉、杨柳其上，望之如图画，杭人名为苏公堤。"⑨宋孝宗时，宁国府（今安徽宣城）王恺在太平洲（今安徽当涂）建置圩岸约四百八十里，

①　〔清〕徐松.1957.宋会要辑稿：第一百八十五册[M]//兵二七：之十九.北京：中华书局.

②　〔元〕脱脱.1977.宋史：卷三百三十一[M]//程师孟传.北京：中华书局.

③　〔元〕脱脱.1977.宋史：卷三百一二[M]//韩琦传.北京：中华书局.

④　〔清〕徐松.1957.宋会要辑稿：第一百八十五册[M]//兵二七：之四二.北京：中华书局.

⑤　〔清〕徐松.1957.宋会要辑稿：第一百八十五册[M]//兵二七：之四四.北京：中华书局.

⑥　〔元〕脱脱.1977.宋史：卷九十一[M]//河渠志.北京：中华书局.

⑦　〔元〕脱脱.1977.宋史：卷三〇九[M]//谢德权传.北京：中华书局.

⑧　〔元〕脱脱.1977.宋史：卷二百八十四[M]//陈尧佐传.北京：中华书局.

⑨　〔元〕脱脱.1977.宋史：卷三百三十八[M]//苏轼传.北京：中华书局.

"其圩高广坚致，濒水一岸种植榆柳，足捍风涛。洵之农民，实为永利。"①王恺受到褒奖。宋光宗绍熙五年(1194年)，淮东提举陈桢之上书，拟于运河江淮旧堤"傍开一新河，以通舟船，仍存归堤以捍风浪。栽柳十余万株，数年后堤岸亦牢，其木亦可备修补之用。"②宋宁宗即位后(1195年)，袁枢知江陵府(今湖北江陵)，为防止江水侵害民居，"种木数万以为捍蔽，民德之。"③

宋代堤岸防护林的建设，发挥了巩固堤岸、保护与美化环境的多种效益。

宋室南渡后，宋金大体以淮河为境界，黄河属于金朝势力范围。金朝为防止河患，继承宋制，积极营造堤岸防护林。大定初年，户部员外郎刘玑建议在黄河堤岸广为种植柳树。世宗对宰臣说："玑言河堤种柳，可省每岁堤防之费及言官钱利害甚可取……如玑者不可多得。卿等议可者，行之。"④大定二十五年(1185年)，进士高霖建议大力营造堤岸林。高霖称："凡卷埽工物，皆取于民，大为时病。乞并河堤广树榆柳。数年之后，堤岸既固，埽材亦便，民力渐省。"⑤金世宗采纳了高霖的建议，并申斥了未及时营造堤岸防护林的官员。

5.2.1.3　种植行道树

宋辽对峙或宋金对峙期间，境内各地区之间长期形成的许多商品流通的重要交通运输线路，仍然是畅通无阻，并有所发展。宋代继承了我国种植行道树的传统，并注重发挥行道树的多种效益。

宋真宗即位初年，应经济发展以及斗争需要，大力提倡在沿边与内地种植行道树。大中祥符五年(1012年)十一月，宋真宗根据河北安抚司的奏议，诏令"沿边官路左右，及时栽种榆柳。"⑥

行道树的重要作用是荫蔽路人，供路人休息。宋代许多官吏因重视公路林建设而名垂青史。如蔡襄在闽期间，曾"植松七百里，以庇道路，闽人刻碑纪德。"⑦又如，陶弼任阳朔令时，动员"民植木官道旁，夹数百里，自是行者无夏秋暑渴之苦，它郡县悉效之。"⑧湖北麻城县令张毅曾"植万松于道周，以庇行者，且以名其亭。"苏轼作《万松亭》以歌颂之。

《金史·地理志》记载，大兴府(今北京市)"大定四年(1164年)十月，命都门外夹道重行植柳各百里"⑨。

元朝为适应政治、经济发展的需要，建立了遍及全国的站赤制度。站赤以大都为中心，沿着几条交通干线一直通至各边疆地区，并在各交通干线两侧种植公路

---

①② 〔元〕脱脱.1977.宋史：卷九十三[M]//河渠志.北京：中华书局.
③ 〔元〕脱脱.1977.宋史：卷三八九[M]//袁枢传.北京：中华书局.
④ 〔元〕脱脱.1975.金史：卷九十七[M]//刘玑传.北京：中华书局.
⑤ 〔元〕脱脱.1975.金史：卷一百四[M]//高霖传.北京：中华书局.
⑥ 〔清〕徐松.1957.宋会要辑稿：第一百九十一册[M]//方城十：之一.北京：中华书局.
⑦ 〔元〕脱脱.1977.宋史：卷三百二十[M]//蔡襄传.北京：中华书局.
⑧ 〔元〕脱脱.1977.宋史：卷三百三十四[M]//陶弼传.北京：中华书局.
⑨ 〔元〕脱脱.1957.金史：卷二十四[M]//地理志：上.北京：中华书局.

林。据《马可波罗游记》记载："大汗（忽必烈）曾命人在使臣及他人所经过之一切要道上种植大树，各树相距二、三步，俾以使道旁皆有密接之极大树木，远处可以望见，俾使行人日夜不致迷途。"

5.2.1.4　发展经济林与用材林

随着农业、手工业和商业经济发展，人口的骤增，社会需求的增长，促使农业内部结构发生了明显的变化，种植桑枣茶果等经济林木和竹木成为农业内部重要的独立生产部门，经济林、用材林迅猛发展起来。

（1）桑柘种植

宋代桑柘种植遍及全国，尤以东南与川蜀为盛，中原地区也很繁荣。北宋李觏（1009—1060年）于其《富国策》中说："东南之郡……平原沃野，桑柘甚盛。"①四川桑柘种植较广，因此有"蜀中富饶，罗纨锦绮等物甲天下"②之美誉。辽金元逐渐封建化，亦重视桑柘的种植。曾公亮于皇祐三年（1051年）使辽，在中京的白川州也见到"地有桑柘，民知织纴之利"③，可见，中京地区人工植桑较为普遍。此外，东京辽阴府"富农桑"④，上京临潢府（今内蒙古巴林左旗南波罗城）设有绫绵院，表明辽东京与上京地区亦有桑柘林木种植。

（2）果木种植

宋代果木种植业较为发达，全国有许多有名的果园区。南方各地都种植柑橘。宋代元英《文昌杂录》记载："南方柑橘虽多"，惟"洞庭柑橘最佳。"梨、栗、柿等类果木南北皆有之。据《本草图经》记载：乳梨出宣城，皮厚而肉实。鹅梨出近京州郡及北都，皮薄而浆多，味短差于乳梨，香则过之。栗则以兖州、宣州者最胜。黄柿出近京州郡，红柿南北通有之。朱柿出华山。荔枝是果中的珍品，盛产于福建、广东、四川南部地区，其中尤以福建质量最好。蔡襄所著《荔枝谱》说：蜀粤荔枝"其精好者，仅以东闽之下等。"曾巩知福州时说：荔枝"产闽粤者，比巴蜀、南海又为殊绝。"⑤福建荔枝"一岁之初，不知几千万亿"⑥，远销国内外。

辽境内山果资源丰富，生活于辽境山区的汉族、女真族等素有采摘和种植果树的传统。辽朝占领燕云地区之后，开始注重开发山果资源，提倡种植果类经济林木。据《析津日记》载："广恩寺，辽之奉福寺也，在白云观西南，地名栗园。"这表明辽代已在平原地区种植栗树。辽国的"南境"泛指燕云地区。此诏令说明辽代燕云地区果木经济比较发达，辽朝比较重视并予以保护。重熙二十二年（1053年），辽

---

① 〔宋〕李觏. 1989. 直讲先生文集：卷十六[M]//富国策：第三. 上海：上海书店.
② 〔元〕脱脱. 1977. 宋史：卷二七六[M]//樊知左传. 北京：中华书局.
③ 〔宋〕曾公亮. 2017. 武经总要前集：卷一六下[M]. 湖南：湖南科学技术出版社.
④ 〔元〕脱脱. 1974. 辽史：卷三八[M]//地理志：二. 北京：中华书局.
⑤ 〔宋〕曾巩. 1989. 元丰类稿：卷三十五[M]. 北京：中华书局.
⑥ 〔宋〕蔡襄. 1985. 荔枝谱[M]. 北京：中华书局.

兴宗又诏令"内地州县植果"①。所谓"内地"，狭义指契丹人的故地；广义来说，则包括东北全境。此诏令表明辽兴宗要求大力发展东北地区的果木种植业。

金朝把种植桑枣果木定为汉、契丹、渤海以及女真族农民的法定义务。金制规定："凡桑枣，民户以多植为勤，少者必植其地十之三，猛安谋克户少者必课其地十之一，除枯补新，使之不阙"②"民户"，主要是指汉族农民以及契丹、渤海族农民。猛安谋克户，是指女真族农民。金朝为汉族、女真族等族农民规定了种植的法定指标，鼓励多种，大力发展桑果林木。据《金史·王浩传》记载，直至金末哀宗时，金朝仍坚持发展桑枣经济林的事业。"时西台橄州县增植桑果，督责严急，民甚被扰。浩独无所问，主司将坐之，浩曰：是县(泾阳)所植已满，其数若欲增植，必盗他人所有，取彼置此，未见其利。"③这一记载虽然反映了金地方上有官僚主义，但确实重视发展经济林并取得可喜成就。元代王祯的《农书》记载："金之末饥歉，多饿莩。至夏初青黄不接，其桑椹已熟，民皆食椹，获活者不可胜计。"这个记载也反映了金代经济林建设的成就。

（3）竹木用材林

宋代竹木用材林有了较大的发展。关中地区是宋代建筑和治河用材的主要供应基地，官有竹园和私人竹园较多，规模较大。在江南栽杉植松种竹都较为普遍。洪迈记载兴化军(今福建莆田)"里中豪民吴翁育林甚盛，深荄满谷"④，反映了江南林木种植的规模盛况。木棉树是高大乔木，分布于我国广东、广西、福建、云南及四川金沙江流域。花色艳丽，宋时岭南城市曾广为种植来美化环境。

5.2.2 森林利用

5.2.2.1 森林采伐

宋元时期，封建社会经济和人口都有大的发展。伴随农田的垦殖，手工业和城市建筑以及交通事业的发展，社会需求木材迅猛增长，由此带来对森林资源更多地采伐。

（1）手工业燃料用材

宋代冶矿业较之唐代有大幅度的增长，不但矿点增多，而且规模更大。如广州岑小铜场，熙宁、元丰年间经常有十万多人日夜从事采炼。北宋末年信州铅山场采铜工人亦达十万人以上。神宗时，铜产量激增至一千四百余万斤，比唐代增长五十多倍。在各种矿产中，除金、铁外，铜、银、铅、锡等矿产几乎全部在南方。南方

---

① 〔元〕脱脱.1974.辽史：卷三十[M]//圣宗本纪.北京：中华书局.

② 〔元〕脱脱.1975.金史：卷四十七[M]//食货志.北京：中华书局.

③ 〔元〕脱脱.1975.金史：卷一百二十八[M]//王浩传.北京：中华书局.

④ 〔宋〕洪迈.1988.夷坚志[M]//杜夫人庙.江苏：江苏古籍出版社.

缺煤，各种矿产冶炼大都以木炭为能源，消耗林木数量巨大。北方煤炭工业发达，但冶铁尚多利用木炭为能源。如元丰末年吕陶在《奉使回奏十事状》中提到兴州济众监(今陕西略阳)也是用木炭为能源。当时矿区附近即有林木，烧炭便利，冶户就近取材，尚不致亏本。其后，附近林木已烧完，要从更远地区运来木炭，劳费更多。可见矿业发展对森林树木消耗之大。

盐是人民生活的必需品，盐税是宋王朝的主要税赋。宋代煮盐业基本上仍以柴草为燃料，尤以四川井盐消耗木材最为严重。北宋中期出现了开凿"筒井"(又称"单井")的技术，促进了井盐业的发展。据文同《丹渊集》记载，井研县"自庆历(1041—1048 年)以来，始因土人凿地植竹，谓之"单筒井"，以取咸泉，鬻炼盐色。后来其民尽能此法，为者甚众……豪家至有一二十井，其次亦不减七八……每一家须役工匠四五十人之三二十人。"王象之《舆地纪胜》称，涪陵盐州井的发展，周围数十里"林木芟，悉成童山。"煮盐业消耗林木之大，可想而知。

中京道的柳河馆(今河北承德西北)有"冶铁"[1]，泽州(今河北平泉)有"银冶"[2]。上京道，于"横河北阴山及辽河之源，各得金银矿，兴业采炼，自此以适天祚，国家皆赖其利。"[3]伴随矿冶业的发展，烧炭业亦甚繁荣。王曾《行程录》说："燕山山脉"山中长松郁然，深谷中多以烧炭为业。"[4]《辽史·马人望传》说：咸雍中，马人望"为松山县令，岁运泽州炭，独役松山。人望请予中京留守萧吐浑均役地邑。"县令把运送木炭视为一县的繁重劳役，可知烧炭对林木采伐之多。

(2)建筑用材

太宗即位后继续扩建开封，命右班殿直张平负责供应京都建筑用材。张平"监市木秦陇，平悉究利病，更立新制，建都木务，计水陆之费，以春秋二时联巨筏，自谓达河，历砥柱以集于京师，期岁之间，良材积山。"[5]太平兴国四年(976 年)时，汴京由周回二十里一百五十步扩展为周回四十八里二百三十步。至神宗丰元年(1078 年)则达到五十五里一百六十五步。

洪迈在《容斋随笔》中详细记述了在全国采伐森林的情况："大中祥符间，奸佞之臣，罔真宗以符瑞，大兴土木之役，以为道宫。玉清昭应宫之建，丁谓为修宫使。凡役工日至三四万。所用有秦陇歧同(今天水、陇山、歧山、大荔)之松，岚(今山西岚县)、石(今山西离石)、汾阳(今山西汾阳)之柏，潭(今湖南长沙)、衡(今湖南衡阳)、道(今湖南道县)、永(今湖南零陵)、鼎(今湖南常德)、吉(今江西吉安)之楸(楸)、柟(楠)、楮，温(今浙江温州)、台(今浙江台州)、衢(今浙江衢州)、吉(今江西吉安)之椿。永、沣(今湖南沣县)、处(今浙江丽水市)之槻、

---

① 〔清〕徐松.1957.宋会要辑稿[M]//上契丹事.北京：中华书局.

① 〔清〕徐松.1957.宋会要辑稿[M]//上契丹事.北京：中华书局.
② 〔元〕脱脱.1974.辽史：卷三十九[M]//地理志.北京：中华书局.
③ 〔元〕脱脱.1974.辽史：卷六十[M]//食货志.下.北京：中华书局.
④ 〔宋〕叶隆礼.1985.契丹国志：卷二十四[M]//王沂公行程录.上海：上海古籍出版社.
⑤ 〔元〕脱脱.1977.宋史[M]//张平列传.北京：中华书局.

樟，柳（今广西柳州）、明（今浙江宁波）、越（今浙江绍兴）之杉。……其木石皆遣所在官部兵民入山谷伐取。"①从洪迈的记述可以说明宋真宗时采伐森林地区，西至秦陇，北到山西吕梁山区，南达长江中下游，并逾越南岭，比隋唐兴建长安宫观伐区更为广阔。又据沈括《梦溪笔谈》说："温州雁荡山天下奇秀，然自古图牒未尝有言者，祥符中因造玉清宫，伐山取材，方有人见之，此时尚未有名。"②由此表明宋代伐区已深入到前人所未涉足的浙东原始林区。由于广建宫观过度采伐，伐区森林受到严重摧残。

城邑寺庙建筑用材。契丹族建国后受汉族文化影响，随着地域扩大，大批城邑兴建起来，这些城市大部分是于建国后兴建、扩建起来的。上京临潢府（今内蒙古昭乌达盟巴林左旗南波罗城）和中京大定府（今内蒙古昭乌达盟宁城西南大明城）是辽代在森林草原上创建的两个最大的城市。上京、中京等城市的兴建、人口的集中和农业手工业的发展，对其邻近地区森林产生不良影响，如金灭辽后，上京部分地区已呈现"土瘠樵绝"③的景象。辽朝崇信佛教，自辽圣宗以后，佛教盛况空前，各地建立了许多规模宏伟的寺庙殿宇。据《重修范阳白带山云居寺碑》记载：当时燕山林木繁茂，"嘉木荫翳于万壑"。而为修寺院"逞巧计工，焉知几万，度材揆宜，何啻数千？"这样大规模的兴建庙宇，采伐林木之多可想而知。又如，辽代大同府的华严寺内大雄宝殿和薄伽教藏经殿、辽宁义县奉国寺的雄伟殿宇和山西应县佛宫寺木塔，全是木构建筑。以佛宫寺木塔为例，塔高六十七米，底座直径达三十米，据现测净料三千五百余立方米，原木当在万立方米以上。由此可以想象辽代兴建庙宇消耗木材之多，砍伐林木之巨。佛寺庙的兴建固然砍伐了部分林木，但寺庙的兴建又推动了寺庙林的营建和森林资源的保护。

为解决城建用材，金朝在华北地区大肆采伐。《金史·张仲柯传》："是时营建燕京宫室，有司可取真定府潭园林木。"《天府广记》亦称，海陵王"遣左右丞相张浩等取真定府潭园树木，营建宫室。"《大元一统志》还说："干山在惠州西南二百五十里，达金采伐林木运入京畿修盖宫殿及梵宇琳宫。"即主要取材于太行山东麓及燕山山脉。海陵王扩建燕京后，因"欲伐东，将弃汴。而汴京大内失火，于是使张浩与敬嗣晖营建南京宫室。"④为此，派张中彦赴关中采伐林木。"青峰山巨木最多，而高深阻绝，唐宋以来不能致。中彦使构崖驾壑起长桥十数里，以车运木若行平地，开六盘山之水洛之陆，隧道汴梁。"⑤从张中彦驾长桥以车运木来说，开创了我国采运技术史上新的一页，但也鲜明地表明关中林木已采伐殆尽。而在这样艰苦条件下采运木材，花费也是很大的。金史称，"至营南京宫殿运一木之费至二千万，牵一

① 〔宋〕洪迈.2007. 容斋随笔：三笔[M]//宫室土木：卷11. 北京：中华书局.
② 〔宋〕沈括.2002. 梦溪笔谈：卷24[M]//雁荡山. 湖南：岳麓书社.
③ 〔元〕脱脱.1975. 金史：卷二十四[M]//地理志上. 北京：中华书局.
④ 〔元〕脱脱.1975. 金史：卷八十三[M]//张浩传. 北京：中华书局.
⑤ 〔元〕脱脱.1975. 金史：卷七十九[M]//张中彦传. 北京：中华书局.

车之力至五百人。"①城市与寺庙的兴建和繁荣是加速森林采伐的重要原因。中统元年（1260 年），忽必烈将首都迁至燕京，定名大都。为营建大都，至元三年（1266 年），元王朝调动大批军民，"凿金口，导泸沟水以漕运西山木石"②。西山地连太行山，林路苍黯，是元代建设大都用材的主要采伐基地。现存《泸沟运筏图》描画了当时流送木筏的壮观景象。大都从至元三年（1267 年）到至元十三年（1276 年），历经十年建设成为一座"城方六十里"壮丽繁华闻名于世的名城。随着大都人口的增加，人们对木材、燃料的需求日益增多。致使王朝于"至元十五年冬十月弛山场樵采之禁"③，又于"至元十九年四月弛西山薪炭之禁"④。因此，北京西山的森林在元代受到较为严重的摧残。

泸沟运筏图

金朝统治的一百二十余年间，继承和发展了辽和北宋的经济、政治和文化建设的成果，使北方及东北的经济、文化较之辽代更为繁荣，对北方森林进行了较大规模的采伐。

蒙古统治者对各种宗教采取兼容并包的态度，尤其笃信佛教，广建寺庙。据元朝宣政院统计，至元二十八年（1291 年），全国有"寺宇四万二千三百一十八区"⑤，由于宗教是统治集团的有力工具，因此，对宗教寺庙的兴建采取支持的方针，甚至不惜调用军队砍伐森林以支持寺庙建筑。如至元二十二年（1285 年）十二月，元世祖诏令"中卫军四千人伐木五万八千六百（椽），给万安寺（今北京妙应寺）修造"。

（3）车船用材

宋代由于商品流通和海外贸易的发展，宋代的水路交通较之各代有了更大的发展，是我国历史上造船业的繁荣时代。

宋王朝在森林资源丰富的赣江沿岸的虔州（今江西赣州）、吉州（今江西吉安）、湘江和洞庭湖畔的潭州（今湖南长沙）、鼎州（今湖南常德），两浙路的明州（今浙江宁波）、温州（今浙江温州），运河沿岸的楚州（今江苏淮安）等地都设有造船务。川陕四路的嘉州（今四川乐山）、合州（今四川奉节）、利州（今四川广元）等地是川蜀主要造船基地。福建路、广南路善造海船，"温州、明州岁造船只六百为额""淮南、两浙各三百只"⑥。吉州造船曾达年产一千三百只，其他各地年造船在二三百只以上。各地民间自造船只尚不包括在内。如"漳、泉、福、兴化，几滨海之民所

① 〔元〕脱脱．1975．金史：卷五[M]//海陵王记．北京：中华书局．
② 〔明〕宋濂．1976．元史：卷六[M]//世祖本纪．北京：中华书局．
③~⑤〔明〕宋濂．1976．元史：卷八[M]//世祖本纪．北京：中华书局．
⑥ 〔清〕徐松．1957．宋会要辑稿：第一百六十五册[M]//食货五．北京：中华书局．

造舟船，乃自备财力。"①"东南六路"是北宋汴京粮食财物的重要供应地，所以联结汴京与东南六路的运河中"舳舻相衔，万里不绝。"史载"淮南楚泗等州系九路公流之中，舳舻相衔，不下数个郡。"②反映了北方造船的发达。

南宋偏安江南，海外贸易和为保住长江天堑以及防范金兵南下，造船业又在北宋基础上进一步发展。南宋时，长江中"舳舻蔽江，始无虚日"③。南宋京都临安"公私巨舫，舳舻相衔，竹木排筏纵横，偶塞阻碍，伤害人命。"④所以把舟船管理作为市政安全管理的重要内容之一。这些都反映了南宋内河航运和造船业的发达。

南宋初年，宋王朝防范金兵南下，在川陕四路制造了大量军械和运粮船筏，致使"绵亘数千余里"的森林，"自近及远采砍殆尽。"⑤这一记载可使我们了解两宋造船业的发达加剧森林采伐的概貌。

契丹族是以"车马为家"的草原民族，车型众多。辽境内的黑车子室韦，即"以善制车帐得名。契丹之先，尝遣人往学之。"⑥渤海人和奚人也都善于造车。王曾使辽《行程录》说："富谷馆（在中京大定府南百里）居民多造车者，云：渤海人。"沈括《梦溪笔谈》有契丹之车，皆资于奚⑦之说，表明奚人造车技术高超，契丹贵族都喜欢乘奚车。

造船业是元代手工业的一个重要部门，元代为适应军事和国内外航运事业的需要，不断扩大森林采伐，大量制造各种船只。元朝在攻伐南宋时期，每年制造战舰五千多艘，与南宋交战，双方战舰多达千艘，甚至万艘。元初，东征日本、北伐骨嵬（今库页岛）、南征交趾、占城、缅甸、爪哇曾建造了大量船舰。元史对于伐木造船的记录不绝于书。如至元十九年（1282年）二月，"遣使往乾山，造江南战船千艘"⑧，至元二十年（1283年）春，"伯要带等伐船材于烈坍都山、乾山，凡十四万二千有奇，起诸军贴户年及丁者五千人，民夫三千人运之。"⑨这是砍伐燕山山脉的都山的造船林木。

东北亦是制造东征日本船只的基地。至元二十一年（1284年），征东行省大丞相塔海弟六十言："今百姓及诸役下民供令造船于女真，而女真又复为军，工役繁甚。"⑩由于国内人民纷起反抗，元朝于至元二十三年（1286年）罢征日本之役。

除造船业外，冶炼、陶瓷等手工业的发展，也是加速森林采伐的重要因素。

---

① 〔清〕徐松. 1957. 宋会要辑稿：第一百六十六册[M]//刑法二. 北京：中华书局.
② 〔清〕徐松. 1957. 宋会要辑稿：第一百六十五册[M]//刑法一. 北京：中华书局.
③ 〔清〕徐松. 1957. 宋会要辑稿：第一百四十三册[M]//食货五. 北京：中华书局.
④⑤ 〔清〕徐松. 1957. 宋会要辑稿[M]//刑法二. 北京：中华书局.
⑥ 〔宋〕叶隆礼. 1985. 契丹国志：卷二十四[M]//王沂公行程录. 上海：上海古籍出版社.
⑦ 〔宋〕沈括. 2002. 梦溪笔谈：卷二十四[M]. 湖南：岳麓书社.
⑧ 〔明〕宋濂. 1976. 元史：卷十三[M]//世祖本纪. 北京：中华书局.
⑨ 〔明〕宋濂. 1976. 元史：卷十二[M]//世祖本纪. 北京：中华书局.
⑩ 〔明〕宋濂. 1976. 元史：卷十三[M]//世祖本纪. 北京：中华书局.

5.2.2.2　木材贸易

宋代有官营私营两种木材贸易形式，而以私营贸易兴盛。宋初，为制止官僚贵戚经商谋利倒卖木材，对国有林木实行木材专卖政策。宋太祖时，于汴上设立了竹木务，经营竹木贸易。私人木材贸易则由司竹监、户部税务监采取岁课或抽分等形式收取税赋。

汴京，是宋代北方重要的木材贸易市场。史籍记载，宋代的近臣、贵戚多遣亲信到秦陇间购木，联巨筏至京师，所过关渡称制免算，至京师则高价出售，牟取暴利。秦陇是宋代官用木材基地，秦陇向汴京押运官木的官吏士卒和水手往往相互勾结，"通同偷卖竹木"①。宋代的经济中心转移到南方，木材贸易亦以南方最为繁盛。江南西路的吉州（今江西吉安）所属的龙泉和永新两县是宋代有名的木材产地和交易市场。

荆湖南路的辰州（今湖南沅陵）、沅州（今湖南芷江）、靖州（今湖南靖县）亦是宋代重要的木材产地和木材交易市场。南宋初年，鼎州造船所用半木材料"下辰、沅、靖州计量板木"②"打造战船买板木仍仰辰、沅、靖州"③周去非《岭外代答》说："今湖南辰、沅瑶峒种之，大约籓筏商贩皆杉木。"朱辅《溪蛮丛笑》说："枋、板皆杉也。木身为枋，木梢为板又分等则，曰出等甲头、曰长行、曰刀斧，皆枋也。曰水路、曰笋削、曰中杠，皆板也。"表明南宋时辰、沅、靖州杉木市场已分等论价。

江南东路、两浙路木材交易甚繁荣。建康府（今南京市）是长江下游重要木材集散地。竹木商人多来自"江西、湖南"④真州（今江苏仪征）江口设有抽税竹木务。绍兴五年（1135 年），扬州被战火焚荡，重建扬州所需竹木等物资"尽仰江浙贩运到来"⑤"江南东路的徽州（今安徽歙县）和两浙西路的严州（今浙江建德）也是木材产地，木商云集的地方。又据《徽州府志》记载："宋时州郡抽分竹木公用"，表明竹木税已成为江浙诸州郡的财政收入之一。

临安府（今浙江杭州）是南宋首都。据《梦粱录》《西湖老人繁胜录》记载，临安有"木行""竹行"等竹木交易市场。临安土人谚云："东门菜，西门水，南门柴，北门米。""盖……严州、富州、富阳之柴，聚于江干，由南门入苏湖。⑥"绍熙元年（1190 年），宋光宗诏"临安府，今后江上客人贩到柴薪，不得侵近居民屋舍。仍归于塘岸宽阔处和沙地上垛放。常切检举约束"⑦。宋王朝把垛放柴薪作为首都市政管理课题之一。

成都府是西南地区重要木材集散地和交易市场。川蜀林木茂密，宋代列为国防禁山。但"禁山之下即是旱江（岷江）可以通至成都，其势顺流获利为多，是致官司

---

① 〔元〕脱脱. 1977. 宋史：卷二百六十四[M]//宋琪传. 北京：中华书局.
②③〔清〕徐松. 1957. 宋会要辑稿：第一百四十五册[M]//食货五. 北京：中华书局.
④⑤ 〔清〕徐松. 1957. 宋会要辑稿：第一百二十九册[M]//食货十七. 北京：中华书局.
⑥ 〔清〕朱彭. 1985. 南宋古迹考[M]. 余杭水门. 北京：中华书局.
⑦ 〔清〕徐松. 1957. 宋会要辑稿：第一百六十六册[M]//刑法二. 北京：中华书局.

指为出产所在。公私并缘肆行采斫，夏秋涨水之际，结为簰栿蔽江而下，经过津岑，殆无虚月"①。足见其木材交易之盛，叙州（今四川宜宾）亦为木材的集散地。贵州少数民族山民"常赍带板木"②，前来本州变卖。

此外，广南路的广州、桂林，福建路的福州、泉州、建州等地亦是木材的集散地，木材交易兴盛。

元代承袭宋朝木材经营政策，对于官有竹园"果初，皆立司竹监掌之。每岁令税课所官以时采斫，定其价为三等，易于民间。"至元二十二年（1285年）"罢司竹监，听民自卖输税"③。元代民间木材贸易亦很繁荣。据《徽州府志》记载："婺源州及祁门商人以竹木行鄱江及淮东、杭州等处"，说明赣北、皖南和江浙一带木材交易较为发达。元代除中原、江南外，在西南边陲的云南亦涌现许多木材交易市场。至元二十三年（1286年）夏四月，云南平章纳速剌丁上书中提出"听民伐木贸易"④的建议，他将允许民间木材自由贸易作为安定云南社会秩序的主要措施之一。

5.3　林业科学技术

宋元时期，由于商品经济和林木种植业的发达，林木培育技术、木工技术和林产品利用技术有了较大的发展，众多的植物谱录和建筑、造船等木工技术专著的问世，是宋元时期林业科技发展的重要标志。

5.3.1　林木培育技术

宋元时期四百余年间，我国的林木种植与苗木管理经验与技术有了明显的发展。苗木管理亦积累了丰富经验。

5.3.1.1　林木种植管护技术

以植松为例，北宋时大都采用穴播法。苏轼《东坡杂记》记述植松方法是"至春初，敲取其实，以大铁锤入荒茅地中数寸，置数粒其中，得春雨自生。"至元代种松则普遍采用条播移栽法。王祯《农书》说："种松柏法，八九月中择成熟松（柏）子，去台收顿（囤）。至来年春春分时甜水浸子，十日治畦、水土粪，漫散子於畦内。如种菜法，或单排点种，上覆土厚二指许……二年之后，三月中带土移栽。"⑤

宋元时期，北宋时，苏轼依据松树的生物特性，总结了松苗的管护方法。《东坡杂记》说："松性至坚悍，然始生至脆弱，多畏日与牛羊，故须荒茅地，以茅荫障

① 〔清〕徐松.1957.宋会要辑稿：第一百九十二册[M]//方域十二.北京：中华书局.
② 〔清〕徐松.1957.宋会要辑稿：第一百六十六册[M]//刑法二.北京：中华书局.
③ 〔明〕宋濂.1976.元史：卷九十四[M]//食货志.北京：中华书局.
④ 〔明〕宋濂.1976.元史：卷十四[M]//世祖本纪.北京：中华书局.
⑤ 〔元〕王祯.1981.农书：卷十[M].北京：农业出版社.

日。若白地(无杂草之地)，当杂大麦数十粒种之，赖麦荫乃活。须护以棘，日使人行视，三五年乃成。"金元代，苗木管理方法更臻完备。王祯的《农书》说：于松柏"畦上搭短棚避日，旱则频浇，常须湿润，至秋后去棚。长高四五寸，十月中夹蒀(秫)秸篱以御北风。畦内乱撒麦糠覆树，令稍上厚二三寸(南方宜微盖)，至谷雨前后，手爬去麦糠，浇之。"[①]这种方法至今仍有实用价值。

宋元时期重视桑树栽植与管护。程泌《洺水先生文集》记述了宋代民间关于桑树种植和管理的经验，"尝见太平洲老农云：彼间之种桑者，每人一日只栽十株，务要锄掘深阔，则桑根易行。三年之后，即可采摘。盖桑根柔弱，不能入坚，锄掘不阔，则卷曲不舒，虽种十年亦可摇拔，皆筑垣墙围之，以时收采桑椹，依法种植。"[②]

王祯《农书》和鲁明善《农桑衣食撮要》等著作介绍了民间种植树木的谚语，如"移树无树，莫叫树知；多留存土，记取南枝。"多留宿土，即多保留根土，免使根部受伤；记取南枝，即确定栽植的方向。这种栽植经验至今仍有参考价值，并广为利用。

宋元时期，植物生态知识有所提高。人们在发展经济林木时，逐渐摸索出依据某些树木生长与环境条件的关系，采用了不同树木间种套作的技术，其中以林茶间种最具有代表性。宋代赵汝砺《北苑别录》认为桐茶间种最为适宜。因为"桐木之性与茶相宜，而又茶至冬则畏寒，桐木望秋而先落；茶至夏而畏日，桐木至春而渐茂。"最能反映宋代以复合生态系统思想培育茶树的著作，当属宋徽宗赵佶的《大观茶论》。其文说："植茶之地，崖必阳，圃必阴……今圃家皆植木以资茶阴。阴阳相济，则茶之子长得其宜。"明确指出了茶树有耐阴、喜温、喜湿等生物特性，说明北宋时期各类茶园普遍采用林茶间种方法以提高茶树生长速度和茶叶质量。

插条是培育林木的无性繁殖技术，适用于榆柳杉柏等易活树种，有速生成林的功效。插条种植技术在宋元时期已广为利用。王祯《农书》记述了插条培育林木的方法。他说：种柳"以正月二月中取弱柳枝，大如臂，长尺半，烧下头二三寸埋之令没，常足水以浇之……年中，即高一丈余……六七月中取春生少枝种，则长倍疾(少枝叶青色壮，故长疾也)。"[③]插杉"用惊蛰前后五日，斩新枝，融坑入纸下泥杵紧，相视天阴即插。遇雨十分生，无雨既有分数。"[④]这是宋元时期劳动人民插条技术经验的结晶。

5.3.1.2　果木培育技术

嫁接法是培育果木所经常采用的方法，有易活、迅速结实、能保持或改良品种等优点。宋元时期，积累了丰富的嫁接经验。宋代张邦基《墨花漫录》记载：枫桐杨

①　〔元〕王祯.1981.农书：卷十[M].北京：农业出版社.
②　〔明〕宋濂.1976.元史：卷九十四[M]//食货志.北京：中华书局.
③④　〔元〕王祯.1981.农书：卷十[M].北京：农业出版社.

嫁接核桃,"易活而速"。吴泽《种芝必用》记载:"桑接梨,脆美而甜"。《游宦纪闻》还记载了福州高枝嫁接荔枝的方法。"二十年来(指于十三世纪初),始能用掇树法。采品高枝,壅以肥壤,包以黄泥,封护惟谨,久则生根,锯截移种之。不逾年而实,自是愈繁衍矣。"南宋时发明的高枝嫁接法具有结实快,易繁衍的优点。宋元时期的其他植物谱录或小说笔记中也有关于嫁接法的记载。宋元时期嫁接技术丰富了我国林木培育的宝库,对我国经济林建设发挥了积极作用。

南果北移是宋代果木培育技术提高的一个重要表现。以前只生长于南方的柑橘、荔枝之类果木,陆续移植于中原。韩宁之《桔录》记载,"金桔出江西,北人不识。景祐中(1034—1038 年),始至汴都。"张灌《艮岳记》记载:宋徽宗在汴京艮岳园中,移植有南方之"枇杷、柚、桔、椰栝、荔枝之类"。

洪皓在《松漠记闻》中,记述了辽金时代东北地区管护果木越冬的经验。他说:宁江州(今吉林扶余)"桃李之类皆成园,至八月倒置地中,封土数尺,复其枝干,季春出之;厚培其根,否则冻死"。

元代重视造林技术知识的普及和先进经验的推广工作。元初,司农司搜集了适用于黄河流域的农林技术知识,编写了《农桑辑要》一书,颁发于各地。其中包括栽桑植果和种植竹木的技术,是一本实用价值极高的农林技术知识读本。《四库全书总目提要》评论该书是"详而不芜,简而有要,与农家之中最为善本"。至元十年起多次重刊,以利于农林生产知识的普及。元代王祯、鲁明善为推动农林事业的发展,分别刊印了《农书》《农桑衣食撮要》,在普及造林技术方面发挥了积极作用。

5.3.2　木工技术

宋辽金之时期,诸如建筑、造船、桥梁、纺织机械和家具制造等木工技术都有了较大的发展。各种木工技术专著的出现,是宋元时期木工技术已有较高水平的标志。

5.3.2.1　建筑技术

我国古代建筑结构体系以木结构为主,至宋代已达到了成熟和高度发展阶段。宋初著名的建筑工匠喻皓总结了他丰富的经验和高超的建筑技巧,撰写了《木经》三卷,可惜已亡佚。只有沈括《梦溪笔谈》中保留了《木经》的片段内容。公元 1100 年,李诚编著了《营造法式》一书,总结了历代木结构建筑技术,确定了木结构的各种比例数据,订出了技术标准(规范),并绘有木结构建筑部件图,是宋代一部重要的建筑文献,也是研究宋代建筑木工技术的珍贵史料。宋辽金元时期的建筑木工技术的杰作有北宋开宝寺木塔、辽代的山西应县佛宫寺木塔、元代山西高平景德寺、洪洞广胜寺、繁峙灵岩寺等木结构建筑等。这些木结构建筑所采用的檐柱结构、梁枋框架、构件比例、榫卯搭接方法、移柱与减柱扩大殿堂空间效果以及斗拱的利用，都显现出当时建筑技术的高超水平，是我国木结构建筑的瑰宝。

5.3.2.2 造船技术

我国古代舟船都是木质的。宋元时期海运发达，造船木工技术有了飞跃进步。宋元时期舟船主要特点，一是船体增大。周去非在所著《岭外代答》中记载，当时过南海的大船，舵长数丈，每船可载数百人，积存一年粮食，船上有市井（商店），还可以养猪、酿酒、织布。二是船型增多。宋元时期约有千百余种船型。车船是钟相、杨么起义军创造的一种战船。船体两侧装有游水的木叶轮，一轮叫做一车，人力踏动，船行如飞。车船在一定程度上克服了帆船遇到顶风逆水行使的艰难。它是原始形态的轮船。三是船体结构合理。宋元时期船体两侧下削，便于破浪。多樯多帆，便于使用多面风。宋元时期造船技术居于当时世界前列。

宋辽金元时期高超的造船技术，还表现在出现船样、船式诸书，把各种船样编图成册，供造船使用。《金史》称，张中彦曾制作过浮梁巨舰模型。"中彦手制小舟才数寸许，不假胶漆而首尾自相钩带，谓之鼓子卯，诸匠无不骇服其智巧。"①

5.3.2.3 桥梁技术

宋元时期木构桥梁技术已臻完善，汴梁的虹桥是这个时期木拱桥的代表作。汴梁虹桥是单跨木构拱桥，跨径近25米，桥宽约8米。桥体用五根拱骨相连，每根拱骨在相邻二拱骨中横木上，横木与拱骨用铁件相联，这种以木梁交叠而成的木构虹桥，不用支柱，构造简单，既易于建设又便于通航，是我国桥梁建筑中的杰作，在世界桥梁史上也是罕见的。北宋著名画家张择端的《清明上河图》给我们留下了这一虹桥的逼真画图。

宋元时期木工技术制图、技术标准的制定和各种木工模型的出现，是我国木工技术的重大变革。从此木工技术的传授已不再仅靠师徒。

5.3.3 林产品加工技术

5.3.3.1 制漆

宋元时期漆树种植、割漆、检验漆的质量以及漆器制造技术都有了较大的提高。宋代罗愿《尔雅翼》论述割漆问题时，指出：漆树生长至二三丈高时方可割漆。割漆的季节应以阴历六七月漆树进入生长旺季时为宜。元代王祯的《农书》对于漆树特征、产地、移栽、割漆时间与方法、利用与质量检验都作了全面的论述。他说："漆树皮白，叶似椿，花似槐子。今处处有之，而梁蜀者为胜。春分前后移栽。后树高，六七月以钢斧砍其皮开，以竹管承之，汁滴则成漆。用漆在燥热及霜冷时则难干，得阴湿，虽寒冬亦易干，物之性也。若霑渍人，以油治之。凡验稠者，以物

① 〔元〕脱脱.1975.金史：卷七十九[M]//张中彦传.北京：中华书局.

蘸起，细而不断，断而急收起，及鉴于干竹上，荫之速干者乃佳。"

宋元时期漆器制作技术高超，为后世称赞，宋代盛行"调红"漆器。明代张应文《清秘藏》说："宋人调红漆器，宫中所用者多以金银为胎。妙在刀法圆熟，藏锋不露。用朱板、漆板厚而无敲裂，所刻山水、楼阁人物、鸟兽，皆俨若图画，为世绝耳。"元代的"创金""螺钿"漆器剌作技术亦很高超。"创金"是在漆地上先刻好花纹图案，再填上金粉，经打磨而成器。"螺钿"是在漆器上饰以蚌壳和各种颜色的珠宝玉石，组成一幅美丽的图画，是供富贵之家享用的高级漆器。

5.3.3.2　山珍利用

宋元时期笋、菌等类专著的问世，是我国利用山珍资源长足进步的标志。北宋初年，僧人赞宁撰《笋谱》一卷，所记载的品种有九十八种，除列举笋的别名之外，对栽培、调制和保藏方法也作了论述，是我国最早的笋类专著。南宋陈仁玉撰《菌谱》一卷。南宋时，台州的菌号称上等美味。书中记录了台州的十一种菌，对于每一种的生时、采时以及形状、色味、都作了详细说明，这是关于菌的最早的一部专著。宋代笔记中也有品尝笋、菌的记事与诗篇。洪迈在《蕨其养人》文中，论述了在南宋民不聊生的时候，山蕨具有备荒的作用。他说，孝宗乾道七年(1171年)、光宗绍熙四年(1193年)发生旱灾，江西鄱阳和乐平等境内民众没有粮食可吃，每天有数千人到山上挖蕨根"持归捣取粉，水澄细者煮食之"，得以活命。他指出山蕨可"救饿羸者半年"，并慨叹说，"天生之物，为人世之至矣。古人不知用之，传记亦不载，岂他邦不产此乎。"[①]

5.3.3.3　山果加工贮存技术

我国枣、柿、杏、梨等山果资源丰富，宋元时期在加工、保鲜、贮藏山果方面积累了丰富经验。从《契丹国志》记载，可知辽代东北地区已掌握了"蜜晒山果""蜜渍山果"的果品加工技术，并酿造"果子酒"，成为契丹皇帝馈赠宋、新乡等邻国或慰劳功臣的礼物。金代东北地区有"秋白梨"保鲜技术。王寂在巡视辽东时，在二月于广宁见到"秋白梨"，其色鲜如未触者。王寂以诗赞之："医巫珍果惟秋白，经岁色香殊不衰。霜落盘盂比玉卵，风生齿颊碎冰澌。"[②]王祯《农书》对于枣、栗等果品加工利用也有较为详细的记述，丰富了我国山果资源的宝库。

元代出现以白桦树汁为饮料，名曰"树奶子"。"直北朔漠大山泽中，多以桦皮树高可七八尺者，菊而作斗柄稍。至次年正二月间，却以铜铁小管子插入皮中作瘿瘤处，其汁自下，以瓦桶受之。盖覆埋于土中，经久不坏，其味辛稠可爱。是中居人代酒，仍能饱人。此树取后多枯瘁。"[③]

---

① 〔宋〕洪迈.2007.容斋随笔：三笔[M]//宫室土木.北京：中华书局.
② 〔金〕王寂.1984.辽东行部志[M].黑龙江：黑龙江人民出版社.
③ 〔元〕熊梦祥.1983.析津志辑佚[M]//物产.北京：北京古籍出版社.

5.3.4　林业典籍

5.3.4.1　桐谱

陈翥，字凤翔，号虚斋，自称桐竹君，北宋时期池州府铜陵（今安徽省铜陵县）人，生于宋太宗太平兴国七年（982 年），卒于宋仁宗嘉祐六年（1061 年）。其墓地位于安徽省铜陵县钟鸣镇，现为安徽省省级重点文物保护单位。

陈翥出身于官宦世家，年幼即聪明过人，学习勤奋刻苦，《五松陈氏宗谱》记载他"五岁知书，十四入庠，笃志好学，杜门读书，博综古今之文，详明圣贤之道"。起初他也想通过参加科举考试，建功立业，但事与愿违，十余年间，屡试不中，加上自己患病在身，遂"志愿相畔，退而治生"，一面闭门读书，一面参与农林种植活动。60 岁时，他在自家西山南面的山地种植了几百棵桐树，并进行生产研究。乡人认为他的行为不合时宜，不是谋生之计，种植桐树不如种植桑树获利快。他面对非议，坚持信念，通过亲身实践，并在广泛调查和总结民间经验的基础上，写成了《桐谱》，这是我国古代第一部全面论述泡桐的林业专著。

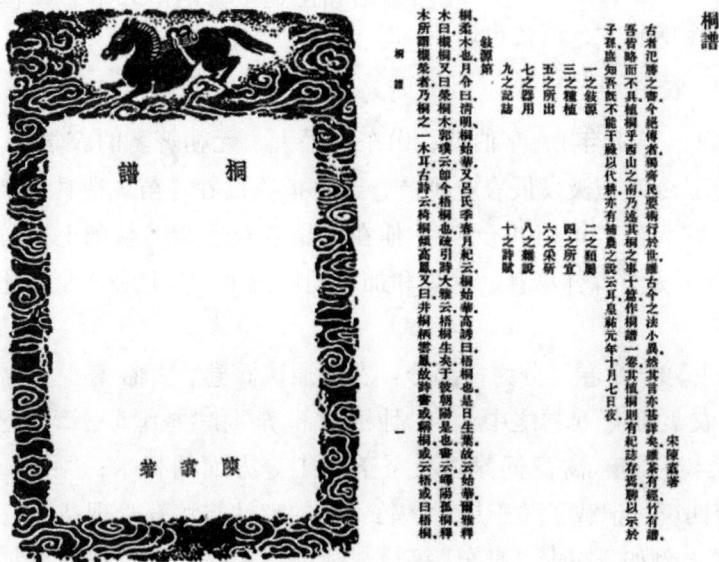

桐谱书影

《桐谱》成书于北宋皇祐元年（1049 年），全书分为叙源、类属、种植、所宜、所出、采斫、器用、杂说、记志、诗赋等十目。"叙源"一目，对古代文献中相关桐树名称进行了考证，还对桐树的形态特征、生物学特性、材质，以及桐树利用问题，作了论述。"类属"一目，记载了白花桐、紫花桐、取油用桐、刺桐、梧桐、贞桐六种桐树，并作了简单的归类。作者从文理、树形、生长习性、毛色、花实、功用等多方面考察各不同桐树之间的个体差异以及相关共性。尤其是突破了《齐民要术》中按花实将桐树划分为"白桐"和"青桐"的界线，是桐树分类上的一个很大的进步。"种植"一目，主要介绍了桐树苗木繁育、造林技术、林木抚育等方面的技术。其中包括播种、压条、留根、整地、造林时期和栽植方法，以及平茬、抹芽、修枝、保护的方法。这些方法既有对《齐民要术》等早期农书中林木种植方法的继承发展，也有唐宋时期植树造林经验的新总结。"所宜"一目，专门讨论适宜桐树的生长环境，包括地势、地力、光照、温度、水分等，并提出了诸如中耕、除草、施肥、疏叶等方法措施。"所出"一目，记载桐树产地，根据所辑录的相关文献资料表明，北宋时期长江中下游地区，桐树的自然分布和人工栽培非常普遍。"采斫"一目，总结了桐树修剪疏枝和木材采伐的经验。"器用"一目，总结了有关桐树木材利用方面的经验。"杂说"一目，汇集有关桐树的逸闻轶事。"记志"一目，包括《西山植桐记》《西山植竹志》两篇文章，是作者自述植桐、植竹之事。最后"诗赋"一目，收录了作者有关桐的诗词歌赋，多为作者"借词以见志"之作。

作为一个民间学者，陈翥以"补农家说"为出发点，撰写《桐谱》，全面、系统地总结了北宋及其以前的有关桐树种植和利用的经验，展现了中国古代林业科技的世界领先水平。尤其是书中的许多内容是作者亲身实践的真实记录，具有重要的科学价值，后世影响较大，流传也广。

5.3.4.2 **农书**

王祯（1271—1368 年），字伯善，山东东平人，元朝著名的农学家。元贞年间，他在担任旌德县令时积极发展农业生产，亲自指挥百姓育苗、造林，精心钻研植树造林技术，成宗大德二年（1298 年），他在总结群众经验的基础上，写成了著名的《农书》，囊括了大量森林培育、管理和加工利用技术，是林业发展史上一部重要的传世文献。

王祯《农书》共 22 卷，分为 3 部分：农桑通诀 6 卷、百谷谱 4 卷、农器图谱 12 卷。其中，"农桑通诀"6 卷之中，有"种植""畜养"和"蚕缫"三篇，记载有关林木种植，包括桑树种植、禽畜饲养以及蚕茧加工等方面的技术；"百谷谱"中的"果属""竹木"等四篇，记载了关于果木、竹木类的特性与培育管理技术；"农器图谱"中的诸多篇章，例如"杵臼""舟车"等篇，则记述和描绘了大量木材加工利用的技术和图例。王祯的《农书》在记载大量林木培育、林产加工利用、林业科技等内容的同时，也体现出作者较为完备的林业思想。

王祯还非常重视林业科技，他强调树木培育技术，"观柳子厚郭橐驼传，称驼所种树，或移徙无不治，且硕茂早实以蕃。他人效之，莫能和也。又知种之不可无法也。"又重视树木病虫害防治，"夫既已种植，复接博之。既接博矣，复剔其虫蠹。柳子所谓吾问养树得养人术，此长民为国者，所当则视效也。"王祯的《农书》收集、整理了前代的树木种植和防治病虫害经验，对各种树木的选种、育苗、抚育、栽植或嫁接以及防治病虫害等技术作了较为详细的介绍。当时普遍认为麻栎树插条不易成活,他认为插条的插穗下端削剪成马耳形,这样可以扩大切口与土壤的接触面,有利于成活,这一做法至今具有现实意义。他对竹林的培植也有自己的独到看法,主张竹林生长不宜分布过密,否则竹子细密多病。

王祯认为元朝官吏腐朽无能,疏于植树造林,"近闻诸般材木比之往年价值重贵。盖因不种不栽,一年少于一年,可为深惜。"针对这种状况,他认为要做好植树造林,不仅要求统治阶层要"淳淳然谕之",还要"验实事,保实功"。他认为"使今之时,上之劝课皆如龚黄,下之力本,皆如樊李,材木不可胜用,果实不可胜食矣。"

王祯《农书》内容相当广博,体系完整,反映的农业技术南北兼顾,并且图文并茂,系统而全面的总结了元朝以前农林生产实践的丰富经验,其中蕴含了先进的林业生产技术、丰富的农林牧综合经营理念、合理的土地和水资源利用方法,在我国林业科技史上也有着光辉的地位。

我国林产药物资源丰富,利用历史悠久。宋代苏颂《图经本草》,寇宗奭撰著的《本草衍义》和元代朱震亨撰著的《本草衍义补遗》等药典记载了丰富的林产药物。沈括撰著的《梦溪笔谈》和《梦溪笔谈补笔》的药物篇,陆游的《老学庵笔记》,周去非撰著的《岭外代答》等笔记,元代王祯《农书》等著作中也记述了大量的林产药物。这些著作丰富了我国的药物学和药典。

5.3.5　树木年轮测树龄

洪迈在林业史上的重要贡献,当是记载了用树木年轮测证树龄的方法。他的《夷坚丁志·陈墓杉木》一文云:"建阳民陈普,祖墓旁植一杉,甚大。绍兴壬申岁,陈族十二房以鬻于里人王一(乙),评价十三千,约次日祠墓伐木。是夜,普梦白须翁数人云:主此木三百八十年,当与黄察院作椁,安得更伐?"后来砍伐了此树,其子德琬"细视木理,恰三百八十余晕云。"此故事内容虽有荒诞不经的色彩,但所说"此木三百八十年……细视木理,恰三百八十余晕云"却反映了科学的真理。它表明至少在南宋初年,我国已知道根据树木纹理所显现的"晕"(光环),即根据木材的年轮计算树龄。洪迈这一记述,使我国林业科技史上的光辉成果昕然于世,其功绩是不可泯灭的。

5.4 林业政策与管理

5.4.1 林业官制

5.4.1.1 两宋林业官制

宋代承袭了唐代官制，但为了强化中央集权，故中央机构庞大，复杂多变。宋代中央政府最高机构设有中书门下，简称中书，主管民政；枢密院，简称枢府，主管军政；三司，简称计省，主管财政。三省以下设吏、户、礼、兵、刑、工六部，皆与林业建设与发展有一定关系，而尤以工部、户部与刑部关系较为密切。工部"掌天下城郭宫室、舟车器械……山泽苑囿、河渠之政"。工部尚书"掌百工水土之政令"，工部侍郎"若制作、营缮、计置、采伐所用财物以校有司"。即有关森林采伐是工部侍郎职责之一。工部属下屯田郎中"掌屯田、营田、职田、学田、官庄之政令……并有司修葺种植之事"。依宋制规定植树造林是农户的法定义务，农户各依其等等高下于永乐田中种植不同数量的桑枣及所宜木。由此可见，屯田郎中负有领导植树造林的职责。工部所属虞部郎中"掌山泽苑囿场冶之事"，即负有经营、管理和保护山林川泽及森林资源的职责。户部"掌天下人户、土地、钱谷之政令，贡赋征役之事。"户部的桑茶果木与竹木及其制品和林特产品的税收贡赋政策与林业建设与发展有着密切的关系。刑部所制定的法治，不栽植桑果林木、滥伐、非时捕猎和严禁于城郊山野、陵墓北域纵火等律令，是保护森林资源、促进林业发展的强有力的武器。吏部把植树造林列为官吏后续考核内容，是促进林业建设和植树造林事业的重要保障。

司农司"总园圃库务之事"，凡皇家园圃的"种植蔬菜""修饰亭台"和百官的柴炭供应皆由司农司负责。五监中的少府监、将作监、年器监、都水监皆与林业有关。少府监"掌百工使巧之政令"负责皇家舆辇器物的制作。将作监"凡土木工匠板筑造作之政令总焉"，下设的竹木务"掌诸路水运材植及抽算诸河商贩竹木，以给内外营造之用"；事材场"掌计度材物，前期朴斲"（即木材的初步加工）；簾泊场"掌抽算竹木、蒲苇、以供簾泊内外之用"。南宋建炎年间将作监及少府监均划归工部。都水监主要负责河工治水，亦负责"修堤岸，植榆柳"。另有京西北路的郑州贾谷山和西京（洛阳）南山，北宋设有"采造务"，是盗伐黄河和汴河坝岸林的军人被刺面从事采伐林木苦役的地方。"秦亭之西北夕阳镇，产巨材，森郁绵亘，不知其极，止利于戎。建隆初，国朝方议营造，尚书高防知秦州，辟地数百里，筑堡扼其要，募兵千余人，为采造务。"[①]

---

① 〔宋〕释文莹.1984.玉壶清话：卷二[M].北京：中华书局.

5.4.1.2　辽金林业官制

辽朝官制，结合契丹部族传统习俗特点，实行藩汉并行，北、南两套官制。由于辽代官制混乱，随时设置、体制不一以及文献疏略，我们只能依据《辽史·百官志》对辽代林业官制勾画一个粗略的轮廓。

北面官制，是用契丹的传统习俗和法律治理契丹和其他少数民族。北院是由北枢密院和行都总管司构成。契丹此枢密院，掌兵机武铨群牧之政。其下属设有坊、围场、器物局、监鸟兽详稳等部门与林业的采伐、加工利用以及野生动物资源的利用与保护有较为密切的关系。

南面官制，又称南枢密院，掌文铨部族丁赋之政，主要由汉族官员任职，采用唐代官制治理民事。其中央机构有政事省(后改为中书省)、翰林院、大理寺、采作监、都水监等。辽史对这些机构职能没有明确的记载，但这些官制是继承唐代和后晋官制而来的，由此可以推知它们与林业的关系。

金世宗(完颜晟)在位时(1123—1135年)创建各种典章制度，奠定金代治国规模。金熙宗(完颜亶)改用辽宋官制。海陵王(完颜亮)设尚书省为中央最高行政机构，成为金代的定制。尚书省之下设六部(吏、户、礼、兵、刑、工)，泰和八年，将户部独立改为三司(劝农，监铁、度变)成为中央最高的财经机构。金代的林业与尚书省各部、司、监以及枢密院等军事机构皆有一定的关系。据《金史·百官志》记载：工部"掌修造营建法式、诸作工匠、屯田、山林川泽之禁，江河堤岸道路桥梁之事"。其下设有修内司、都城所提举、祇应司、上林署提点等。修内司"掌宫中营造事"；都城所提举"掌修完庙社及城隍门钥、百司公廨系官舍屋，并栽植树木工役等事"；上林署"掌诸苑园池沼、种植花木果蔬及承奉行幸舟船"[①]。可见，金朝工部是主管森林采伐、森林资源保护和城市绿化的部门。劝农使司，后改为司农司，是劝课农桑的机构，负有领导植树造林的职责。太府监"掌出纳邦国财用线谷之事"。其所属右藏库使"掌锦帛丝绵毛褐、诸道常课诸色杂物"，内给署钩盾副使"掌宫中所用薪炭水燭"。少府监"掌邦国百工营造之事"。其尚方署"掌造……亭账、车舆、床榻、簾席、伞扇及装钉之事"；裁造署"掌造龙凤车具、亭账铺陈诸物，宫中随位床榻、屏风簾额结等及陵庙诸物并省台部内所用物"。军器监"掌修治邦国戎器之事"。都水监主管水利工程，其所属都巡河官"掌巡视河堤、修完堤堰、栽植榆林"。这些机构与森林采伐、木材加工和堤岸防护林的种植有着较为密切的关系。

5.4.1.3　元代林业官制

1206年，成吉思汗统一蒙古，以蒙古的政治军事制度进行统治。1260年，元世祖忽必烈即位后开始采用汉制官制。在中央设中书省(又称都省)、枢密院、御史

---

① 〔元〕脱脱.1975.金史：卷五十六〔M〕//百官志.北京：中华书局.

台分掌全国行政、军事和监察大权。中书省下设有六部（吏、户、礼、兵、刑、工），各部长官为尚书（正三品）、侍郎、郎中、员外郎等。中央官署品秩较低的机构有司、监、寺、院等。元朝官制中还包含有蒙古贵族居统治地位的不少特有职务因素。林业分属有关部、司、寺、监、院等机构。

森林采伐与木材加工利用，主要归属于工部、武备寺等部门。工部掌管营造等事宜，包括城池之修濬、土木之缮葺，材物之给授等。

植树造林归属于大司农司。元朝以"稼穑之事，莫重于司农"，故赋予大司农从一品，仅次于省、院、台的地位。司农司"专掌农桑水利"。其主要职责是领导和督促贯彻《农桑之制十四条》，包括关于林木"种植之制"，并举察勤惰。至元二十四年（1287年），又于大司农司下设永平屯田总管府，"以北京采木三千人隶之"。即除领导植树造林之外，也兼有采伐任务。

元朝设有司竹监，主管"腹里元河南、怀孟、陕西之京兆、凤翔"等地官营竹园生产事宜。至元二十三年（1286年），又于"卫州复立竹深提举司，凡辉、怀、嵩、洛、京襄、益都、宿、蕲等处竹货皆隶焉"，并"听民自卖输税"。即司竹监兼有征收竹木税务的职责。1282年设置的大都留守司亦与林业有较为密切的关系。其职责是"守卫阊阖都城"及大都土木工程和都城物品供应，秩正二品。大都留守司所属修内寺"掌修建宫殿、大都造作等事"，内设大木局、小木局、车局、竹作局等。其所属器物局，内设有山场、轿子局、旋局等。在此之前，至元四年（1272年），元朝曾设立上都采木捉领所，其职责是"以采伐材木、练石为务"等。至元十四年（1277年），曾设置凡山采木提举司，"掌采伐车辆等杂作木植"等事。元朝还设有木场、诸色库。木场"掌受绘营造宫殿材木"；诸色库"掌修内材木，及江南征索异样木植"等事。至元二十四年（1287年），元朝建置上林署，"掌宫苑栽植花卉，供进蔬果"，并有养种园、花园等，这与树木种植和城市绿化有关。

5.4.2 林业政策法令

宋元时期，为适应振兴与繁荣国民经济和军事斗争的需要，在广泛开发利用森林资源（包括野生动植物资源）的同时，比较注意保护森林资源，并制定了许多保护森林和野生动植物资源的法令和政策，是我国历史上发布保护森林和野生动资源最多的时代。

5.4.2.1 保护园圃林木

唐末五代以来，中原地区饱经战乱，民生凋蔽，出现了滥伐桑枣为薪之风。宋太祖即位后，为恢复经济，安定民生，于建隆三年（962年）九月，发布禁伐桑枣的诏令。诏曰："桑枣之利，衣食所资，用济公私，岂宜剪伐？如闻百姓砍伐桑枣为樵薪者，其令州县禁之。"①及至咸平年间（998—1003 年），滥伐桑枣经济林木之风又有抬头，宋真宗（赵恒）又发布保护经济林木，禁伐桑梓的诏令。北宋末年，由于民生凋蔽，阶级矛盾激化，滥伐桑柘之风又行炽烈。因此，宋徽宗（赵佶）于政和六年（1111 年），重新发布禁止滥伐桑柘的诏令，"耕桑衣食之源，砍伐桑柘未有法禁，宜立约束施行。"为煞往滥伐桑枣林木之风，宋代制定了严厉惩罚砍伐桑枣林木的法令。宋史载："民伐桑枣为薪者罪之。剥桑三工（四十尺为一工）以上，为首者死，从者流三千里；不满三工者减死配役，从者徒三年。"②军人砍伐桑枣者则依军法论处。景德三年（1006 年），宋真宗命王超卒越天雄迎战契丹，有部卒三人"辄入村落，伐桑枣为薪，已置军法"③。这些诏令、刑法和军令反映了宋代保护桑枣园圃林木是极为重视的。

永州木叶山（在今西拉木伦河与老哈河汇合处），相传是契丹族发祥地，"木叶山上建契丹邕祖庙"。辽对此民族诞生圣地林木倍加爱护。据《辽史·刑法志》记载："五院部民偶遣火延及木叶山兆域，亦当地，杖而释之，因著为法"。降圣州（今内蒙古昭盟奈汉族），是辽太宗的诞生地，穆宗为纪念太宗而建立此州，并诏令于降圣州"四面各三十里，禁樵採放牧"④显州（今辽宁北镇）医巫闾山林木翠郁。庆历元年（1041 年），"穆宗葬世宗於显陵西山，仍禁樵采"。宜州（今辽宁义县），"有坟山松柏连亘百余里，"东丹王每秋畋于此。辽兴宗为纪念东丹王，诏令禁止樵采坟上林木。

金朝占领华北和中原地区后，为巩固政权，从东北迁徙众多女真、契丹、奚族等猛安谋克户到华北屯田。但是一些猛安谋克户不事农业生产，并砍伐桑枣为薪，极大地影响了华北地区的社会经济和社会安定，引起了统治集团的焦虑。大定五年（1165 年），金世宗（完颜雍）发布了制止砍伐桑枣为薪的法令。"上以京畿两猛安谋克户不自耕垦及伐桑枣为薪鬻之，命大兴少尹完颜让巡察"⑤。以煞住毁林之风。为安定民生、发展经济，金王朝重视保护私有园圃林木。大定十九年（1179 年），金世宗"见民桑多为牧畜啮毁，诏亲王、公主及势家牧畜有犯民桑者，许所属具官立加惩断。"金章宗（完颜璟）继续贯彻保护与发展园圃林的政策，于泰和元年（1201 年），"用尚书省言，申明旧制。猛安谋克户每田四十亩，树桑一亩，毁树木者有禁，鬻地者有刑。"泰和五年（1205 年），金朝撤消了官营的茶园，章宗告谕省臣曰："今虽不造茶，其勿伐其树，其地则恣民耕樵。"又于次年诏令"河南茶树枯者，命补植之。"金朝仿效中原古代帝王祭祀山川的礼仪，把具有历史意义的山林封为山神、林神，严禁樵采，以祈王朝久存。

① 作者不详.1962. 宋大诏令集：卷宗一九八[M]. 北京：中华书局.
② 〔元〕脱脱.1977. 宋史：卷一百七十三[M]//食货志. 北京：中华书局.
③ 〔宋〕李焘.1986. 续资治通鉴长编：卷五八[M]. 上海：上海古籍出版社.
④ 〔元〕脱脱.1974. 辽史：卷十七[M]//地理志. 北京：中华书局.
⑤ 〔元〕脱脱.1975. 金史：卷四十七[M]//食货志：二. 北京：中华书局.

元世祖即位后，为恢复和发展国民经济，安定民生，稳定社会秩序，发布了保护园圃林木的诏令。中统三年(1262年)，诏令"禁诸道戍兵及势家纵畜牧害桑枣采稼者。"①这是元世祖劝课农桑的基本国策的体现。元朝实行山林封禁制度，并拨给蒙古贵族围猎山场，禁止人民在禁山樵采渔猎。但是在各地遭受水旱灾害之年，为安定民生而在受灾地区弛山泽之禁，听民采捕。如大德五年(1305年)冬十月，元成宗诏令"以岁饥，禁酤酒弛山泽之禁，听民采捕。"对于官有山林实行竹木专卖制度，禁止私人贩运。《元史·刑法志三》规定："诸卫辉等处贩卖私竹者，竹及价钱并没官，首先得实者，於行抽税，"若民间住宅内外并阑槛竹不成亩，本主自用外货卖者，依例抽分。"

5.4.2.2　保护野生动物资源

宋朝是我国历史上重视保护野生动物资源的朝代之一，所颁布的保护野生动物资源的诏令最多，保护野生动物资源的思想亦为丰富。早在建隆二年(961年)二月，宋太祖即发布了保护野生动物资源的诏令。诏曰："鸟兽虫鱼宜各安于物性，置罘罗网当不出于国门。庶无胎卵之伤，用助阴阳之气。其禁民无得採捕虫鱼，弹射飞鸟，仍为定式。"②又据《续资治通鉴》卷二说，此诏令内容还有"禁民二月至九月无得采捕弹射，著为令。"作为必须遵循的"定式"(法规)。宋太祖的诏令奠定了宋代保护野生动物资源政策法令的基础。宋朝后世诏令从多方面补充和完善保护野生动物资源的法规。宋代自真宗时侈靡之风渐盛，朝野人士争奇斗艳，竞以戴鹿胎冠为荣，一时捕杀母鹿甚多。景祐三年(1036年)，宋仁宗发布禁采鹿胎诏令，并采取惩奖相结合的政策，严厉打击滥行捕母鹿的行动。

宋代重视道德教育，试图通过提倡以仁道对待生物，宣传"仁及禽兽"和"惠养万物"的思想，教育群众自觉地保护野生动物资源，纠正残害野生动物的行为。宋代史书和笔记中亦有一些宣扬仁及禽兽，保护野生动物资源的记述。南宋周密《齐东野语·捕猿戒》是以道德意识保护野生动物资源的代表作。作者通过对金丝猴母子间的仁爱之情的描述，斥责残害野生动物是极不仁道的行为。

宋代在保护野生动物方面，还采取了其他一系列的措施。诸如：其一，禁止捕杀珍稀禽兽。其二，禁止私贩珍贵禽兽及其制品。淳化二年(1991年)四月，宋太宗诏曰：广南东路雷、化、新、白、惠、恩等州山林中有群象，民能取其牙，官禁不得卖。自今许令送官以半价偿之，有敢藏匿及私市与人者，论如法③。其三，禁止出售毒杀禽兽的药物，以毒杀禽兽者论罪。天禧三年(1019年)十月，宋真宗诏"禁京师民卖杀鸟兽药"。其四，制裁官吏从事纵容群众残害野生动物资源的不法行为。

① 〔明〕宋濂.1976.元史:卷四[M]//世祖本纪.北京:中华书局.
② 〔清〕徐松.1957.宋会要辑稿:第一百六十六册[M]//刑法二.北京:中华书局.
③ 〔清〕徐松.1957.宋会要辑稿:第一百六十五册[M]//刑法二.北京:中华书局.

辽朝境内的契丹、女真、室韦等民族，具有狩猎的传统。辽建国后，春水、秋山等狩猎活动是朝廷的大典。为保护野生动物资源，辽朝制定了一些保护措施和法令。《辽史·百官志》记载：辽朝设有"监鹿详稳司""监雉""围场"等繁育和保护野生动物的机构与官员。并且严禁在禁猎区内捕猎，违者重惩。如统和四年（1004年）七月，颁布制裁监捕的法令，"诸账郎君等于禁地射鹿，决三百，不征偿；小将军决二百，以下及百姓犯者，罪同郎君论。"①即对在禁猎区捕猎者分别给予鞭笞二百或三百的处分。辽代还有保护珍稀动物的法令。《辽史》称，"辽法：麚（牡鹿）岐角者，惟天子得射。"客观上亦有利于保护野生动物资源。

居住于白山黑水的女真族，地饶山林，精于戈猎。"金之初年，诸部之民无它徭役，壮者皆兵。平居则听以佃渔射猎，习为劳事。"②金朝为防止野生动物资源锐减和枯竭，承袭宋辽之制，亦制定了保护野生动物资源的政策法令。禁止网捕和放群雕捕猎。正隆五年（1160年）海陵王诏令"禁中部、河北、山东、河南、河东，京兆军民网捕禽兽及畜养群鹘者。"是金朝保护华北及中原地区野生动物资源的第一个法令。法令明确阐明了保护野生动物的宗旨在于防止兽类尽绝。刑部尚书郎中路伯达从"民务本业，广储蓄"的群众利益出发，"请罢畿内采猎之禁"，建议改为"适时采捕"和"民有盗杀狐兔者有罪。"③上述诏令从多方面指出贡献珍禽异兽之弊，具有保护意义。

蒙古族是草原游牧民族，喜好围猎。蒙古贵族入主中原初期，肆意侵占山林和民田，并把大量汉族民田变为牧场，豢养鹰犬准雕捕猎成风，严重地破坏了农业生产，激化了社会矛盾。元朝统治集团为巩固政权、安定民生和保护野生动物资源，制定了一系列保护野生动物资源的政策和措施，元代是继宋之后颁布保护野生动物资源法令最多的王朝。元世祖中统三年（1262年），元王朝法律规定"中都（后改为大都，即今北京）四面各五百里地内，除打捕人户依年例合纳皮货的野物打捕外，禁约不论是何人等，不得飞放打捕鸡兔。"④据《元典章》记载，元王朝后来又规定大都周围八百里以内，不许百姓"打捕兔儿"，只许"打鹰房子"可以"飞放"。除把京畿列为禁猎区外，在其他各地亦设立了禁猎区。还在辽东半岛、内蒙古南部等地区设有禁猎区。

① 〔元〕脱脱.1974.辽史：卷十三[M]//圣宗本纪：四.北京：中华书局.
② 〔元〕脱脱.1975.金史：卷四十四[M]//兵志.北京：中华书局.
③ 〔元〕脱脱.1975.金史：卷九十六[M]//路伯达传.北京：中华书局.
④ 通制条格：卷二十八[M]//寻令.

5.5　林业思想文化

5.5.1　林业思想

宋元时期，上至帝王的提倡，下至学者官员的实践，在植树造林的实践中形成了一些对后世产生重要影响的林业思想。

5.5.1.1　帝王的林业思想

宋元时期的帝王中，宋太祖赵匡胤(927—976年)，是宋朝林业政策和法令的奠基人，是我国历史上关心林业建设，大力提倡植树造林事业的皇帝之一。

宋太祖为解决建国初期田地荒芜、人口流失、农业残败的景象，十分重视林业的作用，他说："桑枣之利，衣食所资，可用济公私。"[1]因此，大力提倡植树造林，把发展林业作为恢复与发展农业、振兴经济、巩固政权的重要措施。建隆二年(961年)，诏令"重申周显德三年(956年)之令，课民种树。定民籍为五等，第一等种杂树百，每等减二十为差，桑枣半之。"[2]把植树造林规定为农民的法定义务，推行农林并举的政策，成为宋朝一项根本的国策。

宋太祖为调动农民植树造林的积极性，推动造林事业的发展，制定了多植树不增税的优惠政策。乾德四年(966年)，宋太祖发布诏令："自今百姓广植桑枣开荒田者，并令只纳租，永不通俭。"[3]这是对我国以经济手段推动造林事业传统政策的新发展。

宋太祖还建立了以领导植树造林业绩考核官吏政绩的制度，把领导植树造林业绩列入政绩考核内容。建隆二年(961年)，诏"令长吏深民种植，令佐以春秋巡视具数，秩满赴调，有司第其课而为以殿最。"[4]乾德四年发布劝栽植开垦诏"令佐能招复通逃、劝课栽植，岁减一选，加一阶。"[5]宋太祖把地方官吏领导植树造林业绩列为政绩的"殿最"，或加阶，或"降黜"，有力地激发了官吏领导植树造林的积极性和责任感，促进了宋代造林事业的发展。

宋太祖不仅大力提倡植树造林，并且重视保护森林和野生动物资源，颁布了一系列保护法令和政策，表现在许多方面：

严禁滥伐桑枣林木的法令。自唐末五代以来，中国地区民生凋蔽，已出现了砍伐桑枣为薪之风。宋初，宋太祖为安定民生，振兴经济，于建隆三年(962年)颁布禁伐桑枣诏令。诏曰："桑枣之利，衣食所资，用济公私，岂能剪伐？如闻百姓砍

---

[1]　〔清〕徐松.1957.宋会辑稿：第一百二十一册[M]//食货一.北京：中华书局.
[2]　〔元〕脱脱.1977.宋史：卷一百七十三[M]//食货志.北京：中华书局.
[3]　〔清〕徐松.1957.宋会辑稿：第一百二十一册[M]//食货一.北京：中华书局.
[4]　〔清〕毕沅.1957.续资治通鉴.卷二[M].北京：中华书局.
[5]　〔清〕徐松.1957.宋会辑稿：第一百二十一册[M]//食货一.北京：中华书局.

伐桑枣为樵薪者，其令州县禁止之。"①

禁止私贩林木的政策。宋太祖实行国有林木专卖政策，严禁官吏私人贩卖，对私贩竹木者严厉惩处。开宝六年（973 年），供备史李守信往秦陇间购木，借职权之便以营私，编木筏偷运给其女婿左桧遗通判秦州马适。此事被查知后，李守信畏罪自杀，宋太祖遂将"（马）适坐弃市，并籍其家"②。

保护野生动物的政策。建隆二年（961 年）二月十五日宋太祖发布保护野生动物资源的诏令，明确了保护野生动物资源的指导思想是"庶无胎卵之伤，用助阴阳之气"，即希望不影响鸟兽虫鱼的正常繁衍，以利于自然万物的和谐发展。

宋太祖赵匡胤大力提倡植树造林，保护森林和野生动物资源的思想及其法令政策，为宋后世所继承和发展，在林业史上占有光辉的地位。

5.5.1.2 官吏的林业思想

在我国林业史上，因领导造林事业成绩卓著而彪名于史册的官吏宋元时期最多，他们在造林实践中总结经验，形成理论思想，对后世产生重大影响。

（1）苏轼的"重视森林生态效益和历史文化价值"思想

苏轼是北宋著名文学家，诗文改革的卓越代表。在林业方面，苏轼亦具有丰富的林业思想，并有多方面的业绩。

苏轼自少年时代即是植松能手，酷爱造林，具有丰富的管护幼松的经验，对当世及后世都有着较大影响。他在蜚声文坛之后，犹为少年时代植松业绩而自豪。元丰三年（1080 年），苏轼被贬谪贵州，曾《戏作种松》诗，回顾少年时代种植和管护幼松的事绩。诗云："我昔少年时，种松满东岗。初移一寸根，琐细如插秧。二年黄茅下，一一攒麦芒。三年出蓬艾，满山放牛羊。不见十余年，想作龙蛇长。"晚年苏轼流放岭南时（1097 年）不断植杉种树，其诗曾有"万本青杉一手栽"之句可见其植杉之多。苏轼于其《东坡杂记·种松法》一文中，比较全面地叙述了采种、育苗、栽植和管护幼松的技术与方法，不仅满足了宋世"求学其法"者的需求，亦为后世所重视与借鉴，丰富了树木培育的知识宝库。

苏轼在巡视陕西凤翔期间，目睹宋王朝及达官贵人大兴土木，滥伐森林，破坏森林生态及森林的自然、历史遗产甚为痛惜。《凤翔八观·东湖》诗云："吾家蜀口上，江水绿如蓝。尔来走尘土，意思殊不堪。况当歧山下，风物尤可惭。有山颓如赭，有水浊如泔。"苏轼提示了秦陇山区森林由于过量采伐，呈现山石裸露，"有山颓如赭"的景观。森林植被破坏，导致严重的水土流失，致使渭河"有水浊如泔"，与长江"江水绿如蓝"形成强烈的反差。其诗的深刻寓意是使人们要珍惜爱护森林，维护森林的生态效益，给人们保留一个美好的生活环境。其次，这首诗表明苏轼有保护具有历史意义的森林遗产的思想。人所共知，歧山是周王朝"肇基王迹"之地，

① 〔清〕徐松. 1957. 宋会要辑稿：第一百二十一册［M］//食货一. 北京：中华书局.
② 〔宋〕李焘. 1986. 续资治通鉴长编：卷二十七［M］. 上海：上海古籍出版社.

它是中华文明历史的象征。如今此地"有山秃如赭，有水浊如泔"，人类文明的遗产受到如此严重摧残，是有愧于先人而"可惭"的。苏轼正是基于上述思想，在《凤翔八观·真兴寺阁》诗中，指明道姓地抨击了权贵势家王彦超大兴土木滥伐森林的行为。诗云："当年王中令，砍木南山赭。"表达了苏轼对滥伐森林，破坏生态环境的气愤之情。

（2）魏岘的"竹木森林植被有保持水土的重大作用"思想

我国古代时对于竹木的水土保持生态效益已逐步有所认识。杜甫《堂成》中的"笼竹和烟滴露梢"，元稹的"竹梢余雨重"的诗句，都反映了竹的枝叶具有截留雨水的功能，可以缓解雨水对地面的直接冲刷。杜甫《杜鹃》中的"有竹一顷余，乔木上参天。"含蓄地说明竹根有盘固土沙的功效。南宋魏岘《四明它山水利备览》一文，是我国较早地科学论述竹木具有保持水土功效的著作。魏岘对竹木森林植被与水土保持的关系，作了调查与论证。提出在南宋以前，"四明（今浙江宁波地区）占水陆之胜，万山深秀。昔时巨木高森，沿溪平地，竹木亦皆茂密。虽遇暴水湍激，沙土为木根盘固，流下不多，所淤亦少，开淘良易。近年以来，木值价高，斧斤相寻，靡山不童；而平地竹木，亦为之一空。大水之时，既无林木少抑奔湍之势，又无包揽以固沙土之积，致使浮沙随流奔下，淤塞溪流，至高四五丈，绵亘二三里；两岸积沙，侵占溪港，皆成陆地，其上种木，有高二三丈者，由是舟楫不通，田畴失溉。"魏岘的著作，充分地说明了森林包括竹木对保持水土的重大作用，堪称古代自然保护史上的杰作。

（3）王祯的"植树造林是立国兴民之本"思想

王祯，元代杰出的科学家和林学家。王祯在元成宗（铁穆耳）在位时，曾做过几任县尹。在任县尹期间，不断深入实际，总结群众生产经验，并且广泛搜集整理我国农业和林业的优秀遗产，以指导农业和林业建设。

王祯总结历史经验，认为植树造林是利民的大业。他说："树之榛栗，椅桐梓漆，卫文公之所以兴其国也。"[1]王祯继承司马迁《货殖列传》中的林业经济思想，论述"种植之利博矣"[2]。其文曰："古人云：木奴千，无凶年。木奴者，一切树木皆是也。自生自长，不费衣食，不忧水旱。其果木材植等物，可以自用；有余可以易换诸物。若能多广栽种，不惟无凶年之患，抑亦有久远之利焉。"[3]他从农民切身利益着想，鼓励农民大力植树造林。他说："夫以王侯之富且贵，犹以种树为功。况於民乎？"[4]。

王祯把领导植树造林视为"政教之本"。王祯从"民为国本"出发，认为植树造林，发展林业，关系"民生济用"，所以是"政策之本"。他列举"龚遂为渤海大守，劝民务农桑，令口种一树榆。""黄霸治颖川，使民务耕桑种树，治为天下第一"。王祯主张各级官吏应向他们学习。他说："此先贤劝助之迹，载诸史册，今略举其

①～④　〔元〕王祯.1981.农书：农桑通诀五·种植篇第十三[M].北京：农业出版社.

著者，皆可以为后世治之良规。"①王祯还揭露了元朝造林事业发展状况及官吏的腐朽无能。《务本直言》云："近闻诸般材木比之往年价值重贵。盖因不种不栽，一年少于一年，可为深惜。"②他认为，究其原因在于无朝官吏"骄奢""苛刻"和腐朽无能。他说："今天在上者，不知衣食之所自，惟以骄奢为事……甚者苛刻不已，腹削脂膏以肥己"③。针对这种状况，王祯认为要改变现状，领导好植树造林业，不仅要"淳淳然谕之"，还应"行实惠""验实事，保实功"。如果"使今之时，上之劝农皆如龚（遂）黄（霸），下之力本，皆如樊（重）李（衡）林木不可胜用，果实不可胜食美④。"

5.5.2 林业文化

5.5.2.1 花卉文化

宋代因商业的繁荣和士大夫阶层的兴起，促成了宋人爱花、养花的社会风气。商业繁荣、城市发达，带来了花卉事业的空前繁荣。宋代花卉品种繁多，愈出愈奇，其人工栽培成绩显著。种花逐渐成为独立的商业性的新兴农业，甚至出现了以花卉养植为业的"花户"或"园户"⑤宋代是花卉业发展的兴盛期，品种渐趋增多，一些名贵花卉如牡丹、菊花之类，已达百余种；数量日益繁盛，牡丹、菊花等花卉的种植面积动以亩计，在一些花卉主产区已屡见不鲜；技术日益精湛，时人对培育、嫁接、保鲜等育花技术已驾轻就熟。形态各异的花卉被时人扬播千里，在南方和北方均形成了花卉产区，北方的洛阳牡丹，南方的扬州芍药和成都海棠亦成为当地的特色，受到宋人的追捧。花卉主产区与当地园林的发展之间相互促进，共融共盛，花卉的繁盛直接促进了当地园林的发展。种植花卉场所的增加也使培育花卉的目的迥异，景观庭院中的花卉在承担悦目功能之外，也兼有为时人达其政治、经济目的的使命。此外，花卉亦在宋人的交往中扮演着重要角色，纵向赐、献花，横向赠花，简单的行为勾勒出君爱臣、民敬君、友互爱的和谐图景。万紫千红的花卉，在时人的精神世界里亦闪耀出夺目的光辉。其变异经常被人们用来占卜吉凶，预测未来。同时，宋人鬼怪的世界里亦有了花卉的一席之地，以某花为原型的精、怪、神、鬼们更成为宋代玄怪小说中的常客。宋代，花有生花与像生花之分，生花即时令鲜花，像生花是假花，由绢类织物制作而成。

两宋时期，簪花之风达到鼎盛。统治者对簪花给予了从未有过的重视。簪花不仅是良时佳节烘托气氛的手段，还是朝廷礼仪场合的仪节。赐花也成为广施恩泽的手段。簪花成为一个无关性别、年龄、身份的集体风尚。而宋人簪花，目的迥异。

①~③〔元〕王祯.1981.农书：卷四·劝助篇第十[M].北京：农业出版社.
④〔元〕王祯.1981.农书：卷五·种植篇第十三[M].北京：农业出版社.
⑤贾玺增.2016.四季花与节令物：中国古人头上的一年风景[M].北京：清华大学出版社.

女子簪花仍是唯美主义的忠实拥趸。反观男子，其戴花突破了美的范畴，附着了更多的政治含义。与宋同时期的金人受中原风气影响，也以簪花为尚，至元代，簪花习俗仍旧流行，文学作品中簪花的内容颇为丰富。

各类花卉还创造了灿烂的花馔文化，花在食、酒、茶等饮食中扮演重要角色。宋朝可食的花卉日渐丰盛，菊花、牡丹等花卉成为了时人盘中之物。宋人不但食用某一花卉，还将花卉精细制作，做成各式菜肴，从而使其大显方泽；花卉入酒，宋代品种日渐丰盈。此外，花与酒同场竞技的记载也渐多，许多故事都值得后人细细品咂，花卉入茶，较之花馔、花酒的历史为短，至迟到唐代才偶有记载。入宋后入茗的花卉种类日繁，醅制花茶的技术益湛，且与时人生活联系日益紧密。鲜花有盛衰，转瞬即逝，而花馔、花酒在饮食即化为无形。

入宋之后，花卉与服装、饰品的联系更为紧密，它以更多的姿态出现在宋人的社会生活中，时人用其制成香水、洒著衣袂、洗面护肤、涂抹指甲。

花卉是中国绘画历久不衰的主要题材之一。中国很早就有人描绘花卉，宋代是花卉画繁荣发展的黄金时代。随着画院的兴隆，加上几位皇帝的支持和倡导，涌现出一大批杰出的花卉画家。北宋一些文人兴起的以梅兰竹菊"四君子"为题材的文人画，把中国的花卉画推进到了"托物言志"阶段①。

宋朝不仅种花、卖花、赏花蔚然成风，关于花卉的书籍、绘画、工艺、文学作品等层出不穷，与花卉相关的礼仪文化也得到了空前发展。甚至，插花还与点茶、挂画、燃香合称为"四艺"，成为文人、士大夫阶层风雅生活的重要组成部分。

5.5.2.2 竹文化

中国是世界上经营利用竹类资源最早的国家。在中国社会发展的历史长河中，竹类不仅是社会物质文明的重要物质资源，而且渗透与融凝于社会精神文明中，增加了中国文化的独特色彩。宋代是中国竹文化继往开来，繁荣昌盛的时期，是宋代文化繁荣的重要标志之一。

宋代，南方各地对竹类资源的开发利用有新的发展。王禹《黄冈竹楼记》记载，"黄冈之地多竹，大者如椽。竹工破之，刳去其节，用代陶瓦，比屋皆然，以其价廉而工省也。"苏轼《东坡集》则说："岭南人当有愧于竹。庇者竹瓦，载者竹筏，戴者竹冠，衣者竹皮，履者竹鞋，食者竹笋，焚者竹薪，真可谓一日不可无此君也耶。"《志林》记载：北宋时井盐生产已采用了竹筒井（又称卓筒井）新技术，这是井盐生产中划时代的技术革新。竹炭是四川的良好能源。陆游《老学庵笔记》称："北方多石碳，南方多木炭，西蜀又有竹炭，烧巨竹为之，易然无烟，耐久奇物。"巴蜀地区一些河流，谷深水急，无法筑墩建桥，当地人民发明了竹索桥。苏轼的"一日不可无此君"的脍炙人口的名言，孔武仲的"此君安可一日无"，杨万里的"不但不

---

① 周武忠.2004.论中国花卉文化[J].中国园林(2)：56-57.

可一日无，斯须无此看何如"的诗句，都极其精辟地概括和反映了竹类与宋代社会物质文化生活的密切关系。

纸，对人类文化的传播与发展有着不可磨灭的历史功绩。我国是世界上发明造纸的国家，并将造纸术传播到了世界各地。早在西汉末年，我国已用麻造纸。西晋时发明竹纸。自宋代开始，造纸原料日益广泛，竹纸盛行于天下。苏易简《纸谱》记载："蜀人以麻，闽人以嫩竹，北人以桑皮，剡溪以藤，海人以苔，浙人以麦麸稻秆，吴人以茧，楚人以楮为纸。"苏轼在《志林》中说："昔人以海苔为纸，今不复有。今人以竹为纸，亦古所无有也。"南宋施宿于《嘉泰会稽志》中说："剡（浙江嵊县）之藤纸，得名最久，其次苔笺，然今独竹纸名天下。"宋代竹纸的发展为宋代图书印刷开拓了广阔的前景，并有力地促进了宋代文化的繁荣与发展。

竹质乐器是丰富我国文化生活的瑰宝。宋元时期，伴随戏曲、说唱文艺的发展，三弦、胡琴等弓擦乐器繁荣起来，这些竹质管弦乐器构成了我国民族乐器的主体，在世界乐器宝库中独具东方文化的特色。

竹是我国人民陶冶道德情操的教材，是诗画文学艺术的重要内容，大约自周代或更早，我国人民已把竹类植物特性拟人化，赋予竹以坚贞、刚正、清廉、虚心等高雅的品格，并以竹为镜，陶冶自己的道德情操。宋代民族矛盾和阶级矛盾激化，统治集团内部斗争激烈，宦海浮沉，荣辱交错。在这样时代背景下，一些志士仁人愈加重视以竹自励而坚贞守节，免落俗流。苏轼《於潜僧绿筠轩》的咏竹思想，就是时代的产物，富有代表性。诗云："可使食无肉，不使居无竹。无肉使人瘦，无竹令人俗。人瘦尚可肥，士俗不可医"。元丰年间，苏轼被诬入狱。被释后作《御史台竹》抒发自己威武不屈的坚贞情操。其诗云："今日南风来，吹乱庭前竹。低昂中音会，甲刃纷相融。萧然风雪寒，可折不可辱。风霁竹亦回，猗猗散青玉。"南宋时期，诗人杨万里《咏竹》云："凛凛冰霜节，修修玉雪身。便无文与可，自有月传神。"王十朋《咏竹》："万木萧疏怯岁寒，子猷相见喜平安。"也都是侧重歌颂竹的凌霜傲雪、坚贞守节的精神，反映了时代的特点。

唐宋时期，士人墨客不仅喜好种竹、咏竹，而且欣赏竹画成为社会时尚。北宋林通《竹林》诗，亦有"却忆贵家厅馆里，粉墙时画数茎看"之句。宋代的咏竹，画竹之风是宋代竹文化思想精华，在中国竹文化史上占有重要地位。

由于翠竹是美化生活环境的理想植物，园庭种竹可使人有幽静、高雅的精神享受，所以宋代士人僧侣以及南方居民大都喜爱园庭种竹。并留下一些哙炙人口的诗篇和竹类专著。苏轼在《傅尧俞济源草堂》诗中称赞傅尧俞爱竹木云："先生卜筑临清济，乔木如今似画图。邻里亦知偏爱竹，春来相与抱龙雏。"南宋诗人刘克庄《种竹》诗云："借居未定先栽竹，为爱疏声与薄阴。一日暂无能鄙吝，数竿虽少亦萧森。"赞颂翠竹的各种生态效益和社会效益。

竹林在古代还有保护城乡和边防安全的屏障作用。南宋范成大《桂海虞衡志》载，广东新州素无城。桂人黄济在任时，于城区遍种竹，防止羌豚、匪盗窜入城区惊扰市民，号竹城，至今为利。宋王朝还把箐竹林作为边防屏障。史称："泸、叙州、长宁军沿边连接夷蛮，全籍山林箐竹以为限。"①即把在今川贵与少数民族接壤地带箐竹林视为边防屏障，列为"禁山"，严禁砍伐箐竹，以保障边郡安宁。

宋元时期，竹文化繁荣的标志之一，是竹类书籍增多。晋代戴凯之总结群众开发利用竹类的生产经验，深入研究竹类资源分布与性质，撰写了《竹谱》一书。这是我国第一部关于竹文化的专著，此书自宋以后，流传极广。宋代，僧人惠宗曾撰写《竹谱》，吴辅亦有《竹谱》问世。元代，刘美之撰写了《续竹谱》。李衎撰写了《竹谱详录》。此外，沈括的《梦溪笔谈》、苏轼的《东坡杂记》《志林》、陆游的《老学庵笔记》、洪迈的《容斋随笔》以及其他笔记中，亦记述了一些有关竹文化的宝贵资料。

5.5.2.3 茶文化

茶是宋人爱好的饮料和重要的国饮。王安石说；"夫茶之为民用，等于米盐，不可一日以无。"②又据《元史·食货志》记载："榷茶始于唐德宗，至宋遂为国赋，额与盐等矣。"因之，宋代茶树种植较之唐更为昌盛。宋代除淮海以北各路外，南方各路均植茶树，其中以四川种植最多。苏辙说："益、利路所在有茶。其间邛、蜀、彭、汉、锦、雅、洋等州，兴元府三泉县人户以种茶为生。"③即四川在宋代有了大量的种茶专业户。此外，"两浙、江东产茶浩瀚"。

宋代茶园有官园、私园以及寺院茶园。各茶园的茶树多者数千株、千余株，少者百余株。福建路建溪茶园是生产贡茶的官园，每逢采茶季节，建溪北苑茶园"每日常以五更挝鼓，集群夫于凤凰山，监采官人给一牌入山，至辰时则复鸣锣以聚之，恐其逾时贪多务得。""方其春虫震蛰，千夫雷动，一时之盛，诚为伟观。"④私人茶园雇工亦较普遍，如四川彭州（今四川彭县）导江的私人茶园，有的"每岁召采茶人力百余人，男女佣工杂处园中。"⑤表明私有茶园规模日益宏大。

由于茶是"君子小人靡不嗜也，富贵贫贱靡不用也"⑥，且因种植地区广，加工方法各异，品种日益繁多。所以品茶、焙茶、咏茶成为世人、文学墨客以及僧侣的一项生活内容。宋代涌现了大量以茶为主题的诗篇以及论茶的专著，较之唐代茶文化更加繁荣，在中国茶文化史上具有继往开来的重要作用。

① 〔清〕徐松.1957.宋会要辑稿：第一百六十六册[M]//刑法二.北京：中华书局.
② 〔宋〕王安石.1998.临川集：卷七○[M]//议茶法.上海：世界书局.
③ 〔宋〕苏辙.2009.栾城集[M].上海：上海古籍出版社.
④ 〔宋〕赵汝砺.北苑别录[M].
⑤ 〔宋〕李昉.1990.太平广记：卷三十七[M].上海：上海古籍出版社.
⑥ 〔宋〕李觏.1987.盱江集：卷十六[M]//富国策：十.上海：上海古籍出版社.

林业经典文献选读

〔北宋〕苏轼《种松法》(节选)

十月以后,冬至以前,松实结熟而未落,折取,并萼收之竹器中,悬之风道。未熟则不生,过熟则随风飞去。至春初,敲取其实,以大铁锤入荒茅地中数寸,置数粒其中,得春雨自生。自采实至种,皆以不犯手气为佳。松性至坚悍,然始生至脆弱,多畏日与牛羊,故须荒茅地,以茅阴障日。若白地,当杂大麦数十粒种之,赖麦阴乃活。须护以棘,日使人行视,三五年乃成。五年之后,乃可洗其下枝使高。七年之后,乃可去其细密者使大。大略如此。

〔北宋〕张耒《伐木记》(节选)

予官福昌,福昌,古邑之废者也。官舍依山,为地十余亩,其竹与木居十六。地旷人寡,草木茂遂,其大者皆百余年,根干蔽覆,若幄若屋,交罗笼络,萦以茑蔓。凡日将旦,夕将晦,鸟鸣兽号,声音百千,终日阒然,不闻人声。夫环为城,通为衢,限为域,立为屋室,辟为场圃,夷易洞达,内外相应,面阳而背阴,附燥而睨湿,间以草木,表以台观,人之所托也。惟其所托者若是,故禽兽不敢藏,蛇虺无所蟠,居之而安,游之而乐,而人之气乃能胜其异己者。是故无疾患,无惊惕,寿考安乐,远去疾疠。而今吾之所居,草木居大半矣,其坚顽硕老,无以异于薮泽,此则鸟兽之所恋,而蛇虺狐貉之所乐,而人之所居,乃其弃余。则凡使吾四邻之外,晨夜而不敢出,其心矜矜,若畏敌国,一夕数兴,寝而不梦,是岂非蛇虺狐貉之气胜,而人之所托者弱耶?于是聚吏徒,集斧斤,一日之役十夫,不三日而尽伐之,剖根穷本,芟伐翦剔,大者备梁柱,小者中椽杙,弱者补藩篱,恶者从薪蒸。洒扫垦除,平地乃见,阴阳疏通,表里洞然,屋室阶闼,如涌而出。于是鸟兽之声,狐貉之迹,不复至矣。朝游而足不忌,夜处而心不惕,吾知人之气胜矣。

思考题

1. 简述宋元时期的林业官制与政策。
2. 宋元时期森林分布减少剧烈的区域大体上在什么地区?
3. 宋元时期的林业文化何以呈现繁荣的局面?具体内容有哪些?

推荐阅读书目

1. 梦溪笔谈.〔宋〕沈括.长沙：岳麓书社，2002.
2. 荔枝谱.〔宋〕蔡襄.北京：中华书局，1985.
3. 四季花与节令物：中国古人头上的一年风景.贾玺增.北京：清华大学出版社，2016.

第6章
明代及清代前中期的林业

明代初期，朱元璋为了巩固已取得的封建政权，实行安养生息的经济政策，重申农桑为立国之本，并注重林业生产的发展。至明代中叶，明王朝进入鼎盛时期，至明代后期，由于社会经济的发展，对木材的需求日益增多。长时期的只取不与，致使森林资源逐渐减少。但在林业科技方面，较前期有了长足的进步。清代政治制度沿袭明制，但由于长时间闭关自守，林业生产处于缓慢发展之中。一些学者，或摒弃仕途，或由于仕途不得志，纷纷转而从事科学技术的考察和总结工作，在这一时期问世的著作中，关于林业科学技术的论述占有相当篇幅。

6.1 森林资源分布及变迁

6.1.1 森林资源分布

明朝前期，朝廷重视农桑，森林资源破坏较轻，但是，时间不久，大开山禁，乱砍滥伐，加大采伐量，特别是明朝统治的276年，远到云贵山区采伐，加快了西南边疆森林采伐的步伐，从而改变了全国原始森林的面貌。清王朝取代明王朝，清朝先祖生活在白山黑水之间的森林地带，东北为其根据地，森林资源丰富。陕西、四川、湖北交界之处，遗留有"巴山老林""南山老林"，云南南部林木高茂，享有"树海"之美名，所有这些记载，概略说明我国各地，在不同的程度上，森林资源还相当丰富。但由于长期的破坏，到清代前期我国的森林已主要集中于东北和西南地区。其他地区的天然林数量已很有限。尽管森林更新和人工造林都有些发展，但被砍伐损毁的森林资源更多，总的来看，全国范围内森林面积、蓄积及野生动物急剧减少。在此时期，森林破坏的地区重点是长江流域、珠江流域和西南地区的天然林。中原地区已基本上无林可采。由于南方和北方森林的大面积消失，各种生态灾难频频发生。

6.1.1.1 东北地区

该地区包括辽宁、吉林、黑龙江等地。

明朝时，东北地区森林地带为少数民族女真族占据，建州女真对境内丰富的林木资源管理颇严，明朝对入境采木采取十分慎重的态度，东北森林处于休养生息状态。明朝末年，以努尔哈赤为首的满族人兴起，由于军事扩张和修建城堡的需要，对森林进行了大量采伐。清朝夺取全国政权后，清政府为了保护满族的发祥地，以及为满足封建统治者狩猎行乐，划地为界，定为"贡山""围场"，实行四禁之制，四禁的区域主要是林区和草原。由于四禁制度，使东北地区的森林得以保护，处于原始森林状况，成为我国森林资源最富饶的地区，有"窝集"（大森林之意）。随着清朝修建宫殿、皇家园林以及设置"伐木山场"，东北地区的东部、辽西和中部一带，均有程度不同的采伐，但比起辽阔无垠的原始森林来说，破坏是轻微的。

6.1.1.2 西南地区

本地区包括四川、云南、贵州、西藏、广西等地。

四川森林资源。据《三省边防备览》载："滇、黔、两粤、陇、蜀之边，何处无老林……蜀则太平、东乡、开云、大宁，环绕数百里也""皆有老林。"川北之巴山，广元路，巴州、通江，南江，"自大巴山接连木竹垭，至广元之城墙岩，老林计长二百七八十里。"巴州之镇龙关、官坝、锅团圆、秋波梁，通江的罗坝、黄中堡、太平厅、大宁、巫山，均高山广谷，"老林绵长"。说明四川境内，多为森林所覆盖。

云南地处边陲，全省多为苍郁的森林所覆盖。在《明实录》《西南夷风土记》等文献中均有诸如"山多巨树""草木畅茂"等记载。至清乾隆年间，镇远知府赵翼在滇黔为官多年，至镇安沿边，与安南接壤处，亲眼目睹，自下雷州至云南开化府，凡与交趾连接处，八百里皆大箐，望之如海，作歌记之。全文抄录如下：

洪荒距今几万载，人间尚有草昧在。我行远到交趾边，放眼忽惊看树海。山深谷邃无田畴，人间断绝林木稠。禹刊益焚所不到，剩作丛箐森遮陬。托根石罅瘠且钝，十年犹难长一寸。径皆盈尺高百寻，此功岂可岁月论。始知生自盘古初，汉柏秦松犹觉嫩。支离天骄非一形，尔雅笺疏无其名。肩排枝不得旁出，株株挤作长身撑。大都瘦硬干如铁，斧劈不入其声铿。苍髯蜩磔烈霜杀，老鳞虬蜕雄雷轰。五层之楼七层塔，但得半截堪为楹。惜哉路险运难出，仅与社栎同全生。亦有年深自枯死，白骨僵立将成精，文梓为牛枫变叟，空山白昼百怪惊。绿荫连天密无缝，那辩乔峰与深洞。但见高低千百层，并作一片碧云冻。有时风撼万叶翻，恍惚诸山爪甲动。冥濛一气茫无边，森沉终古不见天。赤日当空烈于火，下乃窈黑霏寒烟。积阴所生麇不有，猛兽牙角虬蛇涎。呼群猿鹤叫凄厉，啸传魑魅行翩跹。虫远禽薮魍魉窟，胎生卵子不记年。我行万里半天下，中原尺土皆耕稼。到此奇观得未曾，榆塞

邓林讵足亚。邓尉香雪黄山云，犹以海名巧相借。况兹荟翳径千里，何啻澎湃重溟
泻。怒籁吼作崩涛鸣，浓翠涌成碧浪驾。忽移澎澥到山巅，此事直教髻衍诧。乘篮
便抵泛舟行，支筇略比刺篙射。归田他日得雄夸，说与吴侬望洋怕。

《树海歌》历来为我国林学家所重视，它反映了明代及清代前中期云南南部的原
始森林面貌。

清代，西藏的南部和东部的喜马拉雅山山脉，横段山脉和念青唐古拉山脉等
地，有成片的森林分布。"尤以雅鲁藏布江大峡谷以南的山地分布最为集中"，林木
森蔚。

有的专家估计，清代全国森林覆盖率在26.1%左右，其中南方福建、湖南、广
东、四川、云南、台湾森林覆盖率超过50%，北方黑龙江、吉林超过90%，总的
来看森林覆盖率还很高①。

6.1.2 森林资源变迁

明清时期，中国政治经济重心东移南迁，东南地区经济开发加快。一方面北方
地区的森林资源已经不能自给，重大工程用材开始大量到南方地区采办，明代东北
虽然有大量森林，但其木多为松木，且多为女真等部落之地，采取多有不便。这
样，南方地区，特别是长江中上游地区的楠木、柏木、杉木便成为重大营造采办的
主要对象，以采伐西南(四川)、华中(湖南、湖北)、华南为主。清代以采伐西南
(贵州、云南)、东北为主，形成了规模很大的皇木采办，对南方森林资源，特别是
长江上游森林资源破坏严重。另一方面，大量北方移民进入南方地区，而南方移民
也同时发生了大迁徙、大流动，人口大增，形成山地垦殖运动，长江流域的森林大
量被砍伐；同时，东南地区经济开发力度增大，瓷器、造纸、造船、煮盐、冶铁、
冶铜发展，需要大量木材作燃料。木材贸易发展迅速，也对森林资源的保护造成负
面影响，特别是长江中下游森林受到的影响更大。

6.1.2.1 华北地区

明代时，华北的天然林已所剩不多，仅有晋西北和燕山一带尚有一些原始森
林。从明代中期起华北地区的森林资源急剧恶化。燕山山脉，太行山区及周围高原
山林锐减。华北地区森林资源的减少与北京的地理位置有主要关系。明代建都北
京，由此形成以皇家为中心的消费群体，而主要的木材消耗表现在建筑及薪炭
方面。

明永乐以后，北京紫禁城的修建、达官府第的建造，进一步破坏了太行山森
林。太行山及附近地区一直为北方佛寺、道观最集中的地区之一。元明清寺院、

---

① 蓝勇.2002.中国历史地理学[M].北京：高等教育出版社.

道观、庙宇、佛堂、祠阁的兴建、扩建，更加剧了太行山林的破坏。仅五台山寺院群的大规模重建、扩建，就使周围近百里的山林伐去十之六七①。为了从江南各地大量采伐木材，曾"以十万众入山辟道路"，可见对森林砍伐的规模是相当大的。

明朝虽对采办树木有禁令，但是没有明显的效果。明永乐以后，柴炭取木成为破坏太行山森林最重要的原因。明末，长城南边山林几乎消失，到清代以后长城北边的山林也几乎消失。由于过度的采伐，以致太行山林木"日稀"②。北京的柴薪、木炭产区涉及京畿大部分地区，人口膨胀造成的燃料、器用之材采伐量也特别大，造成周边地区森林大量被毁，树木损失殆尽③。明·弘治《易州志·山厂》载："昔以此州林木蓊郁，便于烧采，今则数百里内，山皆濯然，举八府五州数十县之财力屯聚于兹，而岁供尤或不足。"明宫廷用炭皆采自于京师周边，而这种挥霍无度的消费使得北京地区的森林资源遭到了严重的破坏：明代京城东北一带原山势高险，林木茂密。但明中叶以后，以取材营缮，伐薪烧炭之故，"致使木植日稀，蹊径日通，险隘日夷"，弘治时易州林木已是"数百里内山皆濯然"④。

6.1.2.2 长江中上游地区

明中期社会不稳定，流民起义所到之处多放火烧山。流民的毁林对林木资源有一定的影响。例如，浙江、江西、福建交界处的叶宗留起义，导致山林状况恶化。汉水流域、秦岭以南、湖北北边地区的荆襄流民起义，导致山林减少。另外流民所到之处的山地开发，大面积的粮食耕种、矿山开采都伴随着毁林活动。

由于江南地区经济活跃，需要大量木材，同时造船所在地木材需要量很大。北方的森林资源本身就较少。然而，都城在北方，对木材的取用，导致森林资源的减少。明嘉靖时期，倭寇、走私猖獗，造船业集中在长江中游、下游支流或沿海港口分布，采木地点多在长江中下游地区的山林、高原。

长江中上游地区变化较为缓慢，中游的山林主要由流民田垦而破坏，上游由于国家需要而被大大采伐。

明清两朝为修建宫殿、陵寝都大量在南方地区采办皇木。明代四川、湖广和贵州采办皇木，主要采办地区实际上只局限于四川马湖府、遵义府，贵州铜仁府、黎平府、镇远府，湖广的有辰州府、永顺司和保靖司等地，且往往要深入到一两百里的大山中。嘉靖、万历年间，湖广的大材已经"采伐凋残，山穷水远"⑤。明代长江中下游地区的野生巨楠和巨杉资源已经告竭，采办大木的地区转向了长江上游的西

① ② 刘洪升. 2002. 唐宋以来海河流域水灾频繁原因分析[J]. 河北大学学报(1)：23-27.
③ 龚胜生. 1995. 元明清时期北京城燃料供销系统研究[J]. 中国历史地理论丛(1)：141-156.
④ 杜婉言. 1988. 明代宦官与浙江经济述论[J]. 浙江学刊(6)：47-53.
⑤ 作者不详. 1962. 明神宗实录：卷五百四十四[M]. 台北：中研院史语所.

南地区①。明代永乐四年(1406 年)便派工部尚书宋礼到四川，吏部右侍郎师逵到湖广，户部左侍郎古朴到江西，右副都御史刘观到浙江，右金都御史史仲成到山西采办皇木，建北京宫殿。以后历朝营造不断，采办纷繁。特别是在明嘉靖万历年间，主要采办的对象是南方山区高大笔直的楠木和杉木，主要采办地区多在湖广西部、四川、贵州地区。由于用量巨大，明代嘉靖年间开始，只有放宽采办皇木的尺寸。因"操斧入山，巨材实少，围圆丈合式为难"，便开始"通融酌收"②。所谓"巨材难得，先年奉肃皇帝旨，其木植围不足者可以帮凑"③。

清代临时性的采办以巨大的楠木、杉木为主，采办地区涉及南方的四川、贵州、湖广、江西、浙江、江南、福建、广东等地区。清代东北为龙兴之地，在清代的大多时间为封禁之地，砍伐受到限制。乾隆年间开始，由于南方其他地区的巨大楠杉资源枯萎，采办主要集中在四川、贵州和湖广西部。清末则传统的采办地方马湖府和遵义府已经无巨大楠木可采，只有在川滇交界的越巂、西昌和永善等地采办了。

由于皇木采办，上述地区的楠木、杉木等大木资源受到了致命的摧残。乾隆时，四川"产木山场砍伐已尽，穷山邃谷亦无不遍加搜寻，即酉阳州属，原系苗疆，从不采办之区，亦委办，尚难多购合式大材"④。清初康熙二十二年(1683 年)，采办皇木于马湖府。从楠木采办地至县城空手往返要走十天左右，故乾隆时其地楠木已称"今少"。今雷坡一带"数百年盘错之物，斩伐无余"。嘉庆八年(1803 年)采办皇木，屏山县知县李师曾"在川境各老山内遍加采访。并无合式材料，直采至云南所属永善地方"⑤，才采到 19 根合式的。唐代时"山多楠木"的今南川县一带，到清代楠木已是"成林者鲜矣"。贵州铜仁府在乾隆时楠木"已伐尽"。道光时辰州府楠木"近亦难得"⑥。清代已经开始在广东东部地区、今海南岛地区、川西南越、西昌和云南的永善等地区采办皇木，康熙时四川宜宾仅有一株大楠木也入了采办之列。道光《周霖楠木说》："绥邑诸山旧多楠。必致两人引手方可合抱。儿时常见之。今则无矣。土城山阴有大楠二株。荫庇数亩，根缠岩石者数十丈。今亦伐尽"⑦。可见乾隆时期的采办对遵义绥阳一带的楠木的摧残之大。

康熙二十一年至二十四年(1682—1685 年)四川应办楠木 4503 根，杉木 4055 根，但由于资源枯萎，只采办了楠木 2663 根，以后采办更少了。由于皇木采办除本身采办数量大外，许多不合式的楠木都要抛弃，"道路两旁，悉是良材"，损耗相当大，这便使南方山区的森林资源受到了极大的破坏，楠木林在国内几乎消失。

---

① 蓝勇 . 1995. 历史时期中国楠木地理分布变迁研究[J]. 中国历史地理论丛(4)：27.
② 〔明〕陈子龙，等 . 1962. 明经世文编：卷四百七十二[M]. 北京：中华书局.
③ 作者不详 . 1962. 明神宗实录：卷四百五十七[M]. 台北：中研院史语所.
④⑤ 王澈 . 1993. 清代楠木采办史料选[J]. 历史档案(3)：13-23.
⑥ 〔清〕黄本骥 . 1985. 湖南方物志[M]. 湖南：岳麓书社.
⑦ 〔清〕郑珍，莫友芝 . 遵义府志：卷十八[M]. 道光十八年刻本.

明代可以说是中国森林变迁史中一个划时代的时期。原来随着文明的发展和作为生存基础的田地开垦的扩大，使得森林难免减少，后来人口的增加和初期工业的发展带来对作为燃料和资材木材的需要的剧增，从而引起乱伐森林，结果威胁到人民的生活基础。明代森林破坏的发展历程反映了当时是一个由于明初工业和商业发达而造成大量木材消费的时期①。

6.2 森林培育与利用

6.2.1 森林培育

明代，我国植树造林是时起时伏的，进入清代，清世祖福临，深知从马背上获得政权来之不易，仍以农桑为治国之本。经顺治、康熙两代的治理，至雍正时，历代皆对凡有益于民生者无不广为筹度。务使野无旷土，家给人足。富民阜俗，大力倡导劝课农桑。清代前中期，我国各地植树造林，成效卓著。造林树种已不限于种植桑、果之木，逐渐向多元化方向转变，致力提倡营造用材林，在发展林业生产上，出现了可喜的局面。

6.2.1.1 河堤造林

明代至清代前中期，黄河、长江水患日趋频繁。为了确保农业生产丰收，在加固堤岸的同时，注重在堤岸上广植林木。

明代倡导河堤造林最有力者为嘉靖年间总理河道的刘天和，在他主持的一次大规模整治黄河工程中，四个月的时间内，"植树多达二百八十余万株。"②他还在他的专著《问水集》中创造性地总结出了"植柳六法"的经验，他这些科学方法不仅有固堤之效，而且在柳树成林后，还可以就地取材，作为河防物资。这种做法多为后世所采用。

清代康熙在平定三藩的同时，也曾大力整治黄河，以靳辅为河督，在"黄河两岸，植柳种草"③。乾隆时期，在治理永定河工程中，特别强调堤岸多种柳树以固堤岸。据《永定河志》载："除河兵每人每年种柳百株，要求成活七成外，并发动群众于附近村庄大力植树，听民取薪自给，成活在五千株以上者，报工部嘉奖。"乾隆三十七年（1772 年），乾隆皇帝视察治理永定河水利工程，见堤岸植柳卓有成效，兴题《种柳诗》，刻石立碑竖于永定河金门闸东侧，其诗曰："堤柳以固堤，宜内不宜外。内侧根盘结，御浪堤弗败。外惟徒饰观，水至堤仍坏。此理本易晓，倒置尚

① 金弘吉. 2001. 明末四川皇木采办的变化[J]. 中国社会经济史研究(4)：87-92.
② 〔明〕刘天和. 1994. 问水集[M]//丛书集成续编：62 册. 上海：上海书店出版社.
③ 〔清〕赵尔巽. 1976. 清史稿[M]//河渠志. 北京：中华书局.

有在。而况其精微，莫解亦悉怪。经过命补植，缓急或少赖。治标兹小助，探源斯岂逮。"总结了种柳之事，并强调堤岸植柳的重要性。

6.2.1.2　经济林

明太祖朱元璋，在以农为本的前提下，对发展经济林(如桑、果、茶等)尤为重视。洪武元年(1368年)，杨思义为户部尚书，以农桑储积为急，请令民间皆植桑麻，四年始征其税，不种桑者，如《周官》里布法①。明太祖朱元璋，为了倡导发展林业生产，鼓励百姓多植树木，以身作则，在圻州"亲手植松"②，为全国人民树立了一个好榜样。朱元璋建立皇家漆、桐、棕三园，示范诱民，种植树木，扩大林地面积。据《明书》记载："南京则有漆园、桐园、棕园，俱在钟山之阳(今孝陵东者)。洪武初，以造海运及防倭战舡，所用油漆、棕缆、悉出于民，为费甚重，乃立三园，种各十万株，以备后世之需，而不敛于民。"③朱元璋，建立漆、桐、棕三园之目的，意在率民，普及林业生产知识，这与现今所说的国有林场的示范作用相类似。

清代前中期，清政府对经济林的营造，尤为重视。随着封建社会经济的发展，在丝纺织工业中出现了资本主义，种桑养蚕已成为农业商品经济中的一个重要部门。此时浙江"蚕桑之利甲天下。"④湖州府"尺寸之地，必树之以桑"⑤，已达到地无遗利的地步。又如广东之顺德县，"见之桑园围地方，周回百余里，居民数十万户，田地一千数百余顷，种植桑树，以饲春蚕。"⑥由此两处，即可看出当时种桑的规模很大，也相当普遍。

6.2.1.3　行道树

列树表道，自古有之。明代，各地列树表道的规模较大。明弘治年间(1488—1505年)，湖北随州太守李充"夹道植林木七百余里，入其途者，举欣欣然有喜色矣。"⑦正德年间(1506—1521年)，尚书吴庭举于江夏县(今武昌县)，山坡驿"捐资募工，沿途植松五百里，以荫行人。"⑧后人称"引路松。"前人行经其间，多吟诗扬之。前人作"古道苍松"诗曰：松之苍苍，先哲之芳。攒之翳日，复道长廊。龙肆于逵，籁发其阴。遗爱勿剪，吉士同心⑨。

明正德间(1506—1521年)，剑州李壁自"剑阁至阆中，西至梓栋三百余里官

① 〔清〕张廷玉.1974.明史：卷一百三十八[M]//杨思义传.北京：中华书局.
② 圻州志：卷三[M].
③ 傅维麟.2005.明书：卷八十四[M].全国图书馆文献缩微中心.
④ 1985.清高宗实录：卷五十一[M].北京：中华书局.
⑤ 宗源翰.1970.湖州府志：卷二九[M].台湾：成文出版社.
⑥ 戴逸.1980.简明清史[M].北京：人民出版社.
⑦ 湖北省随州市地方志编纂委员会.1988.随州志：卷三[M].北京：中国城市经济出版社.
⑧ 王庭祯.1975.江夏县志：卷五[M].台湾：成文出版社.
⑨ 高廷法.1969.咸宁县志：卷九[M].台湾：成文出版社.

道"，计植树"十万株"①，至今见于梓栋，阆中，剑阁古道两侧亭亭直立的翠柏有八千零三株。另一位明朝邑令杨公植"以维护山径者，自距城二十里东榆铺起，沿儿水之两岸迤而南约百里许，直至两河口止，疏密相间，枝干苍古，与剑南古柏竞美，皆数百年古物也。"②可见，明代古行道树之建设，规模之大和成效之高，令人赞叹。

湖南道县城南的大道中，"大道两旁俱分植乔松，如南岳道中，而此更绵密。有松自下分柯五、六枝，丛挺竞秀，此中特见之，他所无也。自州（道州），至永明，松之夹道者七十里，栽者之功，亦不啻甘棠矣。"③足以证明明代对道路林的营造是相当重视的。

6.2.1.4 陵墓植树

明代至清代前中期，对园陵墓林的种植，极为重视。如明代的凤阳皇陵、泗州祖陵、南京孝陵、天寿山列圣陵寝、承天府显陵等，以及清代的昭西陵、景陵、孝陵、孝东陵、裕陵、定陵、定东陵、惠陵、泰陵、泰东陵、昌陵等清朝历代宗室陵寝，以及列圣坟墓等先哲墓林的营造，具有一定规模。清王朝把营造墓林看作是西陵建设的一项重大内容。如道光八年（1828年），曾拨给西陵绿化专款就有一万一千零五十两，道光十三年（1833年），"在西陵补栽树木一万零三百七十棵。"这些幼树多是从涞源县上老荒庄村挖取的野生幼树。到清末仅泰陵附近山上"尚有巨松三万八千九百八十六株"④，形成一望无际的松林，向有"翠海"之誉。可见，明代至清代前中期对陵墓植树造林异常重视，陵园植树颇具规模。我国各地民间栽植墓树也相当普遍。常栽松柏之木于墓前，以示缅怀。

6.2.1.5 人工林

明代，林业经营和人工造林有较大发展。湖南省江华县县志记载，明代初期曾奖励移民，规定"屏水不上，任瑶民开垦种植，不交租，不纳粮"，江华及其邻近各县的瑶民开始进入山区，垦山插杉种粮，杉粮双收。明黄仲昭《八闽通志》载，永春县人生女"课种百株，木中梁栋。其女及笄，籍作奁资"。到清代中期（1700年前后），瑶民大量迁入林区向山主租山插杉种粮，按收成三七或二八纳租，所插杉树归山主所有。到了18世纪末清嘉庆年间，江华已形成大面积的杉木人工林区。

随着清水江流域杉木的采伐活动日益频繁，出现了过伐现象。明朝中期，面对日渐稀落的青山，锦屏的苗侗百姓开始探索用栽杉造林来补救。历史调查研究表明，湘黔边区的锦屏、天柱、靖州等地区在明代后期已经有批量的杉木外销，并有大量中原汉族木商参与此项经营。随着侗族地区原木外销量的剧增，沿江溪流地区的原始森林开始萎缩，侗族的人工营林开始提到议事日程，进入清代以后，侗族的

---

①②　曲仲湘．1938．渠河上游万源通南巴森林调查报告[M]//剑州志，四川森林：卷二．

③　〔明〕徐弘祖．2007．徐霞客游记[M]．山西：山西古籍出版社．

④　陈宝蓉．1987．清西陵纵横[M]．河北：河北人民出版社．

人工营林业已初具规模①。到了清代中期，随着木材采运贸易的繁荣，挖山栽杉更为普及，不仅本地人热衷，湖南、江西、江苏、福建等地的手工业者和破产农民也纷纷弃家而至，争相租地造林。改土归流后，清朝积极在苗疆建立营汛，修筑城池，维护交通，为当地的经济发展赢得了无限商机，除当地苗族农民佃种山地外，还有外地人进入苗族地区租山栽杉，如嘉庆三年，湖南黔阳人周元镒向文斗苗族地主租山栽杉就是一例。

6.2.2 森林利用

6.2.2.1 森林采伐

明代，大规模开放利用天然林的森林采伐业，已遍及全国北方和南方各林区，尤以山西省太行山及其北部五台山及外三关一带的森林被采伐殆尽，至明万历年间（1573—1619年）东北辽西一带的森林已开始采伐。清代之森林采伐尤甚于明代，仅东北辽南及辽东等地的伐木场就有22处之多，西南秦岭北坡的森林，自宋代采伐破坏之后，历经500多年天然更新成林，于清代中叶又进行大规模的采伐。此外，因人口激增，实行军屯民垦的开荒政策，对山区和丘陵林木及植被破坏极大，造成严重的水土流失，加剧了水旱灾情。

（1）明代的森林采伐

明代对森林的采伐和利用，先近后远。一般建筑用材多取自于北方，南方以采办珍贵木材居多。自明成祖朱棣营造北京宫殿始，此后历代侈俭不同，时多时少，但采伐从未停顿过。

大规模的森林采伐，始于永乐四年（1406年），为营造北京宫殿，"遣尚书宋礼如四川，侍郎古朴如江西，师逵、金纯如湖广，副都御史刘观如浙江，金部御史史仲成如山西②。这次采木的重点，是湖南和湖北，"逵往湖广，以十万众人入山辟道路，召商贾，军役得贸易。事以办，然颇严刻，民不堪，多从李法良为乱。"③可见，这次采木的规模很大，采木的数量很多，对采木工役很刻薄，对人民的骚扰也很厉害。

嘉靖三十六年（1557年），重建朝门午楼，议准，材木先尽神木厂，次差御吏、郎中各一员，挨查先年，沿途遗有大木，鲜用"令川、贵、湖广采木，山西真定采松木，浙江徽州采鹰架木。"④是时，奉天殿灾，显陵大水冲坏二红门，黄河便桥，故邸龙飞，庆云两宫多堕挠，建立元佑宫碑亭，敕命大臣开府江陵总督湖广、川、

---

① 龙迅. 1992. 侗族社会林业经济层面分析[J]. 贵州民族研究（2）: 79-83.

② 〔清〕张廷玉. 1974. 明史: 卷八十二[M]. 北京: 中华书局.

③ 〔清〕张廷玉. 1974. 明史: 卷一百五十[M]. 北京: 中华书局.

④ 〔明〕李东阳. 1987. 大明会典: 卷一百八十一[M]. 江苏: 广陵书社.

贵采办大木，此次采木规模是明朝历史上最大的一次。

采办皇木摩崖石刻三章："采采皇木，入此幽谷，求之未得，于焉踯躅。采采皇木，入此幽谷，求之既得，奉之如玉。木既得矣，材既美矣，堂皇成矣，皇图巩矣。"此摩崖石刻，就是嘉靖年间在竹溪慈孝沟采办皇木的实证。

云南盐津洪武、永乐皇木采办摩崖石刻

明朝派有专人从事采伐大木，作为宫殿、庙堂、陵墓之用，称作"皇木"。采办是明代皇木采办制度的重要内容，其形式有三：官办采木、商办采木和土司进献。前两种为主要途径，第三种的数量很少。官办采木就是官员直接参与负责皇木采办的全过程；商办采木就是政府利用商人的力量采办大木。明代的商办采木始终没有达到可与官办采木相抗衡的水平，商办采木只是官办采木的辅助形式，始终没有占据明代皇木采办的主导地位，而且也没有达到人们所预期的目的[1]。皇木采办包括采办的形式、采木的过程、大木的运送、贮存和利用等多方面的内容。

除了官采和商采外，明廷还有另外的渠道也可以得到一些大木，这就是土司以及个人的进献，其中土司的进献又占绝大部分。土司有的进献大木，有的进献采木之银。土司是西南少数民族地区的政治首领，是中央王朝羁縻政策的产物。进献大木是土司忠于中央的一种表现形式。土司献木或献银对于中央来说还可以节省一部分经费。谈迁曾说："土司有功，往例赐金币，进木又其细者。"[2]

明代皇木以采伐楠木为主。楠木，分布在湖广、四川、贵州等西南地区。由于湖广、四川、贵州等地至明清时在林业资源方面具有得天独厚的优势，采木主要集中在这些区域。明朝过多采办楠木，导致明末楠木严重缺乏，康熙八年（1669年）时太和殿修建以松木代替楠木[3]。

---

① 李志坚. 2006. 明代皇木采办的形式[J]. 安庆师范学院学报（社会科学版）(6)：44-47.

② ［明］谈迁. 1958. 国榷[M]. 北京：中华书局.

③ 蓝勇. 1995. 历史时期中国楠木地理分布变迁研究[J]. 中国历史地理论丛(4)：19-32.

（2）清代前中期的森林采伐

万历四十四年（1616年），努尔哈赤在我国东北赫图阿拉（今辽宁省新宾县）建立了后金政权，称金国汗。崇祯九年（1636年）皇太极即皇帝位，改国号曰清，统治我国东北大部分地区。为修建太庙，大政殿，先师庙，以及清室的祖陵，所需大量木材，就近在兴京、开原、凤凰城、岫岩等地山场采取。据《大清会典》载，当时，采木山场二十有二。在今辽宁省的兴京（今新宾县）、开原、凤凰城、岫岩、辽阳等地。

俱由工部会同将军衙门发给承领砍木照票。"计商人票十八张，台丁票四张。所运木植，每十五根抽分一根，内有折银者。"①每年完课后，限该商人、台丁于本年九月内将照缴回，另行换给新票，仍收票；年终，咨京师工部存查。从上述记载看，兴京，凤凰城等地，有大面积的成材林，可供开发利用，清初对木材管理，其法甚善。

清代前中期在采办木植时，为了防止不肖官役在采木过程中生事扰民，曾制定有某些禁令，防患于未然。如在康熙二十一年（1682年），覆准，"工程所需大木，如树在寺庙中及坟茔内者，不许混报封采，其近于寺庙坟茔者亦不得藉口隐匿，违者治罪。"②

清代皇木主要由政府招募商人进行采伐、运输。顺治九年（1652年）令，"各工需用木料，召募商人，自备资本出古北、潘家、桃林等口采伐木植，运至通州张湾地方，照数验收给价。……俟木植到日，部委官至通州张湾确估时价，部征三分，商给七分。"商人采木除出入以上诸关口外，还有直隶永平府界岭口、山西边外的穆纳山和大青山木厂。

6.2.2.2 集材

树木伐倒后，需要用各种方式进行集材。集材距离近到几百米，远到几千米。伐倒后的木材首先要运到山下楞场进行装车或运到水边由水运站水运，再经过几十公里或几百公里的运输至贮木场。

明清时期出现了中国最早的集材木滑道和架空索道——"溜子"和"天车"。据《三省边防备览》载：盩厔（今陕西省周至县）林区的"溜子"是这样的："截小圆木长丈许，横垫枕木，铺成顺势，如铺楼板状，宽七八尺。圆木相接，后木之头即接前木之尾。沟内地势凹凸不齐，凸处砌石板，一凹处下木桩，上承枕木，以乎为度。沟长数十里，均作溜子，直至水次。作法如栈阁，望之如桥梁。""溜子外高中洼，九十月后，浇以冷水，结成滑冰，则巨木千斤，可以一夫挽行。"这种溜子实际上是槽状的木滑道。由于铺有木道，原木在途中不致陷入泥内而阻滞，凹凸不平处已垫平，木料运行顺利，冬季在木道上浇水，故滑行快，"巨木千斤，可以一夫挽行"。

---

①② 〔清〕昆冈，等修. 2002. 钦定大清会典事例：卷六十二［M］//续修四库全书. 上海：上海古籍出版社.

这种集材方式，即今称之为木滑道，当时称溜子。

在高山深壑之间，运木则用"天车""挖山梁，监木桩二根，中横一木，安八角轮，绳担轮上，轮随绳转，再离安桩处数步，挖地稍平，另安转车。竖大木桩一根，中安八角轮，一架平转，有柱八根，装于轮之八角。用大牛皮绳一条，一头安轮上，将绳担过天车，一头扣住木料上所钉铁圈。用牛二头，或骡马四五头，倘无牛骡，用健夫二三十名，如推磨式，将转车推挽。绳绕轮角柱上，则木随绳上。转轮径七八尺、高六七尺。绳长不过三百丈。就山道之高低，安车三四层"。这是中国最早的集材架空索道和绞盘机。

在黑河山中(今陕西省周至县南)，伐木以后，即截成圆木(今原木)，或就地制成橄枋(今方材)，用木杠、铁钩等撬拨到山下，利用铺设的"厢"集中到河边。"厢"用橄枋铺设，每一里约铺厢180度。每一度用橄枋4件，居中的2件平正，两旁2件高数寸，使厢成凹槽形。每度墩枯下有横梁2根承托，梁下有立柱支顶，两旁栽有斜杆帮顶。如遇绝岩高坎，则先架"楼"(栈道)，然后铺厢。需集运的圆木和嫩朽上都钉铁环，系上皮绳，根据木料大小，由一人或二三人或三四人在厢上拉行，如果厢的坡度较大；集材人则骑在木料上，木料顺势在厢内滑行，既快捷又省力。由于黑河一带山势比鳌屋平缓，所以不架设"溜子"和"天车"，而创造了"铺厢"的方法，其工本要小得多。当圆木、橄坊、圆枋就地作成，散列四山，用木杠铁钩，此收至沟下，集齐铺厢，厢用橄坊，以橄坊之长度，每一度用橄坊四件，中二件平正，两旁二根微高数寸，每度下，用横梁二根，梁下立有正柱，两旁栽有斜杆帮顶。若地势平坦，则就地铺成。若绝岩高坎，则找架成楼，上楼然后铺厢，岩坎有高低不一，而楼亦层次不等。每一里共铺厢一百八十度，路成，然后用人拉放。每人拉皮绳一根，铁环钉于木上，或二三人，或三四人拉料一件。势平则人在木前曳之而行，其行迟缓。势斜则人骑木上，使之自动，走如快马。拉至河边，照件上磊，遇水另放①。厢即厢道，用木材架设的专用旱运木头的拽道。构筑厢道叫架厢。这是旱运中的一种重要形式，分平厢、陡厢和高厢三种。架厢于平地者为平厢，于陡坡者为陡厢，于两山之间者为高厢。

架厢在各地木材陆运过程中被广泛使用，《三省边防备览》详细描写了一种这样的支架滑道："鳌屋(今陕西省周至县)之黄柏园、佛爷坪、太白河等处，大木厂所伐老林已深入二百余里，必先作溜子，截小圆木，长丈许，横垫枕木，铺成顺势，如铺楼板，状宽七八尺，圆木相接，后木之头即接前木之尾，沟内地势凹凸不齐，凸处砌石板，凹处下木桩，上承枕木以平为度，沟长数十里，均作溜子，直至水次，作法同栈阁，望之如桥梁。此木厂费工木之最钜者。"②

砍伐之时，非若平地易施斧斤，必须找厢搭架使木有所依；且使削其枝叶，多用人夫缆索维系，方无坠损之虞，此砍木之难也。拽运之路，俱极险窄，空手尚苦难行，用力最不容易，必须垫低就高，用木搭架，非比平地可用车辆。上坡下坂、辗转数十里或百里，始至小溪。又苦水浅，且溪中怪石林立，必待大水泛滥漫石浮木，始得放出大江。然木至小溪，利于泛涨，木在山陆，又以泛涨为病。故旧例九月起工，二月止工，以三月水涨，难于找厢。是拽运于陆者在冬春，拽运于水者在夏秋，非可一直而行，即日而至。此拽运之难也①。

在陡峭的山坡上不太可能修建滑道，利用"溜子""天车""铺厢"集材，是中国机械化集材的开端。各项工程的设计都是合理的，解决了较大量木料集材的问题，并且提高了工效，节省人力而又较安全，促进了伐木业的发展。

特别珍贵的木材才由搬运工来运输，以免木筏在顺流而下时损害木材："林中枋木以油松为上，山左地多白蚁，油松为棺材上料，值价百金、数十金，运戒由水，负必须夫，而此背负之人壮健异常，计枋一块，重二三百觔(斤)，上下峻坂之中，厂人号曰某骡子。实则骡亦不逮矣，但不能行远，日不过三四十里，亦不赶歇店，自带铜锅、干粮，结队宿岩屋树阴之中。"②

严如熤，在嘉庆年间于陕西为官二十余年，于道光九年(1821年)，亲自和他的幕僚一起，勘察川、陕、鄂三省边界之地，因此，对林区的森林采伐有深入的了解，并从安邦定国的角度考虑林业问题，诚属难能可贵。

6.2.2.3 木材运输

木材运输是通过一定的运输方式而完成的。运输方式是指货物运输所采取的运输工具和方法的类型。明清时期的木材运输方式主要有以下几种：

(1)陆运

陆路运材一般使用四轮车，用骡马或牛曳引。东南林区以福建省产木材较多，常用人力独轮车、双轮车陆运木材。修宽约4尺的道，道上每隔3~4寸铺设横木，两侧用木钉固定，即成辘车道。运木时，木材装载辘车上，用人力在辘道上拖行，单辘车1人拖运，双辘车2人拖运。单辘车每次可运木材800~900斤。在山路崎岖、地形复杂处除需修筑栈道等集材道外，多用人力。或1人扛，或2人至多人抬。工人扛抬木材一端，后端拖地，这样半拖半抬直到目的地。

(2)水运

河运，在南方河道好的林区水运占很大比重。但水运受自然条件影响较大，如河流走向与货物流向不完全一致，冬季结冰或枯水期水位低；河道上水利工程设施不断增加，缺乏木材过坝措施等。由于木材采伐以后要经过自然干燥后才能水运，因此，时间长，容易降等降级。此外，木材水运的损失也比较严重：在流送过程中流失，洪水冲走沉底，沿途偷捞，碰撞损坏等现象经常发生。一般情况下，水运过

①② 〔清〕严如熤.2002.三省边防备览：卷九[M].上海：上海古籍出版社.

程中木材损失率大致在 15% 左右。木材的水路运输包括单漂流送、编排水运和船运等。

管流俗称赶河或赶羊，即单根木材流送，又称单漂流送。东北林区主要利用春季的融雪水管流，也有利用雨季河水较大时管流的。较窄的小河都适于管流。在上游将木材推入河流后，水运工人驾舟相随，在途中遇木材密集堵塞河道时，即用木杆、铁钩拨动木材，使河流畅通，木材顺利流下。

筏运又称排运，即将木材编成木筏水运。在宽阔的河道上，木材单根管流容易漂散，需要编筏运输。河运木排排型选择和扎制是放运技术的关键。长期以来，水伏们曾作过多次改进，不同地方排型及扎制方式不同。明清时，编筏水运是竹木运输的主要方法。据光绪《婺源县志》记载：湖南德山，是婺源木商往来必经之地，聚集在那里的排夫就不下数千人。春江放排所用的篾缆（用竹编成的缆绳）是名噪一时的婺源木商程文昂发明的。在没有其他大型运输工具的古代，大量的木料都是靠"放排"运出去的。运筏时间一般在 3 月末至 11 月末，约 8 个月，实际最忙期仅 6 个月。

海运：明代，"福建延、汀、邵、建四府出产杉木。其地木商，将木沿溪放至洪塘、南台，宁波等处发卖。外载杉木，内装丝绵，驾海出洋。每赁兴化大海船一只，价至八十余两。其取利不赀"。洪塘与南台是福建省会福州临江的市镇，它也是闽江上游商人与外省商人交易的地方，江面上停满了来自上游的小船、木排及沿海来的海船。从这段记载中我们知道，兴化商人经常驾驶大海船走江南与福建之间的港口，许多木材商人便租赁他们的海船将木材运到浙江的宁波出售。浙江人说："商船惟闽有之……间有载木之船，亦不甚高大"。浙江海禁时，常提到闽船，"凡系闽中载木货大船，尽行收入定海，不许出洋"。浙江人"先往福建收买杉木，在定海交卸"。可见，江南一带不产杉木，所需建材多从福建输入。以上的木材输出主要走海路。

6.2.2.4　木材的贮存

皇木到了通州张家湾厂，先受查点，然后被送到北京神木厂（在崇文门外）和大木厂（在朝阳门外），两厂的人员构成相同，皆由宦官管理。宣德年间，管理内官本人盗卖官木之事屡有发生，弘治年间，工部上奏，两厂的楠木、杉木被换用于其他建筑修造。隆庆初年，工部尚书因弹劾宦官遂以换大木另作他用而被迫辞职。

采木是明代最重大的工程，涉及到的人力物力财力，甚至超过了盐课，但采木不是每年都有大规模的项目，虽然小的需求不断，比如造船和富豪建房，可利益相对盐课来说还是较小的。明清木材运输全国各地因地理条件、生产力水平不同，运输状况各有特点。总体是基本依靠人力、畜力和水流自然动力以及古老的工具和方式来运输。

6.2.2.5　木材贸易

明代至清代前中期，我国山林多属私有。竹木贸易归个人经营，自由买卖。随着社会经济的发展，城镇人口的增加，建筑业的兴起，对木材需求量日益增多。在缺材短薪的地区，竹木市场也随之形成。

（1）主要木材市场

木材是明清时期跨地区、长距离贸易中重要的商品。长江中下游的武汉、芜湖、南京、镇江、上海、杭州等地是木材商业最发达的地区。这些地区经济比较发达，木材需求旺盛。武汉市的木材市场最早，清道光二十年间（1840年）就有湖南省湘、资两江流域的安化、益阳等地商人长途贩运木材到武汉（旧时称江夏县）鹦鹉洲出售，木材运销曾扩展到长江下游的芜湖、南京、镇江等各大城市，北到河南、山东、京津等地。江西、福建、浙江、安徽和贵州地区的木材也大多运到这一地区销售。湖南是中国木材主要产地之一，长沙为重要的木材市场。成都为西南地区重要的木材消费和转运市场。西安是西北地区的木材集散地，晚清时曾有木市。

（2）木材商人

木材虽是一般商品，但当时大的木料主要是宫廷和官廨所用，大的木商领有官帑，替官采办，因致大富。有资料表明，明代就已有湖南商人到茅坪等地收购木材，晋商在明代嘉靖初年就参与了皇家用木的采办。"嘉靖初年（1522—1566年），真定府同知胡泽曾令山西巨商伐采皇木，买至三十余万"。可见从事木材商业贸易的木商在明代已有大规模的发展，其中以徽州木商最为突出，

徽州木商指从事木业经营的商人。徽州地处皖南山区，人多地少，但林木资源丰富。以用材林松木、杉木、梓木为主，"大抵新安之木，松、杉为多"。在徽州六县中以婺源和祁门木材蕴藏量最大。木业为徽商从事的四大行业之一，木商以婺源人为多，历史上有婺源木商之称。明代徽州木商已经进入国内各大木材市场。婺源商人从以经营木业起家，致大富。他们不仅贩运本地的木材，更是控制了西南地区丰富的木材资源，把西南地区作为基地，种植、开采、贩运一条龙经营。

清代乾隆之后，婺源的杉木就垄断着上海的市场，婺源人胡执卿、杨锦春、胡靖畔均以经营杉木发家，成为了沪上的木业巨擘。婺源木商还远赴其他林区，从事经营活动。《婺源县志》中，"贩木饶、信间""贩木江右""贩木荆楚""贩木苗疆"的记载甚多。徽州木商中以婺源人最活跃，"徽多木商，贩自川广，集于江宁之上河，资本非巨万不可。因有移家上河者，服食华侈，仿佛淮扬，居然巨室，然皆婺人。近惟歙北乡村，偶有托业者，不若婺之盛也。……"[1]"婺源贾者率贩木"[2]。

清代前期部分木材由政府召募商人进行采伐、运输。顺治九年（1652年）令，"各工需用木料，召募商人，自备资本出古北、潘家、桃林等口采伐木植，运至通州张湾地方，照数验收给价。……俟木植到日，部委官至通州张湾确估时价，部征三分，商给七分。"商人采木除出入以上诸关口外，还有直隶永平府界岭口、山西边

① 歙事闲谭·歙风俗礼教考[M].
② 乾隆.婺源县志：卷四[M].

外的穆纳山和大青山木厂。顺治十三年(1656年)"庄头韩朝进并皇木商人周二等，到本关(界岭口)出口采木"。"穆纳山久奉封禁，乾隆元年绥远城兴建城工衙署营房，于穆纳山招商砍运，后因黄河冻结，令该商段士英等就近在大青山买用"。"大青山准商出赀砍伐。"内务府所属东北、山西、蒙古等处木厂的砍伐和运销，曾经由内务府商人"张鼎臣、张鼎萧、张常住兄弟三人"承办。工部招募自备本金的商人采伐、运销木材，也是先设立木商头，木商头也就是总商。自备资本的木商，采伐和运销的木材，官方按规定价格收购其中的一部分，其余木材由商人自行销售。木商要逐年或隔年向官府申请照票，经过批准才能领取。

不过致富并成为巨商的木商毕竟是少数，所占比重很小。《万历歙志》记载"姑论吾邑，千金之子比比皆是，上之而巨万矣，又上之而十万、百万矣。然而千金则千不能一也，巨万则万不能一也，十万、百万可知。乃若朝不谋夕者则十而九矣。"拥资千金、万金者不及经商总数之千分之一、万分之一，绝大多数则"朝不谋夕"。

木商在销售过程中有各种不同的称谓，大致分为以下四种：庄客，是在城市设庄收购，又称坐商，多在城市木材市场或木材集散地经营；行商，以信息渠道为手段，收取佣金；山客，主要是买青山，雇工采伐运到初级市场销售。或是在林区以出租和买卖山林为主的少数民族；水客，是指携资逆水而上，在当地行户协助下完成其采购木材的任务的木材商人。庄客、山客、水客的分类只是传统习惯的一种区分方法。也进一步说明了清代木材商业的繁荣，商人数量的增加。

木商成立各类组合，俗称帮。分湖南省、江西省、湖北省，以湖南省帮为最多，各帮操纵的树种是有区别的，如湖南益阳六湘帮主要是操纵杉木、杂木两种。

木商在经营过程中有不同的组织形式：木号，资金雄厚，自运自销，专做批发生意。木行，作为买卖双方的中介，其主要任务是代卖方(山客)上缆子，保存木材，并垫付运费，预付木价，寻找合适的买主，围码，代交税款等；代买方(水客)批组货源，按其要求选配合理的品种，安排码头，兑付款价，雇人撬排运输，结算账目等[1]。牙人、牙行是买卖双方的中介。牙人，亦称经纪、牙侩、驵侩等。牙行主要目的是评定物价，主持公平交易，促进商品流通。牙行在评估物价，主持交易之外，还承担着为朝廷征收商税的职责。

(3)木材对外贸易

紫檀是明清时期京作家具的主要用材，但并不产于中国。明清京作家具主要是皇宫、贵族、京官使用的家具，皇宫内廷的家具用材是最为考究的。每年东南亚、南亚、朝鲜等国的朝贡勘合贸易，给朝廷提供了丰富的海外木材资源，包括大量的来自东南亚和南亚的硬木，从现在北京故宫博物院的明代家具藏品中看，宫廷家具的主要用材是这些高级硬木，包括黄花梨、紫檀、鸡翅木、乌木、红木、铁力木等。明代流传下来的家具中，硬木家具数目可观。这些硬木主要出产于东南亚和南亚

---

① 罗洪洋. 2006. 清代地方政府对黔东南苗区人工林业的规范[J]. 民族研究(1)：77-86.

的热带国家，以及我国的海南岛、广东、广西、云南等地。明代的硬木家具，其木材的来源很大程度上依赖进口。

东南亚和南亚诸国的使团开始络绎不绝地来到中国进贡。在这些供品中，香料、金属、贵重的木材占了很大的份量。由此可见，朝贡供品中的硬木是向宫廷提供的制作高级硬木家具的很大一部分来源。据当时朝贡物品名单中记载，日本、琉球、苏禄、满喇加（今马来西亚）等国上贡物品中均有"苏木""乌木"等记载。

除了国外使团的贡品，在明代，还专门派官吏驾海船到南洋采办紫檀等硬木，并成为定例，一直到明朝灭亡之前。明朝郑和七次下西洋，极大地加强了中国与外国的联系与交往，沿途国家回赠或郑和船队自己购买、采集的商品除了香料、珍禽异兽、珠宝外，还有今印尼、马来西亚的沉香，印度的檀香、乌木、紫檀木。明史及其他文献有多处提到朝廷派官员赴南洋采购香料、木材及其他宝物的文字。主要是从现今的印尼、文莱、马来西亚等地采办香料、紫檀、乌木、花梨等。到明末清初，全世界所有紫檀木的绝大部分都汇集到中国，分贮于广州和北京。清代所用紫檀木料主要为明代所采。明代均有大量的日本僧侣到中国留学，将日本的剑、刀、扇、画等带入中国。从中国带回佛经、旃檀佛像、茶叶、丝绸、紫檀及紫檀器物、檀香。

隆庆元年（1567年）废除"海禁"，朝廷逐步放宽对民间与海外的贸易限制。宁波、泉州、广州及东南沿海的许多商人从很早就开始了与日本、琉球、南洋诸国与南亚的贸易往来。来自海外的商品大量进入中国市场，包括东南亚国家的硬木。"东南亚向印度、中国和日本出口本地出产的林业产品、棉花和黄金。""中国进口印度的棉织品（其中一部分则转手再出口），东南亚的香料、檀香木以及造船木料或船只，以及其他地方的白银。""这个时期东南亚商业交换的模式是，暹罗出口各种商品，尤其是大米、棉花、蔗糖、锡、木材、胡椒、小豆以及贵重奢侈品，如象牙、犀牛角、苏木、安息香、鹿皮和虎皮，还有铅和银。"

6.3 林业科学技术

明至清中期，虽有资本主义的萌芽，但由于封建制度的桎梏，一些学者纷纷转而从事科学技术的考察和总结工作，其中关于林业科学技术的论述占有相当篇幅。由于学者们的思想受到了禁锢，这一时期林业科学技术未能有突破性的发展，但经过学者们的努力，原来的体系更加完善，中国古代林业科学技术到这一时期已经成熟。

6.3.1 林木培育

明代至清代前中期，由于两朝历代封建统治者，深知已取得的封建君主政权来之不易。为了巩固其统治，皆以农桑为立国之本，注重经济林木（如桑、果、茶等）的种植，对社会生产力的恢复和发展起着相当大的促进作用。在林业科技方面，具有实用价值的农书增多，诸如林木栽培，林产品的加工与利用、木材计量以及作为林学基础课的进步。

徐光启，经过悉心访问，亲自试验，已认识到林业是一次投资多年受益的行业。他主张利用先进的技术，培养良种，以此缩短林业生产周期，提高经济效益。如野生的乌桕，江浙人呼为草桕，产量低，农民收入少，利用嫁接的方法，来改良品种，提高单位面积产量。首先种草桕，待草桕长至"如酒杯口大，便可接，大至一两围，亦可接，但树低接，树大高接耳。"接时选其种之佳者，"穗聚子大而穰厚"。①的葡萄柏为接穗。收到了良好的效果。为了改善果品质量，延长果木寿命，徐氏亦利用嫁接之法，"李接桃梅，易活，而耐久。"② 在嫁接技术上，较前人有所提高，如《农桑辑要》引张约斋《种花法》言："春分和气尽，接不得，夏至阳气盛，种不得。"③徐光启明确指出"春接树，必待贴头回青，无有不活。大都在春分前后，亦有宜待谷雨者，何云：春分不接也，种，则立夏后便不宜矣。"④无疑徐氏说的是对的。在选接穗方面，对《土农必用》言接穗"果木宜三年条"的说法，进行了纠正，徐氏言："莫如当年条为妙，三年之说不然也。"⑤同时还对《土农必用》在劈接法中言："嵌于砧磐傍所批渠子内，极要紧密，须使老树肌肉"，与接头肌肉相对著的说法，同样进行了纠正。徐光启说："渠子浅深，量树大小，及接头粗细。其紧要处，只在皮（韧皮部）对皮，骨（木质部）对骨耳。更紧要处，在缝对缝。"⑥ 这说明，明代的嫁接技术水平有了显著的提高，有的已接近现代的科学水平。

如何培育出通直的大径级材，改善果品质量，徐光启认为"凡树，欲取材，如梓、榆、松、柏之类，可令挺枝无旁枝，"⑦利用修剪整理枝条的办法，即可长成高大通直的大径级材。如果木、石榴，"须于春分前剪去繁枝及树梢，则实大。"⑧ 在林木移栽技术方面，徐氏对《土农必用》所言："凡移树，不要伤根须，须阔掘垛，不可去土，恐伤根"⑨ 的说法。没有因循守旧，进行了纠正。如徐光启说："土封虽小，无绝根须。其法：宜先宽掘土封。渐用竹木剔去旁土，误伤细根。约量人力可至者以绳束之。新坑，勿掐，令阔大，令根须條直，不可卷曲。"⑩徐氏这种苗木移栽技术，至今仍在沿用。

我国自古森林资源丰富，后经历代合理与不合理的开发利用，致使林地面积由多变少。尤其是在一些丘陵平原人烟稠密之地，在明代至清代前中期，已出现严重

① 〔明〕徐光启.2002. 农政全书：卷三十八[M]. 湖南：岳麓书社.
② 〔明〕徐光启.2002. 农政全书：卷二十九[M]. 湖南：岳麓书社.
③④ 〔明〕徐光启.2002. 农政全书：卷三十七[M]. 湖南：岳麓书社.
⑤⑥ 〔明〕徐光启.2002. 农政全书：卷三十二[M]. 湖南：岳麓书社.
⑦ 〔明〕徐光启.2002. 农政全书：卷三十七[M]. 湖南：岳麓书社.
⑧ 〔明〕徐光启.2002. 农政全书：卷二十九[M]. 湖南：岳麓书社.
⑨⑩ 〔明〕徐光启.2002. 农政全书：卷三十七[M]. 湖南：岳麓书社.

缺材短薪的局面。面临这种情况，人民愈感到有发展林业的必要性。勤劳勇敢的中国人民，在林业生产实践中，创造了许多行之有效的林木栽培技术，有些至今仍有一定的指导意义。在繁殖苗木方面，一直沿用着古老的有性和无性繁殖两种方法。

明代之时，我国农民在园艺生产上，利用扦插繁殖苗木，已相当广泛。对难以用种子繁殖的果木，繁殖种苗，改良果品质量，提前开花结果，缩短生产周期。此法操作简便，容易成活，在生产中已广泛采用。

《农政全书》所载的"以蜜固底，次用生山药捣碎，涂蜜上。"春花以半开者摘下，即插之萝卜上，能长出新根，成为新一植株体，很富有科学道理。不过是古人所用植物药剂处理插穗方法的延伸而已。然而当时古人不可能知道这些科学道理，但凭籍长期的实践经验，显然已意识到，"用蜜、山药处理插穗，以萝卜做营养钵，种后，精心管理。""自然生根，则根生矣。"这种朴素的理论认识，表明我国古代人民，有无穷的智慧和力量，创造了光辉灿烂的林业科技，对后人进行杂交育种的启迪也是很大的。可见，早在三百多年以前，我国已开始利用植物药剂处理插穗，培养优良种苗，可以说，处于世界领先的地位。

古人多用嫁接果木之法，改善果品质量，提前开花结实，延长果树寿命，缩短生产周期，增加经济收入。

嫁接可以促进果木及早结果，改善果品质量。明代末年，我国杰出的科学家，把嫁接技术概括总结为三诀："第一，偬青，第二，就节，第三，对缝。"并说："依此三法，万不失一。"[①]从上述可知，明代的嫁接技术，已接近近现代的水平。有些生产实践经验，至今仍在沿用。

6.3.2 林产品加工

明代及清代前中期，人们对林产品的利用日益重视。诸如女贞收蜡，乌桕榨油，竹材造纸，岩桂蒸馏，樟脑制取等，已经发展到了一个新的水平。

6.3.2.1 女贞收蜡及乌桕取油

女贞收蜡，自元以来，人始知之，至明代发展到由自生转向人工放养。放养白蜡虫法，据《农政全书》所载："女贞收蜡有二种，有自生者，有寄子者。自生者，初生不知何来，忽遍树生白花(枝上生蜡如霜雪，人谓之花)，取用炼蜡。明年复生虫子，向后恒自傅生，若不晓子者，取他树之子，寄此树之上也。……凡寄子皆于立夏前三日内，从树上连枝剪下，去余枝，独留寸许，令子木，或三四颗，乃至法"，为以后榨油工业之发展，奠定了基础。江南山地丘陵的经济林木还有放采白蜡和乌桕子取油的经济活动。白蜡树产于湖南、浙江、四川等地，乌桕树分布较

---

① 〔明〕徐光启.2002.农政全书：卷三十七[M].湖南：岳麓书社.

广，江苏、浙江一带较多。人工采蜡和取油，宋、元时虽已开始，但到明代才普及，并掌握了生产技术。白蜡为制蜡原料，用途甚广，作为农村副业，收益很高。乌桕收子取油，据徐光启《农政全书》载：乌桕收子取油，甚为民利。"沧济人实用，无胜此者。采桕子在中冬，但以熟为侯，采须连枝条剥之，但留起指大以上枝，其小者总无子亦宜剥去，则明年枝实俱繁盛。"说明此时已采用疏枝法，以促进乌桕结实。乌桕子可取白油，清油，其取油之法，"拣取浮子晒乾，入臼舂落，外白穰，筛出之，蒸熟作饼，下榨取油如常法，即成白油如蜡。"……其筛出黑子，用石磨麤碎，簸去殻，存下核中仁，复磨或碾细蒸熟，榨油如常法，即成清油。"①此时期的乌桕榨油之状似脑白色如雪，樟树脂膏也，胡演升练方云：煎樟脑法，用樟木新者切片，以井水浸三日三夜，入锅蒸之，柳木频搅，待汁减半，柳上有白霜，具滤去渣，倾汁入瓦盆内，经宿自然结成块也。"②

6.3.2.2 岩桂蒸馏及樟脑的制造

明代，我国蒸馏业的发展，已取得较大的成效。据明代梁成栋的《种岩桂法》中记载了肉桂油蒸馏之方法云："开甑熬油，不论时节，周年皆可，四五六月熬桂头叶油，七八九月熬夏秋叶油（评南人言：春叶秋叶熬油，其油度数高，估价亦高。夏时熬油则度数低，估价亦低，近人已少熬夏叶）。每甑用乾桂叶六十斤（必连枝与叶熬油，方有起色）。每一日一夜，可熬八甑。用二人次第轮流司理，以六日为一期，期至则起油（连熬六日，油已满甑则起出之）。一月凡五期（熬油必要有长流小水，时添甑面，油方有起色）。每百斤叶出油之数，春季枝叶可得三十余、四十斤，秋季枝叶可得油四十余、五十斤。"③可见，当时岩桂蒸馏已接近现代的水平。

至于樟脑的制造，明末李时珍的《本草纲目》作了概要的叙述。"樟脑出龙州，漳州，十余颗，作一簇；或单颗，亦连枝剪之。剪讫，用稻谷浸水半日许，漉取水，剥下虫颗，浸水中一刻许，取起用竹箸虚包之，大者三四颗，小者六七颗，作一苞，勒草束之，置洁净甕中。若阴雨，顿甕中可数日。天热其子多进出，宜速寄之。"又说："立夏前二日剪子，此常法也。但浙东气暖，从他方鬻子还，恐虫进出，故以此为期。"

6.3.2.3 桐油的榨取

清代，中国南方已有多种榨取桐油的方法。吴其濬的《植物名实图考》记载了桐油的榨取过程："十月子熟去殻，取米曝干，碾磨蒸熟，用簎箍棕皮包之，如鼓样。榨取油，灯烛皆资之。榨油之法各异，以包置榨间，上下夹木板，以木杠撞击取油，曰撞榨。置大木于榨顶，用巨绳滚纽，曰绞榨。榨前悬大木正撞，声如霹雳，山鸣谷应，曰千斤榨。又有用二木空中置二板，中夹油包，左右用櫜木撞取。"上述

① 〔明〕徐光启. 2002. 农政全书：卷三十八[M]. 湖南：岳麓书社.
② 〔明〕李时珍. 1954. 本草纲目[M]. 北京：商务印书馆.
③ 干铎. 1964. 中国林业技术史料初步研究[M]. 北京：农业出版社.

数法，有的相沿至今。

6.3.2.4 　漆的采集与加工

明代，取漆时，"竹筒钉入木中取汁，或以刚斧斫其皮开以竹管承之，滴汁则为漆也。凡取时须茬油解破。故淳者难得，可重重别制。拭之色黑如，若铁石者，为上等，黄嫩若蜂窠者不佳。凡验漆，惟稀以物蘸起，细而不断，断而复收。更又涂于乾竹上，荫之速乾者并佳。试诀有云：微扇光如镜，悬丝急似钩。撼化琥珀色，打着有浮沤。"[①]这与湖北利川，咸丰等地民间所流行验漆打油诗"坝漆清如油，照见美人头。摇动虎斑色，提起钓鱼钩"极其相似。足证在明代时，我国各地漆商已基本掌握了验漆的方法，这种验漆技术，流传至今。

在漆的加工制造方法方面，也有长足的进步。永乐中，明代著名漆工张德刚与同里杨茂俱善漆剔红器，日本琉球购得以献于朝[②]。至宣德年间，杨埙，赴日本传授"泥金画漆之法"，而自出已意，"以五色金钿并施，天真烂然，倭人见之亦龇指叹，以为不可及。"并在漆液中加入各种颜料，配成各种彩漆，为我国制漆工业放出异彩，反映着我国采漆技术和制漆加工方面，在总结前人生产经验的基础上，而又有所创新。

6.3.2.4 　竹材利用

我国利用竹材造纸，历史悠久。早在秦代以前，就有用竹材造纸的记载。到了明代及清代前中期，利用竹材造纸得到进一步发展，生产规模更为扩大。明末宋应星的《天工开物》一书中，把用竹造纸分为：荡动，（使纸浆等薄层浮在帘上），覆帘压纸(覆下帘子，使湿纸从帘上脱下)，斩竹漂塘(取竹料浸入塘内)，煮足火(将原料倒入锅内，加火煮烂)，荡料入帘(底槽用帘榨去水分)，透火焙干(将湿纸贴在壁上，加火焙干)五个工序，为近代的造纸工业奠定了基础。

明至清代前中期，由于社会经济条件的限制，对各种林产品的加工制造，长期停留在小规模手工业生产阶段。

6.3.3 　龙泉码价

杉木是生长迅速而且用途广泛，利用价值很高的树种，宋元以后就开始大量栽培，到明代已成为中国南方最重要的商品材。随着杉木交易的发展，需要一种比较精确简便的测定材积的方法。明末清初，在长江流域杉木市场出现了计算材积的"龙泉码"，这一木材计量方法是龙泉(今江西省遂川县)郭维经父女发明，因而得名。后为上海、长江流域的大商埠、乍浦、武汉等地木商引用，成为定例。郭维经

①　〔明〕徐光启.2002.农政全书：卷三十八[M].湖南：岳麓书社.
②　赵惟嵝.1993.嘉兴县志[M].上海：上海书店.

（1588—1646 年），江西龙泉人。其家乡龙泉为江西省重要的杉木产地，郭的长女嫁给龙泉邻县泰和县马家洲肖氏。马家洲为附近诸县木材集散地，因此郭维经父女认真研究了杉木的计量问题。郭氏父女用滩尺（1 滩尺 = 0.3422 米 = 1.067 市尺），"从杉木底端起，五尺又三指处（需除去水眼），环绕周围来测定。由周围的大小，以定码价的高低，有时因长度的不足，而不随其周围尺寸大小的顺序以定其价格。"[①]当时用粗篾滩尺量材长，分列等级：即分码，小钱码，中钱码，大钱码，七八九码，单两码，双两码，飞码。以"两"为基本单位计算材积，1 两为 10 钱，1 钱为 10 分，1 分为 10 厘。围径 1 尺的杉木材积则为龙泉码 3 分，围径每大半寸，材积加 5 厘。故一量杉木周围就可得知材积，十分简易方便，和按照根、堆来计量要精确得多。这种"龙泉码"计材方法广泛应用于中国南方地区的杉木检量，龙泉体系在中国一直使用至 20 世纪 50 年代初，1954 年中国木材计量改用公制，1960 年林业部颁布了杉原条标准和杉原条材积表，龙泉码价表同时废除，但在一些杉木产区，林农自采自销木材时仍然使用。尤其是进一步细分后的龙泉体系共分一百二十级，和评估体系（码价）相对应。码价用货币单位两，或银两来表示（码价不是实际价格的货币单位，而是木材价格单位的价码，是一种特殊的材积单位）。龙泉价码的应用对南方杉木产区木材贸易曾做出巨大的贡献。郭氏龙泉码价的发明，结束了我国千百年来民间采用的"握""围""拱把"的粗放木材计量历史。"龙泉码价"是中国古代发展最成熟的材积检量体系，比欧洲的同类计材方法早 300 多年，是世界上最早的木材计量方法。

6.3.4　农林古籍

明清时期，伴随商业性木材、花卉、园艺和果树市场的发展，相关领域的技术得以大大改进和完善，人们关于森林的基本理论、树木栽培、森林利用的许多认识都达到了相当的高度，一大批总结历史经验、反映时代发展的农林科技名著涌现。这些农林科技文献记载，在具体实践基础上总结了我国古代许多先进的林业生产技术，对于研究中国古代科技史具有重要意义。

6.3.4.1　《本草纲目》

从药物学之本草类始，继而发展到作为林学基础的植物学和树木学，此时期有大的进步。明代之世，本草类之著作逐渐增多，主要有徐用诚的《本草发挥》、朱橚的《救荒本草》，兰茂的《本草蒙签》等。在中国本草学史上，李时珍的《本草纲目》，是一部内容丰富，论述广泛，影响深远的本草学著作。还按药物的自然属性和生态条件作为分类基础，分为水，火，土，金，石，草，谷，菜，果，木等部。是当时

---

① 赵宗哲 . 1953. 实用测树学 [M]. 北京：中华书局.

世界上比较先进，比较实用的植物分类法，它比瑞典植物学家林奈（Carl Linnaeus）于公元 1753 年发表的《植物种志》，要早一百多年。

李时珍（1518—1593 年），明代杰出医药学家。继承父业，参阅前人著作 800 多种，涉足自然界和深入民间，对药物进行考察，采集实物标本，收集单方，并结合自己的临床经验，历时 30 载，编撰了《本草纲目》。此书对每一种药物都记其名称、产地、形色、气味、主治、栽培、采集方法和炮炙法等，并配有 1100 多幅描绘逼真的插图。全书分草部、果部、木部、虫部、鳞部、介部、禽部、兽部。草部所收草类有很大部分是林野下的草。果部多数是木本的。此书收录的树木和野生动物比前代任何一部农书、本草书、动植物专谱都更为齐全，在分类上也有进步。对于鸟兽，李时珍也作了合理的分类，并搞清了前代未搞清的一些问题。《本草纲目》是一部药物学专著，也对树木学和森林鸟兽学做出了巨大的贡献。

6.3.4.2 《植物名实图考长编》和《植物名实图考》

吴其濬（1789—1847 年），清代学者，河南固始人。曾在许多省份做官，每到一处，就对当地的气候、土壤、植物等都作细致的观察，并广泛采集标本。在基于史籍编撰成的《植物名实图考长编》基础上，结合自己收集的资料以及实物标本，编撰成《植物名实图考》，二书是博采前人研究成果并有所发展和提高的植物学著作。编写体例仿照传统的本草，对每一种植物都描述了形态、颜色、性味、用途和产地，尤其注重其药用价值以及同物异名或同名异物的考订，所绘制的植物形态图比以前任何本草书的附图都更为精确。《植物名实图考》附有精细的插图，描绘得颇为逼真；《植物名实图考长编》附录了历代有关的重要文献，或全文附录或详细摘录。其中，《植物名实图考》集吴氏研究之大成，收录内容多，最具代表性。其书共 38 卷，分谷类、蔬类、山草、湿草、石草、水草、蔓草、毒草、芳草、群芳、果类、木类十二类，每类分若干种，叙述其名称、形、色、味、品种、产地、生长习性、用途等，这些占了一半的篇幅，著录的每种植物均经本人亲自观察、考证，修正了过去本草书中的许多错误。另一半由一千七百四十一幅绘画组成，绘图生动、准确，有的甚至可以据之鉴定植物的科和目。作者利用巡视各地的机会广泛采集标本，足迹遍及大江南北，书中所记载的植物涉及我国十九个省，尤以云南、河南、贵州等省的植物较多。而这些植物中很多都是森林资源，《植物名实图考》所记载的植物在种类和地理分布上，都远超历代诸家本草，对我国近代植物分类学、近代中药学的发展都有很大影响。在植物学知识之外，在森林资源、林产利用以及园艺等方面也提供了可贵的史料。

6.3.4.3 《花镜》

有关园艺观赏植物栽培的代表著作有清代陈淏子的《花镜》。全书共七卷，第一卷为"花历新栽"，包括观赏植物的分栽、移植、扦插、接换、压条、下种、收种、灌溉、培壅、整顿十个方面，全面而细致地记载了全年十二个月观赏植物的栽培技术和理论；第二卷为"课花十八法"，包括课花大略、辨花性情法、种植位置法、接换神奇法、扦插易生法、移花转垛法、浇灌得宜法、培壅可否法、治诸虫蠹法、变花催花法等，对观赏植物的栽培、原理和管理方法作了阐述，是全书的精华所在。第三到第六卷分别为"花木类考""花果类考""藤蔓类考""花草类考"，实际为栽培各论，分述花卉、果木、蔬菜、药草的生长习性、产地、形态特征、花期及栽培大略、用途等。附录为"养禽鸟法、养兽畜法、养鳞介法、养昆虫法"，记载常见园林动物的饲养管理方法。陈淏子在《花镜》中指出："树以皮行汁，斜断相交则生。"准确地表述了植物嫁接成活的内在机制，这完全符合砧木与接穗通过木质部和韧皮部的营养输送而嫁接成活的原理，说明清代对嫁接生理已有较深的认识。他还强调了植物在引种和移栽过程中的"土宜"问题，指出："生草木之天地既殊，则草木之性情焉得不异！故北方属水性冷，产北者自耐严寒；南方属火性燠，产南者不畏炎威，理势然也。……荔枝、龙眼独荣于闽粤；榛、松、枣、柏尤盛于燕齐；橘、柚生于南，移之北则无液。"明确指出了植物的引种与移栽必须要考虑植物的生物学特性。

6.3.4.4 《三农纪》

有关果树栽培方面代表性的著作有清代张宗法的《三农纪》。全书共 24 卷，内容包括天象、月令与气候、水利、土壤、环境与物产、救荒、谷类、瓜类、蔬菜类、果类、纤维类、油料类、染料类、林木类、草类、药用植物类、家畜家禽、鱼、放养的虫类动物以及屋舍的修建、农事的安排、修身养生等内容，其中涉及的果木栽培内容尤为精彩。如张宗法提出了桃树栽培的周而复始种植法，指出："先种一行桃树，稀留空所，待于三年空中另种一行。如此伐老生新，新茂伐老。"就是说第一行桃树衰老而结果稀少时可伐去，第二行桃树已成长起来，可替代老树。张宗法还将《齐民要术》中的"嫁李法"应用于桃和石榴等果树的培育上，以提高果树的产果量。他还针对果实保存的技术问题，提出了科学的保存石榴方法："拣美者连枝摘下，安新磁缸中，以纸密封十余重。盖之。至春秋取出犹新。"此法较好地解决了石榴保鲜、防腐的技术问题，对今日的果实储藏仍有一定的借鉴意义。

6.3.4.5 《工师雕斫正式鲁班木经匠家镜》

有关木材加工利用方面代表性的著作有明代午荣编纂的《工师雕斫正式鲁班木经匠家镜》。全书有图一卷，收录绘图 22 幅；文三卷，首先介绍鲁班先师源流，然后主要介绍行帮的规矩、制度以至仪式，建造房舍的工序，选择吉日的方法，并说明了鲁班真尺的运用，记录了常用家具、农具的基本尺度和式样，记录了常用建筑的构架形式、名称以及一些建筑的布局形式和名称等。其书虽然对技术知识的介绍比较笼统，但却保存了珍贵的明代木工行业专用术语。尤其是其关于家具部分，是关于明式家具最经典的文献记载。

6.3.4.6 《天工开物》

涉及大量农业生产和林副加工的著作有明代宋应星的《天工开物》。该书是世界上第一部关于农业和手工业生产的综合性著作，它对中国古代的各项技术进行了系统地总结，涉及到机械、砖瓦、陶瓷、硫磺、烛、纸、兵器、火药、纺织、染色、制盐、采煤、榨油等众多生产技术。其书分上、中、下三卷，每卷后面附有绘图，作为文字说明的补充。其中许多内容涉及到林业生产技术和森林利用。如"彰施"讲述植物染料及染色方法，对蓼蓝的种植和蓝靛的提取、从红花提取染料的过程叙述得比较详细；"甘嗜"讲述种植甘蔗及制糖、养蜂的方法；"舟车"用数据标明了船舶和车辆的结构构件和使用材料，同时说明各种船、车的驾驶方法，详细介绍了大运河上航行的运粮船"漕船""膏液"讲述植物油脂的提取方法，杀青主要讲造纸技术，丹青主要讲墨和颜料的制作。

6.3.4.7 《园冶》

有关园林建筑方面的代表性著作有明代计成的《园冶》。该书是中国古代造园专著，也是中国第一本园林艺术理论的专著。全书共三卷，附图 235 幅。第一卷卷首冠以《兴造论》和《园说》，是全书的纲领和立论所在，即造园的思想和原则。其后，有《相地》《立基》《屋宇》《装折》《门窗》《墙垣》《铺地》《掇山》《选石》《借景》十篇，其内容各围绕篇目主题展开述论。例如，第一篇《相地》列举山林、城市、村庄、郊野、宅旁、江湖等不同环境中的园林选址和景观设计要求。第二篇《立基》重点叙述各类园林建筑以及假山选址立基的艺术和技术要领。第三篇《屋宇》，分述了各类建筑名称、功能以及梁深结构类型、变通方式后的图式。第四篇《装折》即装修，叙述屏门、天花、门窗隔扇等可折装木作的式样与做法。第五篇《门窗》讲述园林建筑门窗多种外形轮廓与做法。诸如此类关于园林兴造技术的记录，全面且严谨。在十篇论述中，相地、立基、铺地、掇山、选石、借景篇是专门论述造园艺术的理论，也是全书的精华所在。《园冶》是计成将园林创作实践总结提高到理论专著的层面，全书论述了宅园、别墅营建的原理和具体手法，反映了中国古代造园的成就，总结了造园经验，是一部研究古代园林的重要著作，为后世的园林建造提供了理论框架以及可供模仿的范本。

6.3.4.8 《农政全书》

有关农林生产的综合性专著有明代徐光启编纂的《农政全书》。其书博采前人相关著述，加以个人的议论，分农本、农事、水利、农器、树艺、蚕桑、蚕桑广类、种植、牧养、制造、荒政，共十二门，每门下又分若干子目，是我国传统农学的一部综合性巨著。《农政全书》对发展农业生产的政策、制度、实施措施等进行了专门论述，尤其突出了屯垦、水利和荒政三方面的内容，这是以前农书从未有过的，但全书最有学术价值的是"树艺""种植"等目所记载的植物及其栽培方法。徐氏以其谨慎的科学态度，广征历史文献，加之实地调查，乃至亲自实验，因此书中所记植物之形态、特征、价值及栽培方法，大多信而有征。徐氏非常重视林业生产，他在《经史典故》中援引周制"还庐树桑"；在《诸家杂论》中援引茨充为桂阳令，教民益种桑柘，数年之间大赖其利；在《国朝重农考》中，征引明朝皇帝如何重视林业的政策，如明太祖朱元璋屡次下诏天下农民，相其土宜，广植桑枣。总体来说，徐光启的林业思想主要有二个方面：一是注重林业的经济价值。如他通过亲身的调查研究认为，乌桕树收子取油，甚为民利，如能种植乌桕树数株，生平足用，不复市膏油也；并指出临安郡中田畔种植乌桕，既能收取柏子，又不妨碍农业生产，可减租赋之重压；其乌桕榨油后的残渣可以用来壅田，其叶可染皂，其木可刻书及雕造器物等。二是重视林业技术。在具体树木栽培、抚育方面，他利用嫁接、压条繁殖、扦插繁殖技术等来培育良种，提高产量，延长果木寿命；利用修剪枝条的方法来培植高大通直的木材；主张要及时采集树木种实，妥善贮藏，以备种植使用；他详细叙述榨取木油、造漆等林产加工技术。

6.4 林业政策与管理

随着政治、经济和科技水平的不断发展，森林与人类的关系越来越密切，政府对林业的管理也逐步加强和全面。六部为主的政府部门承担着林业管理的诸多职能。

6.4.1 林业官制

明代及清代前中期的林业官制，大抵沿袭汉唐的制度并有增减。明初，设丞相掌中书省，治理天下事。洪武十三年（1415 年），为铲除积弊，防止个人专擅，析中书省之政，改设吏、户、礼、兵、刑、工六部。各部设尚书、侍郎、员外郎、主事等职，职专责成。六部之中的户部和工部，分司治理林业。清代前中期的林业官制，沿袭明制不改。

6.4.1.1 工部

工部属于综合管理机构，设尚书、左右侍郎等职。"工部，掌天下造作之政令，与其经费。以赞上奠万民。凡土木兴建之制，器物利用之式，渠堰疏障之法，陵寝供仪之典，百司以达于部，尚书侍郎率其属以定议。大事上之，小事则行，以饬邦事"[1]。意思是工部尚书，掌天下百官，发布山泽政令，侍郎次之。凡是土木建造、器物制造、堤坝修筑、陵寝管理等事务都归工部。工部其下属有营缮、虞衡、都水、屯田四清吏司，还有大小衙门十个。

---

① 〔清〕赵尔巽.1976. 清史稿·职官志[M]. 北京：中华书局.

营缮所，沿袭前代的将作监，初期称为将作司，后来改为营缮所。主管土木建筑之事。凡宫殿、陵寝、城郭、营房、王府邸底之役，鸠工会材，狱具、工匠、工役、设神木厂，以蓄材木，设台基厂，以贮薪苇，均以时程督察，各司其职治之①。清代营缮司大体沿袭了明代营缮所的基本职能，仍负责木材的验收、林产品税赋征收等事务，"营缮清吏司，掌营建之事，凡木税苇税皆核焉。"②

虞衡司，主管山泽采捕、保护森林及野生动物之事。凡山泽采捕、陶冶、鸟兽之肉、皮草、骨角、羽毛、岁下诸司采捕。"春东之交，置窑不施山泽，春夏之交，毒药不施原野。""若害兽，听为陷穽获之，赏有差。"③"凡诸陵山麓，不得入斧斤。凡帝王、名山、岳镇、陵墓、祠庙之地，禁樵牧。"凡山场园林之利，听民取而薄征之④。清代仍在工部下置虞衡司，负责山泽采捕、陶冶器用。"虞衡清吏司郎中满洲四人，汉一人。员外郎宗室一人，满洲四人，汉一人。主事满洲三人，汉一人。"⑤主要负责规划、监督之责。

都水司，主管川泽，陂池道桥，舟车兴造之事。

屯田司，主管"屯种、抽分、坟茔、抽分、薪炭、夫役之事。""凡抽分征诸商，视其财物各有差。凡薪炭，南取洲汀，北取山麓，或征诸民，有本折色，酌其多寡而摒节之。夫役伐薪、转薪、皆雇役等，各有其差。"⑥

木仓、神木厂。明会典中说：崇文门外有神木厂。顺治初期，皇木厂设于通州，木仓设于大清门内，各省运到木植，由部委员会同皇木厂监督验收，交仓存储⑦。在人员配备方面，每厂差笔帖二人，验收运京木植，专委满汉司官一人监督，一年更代。木仓，掌储木材。设监督，满、汉各一人。由堂官于司员内奏请兼管，三年更代。凡用木材，则取于仓而给焉。内务府及在京各工应用木植，就仓支取，各令将湊长尺寸开明，以备绘缮黄册。用架木者，工竣，则归木仓。各处官房，如有折下楠木，该管官验明报部，运交木仓，存储备用⑧。康熙二十六年（1687 年），题准，通州木厂，停差笔帖式，将潘桃，古北等口运解木植，归通惠河分司管理，造册报部，其张家湾木厂，于本部司官内选一人监督管理，一年更代。凡江南、江西、浙江、湖南桅杉架槁等木到日，工部委官丈量记印斧号后，交该监督如数暂行收存，俟部委运木官到厂，即将木植照数点验，交运木仓，额设厂役八名，以资看守。康熙四十年（1701 年），题准，裁通惠河分司，通州木厂，归通永道管理。乾隆三十年（1765 年），奏准，裁减额设厂役四名。乾隆四十九年（1784 年），奉旨，后各省运到木植，著工部会同总理工程处查验，分别应用⑨。

① 〔清〕张廷玉.1974.明史·职官志[M].北京：中华书局.
② 〔清〕1991.钦定大清会典事例[M].北京：中华书局.
③④ 〔清〕张廷玉.1974.明史：卷七十二[M].北京：中华书局.
⑤ 〔清〕赵尔巽.1976.清史稿·职官志[M].北京：中华书局.
⑥ 〔清〕张廷玉.1974.明史·职官志[M].北京：中华书局.
⑦⑧ 〔清〕昆冈，等修.2002.钦定大清会典事例：卷五十八[M]//续修四库全书.上海：上海古籍出版社.
⑨ 〔清〕昆冈，等修.2002.钦定大清会典事例：卷五十八[M]//续修四库全书.上海：上海古籍出版社.

6.4.1.2　户部

户部属于综合管理机构，主管林业赋税。设尚书，左右侍郎。下属有浙江、江西、湖广、陕西、广东、山东、福建、河南、山西、四川、广西、贵州、云南十三个清吏司，各司设郎中、员外郎、主事之职，分管各省有关林业赋税。

户部尚书，掌天下户口、田赋之政令，侍郎佐之。所司"以树艺课农官""以山泽、陂池、关市、坑冶之政佐邦国"①。

6.4.1.3　上林苑监

永乐五年(1407 年)设置上林苑监，负责保护和管理苑内林木。《明史·职官志》记载："上林苑监，左右监正各一人。左右监丞各一人。其属典薄厅典薄一人。良牧、蕃育、林衡、嘉蔬四署。各设典署一人，署丞一人，录事一人。监正掌苑囿、园池、牧畜、种树之事。"②明代上林苑监属于组织生产的机构。清初承明代，入关初设上林苑监，掌管皇家园林。"顺治元年置上林苑监，正七品，衙门设监丞一员，其属有四署：曰蕃育、曰良牧、曰林衡、曰嘉蔬，各设署丞一员。"③其中的林衡署负责发放木票、征收木税。嘉蔬署负责瓜菜种植事务。顺治二年撤销嘉蔬署，顺治十五年以林衡署归并良牧署，后来陆续废除原有制度，取消上林苑监一职，将上林苑所承担职能转至其他机构。

总之，明代及清代前中期的林业官制，体统相维，品式具备，分工明确，职专责成，立法较为完善，不仅为当时发展林业生产，起到了一定的作用，而且为后世改良林业，奠定了一个好的基础。

6.4.2　林业政策

明代及清代前中期，皆属于封建君主专制政治实体。皇帝有至高无上的权利，他的诏谕就是法律。但在历代皇帝的诏谕中，诸法合一，单一的林业法制是不存在的。

6.4.2.1　大力劝课农桑

明代初期，林业之政，劝课种植，具有成法，初皆责成有司，务重农桑，岁久政弛，然后，添官专理。在林木培育方面，国初，"今天下农民，凡有田五亩至十亩者，栽桑、麻、木棉各半亩，十亩以上者，倍之。田多者，以是为差。有司亲临督视，惰者有罚，不种桑者，使出绢一疋。"④洪武元年(1368 年)，朱元璋即位后，为了促进林业生产的开展，又实行"桑麻科征之额。麻，每亩八两；木棉，每亩四

---

① 〔清〕张廷玉 . 1974. 明史：卷七十二[M]. 北京：中华书局.

② 〔清〕张廷玉 . 1974. 明史·职官志[M]. 北京：中华书局.

③ 〔清〕赵尔巽 . 1976. 清史稿·职官志[M]. 北京：中华书局.

④ 〔明〕李东阳 . 1989. 大明会典：卷十七[M]. 江苏：广陵书社.

两。栽桑者，四年以后有成，始征其租"①的发展经济林的优惠政策。四年（1371年），令"各府、县行移提调官，常用心劝谕农民，趁时种植，仍将种过桑麻等项，田亩计科、丝绵等项，分割旧有新收数目开报。"②洪武十八年（1385年），为了进一步减轻农民负担，使民勇跃争先发展经济林木，又规定"农桑起科太重，百姓艰难，令今后以定数为额，听从种植，不必起科。"③二十五年（1392年），又令"凤阳、滁州、庐州、和州，每户种桑二百株、枣二百株，柿二百株"。④二十六年（1393年），明政府为了防止省府、州县官员乱收林业赋税，侵民渔利，中饱私囊，明文规定"凡民间一应桑株，各照彼此官司原定则例，起科、丝绵等物，其丝绵每岁照例折绢，俱以十八两为则，折绢一疋，所司差人额解到部。劄付乘运，库收纳，以备赏赐支用，其树株果价等项，并，皆照例征收钱钞，除彼处存留支用外，其余钱钞，一体额解户部。"⑤明太祖为了加快发展经济林木，富国裕民，竭力提倡精耕细作，培育壮苗，大苗移栽，提高造林后的成活率和保存率。洪武二十七年（1394年），"令天下百姓，务要多种桑枣，每一里，种两亩秧，每一百户内，共出人力挑运柴草烧地，耕过再烧，耕烧三遍，下种、待秧高三尺，然后分栽，每五尺阔，一陇。每一户，初年二百株，次年四百株，三年六百株，栽种过数目，造册回奏，违者，发云南金齿充军（今云南保山）⑥。由于岁久政弛，经济林木发展不甚显著，至宣德二年（1427年）。添设"浙江、钱塘、仁和、海宁、新城、昌仕、嘉兴、海盐、崇德八县县丞各一员治农。"成化十一年（1475年），添设直隶祁、安、沧、冀、深、赵州判官各一员，湖广沔阳、荆门二州判官各一员，黄冈、麻城、江陵、监利、枣阳、衡山、安仁、慈利县主薄各一员，专一循行劝课农桑，兴修水利。

明初，朱元璋为了稳定社会秩序，巩固封建统治，采取了轻徭薄赋使民休养生息的政策。他说："夫不急则踬，弦急则绝，民意则乱，居上之道，正当用宽，但云宽则得众，不云宽之失也。"⑦所谓宽，就是指减轻农民对国家徭役赋税的负担，使民安心从事林业生产，刺激农民林业生产的积极性。如洪武元年（1368年）诏令"民间皆植桑麻，四年始征其税。"⑧洪武十八年（1385年），诏令："听农民种桑，不必起科。"⑨为了调动农民种植经济林木的积极性，洪武二十七年（1394年），又以湖广辰、永、宝、衡等处宜桑，而种者少，"命于淮徐取桑种二十石"⑩，免费分发农民种之，大收其利。由于当时实行宽则得众的优惠政策，农民乐意步趋，促进了林业生产的发展。

清代前中期，历代帝王同明代封建王朝一样，以农桑为立国之本，对经济林的发展尤为重视。雍正二年（1720年）甲辰二月丑，上谕直隶各省督抚等，"朕惟抚养

---

① ～ ⑥ 〔明〕李东阳.1989. 大明会典：卷十七[M]. 江苏：广陵书社.
⑦ 朱元璋. 明太祖实录：卷三十六[M].
⑧ 〔清〕龙文彬.1956. 明会要：卷五十三[M]. 北京：中华书局.
⑨ 〔明〕李东阳.1987. 大明会典：卷十七[M]. 江苏：广陵书社.
⑩ 〔明〕徐光启.2002. 农政全书：卷三[M]. 湖南：岳麓书社.

元元(百姓)之道，足用为先。朕自监御以来，无刻不廑念民，依重农务本。但我国家，休养生息，数十年来，户口日繁，而土田止有此数，非率天下农民竭力耕耘，兼收倍获，欲家室盈蜜，此不可得，周官所载，巡稼之官，保介田畯，皆为课农设之。今课农虽无专官，然自督抚以下，孰不兼此任。其各督率有司，悉心相劝，并不时咨访疾苦，有丝毫妨于农业者，必为除去，仍于每乡中择一二老农之勤劳作苦者，优其奖赏、以亦鼓励。如此，则农民知勤，而惰者，可化为勤矣。再舍旁、田畔以及荒山旷野，度量土宜，种植树木，桑拓可以饲蚕，枣栗可以佐食，柏桐可以资用，即榛楛杂木，亦足以供炊。其令有司督率指划，课令种植，仍严禁非时之斧斤牛羊之践踏，奸徒之盗窃，亦为民利不小"①并要求所赖亲民之官，委屈周详，多方劝导，庶使勇跃争先。"以达到力无遗，而地力始尽，不惟民生可厚。风俗亦可还淳"②。并强调指出"尔督抚等官，各体朕惓惓爱民之意，实心奉行，倘初见具文，苟且涂饰，或反以扰民，则尤为不可也。"③

乾隆二年(1737年)十二月庚子，上谕内阁据河南巡抚尹令一奏称，"人人种树为天地自然之利。谕盲随饰地方官，责成乡地老农，多方劝谕，自桑、柘、榆、柳以至枣、梨、桃、杏之属。遇有闲隙之地，不可种谷者，各就土性所宜随处栽植，加意培养"④后取得一定成效。

6.4.2.2　重视河堤植树

清代前中期，对防护林的营造、保护也相当重视。早在顺治十三年(1656年)就规定，"滨河州县新旧堤岸，皆种榆柳，严禁放牧，各官栽柳，自万株至三万株以上者，分别叙录，不及南各州县，于官地内，责令堡夫，广栽柳树。"⑤六十年(1721年)议准"河堤种植柳树，倘有将柳园地亩垦熟耕种，私收籽粒，以致草渐枯少，动用钱粮购买芦苇者，将失察之地方官，严参议处，"⑥雍正元年(1723年)，每年山东、河南巡抚饬令沿河州县暨管河各官，将沿河空地勘明，各捐资多栽柳树，各种柳细树，呈报上司，三年后，该督抚察报部，酌量计叙。如希图议叙，强占民地累民者，即行参究。至河南旧植柳树，年久枯坏者令察勘一并补种。"⑦三年(1725年)议准，"后管河之分司、道员、同知、通判、州县等官，于该管沿河地方栽柳，成活五千株者，记录一次，万株者，记录二次。万五千者，记录三次，二万株者，加一级，种苇一顷，记录一次，二顷，记录二次，三顷记录三次，四顷加一级。其有殷实之民，栽柳二万株或种苇四顷者，给予九品顶戴荣身，至效力各官，有情愿捐栽柳苇者，亦照此例计叙。倘有不肖河官，希图议叙，占种民地者，题参从重治罪。再各处河营，每兵一名，每年种柳百株，若不能如数栽植者，将专讯之千把总罚俸一年，守备罚俸半年，倘栽植不及一半者，专讯之千把总降一级，暂留

---

① ~ ④　〔清〕赵之恒，标点.1998.大清十朝圣训：卷二十五[M].北京燕山出版社.
⑤ ~ ⑦　〔清〕昆冈，等修.2002.钦定大清会典事例：卷九百一十八[M]//续修四库全书.上海：上海古籍出版社.

原任，戴罪补栽，守备罚俸一年。"①

在《大清律》中规定，"运河堤岸两旁，每各栽柳二十株，该督等，每年将栽过柳树及所栽基址，册报工部，如不及数者，将专管官罚俸一年，兼辖等官罚俸半年，栽不及半，专管官降职一级，暂留原任补栽、兼辖官罚俸一年。枯损百株以内者，令专管官赔补，百株以上者，降一级留任，俟赔完开复。"②足见，清代前中期对防护林的营造重视的程度。康熙九年(1670年)，奏准，"于沿河州县择闲散人，授以委官各色，专管栽柳，三年分别劝惩。康熙十五年(1670年)江淮"河官种，柳不及数者，免其处分。成活万株以上者，记录一次，二万株以上者，记录二次，三万株以上者，记录三次，四万株以上者，加一级，多者，照数议舒：分司道员，各计所属官员内，有一半议叙者，记录一次，全议叙者，加一级，均令年终报③。后为广种柳树以固堤岸，扩大植树造林对象，于二十年(1681年)，定"武职栽柳，照文官例计叙。"④二十二年(1683年)，"河官栽柳，成活二万株以上者，记录一次，四万株以上者，记录二次，六万株以上者，记录三次，八万株以上者，加一级，多者，照数计叙。其分司道员，因属员栽柳计叙之例，停止。"⑤三十一年(1692年)议准，"河道堤面，阔二丈者，留八尺为行路，其一丈二尺必栽细草，遇有坦陂均栽卧柳。"⑥四十九年(1710年)，"令河民生，以芏民俗。"

乾隆三年(1738年)奏准后山东、河南印河文武官员，于沿河官地内，有能捐栽成小杨五百株者，记录一次，千株者，记录二次，千五百株者，记录三次，二千者，加一级。"其沿河居民，有情愿出资在官地栽成二千株，或在自己地内栽成千株者，给以九品顶戴荣身。每年春间栽种，次年秋间覈验栽成数目，题名议叙，杨树交讯官收管，如栽成不及议叙之数，令其次年补栽，并算。"⑦乾隆九年(1744年)，提准"江南省黄河两岸柳园文出官地官民情愿捐钱栽柳树，培养成活者，验明确数，一并造报议叙。"⑧"十九年(1754年)后如有劝捐无术，培养失宜，致枯损缺少一千株以上者，令督抚将厅员职名同讯官一并参处，亦著令赔补，监生能于官地内捐栽杨树四千株及在自己地内捐栽二千株者，均免其考职，给予三薄职衔。"⑨"二十二年(1757年)奏准淮徐淮扬二道所沿河一带，每年兵丁额栽柳杨数十余万株，按年加增，尽可足用，无籍官民捐栽所有南河捐栽议叙之例，应行停止，以免冒滥，再栽种杨树，性宜高燥，丰铜等厅地方，不宜栽杨，后种柳以收实用"⑩又议准"东省运河额夫，照河兵例，每名每年栽柳二千株，于堤旁扦栽成活，长养成荫，俾得挡禦风浪，盘结固堤，并令堤后坦脚，栽植杂果树木，如栽不及数及枯损过半者，专管罚俸一年，并辖官罚俸半年，倘栽不及一半，专管官降一级，留任，戴罪补栽，并辖官罚俸一年，枯损在一百株以内者，责令专管官赔补至一百以外

---

① 〔清〕昆冈，等修.2002.钦定大清会典事例：卷九百一十八［M.］//续修四库全书.上海：上海古籍出版社.

② 〔清〕徐本.1987.大清律例：卷三十三［M］//文渊阁四库全书：第672册.上海：上海古籍出版社.

③～⑩ 〔清〕昆冈，等修.2002.钦定大清会典事例：卷九百一十八［M］//续修四库全书.上海：上海古籍出版社.

者，降一级留任，俟赔完日开复。"① 二十四年(1759年)"至黄河废堤两面坦坡，循照何例，劝谕官民捐栽杨树，成活之日，验明议叙，豫省并无湖泊，皆系民人种地亩，责令地方官劝谕民人栽种杨苇，有在官地栽杨五百株，苇二顷，已地栽杨二百五十株，苇一顷，给匾奖励，免本年差徭，如统计三年之内，能在官地栽成小杨二千株，已地栽成一千株及种苇四顷者，咨部议叙，给予九品顶戴荣身，免五年差徭。"②五十七年(1792年)，题准"豫东二省，黄河南北两岸堤围，兵夫额栽柳株，业已偏栽丛密，若责令按额栽种，不特细小新柳，难以培养，而旧柳限于地方，反致不能畅茂，应行停栽。"③清代，在陵寝之地，种植仪树杂树，亦有明文规定："陵寝仪树，限三年保固，限内有回干风损，并从前补栽树株，复行回干，俱责令树户赔补，凡树株稀疏之处，每年令树户各交树十株栽种，如树株俱已稠密，免其交树，其限外回乾者，亦令补栽，另限保固。凡回乾风损树株，东陵由泰甯镇总兵查明拣选备用，其不堪应用者，交内务府作祭祀烧柴，仪树外添种杂树，动用广恩库发商生息银两。官为采办，统由勘佑岁修之侍郎，一并查勘。"④

道光十七年(1837年)丁酉五月末，上谕军机大臣等御史曰："据称山东省低瘠民贫，宜开衣食之源，以收东利之效，该省地宜蚕桑，应行设局教劝，凿井灌田，不减南方沟塘之利。广种杂粮蔬菜，亦可被，下游被水之区，山河岸坡等处，可种芦苇、箕柳、麻、菜之类。其登、莱各郡山多之处，应令民间分别种植树木……其余各府，州民向勤蚕桑，现均饬广行栽植。"⑤促进了经济林木的发展。

6.4.2.3 保护山林资源

明代为了保护森林资源，以法律的形式作出了种种规定：

(1) 陵寝林木保护

"凡弃毁人器物及毁伐树木稼穑者，计赃，准窃盗论，负刺。""凡入他人田园擅食瓜果之类，坐赃记。"⑥"凡历代帝王陵寝及忠臣烈士先圣先贤坟墓，不许于上樵采，耕种，及放牧牛羊等，违者，杖八十。"⑦"凡盗园陵内树木者，皆杖一百，徒三年。若盗他人坟茔内树木者，杖八十，若计赃，重于本罪者，各加盗罪一等。"⑧这些规定在当时对于保护山林起到了积极作用。

为了保护清宗室的园陵(陵寝)树木，不被他人盗窃，规定："凡盗园陵内树木者，不分首从，杖一百，徒三年。若盗他人坟茔内树木者，杖八十，从减一等。若计赃重于本罪者，各加盗罪一等。"⑨可见，清代宗室园陵，乃重禁之地，树木为护荫之物，较诸官物为重，而申其禁令，规定"凡历代帝王陵寝，及先圣先贤忠臣烈

---

①~⑤〔清〕昆冈，等修.2002.钦定大清会典事例：卷九百一十八[M]//续修四库全书.上海：上海古籍出版社.

⑥ 明律集解附例：卷五[M].

⑦ 〔清〕昆冈，等修.2002.钦定大清会典事例：卷十八[M].续修四库全书.上海：上海古籍出版社.

⑧ 〔明〕李东阳.1987.大明会典：卷一百六十八[M].江苏：广陵书社.

⑨ 〔清〕徐本.1987.大清律例：卷十九[M].文渊阁四库全书：672册.上海：上海古籍出版社.

士墓地，所在有司，常加护守，不许于上樵采耕种及牧放牛羊等畜，违者杖八十。"①并在清宗室陵寝外围墙外，每里立红椿三为界，禁止采樵耕种。距红椿四十步或二十步外，设白椿，距白椿千里外，设青椿，椿上悬示禁牌，凡军民一等，不得于椿内取土取石设窑，及采盗树木，违者，按律治罪。"②因而东陵和西陵保存有成片的森林。

（2）禁伐边防林

清代前中期，为了御防外来侵略，维护国家安全，保护人民的生命财产，对边境山林，严加保护。据《大清律例》记载："近边分府武职，并府、州、县官员，禁约该管军民人等，不许擅自入山，将应禁林砍伐贩卖，若砍伐以得者，问发云南贵州两广，烟瘴稍轻地方充军。未得者，杖一百，徒三年。若前项官员有犯，俱革职，计赃重者，俱照监守自盗律治罪。其经过关隘河道守把军官，容情纵放者，依知罪人不捕律治罪，分守武职，并府、州、县。官交部分别参处。"③"边外山谷围场处所，偷伐木植，"④以盗田野谷麦论罪。有效地保护了边境山林。

（3）森林防火

为了防止因火灾毁掉大面积山林，规定："若于山陵兆域内失火者，虽不延烧，杖八十，徒二年，延烧山陵兆域内失火者，杖一百，流二千里。"⑤对山林火灾的处罚非常严格，不仅要受杖刑，还要发配两千里边疆。较有效地防止了森林火灾的发生。

（4）风水林

为了制止乱砍滥伐，维护生态平衡，康熙五十二年（1713年）题准"红石口、蝎子山、自青龙山往北高儿山、破头山、杨家岭一带，行文顺天府大兴、苑平二县，五城三营八旗，及内务府管领等，通行严禁，毋许采伐，如有将禁止处所，私行偷采石料，挐交该部严加治罪。如有修造处应用物料，仍著钦天监官前往踏勘，果无关风水之山方许采用。"⑥乾隆二十八年（1763年）十二月己未，上谕军机大臣等曰："甘凉一带，山木出口之处，请派员稽查一摺，盖为多留木，荫雪灌田起见，所言殊切"，令其留心查办，以利农田。"⑦上述论点在现今看来仍富有科学道理。

（5）封禁东北森林

清代，实行封禁以保护森林。乾隆二十一年（1756年），朝廷下诏，加强封禁闽浙赣三省交界处的铜塘山，永禁入山樵采。福建地方官吏发布的一些护林禁令、告示等，大多刻于石碑，立于被封禁的山林处，已发现的清代森林封禁碑有20多块，

① 〔清〕徐本.1987. 大清律例：卷十二［M］. 文渊阁四库全书：672 册. 上海：上海古籍出版社.
② 钦定大清会典：卷六十一［M］.
③④ 〔清〕徐本.1987. 大清律例：卷六［M］. 文渊阁四库全书：672 册. 上海：上海古籍出版社.
⑤ 〔清〕徐本.1987. 大清律例：卷二十八［M］. 文渊阁四库全书：672 册. 上海：上海古籍出版社.
⑥ 〔清〕昆冈，等修.2002. 钦定大清会典事例：卷八百七十八［M］. 续修四库全书. 上海：上海古籍出版社.
⑦ 大清十朝圣讯：卷二百十三［M］.

其中属清乾隆年间（1736—1795年）的禁碑最多。如永安知县立于坂尾山的《奉宪禁碑》，松溪知县立于大布村的《奉禁碑》，沙县知县立于大洲坊的禁碑，霞浦县的《公禁龙首山各处条禁碑》等。碑文内容包括，封禁的山林四至范围，保护森林的重要意义，有关禁止事项以及违禁处罚等。有些禁碑是民间树立的护林乡规族约等。

为了防止官吏侵苗族人民山场，维护与苗族人民之间的团结，巩固清人的封建统治，规定："贵州苗疆屯户人等，越界侵占苗人田土、山场，并砍伐竹木，该卫千总失于觉察者，降一级，照旧管事。如徇情隐匿不报者，降三级调用。"①致使我国西南地区保存了大面积森林。

为了保护经济林木不致他人偷盗，规定："凡于他人田园擅食瓜果之类，坐赃论，计所食之物价，一两以下笞一十，二两笞二十，计两加等，罪止杖六十，徒一年，弃毁者，罪亦如之"②，促进了经济林的发展。

为了加强对山场的管理，维护封建私人所有制，防止他人强占盗卖，规定"若强占官民山场，湖泊、茶园、芦荡及金银铜锡铁冶者，不计亩数，杖一百，流三千里。"③促进了林业生产的发展。

道光七年（1827年）谕富俊奏请移卡伦稽查偷砍木植保护蔸山一摺，吉林、黑龙江造船木植，及八旗兵丁砍取房木烧炭，向系以包勒萨木溪河为界，惟该地方辽阔，山径丛杂，并未明立界址。近来吉林八旗兵丁木票，间有与木商私雇伐砍，以致远赴蔸山林肆砍无忌，实于蔸山大有关碍，著照所请即于通江之包勒萨木溪河，沿江两岸，展览地址，派员挖立封堆。所有八旗砍取房木烧柴，即在封堆以内，不准出封堆以外，该兵丁所领木票，毋得与木商私雇代伐，其吉林、黑龙江造船应用大木，查明照件发给官票派员按数出界往砍。如有携带私木者，即照例治罪，至所砍木植，由上江顺流而下，不能陆运，沿江必须设立卡伦，以防奸民私运之弊，著将三岔岭一处裁撤，移设于包勒萨木溪河，沿江东岸，其西岸计以原设辉法卡伦展立近江，互相稽查，官票木植照验放行，查有私运，计行挐获治罪，木植入官，兵记功奖赏，倘有贿放者，一经查出，即严参治罪。"④

从上述历史文献记载可见，明代及清代前中期林业法制，虽然带有某些封建"风水"论的色彩，但在客观上起到了保护山林的历史作用。

6.4.3 林业管理

6.4.3.1 征管林业赋税

明清时期，政府对林业的管理职能逐步集中到了林产品赋税征管，林业赋税有两种：一种是由营缮清吏司负责的中央林产品赋税征收和管理，各省按照制定的税

①~③〔清〕徐本.1987.大清律例：卷六［M］.文渊阁四库全书：672册.上海：上海古籍出版社.
④〔清〕昆冈，等修.2002.钦定大清会典事例：卷八百七十八［M］.续修四库全书.上海：上海古籍出版社.

额按期交纳；另一种是由各地税关或抽分厂负责的赋税。明代对木材的管理，实行实物的抽分政策。成为国家财政收入的主要来源之一。客商兴贩竹木，设抽分之例，各有分数，以资工用，为防过取，侵民之利。洪武十三年（1380年）罢天下抽分竹木坊。

在抽分竹木局的建立与人员的配备方面，凡通州等五处抽分竹木局，成化六年（1470年）令每处差主事、给事中、御史各一员，按季更换。七年，令每处差御史一员，弘治四年（1491年）奏准庞村、北新安、磨石口三厂，于卢沟抽分局官二员内，每季轮差一员管理。

清初，首除烦苛税，休养生息，木税设关处所，依明制。

明代的收税衙门称为钞关，钞关主要设置在运河与长江沿岸商品流通的地方。明代税关的设置兴废变化频繁，直到明代后期，部分税关才固定下来。明代实物税，征税对象主要是竹木柴炭之类，征税衙门叫做抽分局或抽分厂，由工部管理征收竹木各关。竹木税是明代财政收入主要来源之一。明代各帝均征收竹木果品柴炭等税。

朱元璋称帝之前就在辖区内设置征收商税的机构，竹木十五取一，实物抽分，后改作三十税一。太祖立国即下令"麻亩征八两，木棉亩四两。栽桑以四年起科。"这大约是竹木税的开端。洪武初年，在苏州府阊门、葑门、平望等处设过征收竹木的税关。洪武十三年（1380年）罢天下抽分竹木坊，但到二十六年时（1393年）恢复了税收制度，设立抽分竹局，后改为抽分竹木局，仍实行实物税，实行抽分之例。凡杉木、软篾、棕毛、黄藤，三十分取一。凡松木、松板、杉篙、杉板、檀木、黄杨、梨（栗）木、杂木、担柸、锄头柄、竹扫帚、猫竹、水竹、杂竹、木炭、竹交椅、笙竹、黄藤鞭杆，十分取二[①]。在龙江、大胜港"俱设立抽分竹木局"。

正统七年（1442年）两京定例：每季按铺纳钞，油、磨、机、粉、茶、食、木植、剪裁、绣作等坊铺纳钞36贯。

清江厂，明"景泰年中期设置"。"初差工部分司一员，驻札清江浦，督造运船，兼管闸座，设抽分厂。凡船料、梁头、竹木、灰石等项，三十税一，以为供造漕船之需。"

洪武、永乐间，主要有南京龙江、大胜港，以及北京城郊的通州、白河、卢沟、通积、广积七局，后来陆续增设真定、淮安、保定、芜湖、沙市、杭州、兰州，还有广东的南雄、清远、肇庆，广西的梧州等抽分局、厂。其抽分率各时期不同，各局、厂不同，同一局、厂，也因货物的种类、品质而各异。少者三十分抽一，多者二分抽一。随着商品经济的发展，这种自然经济形态的实物税在成化以后也渐渐为银货币所取代。

永乐初定制，鱼蔬水果等物非市贩者，俱免税。十三年（1415年），令照例抽

---

① 〔明〕李东阳.1987. 大明会典：卷二百四［M］. 江苏：广陵书社.

分。凡松木、柏木、椴柴、椴木、长柴、把柴、杂木、块柴、鞭杆、松木板、木炭、檀木、片柴、杉木板、猫竹、水竹、筐竹、杉木篙、车轴、车辋、车辐、杂竹、箭竹、黄藤鞭杆、杂木檐板、竹扫帚、石竹篾、梢柴等，三十分取六。凡棕毛、蒿柴等，三十分取三。凡杉木、黄藤、白藤、软竹篾、黄杨木，三十分取二。茅草、杂草、杂柴，三十分取一。芦苇柴，三十分取五[①]。竹木草柴、无所不征，苛税繁多。

洪熙元年（1425 年），增市肆门摊木器制品税课。从此无论坐商或行商，凡经营竹木制成品，均须向所在课司投税。

真定府税课司并非税关，但在正统元年（1436 年），设抽分厂，"带管木植""保定抽分，天顺间设。"据《续通考》载："英宗正统元年设真定抽分竹木局，令真定府税课司带管，凡本植抽三十分之四、编号印记，从滹沱河运出通州抽分竹木局交收。"天顺时又诏保定抽分令唐县委官至倒马关抽分木植二十分之六。又据《明会典》载："嘉靖元年奏准通州抽分竹木局，凡商贩黄松等木，曾经真定府九一抽取有印信执照者，止用九一抽分，通前合为二八，其未经真定抽分，仍用二八抽取。穆宗隆庆元年八月命太监陈学抽木于真定，勿以郡佐参预，四年通州等五局、除商贩竹、木、板枋等照旧抽分外，其驮运木柴、炭柴、草俱免抽税。"

成化七年（1471 年）增置杭州、荆州、芜湖抽分三厂，每岁工部都水司差官各一员管理。初，抽分竹木，止取钞，其后易以银，至是渐益数万两。凡竹木等物，每十分抽一分。选中上等按季送清江、卫河二提举司造船，次等年终至通州送器四厂造器皿，余卖银听用。后以竹木解运不便，各析抽价银，建昌连二杉板，每副抽银五两，清江连二杉板，每副抽银三两，连二松木板，每副抽银八钱，杂板，每副抽银四钱，真杉平板，每片抽银三钱，凡杉木每片抽银二钱，荆竹每根抽银二厘，筐竹（刚竹）每根抽银二厘，篙竹每根抽银一厘，白竹（鸡哺竹）每抽银五厘，梳杯每箍抽银四分，桃花洞短杉板，每片抽银三钱，背阴板每片抽银二钱，南竹每根抽银五厘，该送清江、卫河二提举司者，径与支领，该送器皿厂、并原该卖银者，解部，召商买料转发该厂，及贮库听用。成化十七年（1481 年），又设兰州抽分厂。

通州张家湾设有征收木税的关口。嘉靖年间，张家湾抽分厂由通惠河道管理。康熙四十年（1701 年），"裁通惠河分司，通州木厂，归通永道管理。"

清朝廷在水路要冲和商品集散地，设置收税口，清代前期人或称榷关，或称钞关。清代前期与明代一样，财政权力统归于中央。

清代榷关多沿袭明代，分属于户部和工部。按初制：凡征百货诸关归户部，征竹木船钞之类归工部，后来除归属不变外，在榷征内容上已很难分辨了。各关税则按船料和货物征收。税率总的说来是稳定的。据有人推算，清代的榷关税率大体浮动在货物价格的3% ~6% 之间。清代新设立的工部管辖征收竹木的税关，有潘桃

① 〔明〕李东阳 . 1987. 大明会典：卷二百四[M] . 江苏：广陵书社 .

口、胡纳胡河、渝关、武元城、盛京宁古塔、吉林等处。

潘桃口，顺治十六年（1659 年），"潘家、桃林等口，差满汉官各一人，笔帖式二人，驻扎该地方抽分木植，停止采木差官。"后潘家、桃林口抽分，改驻永平府，"并建设关口"。康熙十八年（1679 年），"潘家、桃林二口，仍差工部满司官一人、笔帖式一人，驻扎永平府抽分。"[①]此时，潘家口与桃林口合而为一，称潘桃口。乾隆三十一年（1766 年），潘桃口的"六小口木税，归通永道经管，征收报解。"在丰富水源的滦河上游地区，有大片森林，从上游采伐木材，沿滦河运输。早先政府"召募商人，自备资本，出古北口、潘家、桃林等口，采伐木植，运至通州、张湾地方，照数验收给价。"其后，政府改官方召募商人采伐，完全由商人雇工，自伐运输，将木材伐运，交给市场，用收税进行管理。

胡纳胡河等处抽分厂，设立于康熙五十三年（1714 年）之前。康熙五十三年，"准胡纳胡河等处抽分监督，拣选盛京各部才能官员，开列职名启奏，一年更换"。

渝关，四川重庆的木材，明代就有采伐。清代前期川境平定后，竹木伐运，更加兴盛。康熙四十六年（1707 年），设立了渝关。

山西交城县武元城税关，雍正十年（1732 年）设立，并以湖南辰关征收木税之例，征收三年，酌中定额。乾隆时期，税关设置已经三十余年。乾隆二十八年（1763 年），保存武元城税口，又在故交村新设税口。

盛京宁古塔木税，在乾隆《大清会典》中记载："凡直省工关，应征木税，悉收折色，惟盛京宁古塔，或十五取一，以供工作，或十取其一，变价解京"。吉林木税包括三姓、辉发、穆钦等处，官方文献中统称吉林木税。

明代税关设置，基本在长江、运河、淮河、赣江、广东三江等河及其支流沿岸，与当时的商品流通格局相一致。清代前期税关在数量方面比明代稍多，朝廷对税关进行整合，减少了管理官员的人数、财政支出，方便商人缴税，利于征管，使资源得到有效利用。清代的林业税关设置，主要根据木材商品流通情况及资源而设立，与明代后期为了追求税款而到处设关，截然不同。

6.4.3.2 并行乡规民约

除上述成文的林业法制外，明代及清代前中期各地还有民间自发议定的森林保护、封山育林协约，由于具有广泛的社会基础，在社会实践中，常与政府所颁布的成文法，并行不悖，相互补充，成为林业法制中的一种补充形式。

地方上的山林保护，主要依靠乡规民约，护林碑大量出现。护林碑虽然在明清以前就已产生，但大量出现却是在明清和民国时期，尤其以清代为多。从已知的213 通护林碑看，明代的只占 15 通，172 通为清代所立，其中清代前期约 90 通，其余 26 通（报道仅见于云南）属民国。竖立护林碑是这一时期护林的基本形式和特

① 乾隆．工部则例［M］．全国图书馆文献缩微中心．

色。当时林业认识渐深入、风水意识盛行和毁林(尤其是盗伐)严重是护林碑大量产生的三个原因。根据竖立者的身份，可将护林碑分为官方型、民间型和混合型等三种基本类型①。

6.5 林业思想文化

6.5.1 林业思想

6.5.1.1 以农为本，注重林业生产

我国自古以来，就主张农为立国之本。因为林业中的桑、果、茶等经济林是属于农业的部分，并且把"农桑"并称。因此，农本思想一直影响着林业的发展，把农耕与发展经济林放在同等重要的地位。

朱元璋即位以后，重申农桑为立国之本，在一些诏谕中，体现了明太祖的大农业思想。他强调以农为本，着眼于解决当时农民衣食，提倡广植桑枣，是谈不上发展森林的。这因为营造用材多年才能收益，且大面积荒山造林，一家一户是办不到的。当时农民也忙于眼前温饱，无暇顾及。但是，朱元璋在以农桑为立国之本中，已把果木列入大农业的主要内容，这与我们现在所说的以粮为主，多种经营的战略思想相吻合。

明朝末期卓越的农学家徐光启，编著《农政全书》的指导思想是"富国必以本业。"在力田之余，兼谋种植(发展林业)，以备饥谨凶荒之年。徐光启《经史典故》中援引周制"还庐树桑"，百姓大力广植林木，其后国富民殷。以及诸多先人种树致富事迹，证明发展林业的重要性。在《国朝重农考》中，援引明朝历代皇帝如何重视林业，籍以明朝历代皇帝的林业政策，告诫当时的皇帝和官吏，要同前人一样重视林业生产，不可偏废，重此失彼。

清代初期，由于忙于统一天下，南平三藩，北拒沙俄，东复台湾，西征准噶尔，无暇顾及林业生产。经顺治、康熙两代的治理，进入康熙盛世。至雍正年间，在全国统一，国泰民安的环境条件下，务种农桑，注意植树造林，保护森林资源，促进了林业生产的不断发展。

雍正自临御以来，秉承他祖先的遗志，"抚朕惓惓爱民之意，实心奉行，倘视为见文，且塗饬或反以扰民，则尤为不可也。"②雍正十年(1734年)甲寅六月谕户部在"有浮路卤浅沙之地即或不宜黍黍稻，尚可耕种杂粮，广植树木，固不宜任其荒

① 倪根金.1995. 明清护林碑研究[J]. 中国农史(4)：87-97.
② 〔明〕1962. 世宗宪皇帝实录：卷十六[M]. 台北：中研院史语所.

芜，以弃地利"①，说明雍正帝采取"杜苛取""轻科额"的修养生息政策，是因为雍正帝懂得并已认识到推行以农为本，注重林业生产，是符合统治阶级的根本利益。是为了巩固政权"风俗亦可还淳"以达到国家长治久安之目的。

清代著名农学家杨屾，从巩固封建统治，国家长治久安的目的出发，认为治国之大务，莫过于农桑，根据他切身的观察和实践，深知"致富之本，皆出于农。农非一端，耕、桑、树、畜四者备而农道全矣。若缺其一，终属不足。"②杨氏在论述以农为本，注重发展林业生产时说："天生蒸民，畀之食以养之，畀之衣以被之。盖食出于耕，衣出于桑，二者生民之命，教化之原，缺一不可也。夫人生一日不再食则饥，终岁不再衣则寒。饥之于食，寒之于衣，得之则生，失之则死，耕桑之所系大矣哉。"③这种认识，不仅在当时即在现今，无疑是正确的。

6.5.1.2 对林木的多种效益的认识

（1）防灾备荒

林木可以护堤，发挥防护作用。明代一直受到北方蒙古族的威胁，为了防御蒙古兵南下，在修兴修长城的同时，在长城的两侧种植茂密的树木，以其防御。"边上树木无敢轻易砍伐，而胡虏亦不敢轻犯"，成、弘名臣马文升视其为第二道长城。他说愿设都指挥使司以屯重兵，为第一道藩篱。延袤数千里，山势高险，林木茂密，人马不通，实为第二道藩篱。可是成化（1465—1489 年）以来，官员之家"将应禁树木，任意砍伐。"是自撤其藩篱也。丘浚从可持续发展角度，担心长城国防防护林维护问题，他说："不知何人，始于何时，乃以薪炭之故。营之用，伐木取材……致使木植日稀……不幸一旦而有风尘之警，将何以拒其来而扼其入乎？请于边关一带……沿山种树"。他提出的"随其地势高下曲折种植榆柳"的建议，并未得朝廷采纳。丘濬认为，对边境森林的破坏，"其事虽小，所系实大。"于是丘濬奏请皇上，下令工部，采取"凡其可以措置之方。""必须无损于边关，无亏于国用，定为经久之计。"④充分体现了丘濬的"固封疆，备边境，完要塞，谨关梁，塞蹊径"防重于治的战备思想。

康熙、乾隆诸帝都相当重视河堤植树。同时，一批深入实际的有识之士，如鲁仕骥、梅曾亮、赵仁基等人，鉴于当时因人口暴长、各地大规模毁林而引发的许多生态和社会灾难，诸如水灾、旱灾、饥荒等，他们先后提出了森林可以备荒防灾的科学思想。

鲁仕骥，在《备荒管见》文中阐发了森林保持水土，以及森林保护农田的思想。梅曾亮在《书棚民事》文中总结群众实践经验论述了滥垦山地的弊端，对森林的水源涵养、保持水土、保护农田的作用已看得很清楚。赵仁基对道光年间三次长江水灾

---

① 〔明〕1962. 世宗宪皇帝实录：卷一百四十四［M］. 台北：中研院史语所.
②③ 〔清〕杨屾.1962. 豳风广义［M］//弁言. 北京：农业出版社.
④ 〔明〕邱濬.1987. 大学衍义补：卷二百五十［M］//文渊阁四库全书：712 册. 上海：上海古籍出版社.

均有亲身体验，任湖北按察使不久他便提出《论江水》十二篇（1834年），科学地阐明了长江"水溢"与山林被开垦的密切关系。

明代之际，水旱蝗灾频繁，国事沸羹，民不聊生。明代末期，各地农民为了生活，纷纷揭竿起义，严重地威胁了明王朝的生活。徐光启站在维护封建统治者的立场上，已认识到水旱蝗灾是引起农民起义的重要原因。对备荒有深切的认识，也有周密的考虑，乃著《荒政》，以期挽救明王朝的厄运。尽管如此，但对促进林业生产的发展起到了一定的历史作用。徐光启从《救荒本草》和《野菜谱》中收录了一百余种植物在不得已时可作为粮食代用品，其中木本植物78种。在《树艺》中引王祯《百谷序》所载："蔬果之类，所以助谷之不及也。""其果实，熟则可食，乾则可脯、丰歉可以充饥，古人所谓木奴千无凶年，非虚语也。"①在另一处又说："荒俭之岁，于春夏日月，人多采掇木萌草叶，聊足充饥。独三冬春者，最为穷苦。所恃木皮、草根、实耳。余所经尝者，木皮，独榆可食。枯木叶，独槐可食，且嘉味。在下地，则燕铁荸荠皆甘可食。在水中则藕、菰米。在山间，则黄精、人力苟尽，固可殄灭。"②的预防荒政。

（2）经济利益

徐光启，"生财赋之地，感慨人穷，且少小好学，经行万里，随事咨询，颇有本末。"③通过亲身的调查研究认为：乌桕树，收子取油，甚为民利。他果实总佳，论济人实用无胜者。江浙人种之极多，树大或收子二、三石。子外白穰压取白油，造蜡烛。子中仁，压取清油，燃灯极明。涂发变黑，又可入漆，可造纸用，每收子一石，可得白油十斤，清油二十斤，彼中一亩之宫，但有树数株者，生平足用，不复市膏油也。临安郡中；每田十数亩，田畔必种柏数株，其田主岁收柏子，便可完粮。如是者租额亦轻，佃户乐于承种，谓之熟田。若无此树，要当于田收完粮，租额必重，谓之生田。两省之人，既食其利，凡高山大道，溪边宅畔，无不种之，亦有全用熟田种者。用油之外，其查仍可壅田可燎粪、可宿火。其叶可染皂。其木可刻书及雕造器物。且树久不坏，至合抱以上，收子逾广良种，广行种植，尤为民不小。

（3）有益风水

风水，又称堪舆、地理、阴阳等名称不下十几种，是中国的一种独特的文化现象。风水认为龙脉是第一重要的，是生存者的生命之源，是大家的保护神，是兴旺发达的象征。故龙脉砂穴之树木不能砍伐，土石不能乱动。不仅是帝陵，民间亦是如此，因此使得大面积树木被保留下来。洪武十一年（1378年）四月，朱元璋命督工建皇陵祭殿，植松柏数百株。《凤阳府志》记："皇陵（皇陵，是朱元璋父母陵园，

---

① 〔明〕徐光启.2002.农政全书：卷二十五[M].长沙：岳麓书社.

② 〔明〕徐光启.2002.农政全书：卷四十四[M].长沙：岳麓书社.

③ 〔明〕徐光启.2002.农政全书：卷三十八[M].长沙：岳麓书社.

位于安徽凤阳县西南）。卫屯田地塘池二千四百七十顷六十八亩，桑、枣五十一万一千四百株。凤阳卫屯田地塘池七百三十顷八十七亩桑、枣一万九千六百株"。洪武十八年（1385 年）又营建祖陵（祖陵乃朱元璋追上四代祖考衣冠冢陵寝，位于江苏盱眙县管镇乡明陵村）。懿文太子诣诸陵修建，栽松柏七万余株。据《成化中都志》记，成化十五年（1419 年）明宪宗圣旨：凤阳皇陵、皇城并泗州祖陵"不许诸色人等砍伐树株"。崇祯十年修孝陵，"凡树万有二千九百五十七株""有松十万株，长生鹿千"。清代统治阶级为了保护祖宗的发祥之地——东北长白山，特制定"四禁"政策，把东北划为禁伐森林、禁采矿产、禁渔猎、禁农牧的"四禁"地区，这恐怕受风水思想、"龙兴圣地"说的影响。这项政策，从清初开始一直持续到嘉庆朝后期（北部则到咸丰年间），实行了 170 年之久，对保护东北原始林起到了积极作用。又如，国都、城市的选址，都考虑风水形胜因素。明清国都都选在北京，与这里的地理环境有关。

由上述可见，从巩固封建政权的角度来说，以农为本，注重农桑的政策，其中包括林业生产，不是权宜之计，而是百年大计。历史上正反面的经验告诉人们，只有家给食足，才能国泰民安。

6.5.2 林业文化

6.5.2.1 园林文化

我国园林，大抵肇于殷末，兴于春秋战国。后经历朝帝王及权贵不断创新，造园艺术日益提高。直到明代末叶，计成著的《园冶》，文震亨著的《长物志》等造园理论专著的出现，促进了我国园林事业的发展。我国古代园林大致可分为帝王园林、私人园林、寺庙园林三种类型。

（1）帝王园林

明代之时，由于洪武出身农民，深知群众疾苦，重勤俭，戒奢侈，虽有上林苑之设，但以经济实用为原则。清代乾隆盛世之际，由于乾隆南园北引，大肆兴建皇家园林，如清漪园、惠山园、圆明园、安澜园、如园、长春园等，奚啻前朝于十倍。无论在造园艺术上或是造园形式上，均已达到很高的水平。

（2）私人园林

明代，我国南方和北方私人园林有所发展。据明代宋起凤《稗说》记载：当时作为我国政治、经济、文化中心的北京是京师园囿之盛，无如李戚畹之海淀，米太仆友石之勺园，二者为最。据王世贞《游金陵诸园记》载，当时南京私人园林，达三十四处之多，甲于天下。如万历年间扬州太守吴秀，曾叠石为山，筑梅花岭，建楼台池榭，当时有瞻园、和煦园，无锡有寄畅园，苏州有拙政园等，甚为著名。湖北公安有袁中道所构的荷叶山房园，"入门有老松数株，洞水截松，下题松风涧，古槐压涧生，其下为台，曰清萌台，中有室曰白苏帝。后有土阜，可以眺远，曰幕翠岭，阜上古梅一株，其旁为回廊，曰科月廊。从此，阜益垣，修竹万竿，构草堂曰净绿堂，后有涧，渡涧而北，曰荷叶山，山中古松数本翠盖入云，一老栗中空，而前窾可容定僧，名之曰枵菴山。前有池，阔可四十亩，曰荷花池。"①武昌（古称江夏）熊廷弼园，"占地六七亩，潆小溪九曲，每曲一亭，沿溪杂植花卉。"② 从上述可见明代之时，我国各地园林已有很大的发展。在造园艺术上已达到《园冶》所说的"虽由人作，宛自天开"的境界。

（3）寺庙园林

随着道释二教的兴起，寺庙园林应运而生，唐代佛教盛行，一些寺庙僧道主持者，为了改善环境，以壮寺观，招徕香客，对寺庙园林的建设极为重视。如宋起凤的《稗说》中记载，北京再则左安门外韦公寺侧之庄园，饶林木芦荻，清渠委宛，颇幽邃，春时寺海棠两树大逾抱，高寸丈，数百年物也。每花士大夫多过赏，经月始绝足者，奇余豆棚蔬苗，柑榨灌园声这近林榔闻而已。"又如湖北襄阳古隆中，襄阳太守于乾隆年间，修葺寺时，"置祭田共五百九十二亩，召道人十名，奉香火接游人，而以田种所获输税，道人岁修之有余，则种植花木，环山十余里，茂树四千余本，数年之间绿云翁郁，馨声然，过者称幽胜焉。"③寺庙园林，史不绝书。由于寺庙主持者，络绎不绝，给寺庙带来了一笔可观的经济收入。这反映出寺庙园林建设的好坏，它关系着寺庙的兴衰。

（4）园圃经济的发展

我国园圃经济就其实质而言，就是封建地主大量被兼并，资本主义的萌芽，促进了园圃经济的发展，园圃经营理论水平也在不断的提高。正如沈春泽在为文震亨《长物志》作序时说："庐有制，鬼其爽而倩，古而洁也；花木水石，禽鱼有径，贵其秀而远，宜而趣也；书画有目，贵其奇而逸，隽而勇也；几榻有变，器具有式，位置有定，贵其精而便，简而裁，巧而自然也；衣饰有王谢之风，舟车有武陵、蜀道之感，蔬果仙家瓜枣之味，香茗有荀令，玉川之癖，贵其幽而闇，谈而可思也。"这种高雅淡逸的园林设计，它包含了物质文明和精神文明两个方面，为我国古代园林传统增添了光辉，并对后世帝王园林的建设产生了深远的影响。徐光启在《农政全书》中从封建社会小农经济的特点出发，注重经济效益，提出了"其田，缭以垣墙，或限以篱堑。负郭之间，但得十亩，足赡数口。若稍远城市，可倍添田数，至半顷而止。结庐于上，外周以桑，课之蚕利。内皆种蔬，先作长生韭，一、二百畦，时新菜二、三十种。惟务多取粪壤，以为膏腴之本。虑有天旱，临水为上，否则量地凿井，以备灌溉。地若稍广，又可兼种麻苎果谷等物，比之常田，岁利万

① 1921. 湖北通志：卷十九[M]. 北京：商务印书馆.
② 1921. 湖北通志：卷十五[M]. 北京：商务印书馆.
③ 鲁之裕.2015. 湖北下荆南道志：卷四[M]. 武汉：长江出版社.

倍。此园夫之业，可以代耕。至于养素之士，亦可托为隐所，因得供赡。又可宦游之家，若无别墅，就可栖身驻迹。"以经济实用为原则，是徐光启园林思想的具体表现。

清克明后，经顺治十八年的治理，进入康乾盛世，社会安定，园圃经济得到恢复与发展。如杨屾在《养素园序》中说："负郭之间，得田十余亩，若去城市稍远者更益具数，田多可作素封，田少者缭以垣墙，园大者培植柘墙，或棘墙，或枳墙，中设总门，上起门楼，外悬园名匾额。门楼内作园夫夜间瞭望之所，以防小人盗窃蔬果，后靠棘墙，中间向南造连三大窑，上构一亭，窑前接盖厦房三间，门前作甬路，两旁置四时花木，前堆假山，山下造莲池，池前造台阶一方，有力者构四明讲亭一所，无力者培植葡萄一所，下设瓦座石桌或砖桌亦可，左右两旁多结草庐，有力者瓦房更胜，以为厨灶茶司之所。中造水车，以备灌溉，多收粪壤，以为膏腴之本。雇觅园夫，经理桑果蔬菜。觅一童子，以给手下使令。墙内树桑一周，以收蚕利。中可植梨树三、四十株，又植苹果、槟子二、三十株，植葡萄十数架，盘栽石榴数株，间种红果、白果之类，种韭一、二百畦，百合三、四分，山药四、五分，春种豇豆、刀豆、瓜、茄，秋种菠菜、麦、葱、莴笋、芫荽、菜葡、白菜，如有河水，种莲亩余。如地多者，更可莳药。春种草决明、青葙子、葫芦、巴紫苏、牵牛之类，秋种益母，荆芥、白芷。又于僻处作一小圈，岁饲猪一、二口。以上诸物，皆秦中之所生者，至风土之异，燥湿之宜，方所之用，在智者斟酌而损益之。"这反映出明清两朝封建地主的庄园经济，在社会经济结构中占有相当重要的地位，园圃经营水平有了显著的提高。

6.5.2.2 花卉文化

由于私人园林的发展，给花卉市场带来了巨大的效益和繁荣。如《帝京景物略》记载，北京"右安门外南十里草桥，方十里皆泉也。……土以泉故宜花，居人遂以花为业。都人卖花担，每晨千担，散入都门，入春而梅，而山茶，而水仙，而探春、而桃李，而海棠，而丁香。春老而牡丹、而芍药、而栾枝。入夏，榴花外，皆草花。花备五色者，蜀葵、粟栗，凤仙；三色者，望江南。秋花耐秋者红曰蓼，不耐秋者木槿，金钱。耐秋而耐霜日者，秋海棠。……草桥去丰台十里，中多亭馆，亭馆多于水频圃中。"《燕京岁时记》也说草桥一带"有莲花池，香闻数里，牡丹、芍药栽如稻麻。"与草桥邻近的丰台，所产芍药，"一望无际，四月含苞时，卖遍城坊。"《北平岁时志》称"京都木之盛，惟丰台芍药，甲于天下，……于四月，连畦接畛，倚担市者，日万余基，游览之人，轮毂相望。"由此可知，由于当时京都私人园林之兴起，给花卉市场经营者带来了巨大的经济效益。

6.5.2.3 森林游憩

森林游憩，指的是人类在森林区域内，依托森林及与森林共存的自然资源，进行的以旅游、休闲、健康、养生为宗旨的形式多样的活动。森林游憩始于文明社会，是人类社会文化生活的组成部分，具有政治、经济、科学、文化等多种功能，对人类社会发展与进步有重要影响，特别是文学、绘画艺术和音乐的发展有着直接的推动作用。因此，森林游憩游在我国有悠久的历史和源远流长的文化传统。

当人类社会形成之后，随着城市增多、农耕区拓展，生态环境有所变化，植被减少，森林成片消失。由于社会生活中的种种矛盾的激化，以及儒家文化和宗教思想的影响，一些避世的隐者、失意的政客、清高的文人、求道的修士，厌倦了城市的喧嚣，向往岩栖山居的生活，率先回到人类诞生的摇篮——森林。或辟谷导引、修身养性；或登岭长啸、抚琴高歌；或耽爱山水、歌咏自然；或耕作自给、安贫乐道；或著书立说，传诸后世。这种乐山乐水、怡然自得、单纯朴素、与自然相亲的林间生活，不仅开创了岩栖山居的森林游憩传统，营造出了丰富多彩、怡然自得的山居文化、山水文学，而且还留下了诸多包含种植技术、养生之道、医药常识等的山居科学著作，如《宋史·艺文志》所载《山居要术》《山居杂要》《山居种莳要术》，元代汪汝懋《山居四要》等。可以说，这些追求隐逸之士，是我国较早的风景林区开发者和森林美学欣赏者。

除了隐逸之士之外，古代学者和官员中，有不少人为了学术考察或公务经历了名山大川，其活动之中，也带有森林旅游的成分。其中，清代士林中"足迹几遍域中"的爱国志士魏源（1794—1857年），开拓性地提出的"游山学"理论，在中国旅游文化与旅游发展史上，具有深远的意义。魏源曾畅游神州名山大川，被龚自珍称赞为"读万卷书，行万里路；综一代曲，成一家言"。他不仅有大量地理著述，并且提出了对游山的独到见解，即"游山学"的理论。

分析魏源的"游山学"理念可以发现，森林旅游是山水旅游、山水审美的重要组成部分：山水之中包含森林，对旅游的热爱同样也包括对森林旅游的肯定；同时，山水旅游也离不开森林，没有了绿色森林的山水，是不完美的山水，无法给予旅游者足够的审美享受。森林旅游是山水旅游与审美的重要板块，二者同为一体、相辅相成。例如，魏源的《游山吟八首》中曾提到"特立山之介，空洞山之聪。渟蓄山之奥，流驶山之通。泉能使山静，石能使山雄。云能使山活，树能使山葱。谁超泉石云树外？悟入介奥通明中？"；在《游山后吟六首》描写五岳诸山之时，又提到"崖高高，水深深，天苍苍，地阴阴，万松万石风泉吟"。可见，在魏源看来，森林与泉、石、云一起成为一个有机体，构成了山水特质的四个基本要素，缺一不可；它们之间的相互作用，可以产生不同的审美效果。

魏源的山水诗是其"游山学"的真实体现。魏源的家乡在山川秀美的湖南邵阳，他自幼徜徉于山水美景的环境之中，与山水审美、山水文化、森林旅游有着不解之缘，这也成就了其后来山水诗作的风格与审美情趣。他自称自己的作品"十诗九山水"。在魏源的山水诗中，同时包含了大量对于森林资源的描写，以及对于森林美景的赞美："青山不知何日生，白云不知何日横，青春不知何日老，惟有黄鹏夏木嘤嘤鸣"，充分描写了山水林间之乐；"一游胜读十年画，幽深无际谁能如。假山叠石似胜画，又恨烟霞泉树无"，赞美了烟霞泉树的绚丽多彩，这是一切人造假山园林景色所无法比拟的；"四周松拱立，诗挟万涛吟""花径晓弥处，风林宵自吟"，则描绘了在山林之间心情愉悦、文思泉涌的美好心态；"平生爱山兼爱夜，科头入定长松下。水中藻荇是山林，直以长空为夏庑"，描绘了山间朦胧的月色、错落的树影，亲身徜徉其间，静观自赏浮想联翩，景美心境更美，"世上万年乐，不及一山夕"。魏源的挚友、著名外交家郭嵩涛曾经盛赞，魏源的游山诗"山水草木之奇丽云烟之变幻，南然喷起于纸上，奇情诡趣，奔赴交会"。

　　魏源出于对祖国河山的挚爱，从自身审美体验出发，明确地提出了"游山学"的理论。这标志着我国的山水美学、山水旅游，从具体的审美经验，开始上升为科学的理论。进一步来说，尽管魏源的"游山学"还不够完备，也未能提出森林旅游或森林审美的概念，但其提倡的山水旅游之中，已然蕴含着森林旅游的成分在内，且是山水美学中不可分割的重要因素。魏源的"游山学"理论，是传统山水美学的一份重要遗产，在中国社会旅游文化史上有着划时代的意义。当前，我国森林旅游方兴未艾，在追求亲近自然、向往美好环境的今天，森林旅游作为一项具有悠久历史传统的事业，必将随着社会进步和生态环境建设，为人们带来更多的审美体验与健康快乐。

林业经典文献选读

〔明〕谢肇淛《五杂俎》(节选)

　　闽人作室必用杉木，器用必用榆木，棺椁必用楠木，北人不尽尔也。桑、柳、槐、松之类，南人无用之者，北人皆不择而取之，故梁栋多曲而不直，什物多窳而不致，坐是故耳。梗、楠、豫章，自古称之，而柟木生楚、蜀者，深山穷谷，不知年岁，百丈之干，半埋沙土，故截以为棺，谓之沙板。佳者解之，中有文理，坚如铁石。试之者，以暑月作合，盛生肉，经数宿，启之，色不变也。然一棺之直，皆百金以上矣。夫葬，欲其速朽也，今乃以不朽为贵，使骨肉不得复归于土，魂魄安乎？或以木之佳者，水不能腐，蚁不能穴，故为贵耳，然终俗人之见也。

〔清〕梅曾亮《书棚民事》

　　余为董文恪公作行状，尽览其奏议。其任安徽巡抚，奏准棚民开山事甚力。大旨言：与棚民相告讦者，皆溺于龙脉风水之说，至有以数百亩之山，保一棺之土，弃典礼，荒地利，不可施行。而棚民能攻苦茹淡于丛山峻岭、人迹不可通之地，开种旱谷以佐稻粱；人无闲民，地无遗利，于策至便，不可禁止，以启事端。余览其说而是之。

　　及余来宣城，问诸乡人。皆言：未开之山，土坚石固，草树茂密，腐叶积数年可二三寸；每天雨，从树至叶，从叶至土石，历石罅，滴沥成泉。其下水也缓，又水下而土石不随其下。水缓，故低田受之不为灾，而半月不雨，高田犹受其浸溉。今以斤斧童其山，而以锄犁疏其土，一雨未毕，沙石随下，奔流注壑涧中，皆填污不可贮水，毕至洼田中乃止，及洼田竭而山田之水无继者。是为开不毛之土而病有谷之田，利无税之佣而瘠有税之户也。余亦闻其说而是之。

　　嗟夫，利害之不能两全也久矣！由前之说，可以息事；由后之说，可以保利。若无失其利而又不至如董公之所忧，则吾盖未得其术也。故记之以俟夫习民事者。

　　唉，利、害不能两全的情况已经很久了。按照前一种说法，可以平息事端；按照后一种说法，可以保护农田的利益。至于既不损失农田利益又不会产生董公所担心的事，我还没有找到这样的办法，所以写下来等待那些负责百姓事物的人去考虑。

思考题

1. 明清之际，森林变迁的原因分析。
2. 明清皇木采办的主要方式有哪些？
3. 明清林业科技方面的主要成就有哪些？

推荐阅读书目

1. 三省边防备览．〔清〕严如熤．上海：上海古籍出版社，2012
2. 明清时期木材商品经济研究．梁明武．北京：中国林业出版社，2012.
3. 中国古代林业管理．郑辉．北京：科学出版社，2016.

第7章
近代林业

清朝后期或曰清末，开始于道光二十年（1840 年）鸦片战争结束后。这一时期，中国的社会性质开始发生变化，由封建社会转变为半殖民地半封建社会。天朝上国的迷梦被惊醒后，一大批有识之士开始睁眼看世界，努力向西方学习先进的科学文化，同时，大量先进的西方学术思想也开始传入中国，其中就包括林业思想。为了救亡图存，师夷长技以制夷，朝野各界人士呼吁大力发展包括林业在内的实业经济。清末思想和政策上的准备为中国近代林业的诞生奠定了基础。"中华民国"时期是从 1912—1949 年，可分为北洋政府时期（1912—1927 年）和国民政府时期（1927—1949 年）。近代，中国森林资源破坏加剧，但林业得到一定程度的发展，林政更加完善，森林培育利用得到进一步发展，林业思想文化和林业科技、教育在接受西方先进学说的基础上又有符合中国实际的创见，为现代林业的发展奠定了基础。

7.1 森林资源分布及变迁

中国近代是社会急剧变动的时期，中国的森林资源也随之发生了急剧变化。历史上的中国拥有丰富的森林资源，但随着时间的推移，全国森林资源逐渐减少，到近代达到了森林资源破坏和损耗的顶峰。那么，近代中国森林分布状况如何？各地区森林资源又经历了怎样的变迁过程？下面从资源分布和资源变迁两个方面进行展开。

7.1.1 森林资源分布

清朝后期，东北森林虽然较清中前期有所减少但是依旧丰富。东北森林曾被清政府划为48个"窝集"(即林区、森林),其中22个在外兴安岭和锡霍特山。后由于中俄《瑷珲条约》和《北京条约》,其中22个窝集被划入沙俄版图,余下的26个分布在今黑龙江、吉林境内,包括大小兴安岭、长白山、老爷岭、张广才岭。20世纪初,东北森林面积4199.4万公顷①。清后期,西北天山地区、西南、东南、华中、华南地区的森林虽均有一定程度的减少但尚算丰富。华北地区的燕山、太行山、恒山地区有一定数量的森林,其他地方则已经很少了。山西及河北大部分地区由于开发较早,不到清末就已经没有大面积的森林了。

国民政府农林部将全国划分为东北、西北、西南、东南、华中、华北6个林区。东北林区主要范围涵盖松花江、鸭绿江、图们江、牡丹江、拉林河流域、三姓地区②以及中东铁路东西部、大小兴安岭地区。鸭绿江林区主要指鸭绿江西岸。图们江林区包括图们江及其支流嘎呀河、珲春河、海兰河流域。牡丹江林区位于牡丹江流域上游地区。小兴安岭林区的森林资源主要分布在汤旺河和诺敏河之间的地带。东北林区是全国森林资源最为集中的地区,单位蓄积量也最大,不仅木材材质好,而且水陆运输便利。西北林区的森林主要分布在秦岭、大巴山、小陇山、洮河和白龙江流域、黄河上游流域、贺兰山、祁连山、天山、阿尔泰山等地。西南林区的森林主要分布在岷江上游、青衣江、大渡河、雅砻江、金沙江、澜沧江和怒江、渠江、赤水河、乌江、清水江、榕江、雅鲁藏布江流域,以及滇南山区、大围山、峨眉山、大小凉山、十万大山、大崇山、瑶山、大明山等地。东南林区的森林主要分布在鄞江、钱塘江、瓯江、闽江、九龙江、汀江、浈江流域,以及莽山、五指山、阿里山等地。华中林区的森林主要分布在神农架、沅江、资江、湘江、赣江、青弋江流域等地。华北林区的森林主要分布在宁武山、方山、蒙山、崂山、嵩山和洛河上游流域等地。

7.1.2 森林资源变迁

中国近代史也是一部生态环境不断遭受破坏,森林资源急剧减少的历史。清前期森林资源尚算丰富,清中后期随着清政府日益腐朽和西方列强入侵,中华民族深陷苦难,资源遭到掠夺,森林面积和蓄积量急剧减少。

东北地区在清前期由于实行"封禁"政策,森林资源得到了有效地保护。但随着清中后期尤其是乾隆朝之后关内人口的不断增加,大量人民涌入关外东北谋生。由于人口、土地压力和充实边务的需要,清政府逐渐放弃了"封禁"政策,从嘉庆后期开始,清政府开始在东北组织开发森林资源,东北森林资源的破坏逐步加剧。松花

---

① 王长富.2000.东北近代林业科技史料研究[M].哈尔滨:东北林业大学出版社.
② 三姓:清代前期东北地区重镇之一,故址在今黑龙江省依兰县,地处当牡丹江与松花江合流处。清初称此地为和屯噶珊(汉语称古城屯),后因克宜克勒、努雅勒、祜什哈哩三姓赫哲居此,改称依兰哈喇。满语"依兰"为"三""哈喇"为"姓",故称"三姓"。

江林区位于松花江上游，松花江及其支流辉发河和拉法河沿岸森林自清末开始遭到大量砍伐。鸭绿江林区在清中前期受到政府保护，禁止开垦土地和砍伐树木，因而森林资源得到保全。同治四年（1865年）前后，大批"闯关东"的山东破产农民来到此地，砍伐了大量森林。光绪三十四年（1908年），作为后来日本掠夺东北森林资源重要角色的"中日合办鸭绿江采木公司"正式成立，流域森林资源遭到大规模砍伐。由于鸭绿江林区地形较松花江林区更便于采伐树木，所以该地森林资源受到的破坏甚于松花江林区。图们江林区在清末有朝鲜移民砍伐木材、开垦土地。牡丹江林区在清末开禁后，森林遭到大肆砍伐，原始林只余山脊地带。三姓地区的森林在清末也遭到了破坏，原始林仅部分存于富锦县，松花江沿岸的森林在野蛮开采下变成了以阔叶树种为主的散生林，甚至有些地方已经变成了无林地。中东铁路林区森林资源的减少是因为19世纪末俄国为修筑中东铁路就地取材，砍伐树木所致。小兴安岭的森林是在日本入侵东北后遭到的大肆砍伐。

清朝中前期华北地区的燕山地带森林资源丰富，林木茂盛，但从乾隆后期开始林木急剧减少。密云北部的司马台曾经林木葱郁，当地百姓多取材于此，但至嘉庆时期，此地森林由于长期砍伐，大幅减少。虽然出现了一定程度的森林破坏，但在密云其他地区和怀柔总体上的森林状况依然良好。与之相比，昌平的森林保存状况要稍差，这主要是因当地百姓砍伐薪柴所致，就连十三陵内的树木也受到了影响。房山地区到清中期依然有大片森林，云峰山甚至还有老虎出没。但到了清末，燕山地区和冀北坝上的森林在放垦过程中却被砍伐殆尽。西北地区的秦岭、大巴山区在清初原始森林资源丰富，山深林密，甚至有猛虎为患。但到了乾隆、嘉庆年间，大批外省流民涌入此地，造成人口暴增。这些流民虽然推动了当地的农业开发，却也造成当地生态环境的急剧恶化。据记载，陕西宝鸡至褒城（今汉中）穿越秦岭的栈道原本林木茂密，但到了乾隆年间却由于开垦而树木稀少了。道光年间，今陕西商南县和商州、砖坪、凤县的"老林"也被摧残殆尽。秦岭、大巴山区的森林在流民的肆意砍伐之下遭到了彻底毁灭。此外，这一时期的木商开发也给当地带来了严重影响。与此相比，新疆天山地区的森林资源直到清末都未进行大规模开采，成书于宣统三年（1911年）的《新疆图志》记载，天山"南麓多童，北麓……冈峦继续，森林然皆松也。"今阿尔泰山地区"连峰杳嶂……其树有松桧"。西南地区的森林资源虽然在清末也有一定损失，但由于交通不便，森林资源仍然丰富。鸦片战争以后，地处东南地区的福建森林资源遭到西方列强设厂掠夺。华中地区的湖北在清末由于农民涌入山区和病虫害、霜冻等灾害因素导致森林遭到破坏。除此之外，清政府和白莲教、太平天国发生战争的主战场就在湖北，这也使当地森林遭受了池鱼之殃。湖南森林资源因人口激增遭到了相当程度的破坏和消耗，但由于当地政府注意造林，故造成的破坏不算太大。

近代森林资源骤减的原因除了同前代相同的生产生活原因外，还出现了两个突出原因，即帝国主义掠夺和战争破坏。从清末到民国，沙皇俄国和日本帝国主义在我国东北、西北、台湾和海南岛等地对森林资源进行疯狂掠夺。咸丰八年(1858年)和咸丰十年(1860年)，清政府先后与沙俄签订了《瑷珲条约》和《北京条约》，将中国东北 100 多万平方千米的领土划给了沙皇俄国，其中包括森林 6819.7 万公顷①。同治三年(1864年)，《中俄勘分西北界约记》使中国又将巴尔喀什湖以东、以南 44 万多平方千米的领土割让给了沙俄，其中包括天山山脉西段的大面积森林。中日甲午战争后，签订《马关条约》，台湾被日本所占，"九一八"事变后，日本占领东北全境。这些地方的森林全都被日俄大规模开采。近代战争对森林资源的破坏也不容低估。中国近代发生了一系列与帝国主义的战争和国内战争，近代战争武器的杀伤力和破坏力更大，由此带给森林的破坏也更严重。此外，木材也被用于制造和供应战争所需的器械和能源。在十四年抗日战争期间，日本野蛮的"三光"政策烧毁了大面积的森林。在近代的百余年里，帝国主义使我国失去了 100 亿立方米的木材蓄积量②。除上述原因外，乱砍滥伐、毁林开垦、燃料消耗、森林火灾都是近代森林资源减少的原因。政府管制不力造成的乱砍滥伐和人口增长带来的毁林开荒使近代中国森林资源破坏加剧。近代民众大多以木柴、木炭作为生活燃料，陶瓷业、冶金业、砖瓦烧制、熬盐业也需要大量柴炭，这些都导致森林的大规模损耗。民国时期，森林火灾频发，江苏、奉天(今辽宁)、湖北、甘肃等地都发生过烧毁大片森林的火灾。

北洋政府时期并未进行森林调查，故森林资源状况不明。民国二十三年(1934年)，国民政府实业部公布数据：全国林地面积共有 43958.39 万公顷，森林面积 9108.79 万公顷，森林覆盖率为 8.0%。民国三十六年(1947年)，国民政府农林部又公布各林区汇总的森林调查数据：全国森林面积 8412.19 万公顷，林木蓄积量 585718.7 万立方米③。森林资源的消减由此可见。

7.2 森林培育与利用

森林培育意在保证林业的可持续发展，使林业能够在科学指导下发展得又好又快。植树造林是森林培育的基础性工作，植树造林思想在当今中国已深深渗透到社会各阶层的意识之中。但是，大家未必了解，在近代中国，政府和学界也曾不遗余力地开展植树造林宣传和实践。近代中国的森林采伐运输由于外国势力掠夺和工业发展开始出现机械化手段，大规模森林采伐由此开始。近代中国在遭受列强入侵的同时也丧失了经济主权的独立，帝国主义将中国当成原材料产地和商品倾销地。在这种背景下，中国民族资本挣扎求生，取得了一定发展，木材和其他林产品贸易也

① 南京林业大学林业遗产研究室, 熊大桐, 等. 1989. 中国近代林业史[M]. 北京: 中国林业出版社.
② 樊宝敏, 董源. 2001. 中国历代森林覆盖率的探讨[J]. 北京林业大学学报(4): 60-65.
③ 樊宝敏. 2009. 中国林业与思想政策史(1644—2008年)[M]. 北京: 科学出版社.

随之发展起来。

7.2.1 植树造林

7.2.1.1 官营造林

戊戌变法后，维新风潮风靡一时，发展实业为朝野有识之士极力提倡，植树造林的呼声也随之逐渐高涨。"中华民国"成立之初，百废待兴，一些留学海外的归国学者和在中国的外国学者也开始在一些城市中宣传植树造林的重要性，并编印了宣传林业的小册子散发开来，引起了广大青年的强烈反响。

民国四年(1915 年)，北洋政府农商部在全国范围内提倡植树造林。同年，北洋政府将每年的清明节设立为植树节，并广泛开展植树造林。民国十七年(1928年)4 月，国民党政府将植树节改为孙中山逝世纪念日 3 月 12 日，并开展造林运动。民国十八年(1929 年)2 月，国民政府农矿部公布《总理逝世纪念植树式各省植树暂行条例》(全文见文后)。

1921 年玉环县植树节照片

(图片来源：http://history.sina.com.cn/bk/mgs/2015-07-28/1350123442.shtml)

民国十八年(1929 年)2 月，国民政府农矿部将每年 3 月 11—16 日定为造林运动宣传周，期间，官方和民间都开展了植树造林等林业知识的宣传。民国二十年(1931 年)，农矿部还发布了提倡造林的标语口号。

国民政府虽然设立了植树节，但是并未采取多少切实措施植树造林。对于植树造林的宣传也只是流传于城市的林业学者和学生群体中间，并未发动广大群众。这些因素使得植树数量十分有限。此外，栽种的树种质量不佳，种成后又得不到良好抚育，导致存活数量低而难以成林。所以，基本上国民政府的植树造林事业收效甚微。

民国三十二年(1943 年)，国民党政府行政院公布《植树节举行造林运动办法》，规定首都和各省、县每年 3 月 12 日举行植树节仪式，宣讲造林、保林常识，并开展植树竞赛，所植树木由当地林业机关负责经营抚育成林。

近代官营造林主要有三种形式：荒山荒地造林、建造保安林、兵工造林。

清末，一些地方官府开展了植树造林活动，如江西省奉新县、奉天（今辽宁省）等地。

民国元年（1912 年）8 月，北洋政府农林部在天坛的外坛创设林艺试验场，进行育苗选林。次年又在北京西山设立分场。总场和分场共开辟土地五千多平方米，栽培树种 30 余种，培育苗木 250 余万株。北洋政府在山东长清又设立国立林业试验场。民国三年（1914 年），京西一带又植树 47 万余株，次年再植 30 多万余株。民国四年（1915 年），设在北京、山东长清的林业试验场改名为第一林业试验场、第二林业试验场。民国九年（1920 年），湖北武昌成立第三林业试验场。这三个林业试验场实际主要开展育苗造林而非试验研究活动，故民国十一年（1922 年）均改名为林场，但因经费不足造林面积不大。

民国造林所需的树种和苗木主要有三个来源：农商部选购的外国优良树种；北京林业试验场就地采集的松、柏、槐、栗等树种；东三省林务局在长白山一带采集的枫、榆、松、柏等树种。这些树种由农商部分配给各省种植。农商部还责成地方政府和农会筹办苗圃，育苗采种，并规定了相应苗圃面积。各省、各县也有造林。民国十七年（1928 年）3 月，国民政府农矿部成立，主抓植树造林工作。次年 3 月，农矿部与建设委员会合设中央模范林区委员会，负责南京及其附近地区的荒山造林。民国十九年（1930 年），该委员会由农矿部直辖，改名为中央模范林区管理局。实业部成立后，该局归实业部管辖，职责逐渐扩大为管理经营范围内的荒山造林和林政事项，下设六个林场。同年，实业部将北平、长清两个林场改为实业部直辖的模范林场。

据实业部统计，民国十八年（1929 年）至民国二十四年（1935 年）间，全国各地共完成造林 137668.74 公顷，566822841 株[①]。

抗日战争期间，由于国库困难，林业经费不足，国营造林几乎陷于停滞，各省造林均不多。抗战后，国营造林稍有恢复，农林部制定了 30 年造林计划，在特用经济林、用材林、薪炭林方面提出了造林要求和目标。但是，这份计划由于脱离了实际，最终成为了一纸空文。

民国政府除了种植用材林和特用经济林外，还在民国十八年（1929 年）将全国划分为六个保安林区，种植保安林。这些保安林主要用于水害防备、涵养水源、防风固沙、保护公路等用途。

从清末至民国，军队也会进行植树造林活动，左宗棠、冯玉祥、宋哲元、吴佩孚等都曾率领所部进行过植树造林。民国二十六年（1937 年），民国军政部和实业

① 南京林业大学林业遗产研究室，熊大桐，等.1937. 中国近代林业史[J]. 实业月刊(2).

部联合公布了《军队造林办法》，对军队造林事宜进行了规定。抗日战争胜利后，农林部也制订了兵工造林计划。农林部为掩护军事设备和生产军事工程用材还制订了建造军事掩护林的计划，但仍旧未实施。

据民国三十一年（1942年）至民国三十六年（1947年）各省林业机关发布的数据显示，各省市总计育苗1478580271株，造林2330166299株[①]。

7.2.1.2　私营造林

近代的私营造林根据造林主体的不同可分为地主造林、民族资本造林和农民造林。

地主造林主要是在中国南方各省份的松杉产区。由于山地属于地主所有，所以山区农民只能向地主租佃垦种和造林，这一过程中农民受到了残酷的剥削。

清末，民族资本家兴办实业，其中一些人也投资开办林业公司，经营造林，如广东张弼士在山东烟台购买两座荒山，种植葡萄，后开办张裕葡萄酒厂。民国后，民族资本家开办林业公司的热情更为高涨，全国成立了若干林业公司，从事造林事业。在海南岛，一些海外华侨和当地人士创办了多座橡胶园、椰子园、咖啡园，种植热带树木。

南方地区的农民除了租佃地主山地造林外，也有人在自己的小块山地上造林。有些山区的农民有种"女儿杉"的习俗，即一家生了女儿后在自己房屋的周围种植数十株杉木，待女儿长大后，杉树也已成材，正好采伐来置办嫁妆。湖南、贵州等地山区一些少数民族也有植树造林的传统，他们青年男女对歌的歌词对此就有体现。还有一些地方的山区农民，根据自身生产生活的需要也会植树造林，如种植防沙、防洪林。有的地方，林业是当地农民的副业，贩卖一些木材加工产品获取经济利益，如广东广宁县农民经营竹林，编制竹器。还有一些省份的农民结成农业合作社造林。

7.2.1.3　革命根据地和解放区的造林

为了发展生产，革命根据地和解放区政府大力提倡植树造林。1928年，毛泽东曾在井冈山革命根据地的永新领导红军战士植树造林。1932年3月，中华苏维埃人民委员会通过了《对植树运动的决议》。该决议主要内容包括：由各级政府向群众宣传植树造林的好处，广泛号召和发动群众进行植树造林运动；沿河两岸、大路两旁、空旷场地以及适宜植树的荒山均应种植树木；种树前由乡、区政府考察何地适宜种植何种树木再通知群众种植相应树木；春夏之时禁止任意采伐树木；提倡用开展竞赛的方法鼓励群众植树造林，注意培育树种，在每年春季开展植树造林运动。

陕甘宁边区、晋察冀边区和山东解放区政府也开展过植树造林运动。1946年晋察冀边区行政委员会颁布了《奖励植树造林办法》，鼓励群众进行育苗造林。1948

[①]　陈嵘.1983.中国森林史料[M].北京：中国林业出版社.

年，冀中行政公署将"保护和奖励植树造林"作为恢复和发展生产的七项办法之一。同年，北岳行政公署也开展了造林运动，并要求下属各县编制中长期造林计划逐年实施并要求切实搞好造林工作。1948 年秋季，河北、山西北部大部分地区也开展造林运动。政府提供树种、派出技术指导并提出要求指导造林工作，号召机关、学校、团体、企业和后防部队一并加入造林事业，为群众做出表率。1949 年，华北等解放区出现农林业生产高潮，造林事业有较大发展。察哈尔省在发动群众造林方面也取得了宝贵的经验。据统计，1949 年察哈尔省植树造林 40277740 株[①]。河北省植树造林 88953283 株[②]。

随着农业互助合作运动的展开，互助合作造林也在解放区发展开来。由于明确了入股分红办法，协调好了个人利益和集体利益之间的关系，农民造林积极性很高，造林面积也逐步扩大。在华北解放区，互动合作造林有以下几种形式：伴栽树（也叫揹种树，即有树秧、劳力的人和有土地的人合作造林）、合作造林小组、村造林合作社、联村造林合作社、公私合作造林。

7.2.1.4 铁路和学校造林

从清末开始，为了保护路基、荫蔽和美化环境，铁路沿线也开始进行植树造林。光绪三十年(1904 年)京奉铁路总局与福和公司签订植树造林合同。光绪三十三年(1907 年)，清政府邮传部要求相关铁路局在铁路两侧种植树木。民国成立后，各铁路局为护路也纷纷在铁路两侧营造护路林。20 世纪 30 年代，在铁路两侧植树的做法非常盛行。

民国成立以后，各级学校造林开始兴起。有的学校造林是为提供教学实习的实习林，而有的学校是为增加收入以充实办学经费。民国三年(1914 年)，北京农业专门学校在北京西郊罗道庄设教学实习林场，民国十年(1921 年)又设两个分场。民国三年(1914 年)，南京金陵大学美籍讲师在紫金山西北坡组织贫民造林，后该地成为金陵大学林科生的实习林。民国十七年(1928 年)，中山大学也在广州白云山设实习林场。林学家陈嵘也在江浦县老山开办林场，并为林场编制了《造林计划书》，这是中国最早的正规造林设计方案。李寅恭、李先才等人也分别在安徽、福建创办了教育林。民国三十二年(1943 年)，教育部和农林部联合公布了《学校造林办法》，对全国各级学校造林提出了具体要求。民国三十五年(1946 年)，青海省政府发动学生植树造林。

---

① 察哈尔省农业厅.1950.察哈尔省林业概况[J].中国林业,1(1)//南京林业大学林业遗产研究室,熊大桐,等.中国近代林业史:229.

② 1950.河北省 1949 年林业工作总结[J].中国林业,1(1)//南京林业大学林业遗产研究室,熊大桐,等.中国近代林业史:229.

7.2.2 采伐运输

1840 年之后，中国遭受列强入侵，森林开始被大规模采伐，其中东北林区采伐规模最大。东北林区的采伐起于鸭绿江西岸，逐渐扩展到图们江、松花江和大、小兴安岭。清末，大东沟成为木材集散中心，聚集了大批伐木者，木业商人还在此成立木植商会。光绪二十八年(1902 年)，由官商共同出资成立木植公司，由东边道道台监督，发放伐木贷款，保护木把(伐木工人)，监督木商，征收木税。光绪二十九年(1903 年)，由中日合办经营伐木的义盛公司在安东(今辽宁丹东)

辽宁鸭绿江中的木排(1927 年)

[图片引自:《中国近代林业史》卷首插页(下同)]

和朝鲜汉城(今韩国首尔)成立。但此时觊觎鸭绿江森林的沙俄也与清政府合办了鸭绿江森林公司，还与朝鲜订约，大有独占该地森林之势，义盛公司也难以抗衡。日俄战争后，日本在东北占据主导地位。光绪三十四年(1908 年)，中日合办的鸭绿江采木公司成立，垄断了鸭绿江流域的采伐活动，之前中国官商合办的木植公司只能在昙花一现后倒闭收场。中日合办的义盛公司和鸭绿江采木公司实质都是日本掌控下掠夺东北森林资源的工具。光绪三十三年(1907 年)，吉林设劝业道成立林业公司，又设立吉兴林业总局。吉林林业公司因贪污腐败、经营不善倒闭，吉兴林业总局则改为永衡林业公司，后来又以其为主成立官商合办的松江林业公司。吉长铁路通车后，许多林业公司纷纷成立。这些公司在松花江流域采伐木材。第一次世界大战结束后，日本资本家在松花江流域以中日合办的形式成立数家林业公司大肆伐木，集散地为吉林。沙俄资本家早在光绪五年(1879 年)就进入图们江林区伐木，然后运往海参崴。日本占领东北后，所伐木材运往朝鲜和日本。沙俄在东北修建中东铁路后，铁路沿线森林被不加节制地大肆采伐。光绪三十年(1904 年)，中俄签订《黑龙江铁路公司与东省铁路公司伐木合同》，据此中东铁路设立东线林场、西线林场、岔林河林场大规模伐木，砍光了沿线约 25 千米范围内的树木。"九一八"事变后，日本开始采伐小兴安岭林区的树木，并在林区铺设铁路，设立制材厂，进行大规模采伐。东北林区经营者有资本家和把头，经营方式有间接经营、直接经营和共同经营。

东北林区伐木在秋冬进行，分为准备、开山、伐木、集采等几个阶段。东北林区的木材运输方式在清朝后期主要是水运(流送)。中东铁路建成后，沿线木材运输均靠铁路，其他铁路不通的地区主要运输方式还是水运，夏季降雨量丰沛时也会采用水运。此外，东北地区还有一种独有的集材与运材方式——爬犁运材。

西北林区于嘉庆年间(1796—1821年)出现了资本主义性质的开发，但直到民国三十年(1941年)，伐木经营规模才开始扩大。这一时期，洮河河道畅通，进入西北林区经营木材的商人逐渐增多。抗日战争期间，由于各地对木材的需求量激增，伐木业空前繁荣，每年运出木材多且主要为大材，洮河流域森林因此遭到很大破坏，伐木区域也由中游扩展到上游。这一时期，西北出现了一批资本超过百万的木材商号，运木单位也多达三百余家。

东北的爬犁

（图片来源：http://blog.sina.com.cn/s/blog_6ac727390102e9pw.html）

民国三十年(1941年)，洮河流域国有林区管理处成立，洮河上游森林的砍伐、运输开始得到规范。除洮河外，西北其他林区的森林都有当地居民采伐，用以生活或出售。民国二十四年(1935年)，中和火柴公司曾到岷县进行较大规模采伐。以洮河林区为代表，西北林区经营伐木的方式有租山①、卖台子②、剥拨头③、卖熟货④。伐木工具比较原始，多用斧子，采伐季节多在夏秋两季(5~11月)。西北林区的木材运输是为将木材从陆路运至水路运输的起始点，故较少直接将木材由陆路运至销售市场。以洮河流域为例，木材陆路运输方法主要有土滑道(溜道)⑤和曳运⑥。其他陆路运输方式还有骡马驮运或车辆运输。水路运输方式则有单漂和筏运。

西南林区的森林资源主要分布在四川、云南、贵州和广西的部分地区。西南林区伐木时间主要是3~11月。四川在民国元年(1912年)前后已开始伐木，但由于采伐无度，导致到20世纪40年代，川西交通便利的地方已无森林可采，交通不便的地方又有大量采伐下的树木无法运出，在原地腐烂。云南森林主要分布在人迹罕至的高山，故到民国二十年(1931年)仍未大规模开采，但位于平地的森林大多被开垦为农田或建为村寨。贵州森林主要分布在少数民族聚居的梵净山地区，开发森林的历史已达数百年，每年2~3月，木商便雇佣当地少数民族采伐运输木材。四川、云南采伐方式为择伐，运输方式为水运。贵州和广西的伐木活动使用皆伐、择

---

① 租山：木业商号向林主租山，租用期限分为定期和不定期两种，前者采伐一定年限后交回山林，后者将山林砍净始还(俗称林净归山)。此方式在民国三十年(1941年)前风行一时，对森林造成了极大破坏。

② 卖台子：木业商号与林主商定伐木的一系列条件，由木业商号自行组织采伐，这种方式简便易行，在洮河上游广泛采用。

③ 剥拨头：如林主无力采伐，木业商号又无现钱支付，可商定由木业商号代伐，双方按一定比例分取木材，此方式采用较少。

④ 卖熟货：木业商号直接购买林主的原木，此方式被普遍采用。

⑤ 土滑道：将山沟或山坡做成土滑道，将木材沿滑道滑下。

⑥ 曳运：此方法在洮河流域最为普遍，即用人力或畜力拖曳木材运输。

贵州林区的集材平车道（1943 年）
（图片引自：《中国近代林业史》）

伐或将两者相结合的方式。西南林区木材的陆路运输方式有塘路运（土滑道）、洪路运（木滑道）①、人力抬杠、公路运输，水运方式有撬漂②和筏运。

东南林区的木材采伐经营方式可以福建为代表，初期为木商到木材产地收购农民所伐木材转运出售，后来发展为木商开设木材商号或木材庄号，买下山林，包工或雇工采伐。在抗日战争期间，海南岛的森林被日本人采伐，日本人成立了多家会社经营采伐业务。台湾大规模采伐森林始于甲午战争后，日本割占台湾。日本颁布了《官有林野取缔规则》，规定了伐木的程序和限制。台湾日据时期的伐木经营方式有直营伐木和林木标售，前者由政府机构直接雇工采伐销售，不经商人之手，后者公开招标，将伐木和销售全权委托给承包商。太平洋战争开始后，日本为供应战事所需而加大了掠夺力度，利用多家伐木公司掠夺台湾森林资源，经营方式有民营和官民合营。抗日战争胜利后，台湾光复，国民政府接收了日本在台林业机构后，成立了台湾省林务局等机构。但这些机构 3 年内改组 3 次，经营不善，采伐无度，设备也年久失修，很不安全，且效率低下。东南林区的木材陆路运输方式有辘车载运和人工扛运，水路运输方式有放溪③和捎排④。台湾地区由于河流条件不适合水运，所以日据时期主要是陆路运输，日本人还为此修建了一批铁路和架空索道。今天吸引大量大陆游客乘坐的台湾阿里山小火车，就属于当年日本为转运木材而修建的阿里山森林铁路。

台湾林区的架空索道（1949 年）
（图片引自：《中国近代林业史》）

华中地区从 20 世纪初开始采伐森林。湖北森林资源最丰富的是神农架林区，但近代一直未经大规模采伐。湖南森林主要分布在湘江、资江、沅江、澧水流域。湖南所产木材有"东湖木""西湖木"，前者产量多于后者。江西森林在 20 世纪初即遭大规模采伐，至 20 世纪 40 年代，只在交通不发达地区仍有小片樟树散布，杉木大材日益稀少。江西杉木有"关东木""关西木"，两者汇于赣州，统称"关上木"，此为江西木材中的优等材。安徽森林开发利用较早，且多为私人经营，所产木材多

---

① 洪路运：在山坡上用方木修筑洪路，使木材滑行。
② 撬漂：借助水力运送单根木材。
③ 放溪：单根流送。
④ 捎排：扎排水运。

运往杭州、饶州。华中林区伐木经营方式为地主包给木商或招包工头采伐。农民在深山所有的小片林子，采伐运输全部自行解决。湘西、湘南林区的木材由木商到当地订购。华中地区伐木一般用斧、锯，伐木时间为10月霜降以前到翌年2月，也会根据需要随时砍伐。华中林区的湖南、江西木材运输主要靠人力。湖南林区木材水路运输则有洗条①、放挂②、船运、筏运四种方式。江西林区水运方式则是编木排。

　　华北林区森林资源不算丰富，因而采伐规模也不大，木材运输主要以陆运为主，水运为辅。

7.2.3　木材贸易

　　道光二十年（1840年）以后，中国进口木材数量逐年递增。同治七年（1868年），中国开始进口木材。甲午战争后，帝国主义垄断中国经济命脉，将大量木材倾销到中国，导致中国进口木材激增。"中华民国"成立后，木材进口继续增加。民国十八年（1929年），资本主义经济危机爆发，帝国主义为摆脱危机向中国大量倾销包括木材在内的商品。从此以后，中国进口木材价格直到抗日战争时期一直保持在每年2000~3000万关平两③。自光绪二十九年（1903年）起，中国开始出口木材。"中华民国"成立以前，每年出口木材价值约100多万关平两。"中华民国"成立后，木材出口量连年增长，民国十二年（1923年）已达2000万关平两。但"九一八"事变和长江水灾后，木材出口量开始一蹶不振。第二次世界大战之后，西方列强恢复了对中国市场的木材输入，加之中国百废待兴，对木材需求量大，所以进口量逐年递增。民国十五年（1926年）至民国三十五年（1946年），中国输入木材的来源国主要是美国、日本、加拿大等国。进口木材种类主要是轻木材，其次是重木材、铁路枕木、桶箱板料。出口木材种类包括轻木材、重木材、杉木、桩木、杉木桁、桐木块、桐板、棺木等，主要发往日本和东南亚地区，其中日本就很喜欢中国的桐木块。以英商和美商为代表的外商操纵着中国的木材贸易。19世纪60年代，英商开设上海砖瓦锯木厂，此后又设立密勒锯木厂。光绪十年（1884年），英商在上海开设祥泰木行。英商1832年在广州创立的怡和洋行也涉足木材贸易。这些外商企业凭借殖民权益从事木材经销，严重冲击了中国民族资本木材产业（表7-1）。

　　清末到民国时期主要的木材市场有哈尔滨、吉林、安东、西安、上海、南京、福州、长沙、武汉、广州、成都。

---

① 洗条：将单株木材放入水中运输。
② 放挂：将流送到河流宽阔处的木材编在一起。
③ 关平两：又称"关平银""关银""海关两"，是清朝中后期海关所使用的记账货币单位，属于虚银两。

表 7-1　1912—1935 年中国进出口木材数量

年　份	进口木材数量(m³)	出口木材数量(m³)
1912	247873	65657
1913	463539	69738
1914	568649	70963
1915	251494	48958
1916	581552	45684
1917	263346	45437
1918	353038	84408
1919	395446	70559
1920	799975	80218
1921	320070	218436
1922	686739	280450
1923	416100	468230
1924	792932	220700
1925	615337	114681
1926	826068	104059
1927	609982	43325
1928	635926	32983
1929	325126	45631
1930	1035318	46853
1931	1160046	58006
1932	975767	
1933	1156225	
1934	1011264	
1935	1086353	

资料来源:《中国近代林业史》第 364 页。

　　从清末到民国,"龙泉码"的使用逐渐扩及中国几乎整个杉木产区,"龙泉码"的计算方法也日益完善。清末民初,安东(今辽宁丹东)等地在计算木材材积时,检量大小两头的直径,取平均数,自乘,再乘以材长,得到的结果基本准确。只不过因未考虑圆周率因素,导致算出的材积略大于实际材积。长江流域杉木产区通用"龙泉码",但是检量的杉木径级越大,产生的误差也就越大。除"龙泉码"外,其他地区也有不同的木材材积计算方法,比如台湾、四川等地。

7.2.4　林产品贸易

　　除了木材以外,纸张和桐油等也是林产品贸易的大宗商品。由于木材含有大量纤维,所以近代各国造纸 80% ~90% 以木材为原料。中国在戊戌变法后,教育、文化、出版事业欣欣向荣,纸张需求量大增。但当时的国产造纸还在使用传统手工制造,产量低、纸质脆,且无法双面印刷,于是洋纸乘机进入中国。五四新文化运动以来，文化思想界空前活跃，纸质出版物销量剧增，机制纸需求量随之大涨，输入量也逐年增加。中国进口机制纸的来源国依次是德国、日本、美国，英国、瑞典、加拿大也输入了相当数量。中国进口纸张的种类有铜版纸、美术纸、道林纸①、钞票纸、木造纸、有光纸、报纸（别名新闻纸）、账簿纸、书面纸、缎纹纸、画图纸、晒图纸、过滤纸、拷贝纸、打字纸、卡片纸、牛皮纸、皱纹纸、蜡光纸、香烟纸等。清末外国纸刚输入中国时种类很少，在华经营纸张生意的洋行也寥寥无几，所售纸张直接使用造纸厂的原牌，销量增多后，洋行便去掉原厂牌而换上该洋行的品牌。"中华民国"造纸用的纸浆（也称木酥）依赖进口。我国纸张出口历史悠久，清末以后，中国纸张虽然大部分来自进口，但特定用途和质地的纸张也有不少输往国外。

桐油是我国特产，用途广泛。早在明正德十一年（1516 年），中国的桐油就通过葡萄牙人输往欧洲。同治八年（1868 年），有少量桐油出口美国。欧美工业日益发展，对桐油的需求量与日俱增，中国出口桐油量也随之增加。近代，中国的桐油出口量受到国际国内经济政治因素的影响。第一次世界大战和资本主义经济危机期间，中国桐油出口量随之下降，战后和经济复苏后，桐油出口量又迅速上升。民国二十年（1931 年），中国四川桐油在加拿大油质博览会上被评为特等，从此在国际上名声大噪。民国二十六年（1937 年），桐油出口量达到历史最高值，超越此前最畅销的丝、茶、大豆，成为出口商品总值第一。抗日战争期间，由于内忧外患，桐油出口量随产量暴跌，出口最少的年份为民国三十四年（1945 年），出口量只相当于出口最多的民国二十六年（1937 年）的 0.2%。抗日战争结束后，桐油产量又恢复到战前水平（表7-2）。中国产桐油约 1/3 供国内消费，出口主要输往美国，占年出口量的 50% ~70%，其次是欧洲。民国二十八年（1939 年），为缓解抗战造成的财政困难，国民政府与美国签订《美国桐油借款合约》，借款 2500 万美元，以桐油作为偿还物资。为了按期还款，国民政府对桐油贸易实施统制管理，但因实施条件不足，导致桐油产量严重萎缩。抗日战争胜利后，宋美龄与"飞虎将军"陈纳德合办"中美实业公司"，通过陈纳德的飞机将中国的桐油等土特产商品运往美国，牟取暴利。近代中国的桐油市场主要有汉口、上海、万县、重庆、岳州、梧州。

除了木材、纸张、桐油外，近代中国的林产品贸易还包括茶油、生漆、核桃、板栗、柏油②、白蜡、樟脑、五倍子③、桂皮、柞蚕丝。其中，茶油出口很少，主要供应国内市场。柏油到 20 世纪 30 年代后出口量一路走低，原因是以其做原料的蜡烛逐渐被电灯、煤油灯取代，而且价格又竞争不过牛蜡。樟脑是重要的工业原料和药材，主产地在台湾，福建、上海先后作为樟脑贸易中心市场。柞蚕丝是我国传

---

① 道林纸：英国道林公司出产的纸。
② 柏油：从乌桕籽壳外层取得的白色蜡状物质，可制蜡烛、肥皂等。
③ 五倍子：一种盐肤木的虫瘿，可入药，出口可做鞣酸工业原料。

统出口商品，年出口总额可达数百万乃至千万关平两。抗日战争前夕，柞蚕丝出口额逐渐减少。这些林产品的出口目的地主要是美、日、欧、东南亚以及印度等国。

表 7-2　1931—1949 年中国出口桐油数量

年　份	出口数量(q)	备　注
1931	503051	1 公担(q) = 0.1 吨(t)
1932	485507	本表数据来源于 1950 年浙江省农
1933	754081	业展览会资料
1934	652835	1941 年出口量仅包括 1～10 月统
1935	738865	计数
1936	867783	1949 年出口量仅包括 1～5 月统
1937	1029789	计数
1938	695777	
1939	335015	
1940	233472	
1941	205778	
1942	24000	
1943	21000	
1944	3000	
1945	2000	
1946	352638	
1947	805373	
1948	760925	
1949	168929	

资料来源：《中国近代林业史》第 425 页。

7.3　林业科学技术

中国古代林业科学技术已经发展到相当高度。近代国门打开后，西方林业科学技术传入与中国古代智慧相结合，又逐渐形成了中国近代林业科学技术，一批近代林学著作、学术团体和科研机构应运而生。在林木培育方面，近代中国继往开来，与外国互通有无。中国的林产品加工历史悠久，但长期以来都处于手工作业阶段。19 世纪末到 20 世纪初，中国木材加工逐渐开始机械化生产，但在帝国主义和官僚资本主义的双重压迫下举步维艰。近代中国木工技术在沿袭传统技法的同时也开始引入西方科技，新式家具和机械化农具开始出现。学习这一部分，我们将了解中国近代林业科学技术探索与发展的曲折历程。

7.3.1　林木培育

长久以来，中国积累了相当丰富的林木培育经验。在杉木和马尾松的栽培方面，南方各省积累了成功经验。湖南、贵州、江西、浙江、福建等省山区的农民长于培植杉木。一般选择肥沃、湿润、通透性好的砂质壤土为苗床栽培杉木。造林以前，各地一般要"炼山"烧垦。大多数采取的造林方法是插条法，植株行距各地不同。清末以来，湖南会同、贵州锦屏等地采用植苗法造林。许多山区在垦山以后种植玉蜀黍、燕麦、番薯、马铃薯、芝麻等农作物1年，第2年植杉，行间间种农作物。有些地区是将油桐与杉木混植，待5～6年后油桐果盛期一过，即可将油桐砍去，杉木又接着成长起来。如不间种农作物，植杉后5年内就要分别在每年春季2～3月和秋季8～9月中耕除草，称为"铲山"。

在马尾松种植方面，我国也总结了一套经验。安徽含山和江苏仪征均用木制或铁制的植苗锥钻出植苗穴后，放入1年生松苗，再填土凿实。浙江湖州、温州、台州等地在山坡地用山锄开出小缝穴放苗，最后凿实。劳动人民还总结出栽植松树应在湿润的天气，浙江谚语："西风栽松，有劳无功"就是说在干旱西风时栽种松树成活率低。

中国采取保育法培育野生苗成林的历史也很长。封禁有天然下种母树或萌芽母树的山地，停止樵采和放牧，并适当间密补稀，便可成林。这种方法简单易行且成本极低。

中国本就树种繁多，近代以来更是成功引种了许多外来树种。光绪三年（1877年）至光绪四年（1878年），清政府驻日本副使张斯桂从日本带回刺槐种子在南京试种成功。光绪二十三年（1897年），德国人又将刺槐种子从德国带到青岛种植，并繁殖得越来越多。同治十三年（1874年）至光绪三十三年（1907年），有人从意大利带回多种桉树苗木，在江苏、浙江等省试种但并未成功。民国九年（1920年），广东岭南大学农学部主任美国人高鲁甫从国外引种桉树6～8种，成功植于校园内。民国十五年（1926年），岭南大学经过不断引种，校园内已有桉树12种。

光绪二十六年（1900年），有人将薄壳山核桃［*Carya illinoinensis*（Wangenh.）K. Koch］从美国引种至江苏江阴、浙江杭州、福建莆田等地。

光绪三十二年（1906年），华侨何麟书将巴西橡胶［*Hevea brasiliensis*（H. B. K.）Muell. – Arg.］从南洋带回海南岛定安县引种成功。

光绪三十四年（1908年），有华侨引种咖啡（*Coffea arabica* Linn.）于海南岛儋县那大附近。民国八年（1919年），福建泉州华侨从印度尼西亚泗水引种木麻黄（*Casuarina* spp.），之后又引种至海南岛文昌县。

民国十五年（1926年），归国华侨从马来亚（今马来西亚）携带油棕（*Elaeis guineensis* Jacq.）种子回国，在海南的儋县、琼山、万宁和琼中等地试种。

民国十九年（1930年），广东台山开始种植从美洲引入的湿地松（*Pinus elliottii* Engelm.）。

除此之外，清末至民国时期引入的重要树种还有：黑松（*Pinus thunbergii* Parl.）、日本柳杉［*Cryptomeria japonica*（L. f.）D. Don］、雪松［*Cedrus deodara*

（Roxb.）Loud.]、诺福克南洋杉（*Araucaria excels* R. Br.）、广玉兰（*Magnolia Grandiflora Linn.*）、日本落叶松[*Larix leptolepis*（Sieb. et Zucc.）Gord.]、欧洲黑松（*Pinus nigra* Arn.）、欧洲赤松（*P. sylvestris* Linn.）、长叶松（*P. palustris* Mill.）、美国黄松（*P. ponderosa* Dongl. ex Laws.）、美国白松（*P. strobus* Linn.）、落羽杉[*Taxodium distichum*（Linn）Rich.]、美国白蜡树（*Fraxinus americana* Linn.）、美国鹅掌楸（*Liriodendron tulipifera* Linn.）、大叶桉（*Eucalyptus robusta* Sm.）、火炬松（*Pinustaede* Linn.）、刺槐（*Robinia pseudoacacia* Linn.）等。与此同时，中国的一些优良树种也被引种到英国、美国等其他国家，如中华猕猴桃（*Actinidia chinensis* Planch.）、南京椴（*Tilia miqueliana* Maxim.）、黄山木兰（*Magnolia cylindrica* Wils.）等。

民国许多学者发表了关于森林经营的研究文章。如民国四年（1915 年）金邦正发表于《科学》上的《森林学大意》，民国七年（1918 年）殷良弼登载于《殖产协会报》上的《轮伐期解》，民国九年（1920 年）魏云藻登载于《农商公报》上的《经营森林方略》，民国十三年（1924 年）林刚刊登于《农林新报》上的《森林火灾的原因及其预防的方法》以及民国十五年（1926 年）发表的《松毛虫侵害森林的情形及其防除的方法》，民国十七年（1928 年）李寅恭登载于《农林新报》上的《天然林之抚育法》以及民国二十五年（1936 年）发表于《林学》上的《树木虫病害之一斑》等。

7.3.2 林产品加工

7.3.2.1 木材加工

锯木业在近代中国木材加工门类中生产规模较大。早在 19 世纪初，在今陕西盩厔（今陕西周至）山区就出现了具有手工业工场性质的木厂。木厂伐木后即在林内锯制，按不同周围尺寸用手锯、斧、锛等手工工具将木段做成橄枋（即方材）、独料或木板。光绪年间，中国民族锯木业初步发展，上海、东北、福建均出现了机器锯木厂。国民政府时期，锯木业主要集中在一些大城市。武汉作为华中重镇，抗日战争前后所开设的锯木厂生产能力和效率都很低。抗日战争之前，广州没有大型锯木厂。抗战期间，日本在广州设立了一家大型锯木厂，拥有带锯、并列锯、圆锯、截锯、运材装置，附设的木工厂有刨光机、圆锯，箱板厂有圆锯。抗战胜利后，该厂被国民政府接收后标售。福建的锯木业在抗战期间得到发展，锯木厂分为锯松厂和锯杉厂两类，前者规模略大于后者。杉木一般径级较小，多制成小方材（俗称杉木条子），一般用圆锯；松木径级较大，故制成加大的方材和板材，主要用带锯。台湾在日据时期的制材率一般为 70%。抗战胜利后，由于缺乏原木，各制材厂的生产量不到其生产力的 30%。抗战胜利后，东北制材厂主要集中在松江省（范围大致为今吉林省东部）和吉林省（范围大致为今吉林省东部）。1948 年东北解放时，东北林务总局将原有制材厂调整合并为 28 家。1949 年，锯材产量为 60.3 万立方米。

鸦片战争以后，西方列强向中国倾销木材，对中国锯木业实施垄断和控制。19世纪60年代至19世纪80年代，英商在上海开办锯木厂及经营木材贸易。20世纪初，俄商在东北建立锯木厂。北洋政府时期，东北锯木业由日商控制，俄商也占有一定份额。

日据台湾期间，在阿里山、太平山、八仙山、花莲港等主要伐木区均设有制材工厂。但直到20世纪40年代，台湾制材业都发展缓慢，企业多数为官营，民营较少。日本占领东北期间，出于对掠夺资源的需要，客观上促进了东北制材业的发展。到1945年抗战胜利，东北有制材厂160家。

胶合板是用胶黏剂胶合而成的三层或多层的木制板状材料。中国的胶合板工业始于20世纪20年代，由俄、英、法、日、波兰等国商人在天津、哈尔滨、上海、长春等地办厂传入我国。1920年，首先在天津开始生产胶合板。20世纪40年代，美国开办的胶合板厂使用热压高频电力热压机压制胶合板，生产效率高，产品质量好。但是，当时号称行业巨头的英商祥泰木行夹板厂却仍然主要以水压机冷压。日本占领东北后，倾销胶合板，造成东北胶合板产业发展缓慢。1941年太平洋战争爆发后，日本木材短缺，胶合板生产剧减，东北胶合板产业因此得到发展机会。伪满洲国政权为应对航空业对胶合板的迫切需求，制定"胶合板工业整备计划"提振胶合板生产。日本投降前，东北已建立了数家胶合板生产企业。除东北外，上海也有多家胶合板生产厂。民国三十五年（1946年），倪观格在《木业界》杂志上发表的《胶合板工业》一文，详细地介绍了胶合板制造工序，步骤如下：将原木锯至一定程度，有的锯成半圆形或扇形厚木；蒸煮木材，使其组织疏松；将煮过的原木和厚木刨（今旋切）成薄片（今单板）；将薄片切成所需大小；烘干薄片；修整碎裂有瑕疵的薄片；刨光薄片边缘；将狭小的薄片用胶水纸拼成整片；调胶水；用滚筒往薄片上涂胶；压制胶合板（冷压或热压）；烘干冷压胶合板（热压不必）；将胶合板纵面和横面边缘锯齐；将胶合板砂光或刮光[①]。

近代中国的造纸业包括手工造纸和机器造纸两大类。作为中国四大发明之一，造纸术历经一千多年流传下来。中国手工造纸业区域几乎覆盖全国，江西、福建、浙江、四川、安徽等省纸槽[②]颇多。民国二十一年（1932年），全国手工纸产量达到顶峰，有36.3万吨，而民国三十八年（1949年）则仅有12万吨。

19世纪末，江西开始伐竹造纸，之后造纸业在当地日渐兴盛。民国四年（1915年）至民国七年（1918年），江西每年造纸价值平均800万元，占全国手工造纸价值的1/5，位居全国之首。江西造纸槽户6900多家，纸工2.9万多人。

福建省也是中国重要的手工造纸地区。在抗日战争前后，全省造纸槽户约1万户，纸工约6万人。福建造纸槽户有"长槽"和"短槽"之分，前者是专业槽户，后

---

① 熊大桐.1995.中国林业科学技术史[M].北京：中国林业出版社.
② 纸槽：即造纸作坊。

者是兼营槽户。"长槽"由于设备和技术优势，所造纸张质量优于"短槽"。但由于各造纸县原料充足，造纸工序也不难掌握，且工具添置容易，"短槽"反而比"长槽"数量多。福建长汀的"毛边纸"因其质量上乘，不易变色，最适于毛笔记账，故销路很广。

四川省的手工造纸也很发达，重点地区有夹江、梁山（今重庆市梁平区）、铜梁、广安四县。民国三十年（1941年），绘画大师张大千、徐悲鸿曾来到夹江，与当地槽户一起探讨造纸技术。他们尝试在纯竹料纸浆中加入麻料纤维，以增强夹江纸的拉力来承担笔重。张大千亲自设计纸帘、纸样，决定画纸规格。翌年，张大千又来到夹江为槽户建言献策，造出的以嫩竹为主要原料的画纸洁白如雪、柔软似棉，浸润吸水性好，保留墨色效果佳，亦于裱褙，广受书画家的好评。但是，抗日战争胜利后，夹江造纸业逐渐衰落。

安徽向来以宣纸著称于世，主要原料为青檀树皮。宣纸纸质细嫩，吸水性好，是作中国书画的上乘用纸，不仅行销国内还远销日本等国。安徽泾县是宣纸的集散中心，泾县、宣城、宁国、南陵、太平等县均为产地。

光绪八年（1882年），中国第一家机器造纸厂上海机器造纸局建成，光绪十年（1894年）投产①。自此以后，全国又陆续建立了一批造纸厂，其中，伦章造纸厂由李鸿章募集商股创立。"中华民国"成立后，一批机器造纸厂又陆续建成，包括天津北洋造纸厂、广东江门纸厂、天章造纸厂（为伦章纸厂与天章纸厂合并成立）、苏州华盛纸厂、江西永兴立昌造纸厂等。但是，由于进口洋纸挤占市场，民族造纸业日益萎缩。抗日战争期间，由于没有进口洋纸的竞争，民族机器造纸业得到较大发展。但是，后来美国纸张又大肆进口，国产机制纸产量又大幅回落，由产量最高时的16.5万吨下降到10.8万吨。

日本占领东北期间，设立了一系列造纸厂，如"日满制纸株式会社"等。这些企业以大小兴安岭的树木为原料制造纸张和纸浆。

中国烧制木炭历史悠久，近代森林资源较多的浙江、江西、福建、四川等省均有手工操作的炭窑。民国时期，浙江温州、杭州，江西省，四川蒲江、眉山均是产炭大户。木炭有软炭和硬炭之分。软炭又名黑炭，江西俗称浮炭，四川俗称泡炭，系用松木、桦木等软材烧成，作燃料虽易燃但不耐烧。硬炭又名白炭、冈炭，系用青冈、栎木等硬材烧成，炭质优于软炭，虽不易燃但耐烧。四川烧制木炭的方法有两种：坑式烧炭和窑式烧炭。前者适于烧制软炭，后者适于烧制硬炭。其他各地烧炭方法与四川大致相同。

近代中国木材干馏工业极为薄弱，机器作业的木材干馏厂极为稀少。"中华民国"成立后，中东铁路公司在滨（哈尔滨）绥（绥化）沿线石头河子站建立木材干馏厂，但数年后因经营不善倒闭。民国二十六年（1937年），江南化学厂在上海成立，利用

---

① 熊大桐.1995.中国林业科学技术史[M].北京：中国林业出版社.

木材干馏，生产甲醇、乙酸等产品，但生产规模不大。太平洋战争开始后，日本为对抗同盟国经济封锁，在上海设立木材干馏厂生产甲醇和丙醇，混入汽油作汽车燃料。在东北，日本人也开办了多家木材干馏厂，生产可做飞机燃料的松香油。

7.3.2.2　其他林产品加工

樟脑是中国特产，台湾作为樟脑最大产地，其樟脑业在甲午战争前即被外国控制。光绪二十一年（1895年）日本侵占台湾后，即颁布《官有林野及樟脑制造业取缔规则》，翌年又公布《樟脑营业取缔及樟脑课税规则》。1899年，日本在台北、新竹、苗栗、台中等地设置樟脑局，管理樟脑制造与配售相关事务。日本殖民政府大量引进日本资金和企业，使台湾制脑株式会社负责制造，三井株式会社负责销售，最终掌控樟脑专卖。1934年，台湾制脑株式会社解散，樟脑生产和销售由专卖局直接经营，以对抗人造樟脑竞争。日本鼓励樟脑制造业发展。1935—1938年是台湾樟脑生产的黄金期，平均每年生产樟脑粗制品超500万公斤，1935年产量更是在900万公斤以上。太平洋战争爆发后，樟脑市场中断，产量骤减。北洋政府时期，中国南方各省樟脑制造业均有一定发展，江西、福建、浙江、湖北、湖南、广东、广西、四川都有手工樟脑制造产业。抗日战争前后，樟脑工业亦有所发展，上海、湖南、江西、南昌等地都成立了樟脑制造企业。台湾光复后，国民政府接收了日本在台的樟脑机构、设备、工厂，继续发展樟脑产业。民国三十六年（1947年），台湾樟脑公司成立，年产山樟脑和樟脑油127万公斤，精制产品有精制樟粉、精制樟脑片、精制樟脑板块、白油、赤油等。光绪年间，陈炽在《煮樟熬脑说》一文中记述了台湾制造樟脑的方法。光绪二十四年（1898年），陈骧发表于《农学报》的《炼樟图说》一文，分选料、功用、计利、小试①器具、大作②器具、提净樟脑六节阐述了制造樟脑的方法。陈骧的方法较之陈炽和《本草纲目》所述之法更为进步，原料不再加水熬煮，而是用水汽蒸馏，主要器具包括蒸馏用锅和筒（甑）以及冷凝的管子和筒。此外，文中还记载了将粗制樟脑加木炭和石灰粉各1/10制成白色精制樟脑的方法。

其他如桐油、茶油、生漆、柏油、白蜡、栲胶、松香的加工制造均主要采用手工作业方式。其中，桐油作为中国特产，供出口的要进行炼制，湖北汉口、四川万县等地的出口油行均有炼油设备。炼油方法是通过蒸汽加热，使桐油在冬季不会凝固，待杂质沉淀，再进行过滤。生漆亦为中国特产。中国各地调制加工生漆的方法各不相同，大致工艺如下：首先用细布过滤生漆，然后利用日晒或火烤去除生漆中的水分，在此过程中要经常搅拌。当生漆颜色由黄色变为暗褐色时，加入油脂和其他原料即为熟漆，根据加入成分的不同有普通熟漆、黑漆、朱红漆、透明漆之分。白蜡也是中国特产，实为白蜡虫的分泌物。制作白蜡时，首先将全身包裹蜡质的白蜡虫自树枝剥下（也可连同树枝一起剪下），放入热水锅，不断搅拌，蜡融化后浮上

---

① 小试：小规模试验。
② 大作：大规模生产。

水面，舀出置于冷水缸中，使其结块。锅底渣滓仍有蜡质，捞出晒干后，还可加水煮沸继续提取蜡质。最后，凝结的蜡块会被加热融化后倒入模具，冷凝后即为白蜡块。

7.3.3 木工技术

鸦片战争后，西方列强开始在中国投资设厂，家具制造业成为其投资产业之一。英美商人相继在华开办家具制造厂和经销企业。光绪二十八年(1902年)，顺天府尹陈壁创办工艺局，隶属农工商部，次年归入商部。工艺局招募各地工匠制造器物，设工厂15科，包括雕漆、华式木器、洋式木器、华式藤器、洋式藤器等。光绪三十三年(1904年)至光绪三十四年(1908年)，工艺局共制成华洋各式桌椅5103件，还制成华洋各式藤器家具1528件。光绪三十三年(1904年)后，各省相继设立工艺局，并设木工、木器等科目。

民国以后，民族家具业有了一定发展。20世纪20年代，家具制作已经成为一门专业，分中式和西式。江苏、浙江传统中式家具制造业非常兴盛，形成了上海帮、温州帮、台州(今浙江临海)帮、宁波帮等。西式家具在中国开始推广后，在东南沿海城市迅速传播，主要款式有法兰西式、德国式、英国式等。但是，华商经营家具业的主要方式是手工作坊和个体手工业户，基本没有机械化的近代家具工业。民国二十二年(1933年)，全国仅有12家近代家具工厂，且均开办在上海等大城市，有的依附于民族资本商行，有的依附于外商公司。

20世纪30年代中期，由于社会购买力低、新式家具竞争等因素，中式传统家具业几近破产。为求脱困，中式家具厂纷纷转产新式家具，在掌握西式家具木工、髹漆工艺的基础上，融合中国特点，创造出了适合中国民众需要的套装家具，如五斗柜、木床、梳妆台等。这些家具使用普通木料即可，而不必使用红木、楠木等昂贵的中式家具传统用料，既节约成本，又经济实用。这一时期家具业主要是手工作业，先做出白坯再油漆，生产效率很低。大多数木器店是店场挂钩，由固定作坊和临时雇工承包生产。木器作坊和手工个体户大多生产被称作"白货"的白坯出售，也有将白坯上漆制成"红货"出售的，利润高于经营"白货"的商号。20世纪30年代以前，各地主要使用国产木材制作家具，高级家具采用紫檀、榉木等为原料。民国二十二年(1933年)后，上海、天津等沿海城市开始用桃花心木、橡木、柚木、柳桉等做面料，花旗木做内芯，并逐步采用胶合板。总体来看，中国近代家具业发展程度有限，市场萧条，很多个体户都改行做了走街串巷修理家具的工匠。

近代中国农具虽然出现了一些机械化的苗头，但在农村占主流的仍是传统农艺和农具。据20世纪40年代日本人的调查，当时的华北农具与元代王祯《农书》所记载的相差无几。

1939年，中国工业合作协会的路易·艾黎(Rewi Alley)出资2万元到陕甘宁边区开办了包括木工在内的一些合作社。

7.3.4 林业学术团体

鸦片战争以后，中华民族陷入日渐深重的民族危机之中，维新派人士大声疾呼发展工农业生产，振兴科教事业，以拯救民族危亡。在这样的背景下，农林界人士纷纷提倡成立农林学术团体。

光绪二十二年(1896年)，中国最早的农林学术团体"务农会"(又称"上海农学会")在上海成立。该团体的宗旨是兼采中西各法，进行农林方面的研究和实验。该团体还创立《农学报》，刊登农、林、牧、渔等领域的文章，不仅介绍中国古代农林经验，也介绍外国新技术，刊登翻译的外文资料。其中刊登的林业相关文章达数十篇，涉及造林、森林经营、森林利用等方面。《农学报》于光绪二十三年(1897年)创刊，光绪三十二年(1906年)停刊，共315期，其间对林业科学技术知识在中国的传播起到了巨大作用。

民国六年(1917年)1月，由农业教育界人士发起的中华农学会在上海成立。同年春，经凌道扬等提议，得到金邦正、陈嵘等支持，在南京成立了中华森林会。该团体的宗旨是："集合同志，共谋中国森林学术及事业之发达。"作为中国最早的林业学术团体，其会员除包括中华农学会林业界人士外，还有南京金陵大学农学院的部分师生。随着会员人数的增加，中华森林会又设立了两个支部，分别是金陵大学森林会和日本北海道帝国大学林科由中国留学生成立的清明社。民国十年(1921年)，中华森林会编辑出版自己的刊物《森林》季刊，栏目有论说、调查、研究、国内外森林消息、附录等。同年9月，中华森林会从南京迁往上海。民国十一年(1922年)，由于时局动荡，经济困窘，中华森林会活动停止。《森林》于当年9月出到第2卷第3期即停刊，一共出版7期。活动停止期间，一些会员参加了中华农学会的活动。

民国十七年(1928年)8月4日，经过南京林业界人士筹备后成立的"中华林学会"在金陵大学举行成立大会。会上通过了《中华林学会会章》，其宗旨是集合会员研究林学，建议林政，促进林业。此后，中华林学会建议农矿部设计委员会设立林务局和林业试验场，并组织演讲会向社会普及林业知识，引起社会强烈反响。民国十八年(1929年)10月，中华林学会编辑的不定期刊物《林学》创刊。民国十九年(1930年)春，中华林学会又协助当时的农矿部开展植树造林活动。"九一八"事变后，中华林学会活动停止，《林学》杂志于民国二十年(1931年)10月出到第4期即停刊。在这期间，《中华农学会报》于民国二十三年(1934年)11月出版了"森林专号"，刊登了22篇林业论文。中华林学会于民国二十四年(1935年)一度恢复活动，次年7月《林学》杂志继续出版，但改为半年刊。但抗日战争爆发后，中华林学会再次中止活动，林学会部分会员又参加农学会活动。民国三十年(1941年)，中华林学会在重庆恢复活动,并在极端困难的条件下使《林学》在停刊 5 年之后复刊,但终因种种条件限制被迫于民国三十三年(1944 年)再度停刊,前后共出版 10 期。民国三十六年(1947 年),中华林学会成立三十周年之际,会员已达 500 多人。

中华森林会和中华林学会是中国成立较早的自然科学学术团体,对联络林业学者宣传林业,开展林业学术研究和交流,推动林业事业发展,发挥了积极作用。尽管由于政局及经济困难等原因曾几起几落,学术刊物也时出时停,但在理事和会员惨淡经营之下,学会最终得以延续下来。

7.3.5 林业专著

近代西方林业思想传入我国,我国也有一批留学生前往国外学习林业知识。在这种背景下,中国传统林业科技文化和西方近代林业科技文化相互交融,产生了一批林业著作。

宣统二年(1910 年),中国驻意大利使臣吴宗濂出版了辑译的《桉谱》一书,内容包括桉树的名义、形体、产地、历史、生长、功用、特质、明效、种法、购种地址等。

民国十一年(1922 年),陈焕镛到海南岛和鄂西林区调查和采集标本后,用英文写成《中国经济树木学》(*Chinese Economic Trees*)一书。民国十三年(1924 年),钟心煊出版了用英文写成的《中国木本植物名录》(*Catalogue of Trees and Shrubs of China*)。民国二十四年(1935 年),李顺卿则出版了用英文写成的《中国森林植物学》(*Forestry Botany of China*)一书。民国二十二年(1933 年),刘慎谔主编《中国北部植物图志》。陈嵘曾在日本东京帝国大学学习林学,亦在美国哈佛大学安诺德树木园研究过树木学,学养深厚。归国后,他曾出版多部林业科技专著和相关论文。民国二十二年(1933 年),陈嵘出版《造林学概要》和《造林学各论》,前者主要阐述造林基本理论,后者则用丰富的资料按树种详细论述了林业的性质和造林方法。翌年出版《历代森林史略及民国民政史料》(1952 年该书改名为《中国森林史料》并再版)。同年,周汉藩出版《河北习见树木图说》。民国二十六年(1937 年),陈嵘出版《中国树木分类学》(亦于 1953 年再版),该书为中国近代首部全面记载中国树木的专著。钟观光、陈焕镛、陈嵘等学者为中国树木分类学奠定了基础。民国三十三年(1944年),郝景盛出版了《造林学》,此书分为生态和技术两篇,理论与技术并重。翌年,他又出版了《中国木本植物属志》和《中国裸子植物志》。民国三十八年(1949年),陈植出版了《造林学原论》,此书为当时大学森林系教学用书。

7.3.6 林业科研机构及林业试验研究

清末开始林业试验研究,但是规模很小,重点放在育苗和栽培果树。光绪皇帝认识到世界发展趋势，开始重视发展农林业。自光绪十八年（1902年）起，一批农事试验场陆续建成，开始进行农林实验研究。清政府向这些试验场拨给经费并聘请技师（山东、福建、奉天农事试验场聘请了日本技师）。

中华民国成立后，林业试验研究仍然未得到应有的重视，直到20世纪40年代后才有所发展。民国元年（1912年）8月，北洋政府农林部在天坛的外坛创设林艺试验场，次年又在北京西山设立分场。这是我国近代最早独立的林业科研机构。但是，在北京、山东长清、湖北武昌设立的三个林业试验场的任务不是试验研究而是育苗造林，后改名为林场。民国五年（1916年），北洋政府农商部成立林务研究所，开展育苗造林、树木学、林产制造、森林分布、林业经济、林业科普等林业研究。民国十二年（1923年），林务研究所因经费紧张被裁撤。民国二十一年（1932年），实业部中央农业实验所设森林系，但是实际开展的实验研究工作十分有限。20世纪40年代后期，林业试验研究开始有较大发展。民国三十年（1941年）7月，国民政府农林部成立中央林业实验所，下设造林研究组、林产利用组和调查推广组。民国三十二年（1943年），该机构迁往重庆。民国三十四年（1945年）3月，国民政府农林部公布《中央林业实验所组织条例》。抗日战争胜利后，该机构迁回南京，同时接受了日伪的林业试验研究机构，设立华北、华南等林业试验场和林场。中央林业实验所在育苗造林、水土保持、林产利用、木材学、国药繁殖、林业调查统计、林业推广方面做出了一定贡献。在育苗造林方面，该所开展了国产经济林木育苗、国产军工林木育苗、国外优良树种引种、国产主要林木造林。在水土保持方面，该所开展了土地利用设计、土壤冲刷试验、设置梯田沟洫、保土植物繁殖试验、营造防沙林几项工作。在林产利用方面，该所进行了木材干馏、桐油炼制和加工、单宁提制、硬化茶油、利用木屑制造塑料等工作，并开展了松脂采集、松材干馏、松节油和松香炼制、木炭窑改良等课题研究。在木材学方面，该所对木材力学性质和物理性质、木材构造都进行了研究，并开展了木材防腐和木材化学干燥试验。在国药繁殖方面，该所在四川南充常山繁殖试验所开展了常山播种育苗和扦插试验。在林业调查统计方面，该所对全国森林和宜林荒山荒地、林产品国际贸易、主要林产品国内供销都进行了调查统计研究。在林业推广方面，该所开展了推广苗木和营造示范林的工作。成立于民国二十八年（1939年）9月的中央工业试验所木材实验室，是除中央林业实验所外又一个主要林业科研机构，主要从事全国性工业用材的试验研究工作，是中国第一个木材实验室。此外，"中华民国"时期设立的林业相关科研机构还有：天水水土保持区实验区、台湾省林业试验所及模范林场、上海研究所森林生态实验室、北平研究院植物研究所、中山大学农林植物研究所、中国科学社、静生生物调查所、庐山森林植物园。日本占据台湾和东北期间也设立了林业试验所和林业试验场。

7.4 林业政策与管理

林业政策与管理是事关林业发展的关键性问题，从历史上汲取林业政策与管理的经验教训可以为当今中国林业发展提供借鉴与助力。中国古代在治林思想、林业职官、林业政令、林业赋税方面均有自己的思考与实践。从清末开始，中国林政逐渐由传统向近代发展，设置林业专管机构，制定林业管理政策法规，逐步实行更为规范、科学的林业管理。通过本部分的学习，我们将了解中国近代林政管理的发展脉络。

7.4.1 林业官制

光绪二十四年(1898年)戊戌变法时，光绪帝谕令设农工商总局，管理农工商事务。总局下设农务司，所辖事务包含林业。光绪二十九年(1903年)，商部改为农工商部，下设平均司，林业即归其管辖。光绪三十二年(1906年)，商部改为农工商部，平均司改为农务司，其管辖范围涉及林业。农务司最初设6名官员，后增加到11名，并有艺士、议员若干。由此可见，林业官员极少。光绪三十三年(1907年)，各省设置劝业道，掌管农工商，下设6科中的农务科掌管林业相关事务。每科设科长、副科长各1名，农务科科员2到3名。省辖厅、州、县也分别设置劝业道。同年，吉林林业公司和吉兴林业总局成立。至宣统元年(1909年)，一些省份成立了林业专门机构。

北洋政府时期，一些近代最早的林业专门机构和官职出现了。民国元年(1912年)1月1日，中华民国临时政府在南京成立，设实业部，下辖农务、矿务、工务、商务4司，由农务司管辖林业。同年4月，"中华民国"迁都北京后，实业部分为农林、工商二部。农林部山林司分管林业。农林部设有直属林业机构。12月，在吉林设林务总局，下设沈阳、哈尔滨二林务分局。翌年10月，农林、工商二部合并为农商部，林业由其下农林司主管。民国五年(1916年)1月，农商部设林务处，管理全国森林事务。该处设督办1名，会办2名，另设技术人员、事务人员若干名。同年10月，林务处被裁撤，其业务仍交农林司管辖。这一年还将各省行政区域划为大林区，设林务专员1名。民国六年(1917年)林业总局撤销，次年设直属农商部的吉林、黑龙江二森林局。

民国十七年(1928年)3月，国民政府成立农矿部，其下农务司掌管林业。同年10月，改组机构，由林政司负责林业行政。民国十九年(1930年)12月，农矿、工商两部合并为实业部，下设林垦署管理林业，编制与人员超出一般司级机构，且结合了行政人员与技术人员。各省林业由建设厅、实业厅管辖，下设林务局或造林场。一些省划分了林区，设林务局或森林局。南京、北平、上海、青岛四个特别市在社会局下设农林事务所管理林业。各县则由建设局（科）管理林业。民国二十七年（1938年）1月，为应对抗战需要，实业部改为经济部，林垦署被裁撤，由经济部农林司管理林业。民国二十九年（1940年）5月，国民政府成立农林部，下设林业司主管林业行政。

1933年4月，中国共产党领导的中华苏维埃共和国临时中央政府设国民经济委员会，中央革命根据地的林业由该部管辖。陕甘宁边区林业初时由建设厅主管，1940年年底成立边区林务局，规划统筹边区林业工作。陕甘宁边区设有七个林区。1942年"精兵简政"期间，林务局被撤销，仍由建设厅主管林业。其他边区林业主管机构有：晋冀鲁豫边区的农林局；晋绥边区的林业管理委员会；晋察冀边区的农林牧殖局；北岳行政公署的农林厅；1948年华北人民政府设立的农林部。1948年，东北行政委员会成立林务总局，各省、县设林务局。由此可见，各革命根据地和解放区政府都设有林业机构，这就从组织上保证了林业生产建设的有序进行。

7.4.2　林业政策法规

7.4.2.1　清朝后期

19世纪末20世纪初，森林的价值逐渐为世人所重视。在世界大势之下，清朝政府的开明人士也开始认识到这一点，于是上书朝廷要求发展林业的奏折逐渐增多。光绪帝顺应世界潮流，也曾于光绪二十三年（1897年）下诏督促发展林业。光绪三十三年（1907年），慈禧太后对御史赵炳麟上奏折主张发展农林业表态支持。宣统元年（1909年），农工商部提出发展林业的措施：要求各驻外大臣调查搜集外国发展林业的资料；派员赴日本考察造林方法；命令各省将军、督抚，调查所辖地域适合造林的土地和原有天然林，并绘制图说上报部里，以便制订经营方案。同年，农工商部制订实业规划，其中含有林业内容，规定了筹办农林学堂、农事试验场、调查森林状况等事宜。

清朝后期，国库空虚，因此开禁东北森林也被提上了议事日程。为此，清政府出台了一系列法规措施，如《吉林夹荒沟招垦章程》《通肯放荒章程》《奉省垦务通筹办法》等，这促进了东北林区的开禁，确定了开荒伐木、林地转农地的合法性。除中央外，地方政府也制定了有关政策法规，并劝导民众植树造林，如《劝谕陕甘通省栽种树木示》和《福建省劝民种树利益章程》等。

此外，民间从历史上就有关于林业的乡规民约，主要表现为护林碑的形式，清朝后期的护林碑要多于清朝前期，多见于长江流域及以南地区。

7.4.2.2　北洋政府时期

民国三年（1914年）10月3日，北洋政府公布了中国第一部《森林法》，该法共分总纲、保安林、奖励、监督、罚则、附则6章32条。其主要内容包括五方面，分别为：①将确无业主之森林和依照法律应归国有的森林编为国有林，由农商部直接管理和委托地方官署管理，其中关系江河水源的、面积跨两省以上的或关系国际交涉的国有林由农商部直接管理。②将有关预防水患、涵养水源、公共卫生、航行目标、便利渔业、防蔽风沙的森林编为保安林，由农商部委托地方官署经营管理，非经准许，不得樵采，并禁止带引火物入林。到无必要时，可以解除保安林。③鼓励个人或团体承领官荒山地造林。承领的面积不得超过 100 平方里，当该地造林完毕后，可以申请扩大面积。承领时，每 10 平方里应缴纳 20 元（银元，下同）以上、100 元以下的保证金，按年息 3%～5% 核给利息。承领荒地后经过 1 年尚未着手造林的，则撤回荒地，没收保证金。所领荒地 5 至 30 年免征租税。④地方官署为公益起见可禁止或限制在公私有林内开垦，如公私有林所有者滥伐或荒废森林，可以限制或进行警诫。地方官署还可对公私有荒山限期强制造林。⑤对盗窃、烧毁和损害森林者视不同情况给予相应处罚。

森林法是指导一国林业活动的总章程，是林业的基本大法，是国家林业政策的集中体现，是制定其他林业法规的重要依据。北洋政府制定的这部《森林法》虽然条文简单，内容也存在极大的完善空间，但首创意义不容低估，是中国林业法规的发轫之作。此后，民国政府又两次修订该法。

民国四年（1915 年）6 月 30 日，北洋政府公布《森林法施行细则》，共 20 条。该细则对划定国有林、保安林以及承领官荒山地造林做出了具体规定。

民国三年（1914 年）9 月 1 日，北洋政府公布《狩猎法》，共 14 条。《狩猎法》规定：本法所指的狩猎是以铳器、网罟或其他器械捕获鸟兽。狩猎器具的种类和限制，由地方警察官署长官规定，详报当地最高级长官转农商部。不论何人，未经警察官署核准不准捕猎。警察官署给狩猎者发狩猎证书。不准用炸药、毒药、剧药、陷阱捕获鸟兽。遇到特殊情况必须使用上述方法捕猎时，应经警察官署核准，由警察官署先期发布布告。狩猎时须携带狩猎证书，随时接受警察官署检查，不得冒用他人证书。该法还规定了禁止狩猎的场所，每年允许狩猎的时间以及违反相关规定时需缴纳的罚金数额。

民国十年（1921 年）9 月 14 日，民国农商部规定了《狩猎法施行细则》，共 23 条。该细则对狩猎证书、狩猎禁区、受保护鸟兽的种类以及相关处罚措施都做出了详细规定。

甲午战争后，日本帝国主义对中国东北的渗透愈演愈烈，并与沙俄势力互相角力，东北森林资源被肆意掠夺。民国成立后，北洋政府依旧无力经营东北森林资源。当时的农林部认为东北森林资源丰富，但因滥伐无度，水灾频发，再加之外国势力垂涎于此，交涉困难，如长期放任自由，于国防和经济利益极为不利，故而认为筹办林政就应从东北这一中国最著名的林区入手。民国农林部在先期调研的基础上，于民国元年（1912 年）12 月 11 日公布《东三省国有森林发放暂行规则》（以下简称《暂行规则》），共 20 条。《暂行规则》准许中国人进入林区采伐，规定：东三省的国有森林除由林务局经营外，树木可以依照规则予以发放，有"中华民国"国籍者均可承领。但有关国土保安和供公用的森林不予发放。承领森林者须向林务局递交承领书，写明相关情况。经林务局许可后，须领取执照，并按拟伐木数量缴纳保证金。木材出山到埠后，须由林务局查验，按木植市价8%收取执照费，保证金如数发还承领者。执照有效期为1年，若1年内未着手采伐，则执照作废，保证金不予发还，若树木尚未伐完或未运出，得呈请林务局核发新执照。承领者若将执照转让或抵押他人，须经林务局许可。如超过原定界限采伐得给予处罚。

民国三年(1914年)8月8日，北洋政府农商部公布经大总统批准的修正的《东三省国有林发放规则》。与民国元年(1912年)的《暂行规则》相比，这次的规则增加了以下内容：除中国人民外，依照"中华民国"法律成立的法人也可承领森林。林务局(森林局)收到承领书后进行查核，若无重复，再派员勘测，造具报告，呈农商部核办。承领书除了记载原定项目外，还要记载运输设备和制材设备，并附上承领地的图说。每人承领森林不得超过100平方里。该规则还规定了承领者应缴纳的勘测费数额。林务局(森林局)勘测后呈报农商部，如认为该处森林不能发放，则退还勘测费一半。承领森林经农商部核准，由部注册，发给部照，有效期最多20年，期满缴销。承领人领取执照后缴纳相应注册费。林木出山时，承领人将所伐树木的相关情况呈报相关主管官厅查验。树木出售时，承领人除按税则缴纳木税外，还应按树木市价8%分别缴纳山本和木植票费。转让已领林区，须按相关规定呈农商部核准，由转领人缴纳注册更正费50元。转让执照有效期限以原领执照为准。承领森林如已超过执照所写期限仍未采伐，则撤销承领原案，追缴部照。承领人伐木时，每亩应按规定保留天然下种母树。采伐后的林地，除该管官厅认为不能开垦者外，承领人可按照国有荒地承垦条例承领开垦。由此，林地变为农地就有了法律上的依据。

民国九年(1920年)6月9日，北洋政府农商部再次修正《东三省国有林发放规则》，对原规则稍微做出了修改补充。

民国四年(1915年)6月30日，北洋政府农商部公布《造林奖励条例》。奖励共分一、二、三、四等奖章和特等奖。按照成活标准和相应造林面积颁发各级奖励。该条例还规定，凡经营特种林业于国际贸易有重大关系者，或者可供造船、筑路等大工程之用者，农商部认为必要时，得按其面积、株数核给奖金。

民国五年(1916年)12月，北洋政府农商部制定了《林业公会规则》，次年9月又公布《林业公会组织办法》。这两份文件规定：每村可设立一所林业公会(即林业合作所)，有特殊情况的也可两村以上联合设立林业公会。此外，文件还规定了林业公会组织、造林、收益分配及奖惩等相关事项。设立林业公会的目的就在于保护森林，恢复荒废林野，育苗造林。

为了规范林业机构及其人员的行政事务，北洋政府农商部还制定了《农商部林务处暂行章程》《林务专员规则》《林务研究所章程》《林业试验场章程》《林务局章程》《农商部交通部会同筹办造林保路办法》。

除上述中央制定的法律法规外，一些省也根据当地情况制定了林业法规，如《云南省森林章程》《山西省保护森林简章》《山西省种树简章》《吉林省国有林临时规则》《吉林省国有林征收山分及其分配章程》《广东省暂行森林法草案》等。

7.4.2.3　国民政府时期

为了完善内容以及适应新情况，民国二十一年（1932 年）9 月 16 日，南京国民政府公布新《森林法》，共 10 章 77 条。主要内容包括：总则、国有林及公有林、保安林、林业合作社、土地之使用及征收、监督、保护、奖励、罚则、附则。此次颁布的《森林法》与民国三年（1914 年）的相比增加了 4 章 45 条，内容更加完善充实。新增 4 章为国有林及公有林、林业合作社、土地使用及征收、保护。其中，林业合作社一章规定：为了协同保护森林、进行荒废林地造林、进行森林施业工事、合作进行其他有关森林事项，得限定区域组织林业合作社。合作社有无偿承领附近国有荒山荒地的优先权。土地之使用及征收一章规定：森林所有权人从森林内搬运产物和设备，必要时经地方主管官署许可，得使用他人土地。土地使用继续三年以上，或变更土地地形地貌及使用性质时，土地所有权人得请求征收其土地。这第四、第五章是新增内容中较有特色的章节。

民国二十四年（1935 年）2 月 4 日，民国政府实业部公布了《森林法施行规则》，对《森林法》的施行办法做出了详细界定。该规则明确规定了实业部、地方主管官署、个人或自治团体、国有林管理机关、林业合作社社员和承领国有荒山荒地造林者所应担负的职责以及相互关系。

民国三十四年（1945 年）2 月 6 日，国民政府公布再次修正的《森林法》，此次修正后的《森林法》共 9 章，57 条，各项处罚措施较之前的《森林法》稍重，并且删除了关于林业合作社和土地征收的条款。此次修正的《森林法》与民国二十一年（1932 年）的相比增加了如下内容：森林以国有为原则。国有林的编定、经营、林区管理由农林部拟定计划，呈报行政院审核。国有林的采伐，除农林部依作业计划直接经营或委托地方林业管理机关经营外，其他人非经农林部核准并取得伐木执照，不得经营。砍伐公有林、私有林，应经林业管理机关查验才能运销。设置森林警察保护森林，未设置森林警察时，由当地警察代行森林警察职务。各地方乡镇保甲长有协助保护森林之责。奖励扑灭森林火灾或害虫有显著功效者。承领荒山荒地面积不得超过 20 平方千米。承领荒山荒地的保证金以承领时当地所申报的地价为准，原则是不超过 5%。

民国三十七年（1948 年）2 月 28 日，农林部公布修正的《森林法施行细则》。该细则主要包括经营国有林的具体规定；国有林、公有林和私有林的采伐规定；国有林区管理处的工作范围；森林用地地价税的减征条件；荒山荒地造林后的免税条件；承领国有荒山荒地造林的相关事项。

民国二十一年（1932 年）12 月 28 日，国民政府公布了新修订的《狩猎法》。这部

《狩猎法》与此前相比，在鸟兽种类、狩猎人员条件、狩猎时间、处罚和禁猎条件等方面都做出了更加严格和明确的规定。新规定如下：将鸟兽分为四类，并分别规定了各类鸟兽的不同狩猎限制条件；未成年人、精神病人、士兵和警察、受本法处罚不满1年者不得狩猎；狩猎期为每年11月1日至翌年2月末；鸟兽众多之地，市、县政府每年应将禁止狩猎的鸟兽种类名目于开猎前公布；在宣布戒严时、发现盗匪时，准许狩猎的鸟兽有保护必要时和准许狩猎的地方有禁止狩猎的必要时，市、县政府和警察机关须停止狩猎。触犯该法相关条款者，处以50元以下罚金，并撤销狩猎许可证。

此外，国民政府在植树造林、森林经营管理、林业考成和奖励、林业机构组织条例方面都制定了相应规章制度。在植树造林方面，农矿部于民国十八年（1929年）2月9日公布《总理逝世纪念植树式各省植树暂行条例》；行政院于民国十九年（1930年）11月公布《堤防造林及限制倾斜地垦殖办法》；实业部于民国二十五年（1936年）4月27日公布《全国公路植树监督规则》，又于次年2月2日公布《培植保护特种林木监督办法》；同年8月，军政部和实业部公布《军队造林办法》；民国三十二年（1943年）2月27日，行政院公布《植树节举行造林运动办法》，3月26日，农林部公布《强制造林办法》，5月，教育部和农林部公布《学校造林办法》；民国三十三年（1944年）6月，交通部、内政部、农林部联合公布《全国公路植树规则》。在森林经营管理方面，实业部于民国二十年（1931年）5月27日，公布《管理国有林公有林暂行规则》，核心内容是国有林停止发放，公有林（包括省市县所有森林）绝对禁止发放。民国三十年（1941年）4月30日，农林部公布《国有林区管理规则》。此外，实业部（农林部）还颁布了一系列业务性规章和办法，如《督促防除松毛虫办法》《森林警察规程》《国有林区内伐木查验规则》《公私有林登记规则》等。在林业考成和奖励方面，实业部于民国二十年（1931年）1月26日公布《林业考成暂行办法》；农林部和侨务委员会于民国三十年（1941年）6月12日共同公布《奖励华侨投资营林办法》，8月28日，农林部公布《奖励经营林业办法》。在林业机构组织条例方面，国民政府公布了《农矿部直辖中央模范林区组织章程》《实业部林垦署组织法》《经济林场组织通则》《水源林区管理处组织通则》《农林部民林督导实验区组织条例》等规章制度。

国民政府虽然继承并发展了北洋政府的林业政策法规，但由于社会动荡、政治腐败等因素，大多流于形式。

7.4.2.4 革命根据地和解放区

中国共产党领导的革命根据地和解放区政权一向对保护森林和造林事业相当重视。1932年3月，在江西瑞金召开的中华苏维埃人民委员会第十次常务委员会上，通过了《中华苏维埃人民委员会对植树工作的决议》。

1939年9月，晋察冀边区行政委员会公布了《保护公私林木办法》，主要内容包括划定禁伐区域、封禁期限、处罚、举报奖励等。同年10月，晋察冀边区公布

《禁山造林办法》。

1940 年 4 月，陕甘宁边区政府公布《陕甘宁边区森林保护办法》和《陕甘宁边区植树造林办法》，翌年 1 月，将这两个文件修正后再次公布，并公布《陕甘宁边区砍伐树木暂行规则》。这三个文件详细规定了保护边区树木和植树造林的相关事项。

1941 年 10 月，晋冀鲁豫边区政府公布《林木保护办法》，规定边区军民都有保护林木的义务，并对公有林、村林、禁山的林木砍伐严格管理，且鼓励植树造林。

1946 年 3 月，晋察冀边区行政委员会公布《森林保护条例》。该条例在 1939 年 9 月的《保护公私林木办法》基础上修订而成，内容比较完善，新增了关于林权划分的内容。

1948 年 3 月，晋冀鲁豫边区政府公布了《树木保护培植办法》，规定了对不同所有权和类型的林地的管理措施，严格管理采伐行为，提倡造林，严格赏罚。

1948 年 11 月，山东省人民政府公布《山东省保护及奖励培植林木暂行办法》。该暂行办法规定保护公、私有林，划定牧场以便于群众放牧，并用免征公粮的方式鼓励造林。

1949 年 4 月，晋西北行政公署发布《保护与发展林木林业暂行条例（草案）》。该条例共 6 章，26 条，分别是总则、林权与管理、保护、砍伐办法、奖励与罚则、附则。同年 4 月，热河省人民政府公布了《热河省造林护林暂行办法》。

1949 年，东北行政委员会公布了《东北解放区森林保护暂行条例》《东北解放区森林管理暂行条例》《东北国有林暂行伐木条例》。这三个条例内容比较完善，贯彻落实后，东北解放区的林区管理工作逐渐步入正轨。东北其他地方政府也制定了一些详细的森林保护和管理条例。

革命根据地和解放区政府所制定的林业政策法规有效地保护了森林资源和林业发展，并为新中国成立后的林业建设积累了经验。

7.4.3　林业管理

清末森林按所有权可分为官有林和私有林，但所有制实际包括封建地主阶级所有制、国际资产阶级所有制、民族资产阶级所有制、农民阶级所有制、国内其他所有制。这一时期，清廷对东北森林加强了管理：将东北地区的森林纳入行政管辖，设立林业公司进行统一经营，并与沙俄签署《改订购木合同》以抑制沙俄在呼兰河流域的乱砍滥伐。晚清政府对林业重视程度有限，故并未将林业专项经费单独列出，而是从实业经费中拨给。清中后期沿袭清前期的做法，设常关（为清政府在水陆要道或商品集散地所设的税关）收取木植税，税率为 3% 或 10%。宣统二年（1910年），贵州省三江厘金局改办为木植统捐局。光绪四年（1878 年），清廷为缓解财政压力，解除东北林区的伐木禁令，在鸭绿江右岸伐木收捐。光绪二十四年（1898年），吉林省设置官立林业公司，征收木价的 25% 为税。光绪三十三年（1907 年），东北木植税由度支部征收，初时税率为木价的 10%。后由于俄国人修筑东清铁路

（即中东铁路）所伐木材免税，故有华人木商以代俄人伐木为名逃税。有鉴于此，清政府规定：不论何国人伐木均按木价18%征税。华人由度支部征收，外人由交涉局办理。自宣统元年（1909年）始，木税由木税局统一征收。

北洋政府时期，森林有国有林、公有林、私有林之分，但所有权的实质是地主阶级和买办阶级所有制、民族资产阶级所有制、农民阶级所有制。这一时期的森林所有制与清后期大致相同，只是各阶级的构成、数量有所变化。林业经费仍由实业经费中支取，各省林业经费均列入预算。北洋政府为增加财政收入，积极征收林业税费，造成沉重的税费负担，并且通过发放国有林和在地方设置税局、税关等手段征收林业税费。国民政府森林表面上亦分为国有林、公有林、私有林，但实质上地主阶级和官僚资产阶级还是国有、公有林的主要所有者。与北洋政府相比，国民政府通过一系列法律法规加强了对森林的国有化管理，如实业部于民国二十年（1931年）公布的《管理国有林公有林暂行规则》规定停止发放国有林。这一时期林业课税有增无减，名目繁多。除木材外，其他林产品也被课以重税，例如桐油出口税。沉重的苛捐杂税严重阻碍了林业的发展。国民政府时期，林业经费随林业发展有所增加，抗日战争期间到战后，林业经费由农林经费中拨给，但所占份额较少。到了民国三十五年（1946年）至民国三十六年（1947年），全国林业经费明显增加，这是由于货币贬值以及收复了抗战失地从而扩大了林业经营地域所致（表7-3）。民国三十年（1941年），国民政府农林部提出了划分国有林的范围，规定了国有林的管理原则。民国三十年（1941年）至民国三十三年（1944年）一批管理西北、西南国有林的国有林区管理处先后成立。20世纪40年代，农林部开始对主要河流上游水源林进行管理，先后成立了五个水源林区和分区管理处。民国三十二年（1943年），国有林区内开始实行伐木查验规则。抗日战争时期，大部分国有林区被裁撤。台湾光复后，国民政府将全台划分为十个林政区域，每区设山林管理所1处，管理台湾山林。台湾省行政长官公署为安抚高山族，划出一定面积保留地，其范围内可做薪炭、建筑用材的，均可采伐，也可在保留地内开垦农田，但对土地无所有权。

表7-3　1940—1947年国民政府林业经费一览

年　度	林业建设经费（元）	农林建设经费（元）	林业建设经费占农林总经费之比（%）	备　注
1940	38000	1450000	2.6	本表数字系根据
1941	1500000	14250000	10.5	农林部会计处实
1942	2554600	38977420	5.6	支款额列算
1943	10896000	107880000	10.1	
1944	12804831	236065670	5.5	
1945	49520230	626967984	7.9	
1946	455960000	2848928900	16.0	
1947	24856381600	3936249600	15.8	

资料来源：《中国森林史料》第231页。

中国共产党主张开展土地革命，反映在林业上就是改革林权，将少数地主阶级占有大部分森林改革为多数劳动人民共有。中共领导的革命根据地政权在1928年12月公布的井冈山《土地法》中规定：茶山和柴山按照分田的办法以乡为单位平均分给当地农民；竹木山归苏维埃政府所有，经政府准许可以砍伐。1929年公布的《兴国土地法》继承了这些规定。1941年，陕甘宁边区给私有林主发放森林登记证，并对砍伐树木严格管理，还在《植树造林条例》中规定了种植树木的所有权。晋冀鲁豫边区和晋绥边区也对森林资源采取严格管理措施，并设立相关机构。1946年，晋察冀边区政府对林木所有权做出了更加详细的规定。1947年9月，《中国土地法大纲》规定：山林、荒地和其他可分的土地，按普通土地的标准分配给当地农民，大森林、大荒地等则归政府管理。根据《中国土地法大纲》，东北解放区各省政府明确规定将较大面积森林划为国有林。华北解放区北岳行政公署也规定了国有林的划分范围。1948年，晋冀鲁豫边区规定了各级各类林木的所有权。同年，山东省人民政府的《保护及奖励培植林木暂行办法》以及1949年晋西北解放区对林权处理的规定大致与此相同。晋绥边区第六专员公署所在宁武等地森林资源丰富，故专员公署于1946年3月对森林开采决定实行"统一领导，分散经营，公私两利，民办公助"的方针，采取公营、私营、合作经营三种方式。各解放区对单纯以营利为目的而破坏森林采取坚决制止的态度。1949年，晋西北各县设立林木管理所对森林资源进行管理。在林业税收政策方面，中共根据地政府在总体上能够根据纳税人实际制定政策，既保护了贫下中农利益又调动了生产、纳税积极性。

除此之外，列强在近代中国土地上建立的殖民地，其林业管理对当时和此后中国森林与林业也产生了很多影响。清末，德国侵占胶澳（今山东青岛），在林政、人工造林、森林经营、林业法律等方面采用了西方先进的技术与管理方式，客观上对林业发展产生了一定积极影响，有些做法对中国当代林业发展也有借鉴价值。日本在占领我国台湾和东北期间，为掠夺森林资源而进行了严格管理。1895年10月，日本通过颁布《官有林野取缔规则》将全台几乎全部林野划为官有地，几乎一举拿下台湾全部森林资源。1935年，日本编制全岛森林施业计划，次年按计划进行造林，在编制计划前日本只在台湾局部地区实行零星造林。日本在台造林以经济林为主，特别重视作为台湾特产樟脑原料的樟树林的营造。第二次世界大战期间，日本疲于应付战争，对台湾的森林保护管理和造林逐渐废弛，滥伐现象严重。日本殖民台湾期间还实施了林野整理和官有林野中空地租借办法，并在官有林野中修建林道以加强管理。此外，日本对台湾樟脑也实行了严格的专卖和统制政策。日本在台湾建立林业专管部门和林政体系，引进、栽培树种，开展林业宣传与林业教育，这些均开台湾林业之先河。但是，日本的目的只是为了进行殖民统治和掠夺，实际上对台湾森林资源造成了极大破坏。日本侵占东北期间，在森林管理方面主要通过伪满洲国傀儡政权推行了整理林场权、统制木材、划分林野三项措施，以此强化对森林的统制。1933年，伪满政权将每年的"谷雨"（4月下旬）定为植树节。1937年，伪满林业部门制定《造林计划要纲》和《造林实施要纲》。1938 年，伪满政权又先后制定了《"国营"造林实施要纲》《治水造林二十年计划》《地方造林实施要纲》。同年，伪满政权又在长春净月潭设造林场，是为伪满官营造林的开始。1941 年，日伪为推行造林，解散鸭绿江采木公司，与满铁东洋拓殖会社共同创办满洲造林株式会社。1942年，伪满政权又制定《"全国"造林事业振兴方策要纲》，意在进行全面造林，但太平洋战争爆发后，日本自顾不暇，伪满政权更无力开展"国营"造林，遂制定"共荣造林制度"，即利用民间资本进行造林。伪满自 1936 年起实行独立的森林特别会计制度，该制度将伪满"国有"林收入作为林业经营和开发经费，但造林经费相对较少。伪满政权各项林业捐税数额很高且逐年递增。总体而言，殖民地林业经营管理技术与方法虽然存在一些可资借鉴之处，但给中国森林资源造成的破坏更为巨大，对森林的保护和管理也都是以维护宗主国利益为根本目的的。

7.5 林业思想文化

近代是一个社会转型期，思想文化也不可避免地呈现出时代特点。在林业思想文化方面，东方与西方，传统与现代在近代中国碰撞融合。从清末到民国，一批有识之士、学者、革命家对林业进行了深刻思考，他们将西方先进林业思想与中国实际相结合，逐渐形成了更为成熟、全面的中国近代林业思想，其光辉甚至映照当代。接下来，就让我们具体了解一下在中国近代林业思想文化中产生了哪些真知灼见和时代新风。

7.5.1 林业思想

7.5.1.1 清末有识之士

清末，列强入侵、西学东渐，西方科技思想随之传入中国，中西林业思想逐渐开始融合。清朝后期，魏源、张之洞、康有为等人的林业思想具有代表性。

魏源（1794—1857 年），湖南省邵阳县人，清末思想家，在政治上提倡"实学"，在政治上提倡"实业"，林业即实业之一种。道光五年（1825 年），魏源编辑《清经世文编》，其中收录不少他人论及林业的文章，如《种树说》《备荒管见》《倡种桑树檄》等。魏源注重介绍和学习外国林业发展情况和经验。他的林业思想主张是学习外国先进林业科学技术，发展中国用材林、经济林、花卉业，对野生动物资源进行保护和利用，用煤替代木材作为燃料，发展林产品加工利用，提高林业经济水平。

张之洞（1837—1909 年），是洋务派首领，清末重臣。光绪二十七年（1901 年），他和刘坤一连上三道奏折之第三折《遵旨筹议变法谨拟采用西法十一条折》含有关于林业的内容。张之洞的林业思想主要是强调林业教育、林业人才培养、林业行政管理。

康有为（1858—1927年），前期为维新派领袖，后期转为保皇派领袖。他在集自身政治思想大成的著作《大同书》中流露出一些有关林业的思想，主要是林地公有制、管理的统筹计划性等方面内容。他认为林业是农业的组成部分，主张发展农林教育，合理利用山林资源，发展林业，改造沙漠。他在《公车上书》中主张振兴实业，发展林业，在《应诏统筹全局折》中，他建议清政府设立包含管理山林事业的机构。康有为的林业思想有其积极意义。

除上述人士外，御史华辉也于光绪二十二年（1896年）上奏折，力陈发展林业的建议。他认为，政府应给予民众补助以发展林业，要重视发展经济林，对造林、毁林应给予相应奖惩。更富有远见的是，华辉认为森林可防止水旱灾害、水土流失，林业应与水利相互结合。光绪三十二年（1906年），御史赵炳麟也曾上奏折呼吁发展农林业。他认为，发展林业应首先对森林资源和宜林地进行调查，再令相关部门制定可行章程。

7.5.1.2 学者

(1)凌道扬的林业思想

凌道扬（1888—1993年），广东省宝安县（今深圳市）人，林学家、林业教育家、农学家、水土保持专家，获美国耶鲁大学林学硕士学位，是中国第一位林学硕士，曾长期担任中华森林会和中华林学会理事长。

凌道扬
（图片来源：http：//szsb. sznews. com/html/2010-01/15/content_ 931136. htm）

凌道扬认为，林政对于国家来说意义重大。振兴林政可以增加财政收入，为工业提供原料，使荒废的土地资源得到利用，增加就业，改善国计民生，还可以获得间接效益。他是中国近代放眼世界林业的第一人，也是较早提出森林间接效益（即生态效益）的人。凌道扬有感于中国林政人员、经费都远远少于欧美日等列强，遂大声疾呼增加林业人员和经费，加强林政管理，发展林业教育。他是呼吁政府增加林业投入的第一人。他认为，振兴林业必须发展林业教育。小学教科书中有必要加入林业相关知识，以便从小培养爱林、造林的习惯。大学森林系教学须考虑各地不同情况。由于中国地域广大，各地气候、土壤、森林情况不同，各地森林学校教学内容应根据当地实际各有侧重。他还提出了东北、中部和北部、南方森林学校应注重讲授的教学内容。他认为，森林学校的课程内容必须适用，要注重实验，使学生学到实际本领。

凌道扬的林业思想对孙中山、黎元洪、张謇等人产生了巨大影响，孙中山《建国大纲》中的农、林部分内容便是由他协助完成的。

(2)陈嵘的林业思想

陈嵘(1888—1971年)，浙江省安吉人，著名林学家、教育家，是中国现代林学的开拓者之一。1909—1913年，陈嵘在日本北海道帝国大学林科学习，是中国近代最早的学林留学生之一。回国后，他曾任浙江省甲种农业学校校长，后在南京支持凌道扬成立"中华森林会"。民国十二年(1923年)，陈嵘赴美国哈佛大学安诺尔德树木园研究树木学，两年后获硕士学位。他在回国后，应聘金陵大学教授兼森林系主任。他还曾任中华林学会第一届会长兼总干事，并长期担任重要职务。陈嵘也是中华森林会和中华林学会的多届理事。新中国成立后，陈嵘继续在林业领域发挥着巨大作用。

陈嵘

陈嵘认为，中国林业发展的主要任务就是造林，林业与造林几乎可以当作同义词理解。陈嵘认为："我国荒山遍地，极应兼重林业，以利用荒地造林，增加生产，而为复兴农村之一大助力焉。"他觉得这是因为造林可以化荒山为生产地；林业发达后可以使土地利用更加经济；兼重林业可以增加农村工作，挽回颓风；造林可以救荒；森林可减少水旱灾害；森林可改善空气质量[①]。为此，他编写了一批造林学著作，开办林场进行造林实践。

陈嵘认为考虑到中国实际，造林树种选择应兼具经济与生态效益。陈嵘还认识到，发展林业必须重视林政。为此，他研究了古今中外的林政状况，并出版了相关著作若干。

陈嵘重视造林的林业思想对中国林业的发展起到了重要而积极的作用。他任教几十年，为国家培养了大批林业人才，临终时还将大批搜集到的图书资料和全部积蓄捐给国家，前者被保存于中国林科院图书馆，后者捐给中国林学会后被设立为陈嵘奖基金。

(3)姚传法的林业思想

姚传法(1893—1959年)，祖籍浙江省鄞县(今宁波市)，林业教育家，国民政府林业官员。他早年于美国耶鲁大学林学院学习，获林学硕士学位，并当选为"西格玛赛"荣誉学会会员。归国后，姚传法曾任中华林学会理事长，国民政府立法院立法委员，并参与民国二十一年(1932年)《森林法》的起草制订。他林业思想最突出的主张就是以法治林，强调严格按照法律法规进行林业发展。

民国三十三年(1944年)，姚传法在《林学》杂志上发表《〈森林法〉之重要性》一文，论述了以法治林的思想。他认为，《森林法》是国家大法之一，应该大力宣传普及，并且在修改完善后应有效实施。

除了强调林业发展的法治问题外，姚传法还主张造林以保持水土，他在20世

---

① 樊宝敏.2009.中国林业与思想政策史(1644—2008年)[M].北京:科学出版社.

纪 40 年代就发出警告：如果中国西部和南部继续乱砍滥伐，"大好之长江、珠江不久也一定变成黄河相似的中国之灾害。"① 他可谓最早提出这一真知灼见的有识之士。姚传法也强调振兴林业教育，他认为林业教育应以研究、宣传和制定国家应采取的森林政策，以及解决公私林业上的种种疑难问题为宗旨。

姚传法是近代中国最早提出并强调"以法治林"思想的人，他重视《森林法》的地位，强调依法办事、强制发展林业，这些思想仍旧值得今天的人们继承和发扬。

姚传法

（4）郝景盛的林业思想

郝景盛（1903—1955 年），河北省正定县人，林学家，曾就读于北京大学生物系、德国爱北瓦林业专科大学、柏林大学，获森林学、自然科学博士学位。郝景盛曾任中央大学森林学教授，北平研究院植物研究所所长，东北大学农学院院长。新中国成立后，郝景盛依然在林业领域做出了卓越的贡献。

郝景盛对森林生态效益具有深刻认识。民国三十三年（1944 年），他在《林学》杂志上发文论述"森林与水旱天灾之关系"，认为"森林可以防止水患，可以阻止旱灾"，故应造林。

郝景盛

郝景盛在考察了嘉陵江的高泥沙含量后，认为如果长江各支流都变成了嘉陵江，那长江未来就会变成黄河。而治理长江、黄河的方法，他认为就是在上游各支流流域内大规模造林②。

民国三十六年（1947 年），郝景盛出版了最能代表他林业思想的著作《森林万能论》。在这本书中，他论述了森林与木材对国家的重要性。郝景盛使用"万能"来比喻森林的多重效益，意在唤起人们对森林重要性的认识。

随着环境科学的发展和人们对生态环境重要性的认识不断深化，郝景盛林业思想的精髓愈发显现出其正确性、前瞻性和深刻性，对今天的林业发展乃至生态文明建设均具有重要意义。

（5）梁希的林业思想

梁希（1883—1958 年），浙江吴兴人，著名林学家，中国现代林业先驱者之一。民国二年（1913 年）至民国五年（1916 年）梁希赴日本东京大学攻读森林利用学，民国十二年（1923 年）至民国十六年（1927 年）赴德国研究林产化学。民国二十二年（1933 年），梁希任南京中央大学农学院教授、院长，民国二十四年（1935 年）当选中华农学会理事长。新中国成立后，梁希成为首任林垦部（后为林业部）部长。

"中华民国"时期，梁希曾对浙江和台湾的林业状况提出过改进意见。他将西方和日本林业科技中的有益成分与中国森林实际相结合，提出如下建议：发挥森林的

①② 樊宝敏.2009.中国林业与思想政策史(1644—2008 年)[M].北京:科学出版社.

多种效益；用国家力量经营森林，并推动和奖励民营造林；按照施业案合理经营森林，护林造林并举；发挥优势，发展特种树木；节约木材，合理利用木材。虽然梁希的这些建议是针对浙江、台湾提出的，但其实对全国其他各地也有重要的借鉴意义。

早在民国二十三年（1934 年），梁希就撰文申明林业应独立发展的观点，主张林业与农业要分开发展。后来，梁希又再次申明观点，呼吁林业"要独立、要专管"。他说："森林是公开的事业，不能专归商人经营的，也不能专靠老百姓务农之余顺便干干的，更不能和垦殖园艺混为一谈的。"[①]

梁希
（图片引自：《中国林业与思想政策史（1644—2008 年）》）

新中国成立后，梁希的林业思想又有新的发展。

7.5.1.3　革命家的林业思想

（1）孙中山的林业思想

孙中山（1866—1925 年）是中国近代民主革命的伟大先行者。在他的三民主义理论中，却也包含着极其深刻的林业思想。

民国七年（1918 年），孙中山著成《实业计划》，将发展林业列入其中，他洞察森林"只采不造"的后果，主张大规模造林。在该计划中，他还提出要勘测规划荒山荒地，合理利用土地资源，农林牧矿全面发展。民国十三年（1924 年），孙中山在广东宣讲民生主义时，就全面而深刻地论述了森林的重要性，认为大规模造林是防止水旱灾害的根本方法。他是从根治水旱灾害的角度，将大力发展林业、改善生态环境作为治国方略提出的第一人。

孙中山认为，林业要实行国营，兼顾地方利益。在《建国大纲》中，他规定："山林川泽之息，矿产水力之利，皆为地方政府之所有，而用以经营地方人民之事业。"

孙中山还认为，应该把开发森林与修筑铁路相结合。在林区发展交通，以便于开发原有森林，解决木材等林产品运输问题。

孙中山主张有计划地发展木材工业和造纸业，并且以煤电代替薪柴来节约木材。

孙中山的林业思想极富真知灼见，即便放在今天亦有研究和借鉴意义，但是由于旧中国国力衰微、政局混乱，他的治林思想直到国民党败走台湾也未得到实现。

此外，孙中山的亲密战友宋教仁也曾在《代草国民党大政见》一文中发表主张兴办国有山林的思想。

---

① 中国林学会.2017. 梁希文选[M]. 北京：中国林业出版社.

（2）毛泽东的林业思想

党的十七大首次把建设生态文明写进政治报告，十八大进一步将生态文明建设纳入"五位一体"中国特色社会主义总体布局，体现了党的生态执政理念。作为中国共产党和中国社会主义建设的开创者，毛泽东早年就开始关注林业，并持续一生，在林业建设方面做出了卓越贡献，并逐渐形成了自己的林业思想。

1919—1944 年，毛泽东发表了若干篇有关林业的文章，主要内容包括他对林业的关注，对植树造林的提倡和对山林制度的调查研究等。

早在 1919 年，年仅 26 岁的毛泽东就将目光投向了林业。在刊登于《北京大学日刊》上的《问题研究会章程》中，他列举了 71 个需要研究的问题，其中涵盖政治、经济、文化、教育、外交、内政等诸多方面，在第 62 个问题"实业问题"中出现了"造林问题"。

从土地革命战争时期到抗日战争时期，毛泽东关注林业的重点是山林制度。井冈山《土地法》第六部分"山林分配法"，充分反映了毛泽东在土地革命战争初期就注意到了林产制度和山林分配法律制定的问题。在创建中央革命根据地时，毛泽东经过对江西寻乌山林制度的调查后，比较详细地了解了其形成的历史与现状。这些内容在《寻乌调查》第四章"寻乌的旧有土地关系"之第七部分"山林制度"中进行了论述。除此之外，在《兴国调查》第四部分"现在土地分配状况"以及《中华苏维埃共和国土地法》中均有反映毛泽东林业思想的内容。

毛泽东一贯重视群众造林运动，在 1932 年 3 月就签署颁布了《中华苏维埃共和国临时中央政府人民委员会对于植树运动的决议》。在延安期间，毛泽东非常重视边区生态建设，并提出要制订群众植树计划。

7.5.2　林业文化

7.5.2.1　园林文化

鸦片战争以后，国门大开，西风东渐，中国传统思想开始与西方近代思想碰撞融合，园林文化也反映了这一时代特点，中国传统园林文化开始逐渐向近代转型。清末的皇家园林和私家园林虽然仍旧秉承传统中式园林风格，但在造园技艺上却已出现一些现代技法、工艺、材料。而同一时期的租界公共园林则让旧中国的民众见识到了现代造园理念下的园林文化，使国人对园林的固有认识发生着潜移默化地改变。同治七年（1868 年），上海外滩公园建成，是为上海首座城市公园，主要建筑风格为英国维多利亚式。今天的很多人也许不知道，近代屈辱的"华人与狗不得入内"就是发生在这座公园。此公园自开放之日起便不许华人进入。光绪十一年（1885 年），上海租界工部局在公园门口竖立告示牌公布六条园规，第一条为"脚踏车及犬不准入内"，第五条为"除西人佣仆外，华人不得入内"，这便是"华人与狗不得入内"的由来。经过长期抗争，民国十六年（1927年）该公园才同意华人进入。

一批租界公园的出现改变着国人的园林文化观念，进入20世纪后，中国自建的公园也纷纷落成。如光绪三十一年（1905年）的无锡"公花园"，光绪三十二年（1906年）的沈阳"也园"（后改名万泉公园），光绪二十三年（1907年）的奉天公园等。中国清末的自建公园在形式上主要还是继承传统园林风格，但是在布局上吸收了一些租界公园的风格，以开放式格局为主，对公园的公众性、公共性、休闲性有所体现。这些公园的占地一般较大，体现出视野开阔的空间布局，一般以草坪、绿树、鲜花、喷泉、西式凉亭为主要景观，与以前小巧精致的中国传统园林形成了鲜明对比。

"中华民国"时期的园林文化依旧带有深刻的时代烙印。孙中山的活动和逝世带给近代中国园林文化以重大影响。他逝世后，各地或是将已有公园更名为中山公园或是兴建中山公园以表纪念。民国时期是中国现代园林形成前积累实践和理论的重要时期，政府开始营建城市公园。这一时期，公园的形式、功能日益丰富，很多公园除了提供休憩场所外还设有动物园、体育场、展览馆等专门的功能区。公园内不仅有阅报亭，有些还有图书馆，甚至还有民众学校。这样一来，公园就不仅具有玩赏休憩功能还具有社会教育功能。

民国园林在近代民主思想的引导下，基本奠定了园林在城市中的地位。总体上，"中华民国"时期的园林呈现出中西合璧的特征。

7.5.2.2 茶文化

近代茶文化受时代影响颇深，自清末开始的主权沦丧和国政混乱，使文人阶层不能再心无旁骛地饮茶论道，因此文人对于茶文化主流地位的领导权逐渐让位于平民阶层。茶文化开始深入民间，走入百姓日常生活，这是近代茶文化的一大特点。

学者震钧成书于光绪二十九年（1903年）的《天咫偶闻》，其卷八收录的《茶说》一文比较系统地论述清代的饮茶艺术。由于清代茶叶已是条形散茶，故清代茶的品饮方式不似前代要求严格、工序繁多，但依旧重视传统饮茶法，并有所创新和发展。

清代由于茶叶栽培技术和制茶工艺的进步，出现了许多名茶，六大茶类在清代已全部出现。我们今天耳熟能详的一些名茶大多是在清朝后期逐步发展和命名的，如祁门红茶等。嘉庆、道光年间，武夷茶天下闻名。

茶具文化在清代达到鼎盛期后开始分化，至清末逐渐开始没落。

清代，中国陆上茶叶贸易与沙俄来往密切，而海上茶叶贸易则与英国、美国、荷兰联系紧密。晋商通过茶叶贸易使中国的红茶在欧洲特别是沙俄打响了知名度，为中国茶文化进一步在海外传播做出了贡献。晋商与湖广茶农培植出了适合俄国人和西亚人饮用的红茶，并组织外销，在世界饮食史上意义重大。清代，茶叶成为中国最重要的外销商品，但是清末国门大开，经济被卷入世界市场，中国茶业也遭受了严重冲击，导致畸形发展，中国传统茶业经济中心的传统地位逐渐丧失，但是这些都在客观上推动了中国茶业的近代化，使中国茶文化在世界范围内得到更为广泛的传播与发展。

品茶在清代变得更为平民化，最终使作为茶文化重要组成部分的茶馆文化在清代步入鼎盛时期。清末，全国无论沿海内陆、城市乡村，茶馆遍及各地。清末的北京，各种种类的茶馆遍及京城的各个角落，各个层次的人都可以在其中活动，有专供商人谈生意的清茶馆；有饮茶兼饮食的"贰荤铺"；有表演曲艺的书茶馆；有供文人笔会、游人赏景的野茶馆；有纳三教九流的大茶馆。茶馆里可见各色人等。民国时期的茶馆数量更多，茶馆之于民众生活不仅是日常需要更是精神需要，迎来了发展的又一个高潮。茶馆作为一个公共空间，反映着社会的时代变迁，社会也赋予了茶馆以不同时期的特色。近代的茶馆充当城市信息中心的功能尤为明显，人们在茶馆里谈论政治甚至利用其进行政治活动。茶馆政治在不同时期关注不同主题。

7.6 林业教育

林业教育是培养林业科技与管理人才、宣传普及林业知识和技能的社会活动。近代林业教育肇始于清末，系统的林业教育则发展于民国成立之后，随着民族林业产业和造林事业兴起，林业法律法规不断完善，林业科教事业也取得了一定成就。民国时期的林业学校、教材、教育家在新中国成立后依旧发挥着重要作用，可以说民国林业教育为新中国林业教育奠定了基础，具有承前启后的作用。通过学习本部分，我们将了解中国近代林业教育于动荡乱世之中砥砺前行的奋斗历程。

7.6.1 林业学校

18 世纪晚期，林业技术及其理论已在西欧作为一门科学设立学校，19 世纪时世界其他地区也陆续跟进。清末，中国正式开始设置林业教育机构，进行系统教学。一般认为，我国近代学校式林业教育始于光绪二十八年（1902 年）山西省农工总局附设农林学堂①的林科。

清末废除科举后，效仿欧美各国和日本兴办各类学校。光绪二十九年（1903 年），清政府采纳张之洞、荣庆、张百熙的建议，正式建立学制规程，兴办农林学校。这一时期成立了含理、工、农、医的大学堂——京师大学堂，以及高等、中等、初等农业学堂等四级，均设林科。但是，《京师大学堂章程》虽然规定在农业科下设有林学目（后改称"门"），但由于维新运动失败，林业教师和教材都奇缺，故

---

① 1907 年改名为"山西高等农林学堂"，1912 年改名为"农业专门学校"，后又改为"山西省立农业专科学校"，抗战时停办。

在清王朝结束之前都未有招生。高等农业学堂程度相当于大专，招收 18 岁以上的中学毕业生，学制 3 年，目的是"传授高等农业学艺，使将来能经理公私农务产业，并可充各农业学堂之教员、管理员"。中等农业学堂相当于中专，招收 12~15 岁的高小毕业生，学制 2~3 年，主要讲授农林必要知识与技能。初等农业学堂程度相当于高小，附设在中等实业学堂及普通中学内，招收 13 岁以上初级小学毕业生，学制 3 年，传授最浅显的林业知识与技能。除了以上被称为"三级制"的三种学堂形式，还有一种主要设在边远的山区或牧区的农林小学堂。

"中华民国"成立后，将振兴实业、发展资本主义作为头等大事。农林业在清末基础上进一步得到了发展，对相关技术人才的大量需要推动了林业教育的发展。虽然林业教育在"中华民国"时期进一步普及、发展，但是直到国民党败走台湾前，林业教育都未被单列体系，只是附属于农业教育体系。"中华民国"的高等林业教育，是在大学农学院里设立森林系或是在农业专门学校里设置林科。民国三年（1914年），北京农业专门学校成为大学里最早设立林科的学校，该校于民国十二年（1923年）改名为北京农业大学，设森林系。北洋政府时期，全国共有 8 所大学农学院设置森林系。国民政府时期，高等学校又有几所增设了森林系。抗日战争时期，这些大学有的改组，有的内迁，有的暂时停办。抗日战争胜利后，各校返回原地，但因解放战争爆发，政治经济形势紧张，林业教育陷入瘫痪。截止到 1949 年新中国成立前夕，全国设立森林系的农学院共有 24 所（表 7-4）[1]。"中华民国"成立后的中等林业教育，是在甲、乙两种农业学校内设置林科。自民国十一年（1922年）起，甲种农业学校改为高级农林学校，招收初中毕业生，学制 4 年（1 年预科）；乙种农业学校改为初级农业学校，招收高小毕业生，学制 3 年。民国二十一年（1932年）以后，开始出现单科林业学校。抗日战争以后，中等林业教育萎缩，至民国三十八年（1949年），全国除台湾外农业学校的林科和林业学校仅存 9 处[2]。

表 7-4　1949 年设森林系的农学院

	校　名	校　址	成立时间（年）
国　立	北平大学农学院	北平	1914
	武汉大学农学院	武昌	1924
	中山大学农学院	广州	1931
	中央大学农学院	南京	1927
	广西大学农学院	柳州	1928
	浙江大学农学院	杭州	1929
	西北农学院	武功	1938
	云南大学农学院	昆明	1938
	贵州大学农学院	贵阳	1939

① 南京林业大学林业遗产研究室，熊大桐，等.1989.中国近代林业史[M].北京:中国林业出版社.
② 林业部教育司，杨绍章，辛业江.1988.中国林业教育史[M].北京:中国林业出版社.

校 名		校 址	成立时间(年)
国 立	中正大学农学院	南昌	1940
	东北大学农学院	沈阳	1946
	台湾大学农学院	台湾	1947
	中兴大学农学院	台湾	1927
省 立	山西农业专门学校	太原	1902 年成立，1915 年改现名
	河南大学农学院	开封	1924
	山东大学农学院	济南	1926
	四川大学农学院	成都	1931
	河北农学院	保定	1932
	安徽大学农学院	安庆	1934
	福建农学院	福州	1940
私 立	金陵大学农学院	南京	1915
解放区	哈尔滨农学院	哈尔滨	1948
	华北森林专科学校	山西灵空山	1948
	延安自然科学院大学部森林科	延安	1940

1948 年夏，晋冀鲁豫边区在北方大学（后改为华北大学）农学院的支持下，成立了解放区第一所也是唯一一所森林专科学校，校址在山西省沁源县灵空山。该校以农学院经济植物专业为基础，在一座名叫灵空寺的庙宇中开课教学，学生从最初的 5 个人发展到 40 人以上。教材均由教师自行编写。学校有教室、办公室、实验室、标本室、工具房，还有教职工和学生宿舍。该校制定了教学计划，学制三年，课程有政治、数学、物理、化学、生物（重点在植物和植物分类）、造林学、森林经理学、利用学、经营管理学等。由于处在战争非常时期，各科课程都灵活讲授，一般先讲专业课，但有时也不得不在讲授基础课的同时插入专业课。1949 年 10 月，灵空山森林专科学校迁往北京。

7.6.2 课程及教材

清末林业学校式教育尚处于肇始阶段，课程科目照搬外国特别是日本。高等农林学堂林科所修课程 30 门，每周授课 36 小时。课程包括：物理学、化学、气象学、地质学、土壤学、动物学、植物学、森林测量术、图画、森林数学、造林学、森林利用学、林产制造学、森林经理学、森林保护学、森林管理、森林道路、理财学、法律大意、森林法、林政学、农学大意、财政学、狩猎学、殖民学、森林测量实习、造林实习、林产制造实习、森林经理实习、体操。预科课程：人伦道德、中国文学、外国语（英语，原入农学科者兼修德语）、算学（代数、几何、三角）、动物学、植物学、物理学、化学、图画、体操。中等农业学堂林科课程包括：造林及森林保护、森林利用、森林测量及土木、测树术及林价算法、森林经理、气候学、农学大意、实习。初等农林学堂林科课程设置与中等农林学堂林科相同，但只是作为实习课讲授。

"中华民国"成立后，高等林业教育才正式开始。民国二年（1913 年），北洋政府大学规程公布了大学农科林学门所修 41 门课程科目。这些科目基本抄袭国外，一些科目根本无法开设，只能在具体教学中根据实际情况加以删减。民国十七年（1928 年），国民政府大学规程公布，规定了大一新生要修习公共必修科目，大二时转入专业基础科目学习。以国立中央大学农学院森林系造林组和森林利用组必修和选修课程为例。造林组必修课为：气象学、测量学、树木学、土壤学、森林立地学、造林学本论、苗圃学实习、造林学各论、造林学实习、测树学、林价算法及较利、森林利用学、林产制造学、森林保护学、森林管理学、森林经理学、林业设计实习、林政学、防沙工程学等。森林利用组必修课为：树木学、有机化学、分析化学、木材力学、木材物理学、木材解剖学、造林学本论、木材化学、林产制造学、测树学、森林经济学、木材干燥学、木材防腐学、木材采运学、层板制造学和木工机械学等。此外，两组还各有一些选修课程。这一时期的课程设置比北洋政府时期有了很大改进，取消了之前不合实际的若干科目，如殖民学、法学通论和财政学等直接抄自外国的课程，使课程设置更加符合中国林业发展实际。"中华民国"高等学校以学年学分制为主，原则上本科生应在 4 年内修满学分。

"中华民国"时期的中等林业学校课程分为普通课和专业课。普通课主要是公民、国文、生物学等基础课程。专业课与高等林业教育的课程科目大同小异。

近代林业教育开办之初，学校缺少林业课程教材，初时用外籍教师特别是日本教师的讲义授课。各省农林学堂授课时，外籍教员一边讲课，译员一边翻译，学生记笔记，整理后即是教材。清末传入我国的林业书籍翻译后很多也成为了林业教材。光绪二十四年（1898 年），上海农学会翻译的农学丛书，共 86 卷，分 7 年印出。丛书中的《农学初阶》《农学入门》中翻译了有关树木育苗、森林刈伐等文章，以及英国学者所写的《植物起源》。此外，还有由樊炳清翻译的日本林学家奥田贞卫的《森林学》，由林玊翻译的日本林学家本多静六的《学校造林法》等。

"中华民国"成立后，留学生归国讲授林业者渐多，国内学者编写的林学讲义也随之增多。他们实地调查研究，开展科研，发掘林业历史遗产，总结林业生产实践经验，参考外国资料，在分类学、林学、林产利用学方面做出了一定的贡献，编写了一批比较切合中国实际的教材。为中国近代林业教育事业打下了基础，对推动中国近代林业的发展起了积极作用。教授自编讲义用作教材的如李寅恭编写的《森林立地学》，是近代第一本森林立地学教材。中国近代林业开拓者梁希也将《森林利用学》《林产制造化学》等讲义加以整理，自编教材。当时大学用书还有以下这些：陈嵘所著的《中国树木分类学》《造林学各论》；陈植编著的《造林学原论》以及撰写的《造园学概论》；唐燿所著的《中国木材学》。此外，还有一些参考书，如陈嵘所著的《造林学概要》《中国森林史料》。一些林业教育人士还用自己留学国的文字写成了专著，供国内学校参考，如郑万钧用法文所著的《树木学》等。这些林业教育家和林学家对中国近代林业教育事业的发展做出了重要的贡献。这些高等学校的林学系多有实习林场、苗圃。

7.6.3 师资与学生

"中华民国"成立后，清末派出的留学生纷纷归国，他们中的大多数投入教育事业，逐渐改变了晚清时期林业教育主要由外国教师授课的局面，各校教学变成了以中国教师为主。但是，总体上来说，林业教育在当时并不受重视，因此师资普遍不足，大学森林专业的教师最多不超四五名。一般教授每周授课时数超过 6 小时，至少承担两门课程，有的甚至三门以上，还兼任其他系、校的授课。如陈植教授担任造林学、造园学和观赏树木学等课程。学校还会外聘教授到校授课，一般聘请知名教授。如北平大学农学院森林系就曾聘请植物分类学专家胡先骕为兼任教师讲授森林植物学（树木学），报酬为每节课银元 5 元。在特殊情况下，教授还可以兼任外地大学的教授，如北京大学农学院林学系的王正教授就曾兼任河北农学院林学系教授。当时，学校里专任教授少而兼任讲师多，教授们虽然本身学养深厚，但忙于兼课，在教学质量上就难以精益求精。中等林业教育师资在民国初期由归国留学生担任，但民国十一年（1922 年），一批中等专业学校升格为大学，这些学校的教师就随之成为了大学教师。中等林业学校的教师就主要转由大学林科专业的毕业生担任。

总体来说，民国林业教育的学生为数甚少。民国十六年（1927 年），北京农业大学和南京金陵大学的林学专业学生数每年都在十余人以上，但后来因为全国大学数量激增，报考其他学校的人数增加，报考林科的学生相对就少了。此后，社会动荡、军阀混战，有志投身林业的学生更是屈指可数。如民国二十年（1931 年），北平大学农学院森林系只招到了 1 名学生，结果只能将其送往国外学习。中央大学森林系更是在民国十八年（1929 年）、民国二十一年（1932 年）、民国二十二年（1933 年）一个学生也没招到。但是，学生人数少反而使师生间的关系更加紧密，师生感情甚笃。旧中国民生凋敝，内忧外患，大学毕业生就业十分困难，林学生也不例外。中等林业学校在发展黄金期时，各校每年林学生入学人数均在 10 人以上，有的学校在 20 人以上，且大多数毕业生都能找到工作。但在民国十六年（1927 年）以后，中等林业学校逐渐减少，到抗日战争时期，中等林业教育几乎停办。新中国成立前夕，全国仅剩几所农业学校还设有林科，学生人数当然也很少。民国十六年（1927 年）以前，全国高等林业教育和中等林业教育之间的人才培养比例比较协调，前者和后者学校数量之比为 1:3。但是，从抗日战争到新中国成立前夕，高等林业教育和中等林业教育的发展极不协调，前者学校数量大大多于后者，出现了本末倒置的现象（表 7-5）。虽然旧中国林业师生教学条件不佳，生活困苦，但是他们孜孜不倦，专心课业，其中很多人后来成为了新中国林业建设的主力军。

表7-5　1931—1948年中央大学农学院森林系历届本科毕业人数

年 度	人 数	年 度	人 数	年 度	人 数
1931	2	1938	2	1945	11
1932	2	1939	1	1946	13
1933	0	1940	4	1947	12
1934	7	1941	4	1948	18
1935	13	1942	7		
1936	1	1943	6		
1937	0	1944	10	合计	113

资料来源：《中国近代林业史》第533页。

近代中国，林业教育发展畸形，高等林业学校多，中等林业学校少，没有林业技工学校，林业教育发展不协调，各林业学校学生都很少。由于社会动荡、经济落后等客观原因，林业学校在实际生产技能的培养方面并不尽如人意。但即便中国近代林业教育存在着这样和那样的问题，它的发展依旧为新中国林业教育奠定了坚实的基础，其开创性意义不可磨灭。

林业经典文献选读

中日合办鸭绿江采木公司章程①

第一条　划定鸭绿江右岸自帽儿山起，至二十四道沟止，距鸭绿江江面干流六十华里内为界，由奉天省派员会同日本委员堪划立标为界。界内木植，归中日两国合资经理采伐事业；惟公司创办之始，应由两国派员设局开办，俟一年后，一切事物整顿妥协，即由两国招商承办。

第二条　中日合办木植公司，称为鸭绿江采木公司。

第三条　公司资本，定位三百万元，由中日两国各出半数。

第四条　公司总局设在安东，如公司视为切要，得呈报督办，在应设各处设立分局。

第五条　公司允保全华人旧业木把事业，除第一条声明划定界内准公司采伐外。其余界外暨浑江之森林，仍归中国旧业木把采伐；所需款项，应向公司借贷；其所采木料，除江浙铁路公司所需道木，及沿江人民自用木料，直向木把采买；其余全归公司收买，公司应按市价发买，不得任意垄断。

---

① 陈嵘.1983.中国森林史料[M].北京：中国林业出版社.

第六条　公司所有自伐及收买木把采伐之木料，如中国国家及中国衙署局所需用者，应携有护照向公司采买，应照实在工本计算，不得抬高价值。

第七条　公司营业，以二十五年为限，限满时如中国政府视公司经营事业尚为妥协，该公司可禀请中国政府酌予展限年期。

第八条　公司应设督办一员，由奉天督抚派东边道台兼理，监督公司经营事业；又理事长二员，（中国人一员 日本国人一员）各由本国派充，经理公司一切业务；其余理事技师等员，由理事长会同选派；所有界内入山伐木人若需兼用别国人，应由理事长先行商准督办核定。

第九条　公司于每年底造成该年一切事业报告书及收支计算书，呈送两国该管官宪查核。

第十条　公司所有进款，除一切消耗开支外，以余利百分之五，报效中国国家；至提此项报效后，所有净利，归中日两国股东均摊。至公司消耗，不得任意开支，应按期先行核算公司用人薪水，及一切经费等支款，开呈督办核准。

第十一条　公司设立一切办法，应俟此合同大纲议定后。一个月内由奉天督抚及日本驻奉天总领事各委一员商议详细章程，俟该章程商定后，交给公司遵照办理；并于三个月内即行开办；嗣后该公司如有另定规则等项，应由督办核准施行。

第十二条　公司应纳木料税项，俟在奉天商议详细章程时，两国委员查明向章数目，商准地方官酌为减少；惟公司运进口之机器及伐木必需之器具，应豁免一概厘税。

第十三条　公司开办后，日本政府允将现在鸭绿江之木材厂一概撤去。

大清国外务部会办大臣那桐

大日本国特命全权公使林权助押

大清国光绪卅四年四月十五日

大日本国明治四十一年五月十四日在北京订立

总理逝世纪念植树式各省植树暂行条例①

第一条　各省应于每年三月十二日总理逝世纪念日，举行植树式及造林运动，以资唤起民众，注意林业。

第二条　植树式应就植树地点举行之。

第三条　各省农矿厅或建设厅，每年应将该省及所属各县市预定植树地点，绘制图说，连同植树计划，汇呈农矿部核准备案。

第四条　各省县市每年举行植树式，每处至少须植树五百株或造林十亩。

第五条　植树地点，如无相当荒山时，得于堤岸或道旁举行之。

---

① 陈嵘.1983.中国森林史料［M］.北京：中国林业出版社.

第六条　举行植树式时，政府各机关长官，职员，各学校师生，及地方团体民众，均须一律参加，躬亲栽植。

第七条　植树式所植树木，应由地方公安局及林业主管机关，切实负责保护管理。

第八条　举行植树式所需经费，应由各省县市长官负责筹拨。

第九条　各省农矿厅或建设厅，应于每年植树式举行后，两个月内，将该省及所属各县市本年植树情形，及以前植树成绩，连同图表影片，汇呈农矿部查核备案。

第十条　各省植树式植树成绩，得由农矿部视察，分别奖惩。

第十一条　各特别市举行植树式及植树办法，参照本条例办理。

第十二条　本条例如有未尽事宜，得由农矿部呈请修正之。

第十三条　本条例自公布日施行。

思考题

1. 简述北洋政府和国民政府颁布的主要林业政策法规及其内容。
2. 简述中国近代林学家的思想。

推荐阅读书目

1. 梁希文选. 中国林学会. 北京：中国林业出版社，2017.
2. 中国近代林业史. 熊大桐，等. 北京：中国林业出版社，1989.
3. 中国林业教育史. 杨绍章，辛业江. 北京：中国林业出版社，1988.

第8章
现当代林业

1949 年 10 月 1 日，以毛泽东主席为领袖的中国共产党领导中国各族人民，建立了中华人民共和国。从此，中国历史进入社会主义革命和建设新时期。1950 年开始，政府进行了大规模的城市工商业社会主义改造和农村土地集体化以及社会改革。1953 年，开始进行社会主义工业化建设和对农业、手工业与资本主义工商业的社会主义改造(即"三大改造")，逐步由新民主主义向社会主义过渡。到 1956 年，基本建立了社会主义制度，进入社会主义初级阶段。1958 年全国各条战线掀起的"大跃进"高潮，1966—1976 年期间的"文化大革命"，使国民经济遭受了很大的损失。1978 年 12 月 18 至 22 日，党中央召开了十一届三中全会，这是中华人民共和国成立以来中国历史的伟大转折，揭开了改革开放的序幕。从那时到 2017 年的 40 年期间，在全国人民的共同努力下，中国社会经济、政治、文化都发生了巨大的变化，取得了举世瞩目的成就。林业也不例外，虽然经历了一些曲折和艰难，但总体上来看，则取得了了不起的成就。尤其是进入 21 世纪以来，随着天然林资源保护工程、退耕还林等一系列生态工程的实施，森林面积和覆盖率持续增长，生态文化逐步繁荣，生态环境持续恶化的趋势得以扭转，林业科技不断发展。当然也要看到，环境与发展的矛盾依然十分突出，生态环境形势依然不容乐观，林业的发展面临着难得的机遇的同时，也面临着严峻的挑战。

8.1 森林资源分布及变迁

8.1.1 森林资源分布

我国幅员辽阔，历史上森林面积广大。但是由于过去长期的开垦、战乱火灾破坏和乱砍滥伐，到中华人民共和国成立之前，已成为一个贫林国家。不容否认，新中国的林业取得了很大的成就，但在巨大的人口压力下，森林资源也经历几次起伏。

从 1973 年开始，我国先后共完成了 8 次全国性森林资源清查。森林资源消长变化见表 8-1 所列。

表 8-1　新中国成立以来我国森林资源消长变化

时期 （年）	全国森林 清查	林地面积 （亿 hm²）	森林 面积 （亿 hm²）	森林 覆盖率 （%）	森林蓄积 （亿 m³）	活立木 蓄积量 （亿 m³）	森林蓄积 年总消耗量 （万 m³）	森林蓄积 年总生长量 （万 m³）
1949				12.5		116	—	—
1950—1962				11.8		110.24	12600	8800
1973—1976	第一次		1.2186	12.7	86.56	95.32	22692	19653
1977—1981	第二次		1.1528	12.0	90.28	102.61	27532	29410
1984—1988	第三次		1.2465	12.98	91.41	105.72	36497	38034
1989—1993	第四次	2.629	1.337	13.92	101.73	117.85	47503.78	37583.8
1994—1998	第五次（沿用国际流行的森林标准：郁闭度为 0.2 以上）	2.633	1.589	16.55	112.67	124.9	45752.45	37075.18
1999—2003	第六次	2.85	1.75	18.21	124.56	136.18	36500	49700
2004—2008	第七次	3.038	1.95	20.36	137.21	149.13	37900	57200
2009—2013	第八次	3.1	2.08	21.63	151.37	164.33	39200	64400

资料来源：1. 林业部资源和林政管理司：《当代中国森林资源概况（1949—1993）》，内部资料，1996；
　　　　　2. 历次全国森林资源清查资料。

中华人民共和国成立伊始，森林资源曾得到初步的恢复。然而好景不长，为了解决粮食、能源、建材、城乡建设等问题，森林资源流失开始变得严重。尤其是 1958—1960 年"大跃进"时期，以及"文化大革命"时期，林业偏离发展轨道，林地被侵占、森林被乱砍滥伐，不少地区森林资源情况变得严峻，生态环境持续恶化。改革开放初期，山林承包责任到户，由于林政管理工作跟不上，木材市场放开，南方集体林区一度出现了乱砍滥伐森林资源的严重局面。在其他地区，也由于分田、分山、分林到户曾出现破坏森林、林木的情况。1987 年，中共中央、国务院下发了《关于加强南方集体林区森林资源管理坚决制止乱砍滥伐的指示》，及时做出了调整，要求加强森林采伐管理，才扭转了这种趋势。又因为国家实施了一系列生态工程，加上全民植树取得的成效，从新世纪开始，我国森林资源呈现良好的增长势头。

第八次全国森林资源清查于 2009 年开始，到 2013 年结束（表 8-2）。据统计，全国森林面积 2.08 亿公顷，森林覆盖率 21.63%。活立木总蓄积 164.33 亿立方米，森林蓄积 151.37 亿立方米。天然林面积 1.22 亿公顷，蓄积 122.96 亿立方米；人工

表 8-2　各省、自治区、直辖市森林资源情况

地　区	林业用地面积 （万 hm²）	森林面积 （万 hm²）	人工林面积 （万 hm²）	森林覆盖率 （%）	活立木总蓄积量 （万 m³）	森林蓄积量 （万 m³）
全　国	31259.00	20768.73	6933.38	21.63	1643280.62	1513729.72
北　京	101.35	58.81	37.15	35.84	1828.04	1425.33
天　津	15.62	11.16	10.56	9.87	453.98	374.03
河　北	718.08	439.33	220.90	23.41	13082.23	10774.95
山　西	765.55	282.41	131.81	18.03	11039.38	9739.12
内蒙古	4398.89	2487.90	331.65	21.03	148415.92	134530.48
辽　宁	699.89	557.31	307.08	38.24	25972.07	25046.29
吉　林	856.19	763.87	160.56	40.38	96534.93	92257.37
黑龙江	2207.40	1962.13	246.53	43.16	177720.97	164487.01
上　海	7.73	6.81	6.81	10.74	380.25	186.35
江　苏	178.70	162.10	156.82	15.80	8461.42	6470.00
浙　江	660.74	601.36	258.53	59.07	24224.93	21679.75
安　徽	443.18	380.42	225.07	27.53	21710.12	18074.85
福　建	926.82	801.27	377.69	65.95	66674.62	60796.15
江　西	1069.66	1001.81	338.60	60.01	47032.40	40840.62
山　东	331.26	254.60	244.52	16.73	12360.74	8919.79
河　南	504.98	359.07	227.12	21.50	22880.68	17094.56
湖　北	849.85	713.86	194.85	38.40	31324.69	28652.97
湖　南	1252.78	1011.94	474.61	47.77	37311.50	33099.27
广　东	1076.44	906.13	557.89	51.26	37774.59	35682.71
广　西	1527.17	1342.70	634.52	56.51	55816.60	50936.80
海　南	214.49	187.77	136.20	55.38	9774.49	8903.83
重　庆	406.28	316.44	92.55	38.43	17437.31	14651.76
四　川	2328.26	1703.74	449.26	35.22	177576.04	168000.04
贵　州	861.22	653.35	237.30	37.09	34384.40	30076.43
云　南	2501.04	1914.19	414.11	50.03	187514.27	169309.19
西　藏	1783.64	1471.56	4.88	11.98	228812.16	226207.05
陕　西	1228.47	853.24	236.97	41.42	42416.05	39592.52
甘　肃	1042.65	507.45	102.97	11.28	24054.88	21453.97
青　海	808.04	406.39	7.44	5.63	4884.43	4331.21
宁　夏	180.10	61.80	14.43	11.89	872.56	660.33
新　疆	1099.71	698.25	94.00	4.24	38679.57	33654.09

注：1. 本表为第八次全国森林资源清查(2009—2013 年)资料；
　　2. 全国总计数包括台湾省和香港、澳门特别行政区数据。

林面积 0.69 亿公顷，蓄积 24.83 亿立方米[①]。森林面积和森林蓄积分别位居世界第五位和第六位，人工林面积居世界首位，约占世界的 70%。清查结果显示，我国的森林资源数量增长明显，质量也在不断提升，顺利地完成了国家"十一五"规划森林指标，为国家"十二五"规划森林指标和林业"双增"目标的全面实现积累了条件。

据第八次全国森林资源清查资料，我国森林资源分布情况：森林数量方面，西部地区土地面积约占国土面积的七成，森林覆盖率平均不足 20%；东北地区土地面积约占国土面积的一成，森林覆盖率平均在 40% 以上。森林覆盖率较高的福建、江西超过了 60%，较低的青海、新疆在 6% 以下。森林质量方面，较好的主要分布在东北、内蒙古、四川、云南、西藏、新疆、福建、海南的部分地区。增长方面，西部地区森林资源增长速度相对较快，无论是森林面积，还是森林蓄积增加都高于全国其他地区。天然林主要分布在东北、西南各省（自治区），其中黑龙江、内蒙古、云南、四川、西藏、江西、吉林 7 省（自治区）天然林面积占全国的 61%，蓄积占全国的 75%。人工林面积较多的省有广西、广东、湖南、四川、云南、福建 6 省（自治区），人工林面积与蓄积均占全国的 42%。

总体来看，中华人民共和国成立 60 多年来我国森林资源情况虽然出现一定的波动，但总体上覆盖率有所增长，森林质量有所提高，天然林稳步增加。尤其是进入 21 世纪以来，森林覆盖率和森林蓄积量开始明显增长，2009—2013 年的五年间，森林面积增加 1223 万公顷，森林蓄积增加 14.16 亿立方米。与改革开放之初（1977—1981 年）相比，森林覆盖率已从 12% 提高到 21.63%，提高了 9.6 个百分点；森林蓄积量由 90.28 亿立方米，增长到 151.37 亿立方米，增加 61.09 亿立方米，增长了大约 68%[②]。

总之，我国仍然是一个缺林少绿、生态脆弱的国家，森林覆盖率远低于全球 31% 的平均水平，人均森林面积仅为世界人均水平的 1/4，人均森林蓄积只有世界人均水平的 1/7，森林资源总量相对不足、质量不高、分布不均的状况仍未得到根本改变，人民群众期盼山更绿、水更清、环境更宜居，造林绿化、改善生态任重而道远[③]。

8.1.2　新中国的生态环境状况

中华人民共和国成立以来，由于人口的压力，人与自然的矛盾非常突出，林地被侵占现象十分严重，有些地区森林资源日益减少，森林质量下降，生态环境状况局部改善而整体不断恶化。

首先，我国是世界上土地沙化危害最为严重的国家之一。沙漠、戈壁及沙化土

---

① 吴铎 . 2014. 国家林业局第八次全国森林资源清查结果[J]. 林业资源管理(1)：1-2.
②③　刘珉 . 2014. 多角度解读第八次全国森林资源清查结果[J]. 林业经济(5)：3-9, 15.

地面积有 168.9 平方千米，占国土总面积的 17.6%，范围涉及全国 29 个省（自治区）的 841 个县（旗），大部分集中在我国"三北"地区的 13 个省（自治区）。全国沙漠化面积呈逐年扩大的趋势。20 世纪 50 年代到 70 年代沙化面积每年只扩大 1560 平方千米；80 年代平均每年扩大 2100 平方千米；90 年代发展到每年扩大 2460 平方千米，相当于每年损失一个中等县的土地面积。沙尘天气次数增加，影响广泛，损失明显增加。荒漠化土地面积 262 万平方千米，占国土面积的 27.3%，而且每年还以 2460 平方千米的速度扩展。全国有 1/3 的草地已经退化、沙化和盐碱化。

其次，水土流失情况严重。全国水土流失面积达 367 万平方千米，占国土面积的 38.2%，且每年新增水土流失面积 1 万平方千米[①]。毁林开垦、陡坡种植、围湖造田等人为活动破坏了生态环境，加重自然灾害造成的损失。以建国后长江流域为例，水灾日益严重。据史料统计，长江中游大小水灾，唐代平均 18 年一次，宋元时期 6 年一次，明清 4 年一次，民国以后平均 2.5 年一次，进入 20 世纪 80 年代，洪涝灾害明显增多。1931、1954、1998 年都是历史罕见的全流域性洪水，损失十分严重。专家一致认为，中上游地区森林植被的破坏是导致洪灾的一个主要原因。

再次，温室效应导致气候变暖。近百年来，全球气温在不断缓缓升高，中国年平均气温升高了 0.5~0.8℃，略高于同期全球增温平均值。近 50 年变暖尤其明显。气候变暖主要是由温室气体造成，遏制以一氧化碳为主的温室气体排放已成为全球普遍共识。早在 1994 年国际社会就通过了《联合国气候变化框架公约》，为全球应对气候变化提供了基本框架。为了缓解生态危机与债务危机等压力，1997 年，由 189 个缔约国在艰难谈判后最终达成共识，表决通过了《京都议定书》，形成了清洁发展机制（CDM），包括发达国家可以在一定程度上通过森林碳汇来抵消其工业和能源排放，这使得造林项目日益受到各国的重视。之后《巴厘岛路线图》的制定，《哥本哈根协议》的签署，再到《坎昆协议》的通过（就"减少毁林和森林退化降低碳排放以及加强管护和森林经营增加碳储量"以应对气候变化达成共识），从 2011 年德班确定的"新平台"，到 2012 年多哈实现的"气候通关"，再到 2013 年华沙会议的"延期闭幕"，世界各国一直在寻找共识，探索解决气候变化危机的新途径。林业是减缓和适应气候变化的有效途径和重要手段，在应对气候变化中的特殊地位已经得到了国际社会的充分肯定[②]。

最后，空气污染严重。改革开放 40 年来，中国基础工业、加工业、精细工业发展同步繁荣，大量基础工业和未经治理的小工厂并存发展，城市化进程加快，汽车普及，国家进入准发达国家行列，但因为能源需求和消耗不断加大，给大气环境造成了巨大压力。中国气象局 2013 年 2 月新闻发布会上称，入冬以来，中东部大部地区雾霾频发，雾霾日数普遍在 5 天以上。2014 年 1 月 4 日，国家首次将雾霾天

① 孟旭光.2000.关于国土资源经济安全若干问题的思考[J].地理学与国土研究(2):1-6.
② 刘珉.2014.多角度解读第八次全国森林资源清查结果[J].林业经济(5):3-9,15.

气纳入 2013 年自然灾情进行通报。

此外，由于森林的破坏和徘徊不前，一系列生态灾害问题，如生物多样性受到严重威胁，濒危物种逐渐增多，病虫害加剧等，也相当突出，对经济和社会可持续发展产生不良影响。

上述所有问题，都引起全国人民甚至世界的关注，保护和改善生态环境刻不容缓，林业生态建设任务十分艰巨。

8.2 林业科学技术

8.2.1 设立林业科研机构

中华人民共和国成立以后，国家先后在各地建立多层次多类型的林业科研机构。1951—1954 年，中央林业科学研究所、中国科学院林业土壤研究所（在沈阳）成立。1954 年，在辽宁章古台、吉林净月潭、黑龙江带岭等地建立起林业试验站，在内蒙古、吉林、广西、黑龙江建立林业科学研究所。1960—1965 年，中国林业科学研究院陆续设立林业经济、木材工业、林业机械、林业情报、林产化学工业、紫胶等研究所，逐步发展成为综合性科学研究机构。同时，自 1958 年始，除天津、上海和西藏外，各省、市、自治区也陆续成立了林业科学研究机构，科研力量不断扩大，林业科技在生产建设中的作用不断增强。

"文化大革命"时期，林业科学研究事业遭到极大破坏。1977 年，农林部决定收回下放的科研所。1978 年 5 月，国家恢复了中国林业科学研究院。至 1990 年 9 月，各省、地、县诸级林业科研机构也得到恢复和发展，有 8 个省成立了林业科学研究院，全国大约有 60% 的地区和 15% 的县设有林业研究所。同时，在江西分宜、广西凭祥、内蒙古磴口分别成立了大青山、大岗山、磴口 3 个林业实验区（后改为实验中心），并在河南郑州、广东湛江、浙江杭州建立了泡桐研究开发中心，林业高等院校也建立了一批有特色的林业研究机构。

党的十一届三中全会以后，林业科研系统深入进行体制改革，在调整科研机构的方向和任务、改革领导体制、改革拨款制度、组织科技攻关、建立科技人员参与国家林业决策机制等方面，都取得了较大成就，促进了科技与生产的结合，把广大科技人员调动到为生产服务的主战场。

8.2.2 植树造林

1950—1952 年，全国造林的重点是风沙水旱灾害十分严重的冀中、冀西、陕北、豫东、东北西部和江苏沿海一带。"一五"期间，仅豫东地区就营造沙荒防护林近5万公顷，保护了15万公顷农田；黄河、淮河等河流中上游配合水利工程造林，控制水土流失面积达69.2万平方千米；在长江以南大力营造用材林，计划每年造林100万公顷，建立木材生产基地。"一五"计划第一年，即1953年，全国造林111万公顷，为国民党政府统治时期22年造林总面积的两倍[①]。

1958年至1960年，因为"大跃进"的影响，国营林场和社队林场不合理增速很快。由于各地大炼钢铁，大办公共食堂，大量的天然林甚至原始林遭到掠夺式砍伐。加之木材生产中的高指标，造成集中过量采伐和三年困难时期的毁林开荒。短短的几年间，森林资源遭到了严重破坏。对林业造成负面影响更为深远的是人民公社化。由于搞"一平二调"和"共产风"，一些地方将初级、高级农业生产合作社时期尚未偿还的折价山林，全部低价甚至无偿划归公社集体所有，造成林木、林地权属混乱，严重挫伤了广大农民植树造林的积极性，有的地方乱砍滥伐森林，导致了以后的林权纠纷。

20世纪70年代初期，北方飞播造林开始恢复，播区范围逐步扩大。据统计，1967—1978年，全国飞播面积达1000万公顷，平均每年83万多公顷，一年的飞播面积比1967年以前9年飞播总面积还大，逐步形成了一片片飞播林基地。

党的十一届三中全会以来，党和国家十分重视和关心林业，做出一系列重大决策，林业建设进入恢复发展的新阶段。1982年2月28日，中央绿化委员会成立。此后，各级绿化委员会也相继成立，统一领导本地区的义务植树运动和整个造林绿化工作，大力推行植树造林，加快造林绿化步伐。具体措施包括：开展全民义务植树运动；启动林业重点生态建设工程；编制实施造林绿化规划；建设用材林基地；扩大飞播造林面积。

国家林业局数据显示，党的十八大以来，全国共完成造林4.5亿亩、森林抚育6亿亩，分别比"十一五"增加18%和29%；森林覆盖率提高到21.66%，森林蓄积量增加到151.37亿立方米，全面完成了"十二五"规划任务，中国一跃而成为全球森林资源增长最多的国家。新一轮退耕还林启动后，共安排1500万亩退耕还林还草。"三北"工程开展了六个百万亩防护林基地建设和退化林分改造，完成造林4974万亩。长江、珠江、沿海防护林工程及太行山绿化工程完成造林3048万亩，工程区森林覆盖率提高1.2个百分点。石漠化治理工程、京津风沙源治理工程分别完成林业任务2113万亩和3200万亩，新增74个国家森林城市。2014年全国城市建成区绿化覆盖率达40.22%，人均公园绿地面积达13.08平方米。国家储备林制度方案出台，累计建设国家储备林基地2990万亩。

① 国家林业局.1999.中国林业五十年(1949—1999)[M].北京：中国林业出版社.

8.2.3　林业信息化建设

信息化是实现森林资源可持续发展的基本条件，是林业现代化建设的基础和重要标志。20世纪50年代末期，开始利用中国科学院的计算机进行测树制表工作，60年代进口捷克斯洛伐克 ARITOMA 电磁式统计计算机系统，做过统计计算，因"文化大革命"而中断。到了70年代，林业系统开始购进国产晶体管计算机 DJS - 121，之后美国发射地球资源卫星，航天遥感的数字图像处理进一步推进了林业计算机应用。80年代初，由林业部建成全国第一个森林资源数据库和自行开发研制了用于森林资源调查的卫星遥感数据图像处理系统。1987年，林业部成立林业部经济信息系统建设领导小组，领导全国林业信息化工作。1991年成立经济信息中心（后改名为林业部信息中心）。1997年，领导小组更名为林业部信息化工作领导小组，贯彻执行国家有关信息化工作的方针、政策，组织制定全国林业系统信息化工作的战略、总体规划、分阶段实施方案及年度计划并监督和检查实施。

进入21世纪后，以互联网技术在林业部门的应用为特征，林业信息化发展步伐不断加快，各级林业政府部门门户网站已集中建立，林业局电子政务骨干传输网络基本形成，建立了全国林业视频会议系统，实现了国家到省级林业部门的电子公文传输。2008年12月和2009年2月，国家林业局正式颁发《全国林业信息化建设纲要（2008—2020）》和《全国林业信息化建设技术指南》。国家林业局实施了全国森林资源数据库试点示范项目，建立了覆盖全国的基础地理空间数据库系统、全国森林资源连续清查数据库和森林资源分布数据库、森林火灾、荒漠化土地和生物多样性等数据库。浙江、湖南、山西、内蒙古等12个省（自治区）的数据库示范试点县已建立了森林资源数据库及有关专业数据库。与此同时，国家林业局和部分省级林业部门相继开发了林业重点工程、森林资源管理、森林防火、林业有害生物防治、营造林和林业行政审批等业务管理信息系统。

林业科技系统还广泛开展对外合作与交流，积极利用外资和引进外国智力，增强了科技研发能力，学习了国外先进技术和管理方法。在上述因素的推动下，我国林业技术得到了前所未有的发展。

8.2.4　林业重点生态工程建设

为了防治沙漠化、水土流失、改善生态，国家启动实施林业重点生态建设工程。1978年11月，决定在东北、华北、西北地区实施"三北"防护林体系建设工程。之后，又相继启动了长江中上游、沿海、防沙治沙、太行山绿化、平原绿化、黄河中游、珠江流域、淮河太湖流域、辽河流域等防护林体系林业生态工程，合称林业十大重点工程。工程规划设计区覆盖了我国主要的水土流失、风沙和盐碱等生态环境最为脆弱的地区。1998年后,又启动了天然林保护工程、退耕还林还草工程。国家投入巨资建设一批林业生态工程,收到良好成效。

进入2001年后,国家林业局对林业重点生态工程做出调整,将过去的十大工程以及实施的天然林资源保护等工程系统整合为六大林业重点工程。即①天然林保护工程;②"三北"和长江中下游地区等重点防护林体系建设工程;③退耕还林还草工程;④环北京地区防沙治沙工程;⑤野生动植物保护及自然保护区建设工程;⑥重点地区以速生丰产用材林为主的林业产业基地建设工程。

特别是自2012年入冬以来的全国性雾霾天气,揭露了我国环境污染的严重程度和生态的极端脆弱性。巨大的环境压力迫使我国政府对国土实行生态功能分区管理政策,并相继推出了一大批国家重大生态工程。李克强总理在2013年12月18日主持召开国务院常务会议上,部署推进青海三江源生态保护、建设甘肃省国家生态安全屏障综合试验区、京津风沙源治理、全国五大湖区湖泊水环境治理等一批重大生态工程。

8.2.4.1 "三北"防护林体系建设工程

1978年11月25日,国务院批转国家林业总局《关于在"三北"(东北、华北、西北)风沙危害、水土流失的重点地区建设大型防护林的规划》,决定实施此项工程。工程横跨13个省(自治区、直辖市),涉及551个县(市、旗),总面积406.9万平方千米,占国土总面积的42.4%,堪称世界之最。工程从1978年开始至2050年结束,分三个阶段、八期工程。规划造林总面积3560万公顷,加上原有林地2314万公顷,工程建成后森林覆盖率达14.95%。三北工程建设之初,为了从根本上遏制风沙危害加剧、水土流失扩展的态势,改善农牧业生产条件,将建设"大型防护林体系"确立为三北工程的指导思想,也就是采取以人工修复为主的措施,构建一个符合三北地区自然和经济规律、以木本植物为主体的高效综合防护林体系。这一时期工程建设中防护林的比重达70%左右,充分体现了保生态、保生存、保发展的现实需求。进入20世纪90年代,为了推动工程持续发展,保护和调动人民群众投身工程建设的积极性、主动性,进一步深化确立了建设"生态经济型防护林体系"的指导思想。显著特点就是经济林比重由工程建设初期的5%提高到25%左右。近年来,随着社会对林业的需求日趋多样,及时调整确立了"以生态建设为主线,统筹生态建设和民生改善"的指导思想,也就是在坚持生态优先的前提下,按照以人为本、统筹兼顾的原则,实行生态基地、产业基地建设与林地资源综合开发利用相结合,大力推进百万亩防护林基地和特色产业基地建设,初步呈现出生态与民生相融合、兴林与富民相统一、山沙增绿和身边造景相呼应的工程建设新格局。

8.2.4.2 天然林保护工程

该工程是一项由国家主导,范围覆盖全国的重大生态工程,其出台的背景是1998年我国发生的特大洪涝灾害,严重暴露了我国天然林资源因过度消耗而引发的环境恶化的现状。针对这种情况,党中央,国务院做出了实施天然林资源保护工程的重大决策。工程旨在通过天然林禁伐和大幅减少商品木材产量,有计划分流安置林区职工等措施,解决我国天然林的休养生息和恢复发展问题。天保工程核心区覆盖长江上游、黄河上中游区和东北,内蒙古等林区,整个工程覆盖的天然林面积达0.76亿公顷,占全国1.07亿公顷天然林的69%。天保工程主要分为三期进行,初期(1998—2000年)是工程试验期,2000—2010年是工程核心建设期,2011—2050年是工程成果期。目前2010年实施二期工程。国家先后投入资金2000多亿元。截止至2017年,天然林保护工程区累计完成公益林建设任务2.75亿亩,中幼龄林抚育任务1亿亩,17.32亿亩天然林得以休养生息。从第八次全国森林资源清查(2009—2013年)和第七次(2003—2008年)数据分析,天然林面积增加了3225万亩,天然林蓄积增加了8.94亿立方米。其中,天保工程区天然林面积增加2835万亩,蓄积增加5.46亿立方米,分别占天然林面积和蓄积增加总量的88%和61%。

8.2.4.3 退耕还林工程

长期以来,由于盲目毁林开垦和进行陡坡地、沙化地耕种,造成了我国严重的水土流失和风沙危害,洪涝、干旱、沙尘暴等自然灾害频频发生,人民群众的生产、生活受到严重影响,国家的生态安全受到严重威胁。为从根本上改善我国生态急剧恶化的状况,1998年特大洪灾之后,党中央、国务院将"封山植树,退耕还林"作为灾后重建、整治江湖的重要措施。为了摸索经验,完善政策,从1999年开始选择若干具有代表性的地方进行了退耕还林试点。到2001年年底,全国先后有20个省(自治区、直辖市)和新疆生产建设兵团进行了试点。2002年,在试点成功的基础上,退耕还林工程全面启动。工程建设的目标和任务是:到2010年,完成退耕地造林1467万公顷,宜林荒山荒地造林1733万公顷(两类造林均含1999—2000年退耕还林试点任务),陡坡耕地基本退耕还林,严重沙化耕地基本得到治理,工程区林草覆盖率增加4.5个百分点,工程治理地区的生态状况得到较大改善。这是迄今为止我国政策性最强、投资量最大、涉及面最广、群众参与程度最高的一项生态建设工程,也是最大的强农惠农项目,仅中央投入的工程资金就超过4300多亿元,是迄今为止世界上最大的生态建设工程。

8.3 林业政策与管理

8.3.1 林业管理机构

中华人民共和国成立后不久,党和政府迅速建立起从中央到地方多等级的林业行政管理机构。林业机构依据党的政策和国家行政法则对全国林业进行有效管理。根据形势的发展和林业发展的实际,在六十余年间,无论是机构设置,还是经济管理体制、行政管理手段，都一直进行着调整，经历了林垦部、林业部、林业部与森工部分立、林业部、农林部、林业部、国家林业局七个主要时期。

　　1949年10月，中华人民共和国成立后，根据中央人民政府组织法，设立了中央人民政府林垦部，管理全国林业经营和林政工作。林垦部内设林政司、造林司、森林经营司、森林利用司和办公厅。1954年11月30日，中央人民政府林业部改为中华人民共和国林业部。梁希任部长。为适应国家经济建设迅速发展对木材的需要，1956年5月12日经全国人大常委会决定，成立中华人民共和国森林工业部，主管全国的森林工业。森林工业部内设10个司局，由罗隆基任部长。同时保留林业部，主管全国造林营林和林产品生产，林业部内设7个司局。直到1958年2月森林工业部和林业部合并为林业部，梁希任部长，1958年12月梁希逝世后，由刘文辉任部长。

　　1966年"文化大革命"开始后，林业管理机构被撤销，专业干部和技术人员大量流失。林业部于1967年10月实行军事管制，原有的行政管理机构和生产指挥系统被打乱，工作基本停滞。直至1970年5月，林业部和农业部合并成立农林部，林业行政管理工作才开始有所转机。

　　党的十一届三中全会以来，党和国家十分重视和关心林业，做出一系列重大决策，林业建设进入恢复发展的新阶段。1979年2月16日，中共中央、国务院决定撤销农林部，成立农业部、林业部。同时，各省(自治区、直辖市)的林业、农林厅(局)也相继恢复或者重建。从中央到地方，林业行政管理体系逐渐形成。1982年2月28日，中央绿化委员会成立。1987年7月18日，中央森林防火总指挥部成立。林业部在经过1986年、1988年和1993年三次国家机构改革后，都作为单独的行政部门存在，这对林业的改革和发展起到了非常积极的作用。至1998年3月，根据国家机构改革的统一部署，林业部改为国务院直属的国家林业局。

　　每个省(自治区、直辖市)都设有林业厅(局)，绝大多数地市县设有单独的林业行政机构，大部分乡镇设有林业工作站。同时，我国拥有健全的林业执法机构和执法队伍。全国共有近7000个森林公安工作机构、1.7万个防火检查站、4236个木材检查站、28112个乡镇林业工作站、3081个森林病虫害防治检疫局(站)、1372个林木种苗管理站、7083个野生动植物管理站和350个国家级、768个省级、2000余个市县级陆生野生动物疫源疫病监测站，共有执法人员约32万人，其中森林公安民警6万人。

　　各级林业机构建立以后，切实贯彻执行林业建设方针和政策，使各项林业生产建设事业有序进行。

8.3.2　林业政策法规

　　中华人民共和国成立后，特别是党的十一届三中全会以来，党和国家对林业立法十分重视。六十多年间，曾颁布过许多林业及其相关的法律和规章，已初步形成了我国林业法律法规体系的基本框架，极大地促进了林业的发展，使我国林业建设逐步走上"依法治林"的轨道。

目前，林业部门作为执法主体的法律共有十部：《森林法》《防沙治沙法》《野生动物保护法》《种子法》《农业法》《农业技术推广法》《农村土地承包法》和《五届全国人大四次会议关于开展全民义务植树运动的决议》《农民专业合作社法》《农村土地承包经营纠纷调解仲裁法》。

主要林业行政法规约有十七件：《森林法实施条例》《陆生野生动物保护实施条例》《野生植物保护条例》《自然保护区条例》《植物新品种保护条例》《森林防火条例》《植物检疫条例》《森林病虫害防治条例》《森林采伐更新管理办法》《国务院关于开展全民义务植树运动的实施办法》《森林和野生动物类型自然保护区管理办法》《退耕还林条例》《濒危野生动植物进出口管理条例》《城市绿化条例》《风景名胜区条例》《血吸虫病防治条例》《重大动物疫情应急条例》。

林业部门规章约有五十余件，如《林木和林地权属登记办法》《占用征用林地审核审批管理办法》《林业行政处罚程序规定》《林业标准化管理办法》《植物新品种保护名录》《国家保护的有益或者有重要经济、科学研究价值陆生野生动物名录》等等。随着现代林业的不断深入发展以及林业功能的巨大转变，林业法规体系不断更新、完善。

8.4　林业思想文化

8.4.1　林业思想

1949 年中华人民共和国成立，中国林业的发展进入了一个新的时期，伴随着不同时期国家建设和发展的需要，相关林业思想也在不断变化。中华人民共和国的林业建设思想可从三个层面来说明：一是国家领导人的林业思想；二是林业部门主要负责人的林业思想；三是学术界知名学者的林业思想。

8.4.1.1　国家领导人的林业思想

（1）毛泽东的林业思想

自青年时代起，毛泽东就关注林业，中华人民共和国成立后，他更是关心林业的发展，重视绿化的重要作用。1958 年 11 月 6 日毛泽东在有中央领导人、大区负责人和部分省市委书记参加的郑州会议提到："要发展林业，林业是个很了不起的事业。同志们，你们不要看不起林业。"毛泽东重视林业，基于对森林多功能和价值的认识。第一，提倡发展林业经济。"树木经济价值很大，木材是化学原料，可以多种些""林业，森林，草，各种化学产品都可以出"。林业与农业、牧业三者互相依赖，需要协同发展。第二，重视林业在水土保持中的作用。1955 年，毛泽东在为

《依靠合作化开展大规模的水土保持工作是完全可能的》一文所写的按语中，则倡导全国各县都应当由县委领导做出一个全面规划，包括合作化，农、林、牧、副、渔业，工业或者手工业、水利、卫生等各项内容①。第三，强调实行大地园林化。1955 年 12 月，毛泽东在《征询对农业十七条的意见》中再次提及绿化："在十二年内，基本上消灭荒地荒山，在一切宅旁、村旁、路旁、水旁，以及荒地上荒山上，即在一切可能的地方，均要按规格种起树来，实行绿化。""要使我们祖国的河山全部绿化起来，要达到园林化，到处都很美丽，自然面貌要改变过来"，他的理想是"使整个农村园林化"②。

为此，毛泽东对林业的发展提出一些具体要求。第一，要有规划、有计划。"林业要计算覆盖面积，算出各省、各专区、各县的覆盖面积比例，作出森林覆盖面积规划""要帮助老百姓订一个植树计划，十年内把遗留给我们的秃山都植上树。"还要向西方林业发达国家学习。第二，发动群众，搞植树运动。"绿化，四季都要种。今年彻底抓一抓，做计划，大搞。""应当发起植树运动，号召农村中每人植树十株。"第三，保护森林。1967 年，"文化大革命"已经开始，但毛泽东也没有忘记对林业的保护。他同意发布《中共中央、国务院、中央军委、中央文革小组关于加强山林保护管理，制止破坏山林、树木的通知》，以免森林和林业受到破坏和影响。

（2）周恩来的林业思想

中华人民共和国成立后，周恩来总理长期具体抓包括林业在内的经济工作，具有相当丰富的林业思想。他认为，因为历史悠久，历代对森林保护培育不够，所以中国森林缺少，那么，面对这种现状该怎么办呢？"林业工作为百年工作，我们要一点一点去增加森林，……森林不增加，就不能很好地保持水土，森林对农业有很大的影响。"③中国林业"基础太小，林政不修，森林采伐不按科学的方法，这都需要大力整顿。……不科学地采伐，没有护林和育林，森林地带也会变成像西北那样的荒山秃岭。我们需要林业专家从事这方面的工作。"④他在 20 世纪 60 年代指示："林业的经营一定要愈伐愈多，愈多愈伐，青山常在，永续作业。"⑤"林业对供应建设事业所需木材和防止水旱风沙灾害都有重要意义。"⑥对损害森林的地方，必须很好整顿，"从林政、林业观点来看，保林、育林、伐林如没有统一计划、统一管理，只从地方经营和收入着眼，其害与水利之不统一相等，而时间性更过之。"⑦关于林权、森林立法、保护森林防治灾害等方面，周恩来都有论述，不仅对当时的林业工作起过重要指导作用，而且对当前和今后我国林业发展仍具很高的指导价值。

（3）邓小平的林业思想

邓小平同志认为林业是一件为子孙后代造福的大事。1982 年 11 月，他为全军

---

①② 中华人民共和国林业部 . 1993. 毛泽东论林业 [M]. 北京：中央文献出版社.
③~⑦ 中共中央文献研究室，国家林业局 . 1999. 周恩来论林业 [M]. 北京：中央文献出版社.

植树造林总结经验表彰先进大会的题词是："植树造林，绿化祖国，造福后代。"1983年3月12日，在北京十三陵水库参加义务植树时，他说："植树造林，绿化祖国，是建设社会主义、造福子孙后代的伟大事业，要坚持二十年，坚持一百年，坚持一千年，要一代一代地永远干下去。"邓小平对首都北京的环境问题非常重视。1979年1月6日，他说："北京要搞好环境，种草种树，绿化街道，管好园林，经过若干年，做到不露一块黄土。"在公共植树问题上，邓小平主张开展全民义务植树运动，并形成制度。在邓小平同志的倡导下，根据国务院的提案，1981年12月13日第五届全国人大第四次会议审议通过了《关于开展全民义务植树运动的决议》，1982年2月27日国务院常务会议又通过了《关于开展全民义务植树运动的实施办法》，具体规定了全民义务植树运动的组织管理机构、履行义务的人员范围和方式、奖惩措施等。邓小平很重视我国西北和黄土高原地区的林业和生态环境建设。邓小平同志认为，应该用林业知识教育全国的青少年，使他们养成保护环境、热爱树木的好习惯。邓小平同志关于林业问题的直接论述，对我国林业的发展都产生了积极而深刻的影响，为林业的改革与发展在许多方面都奠定了基础。

（4）江泽民的林业思想

江泽民同志十分重视发展林业，认为"植树造林，是造福今人和子孙后代的一件大事"。1991年3月11日，江泽民在湖南韶山参加义务植树时与湖南省委负责人谈话说："植树造林，绿化祖国，一可以防止水土流失，二可以保护生态环境，三可以改善人们的生活和工作环境。总之，这是一件造福子孙后代的大事。……希望全党动员，全民动手，锲而不舍，坚持下去，扎扎实实地搞好植树造林活动，把我们社会主义祖国建设得更加富强、美好。"江泽民同志尤其重视长江、黄河中上游地区的生态环境建设，认为这关系着整个流域经济社会可持续发展。除了大江大河，还关系着沙漠化治理问题。由此可见，江泽民同志的林业思想，从战略性和全局性的高度，明确提出了我国林业发展的目标、任务、关键和工作思路，是新时期创造性地开展林业工作的指导思想。

（5）胡锦涛的林业思想

在领导中国特色社会主义事业的过程中，胡锦涛同志始终把最广大人民群众的根本利益放在首位。2003年6月，国务院颁布了《关于加快林业发展的决定》，确立以生态建设为主的林业发展战略，对新时期的林业发展作了全面部署。胡锦涛同志在每年的义务植树活动中，经常就林业表达新的愿望。2004年4月3日，他在北京朝阳公园参加义务植树时强调，要按照树立和落实科学发展观的要求，广泛动员全社会的力量，坚持不懈地开展植树造林活动，把祖国建设的更加美丽。2006年，胡锦涛在北京奥林匹克森林公园参加义务植树时说："要从全面落实科学发展观的高度，持之以恒地抓好生态环境保护和建设工作，着力解决生态环境保护和建设方面存在的突出问题，切实为人民群众创造良好的生产生活环境。要通过全社会长期不懈的努力，使我们的祖国天更蓝、地更绿、水更清、空气更洁净，人与自然的关系更和谐"。2006 年 7 月，胡锦涛同志考察了青藏铁路沿线地区的建设后强调，在建设好铁路的同时，一定要注意保护好周边的生态环境。他建议在铁路沿线植树造林，防风固沙，保护环境。他说："植树造林、防风固沙，是功在当代、利在千秋的大事。一定要科学规划，加大投入，全民动员，年复一年地抓下去，为子孙后代多留一片绿荫。"[①] 在 2009 年 9 月联合国气候变化峰会上，胡锦涛同志提出，到 2020 年，我国森林面积比 2005 年增加 4000 万公顷，森林蓄积量增加 13 亿立方米，这是当前我国林业新的奋斗目标。

2011 年 9 月 6 日，胡锦涛同志在首届亚太经合组织林业部长级会议开幕式上发表了题为《加强区域合作实现绿色增长》的重要讲话，从维护全人类共同福祉的高度，阐述了森林在维护生态安全、推动绿色增长、应对气候变化中的重要功能，提出了加强林业建设、深化区域合作的重要主张，向全世界发出了让森林永远造福人类的重要倡议。他在中科院第十五次院士大会上明确提出了绿色发展的要求，绿色发展，就是要发展环境友好型产业，降低能耗和物耗，保护和修复生态环境，发展循环经济和低碳技术，使经济社会发展与自然相协调。

(6) 习近平的林业思想

习近平同志高度重视林业和生态文明建设，无论是在中央还是在地方工作期间，都对生态文明建设发表过许多重要论述，这些论述成为他治国理政思想的重要内容。2005 年 8 月 24 日，时任浙江省委书记的习近平，在《浙江日报》的《之江新语》栏目中提出了"既要绿水青山，又要金山银山"的著名论断，2006 年习近平对"两座山"的辩证关系进行了缜密论述，他指出："在实践中对绿水青山和金山银山这'两座山'之间关系的认识经过了三个阶段"。三个阶段实现了两次关于"用绿水青山换取金山银山"的思想超越，但是，这超越都建立在"既要金山银山，也要绿水青山"的基本内涵之上。2013 年 9 月 7 日，习近平同志在哈萨克斯坦纳扎尔巴耶夫大学发表演讲时的再次阐述"两座山"的辩证关系："我们既要绿水青山，也要金山银山。宁要绿水青山，不要金山银山，而且绿水青山就是金山银山。"演讲后，他回答学生提问时坚定地说："我们绝不能以牺牲生态环境为代价换取经济的一时发展。"习近平的"两山"理论日臻完善，深得人心，极大地影响和改变了中国的发展理念、发展思路、发展方式和发展未来，引领中国迈向生态文明建设新时代。

1989 年 1 月，习近平同志在《闽东的振兴在于"林"——试论闽东经济发展的一个战略问题》一文中提出："森林是水库、钱库、粮库"，他还强调："森林能够美化环境，涵养水源、保持水土、防风固沙、调节气候，实现生态环境良性循环"。2013 年 4 月 2 日，习近平同志在参加首都义务植树活动时指出："森林是陆地生态系统的主体和重要资源，是人类生存发展的重要生态保障。不可想象，没有森林，地球和人类会是什么样子。"2014 年 4 月 4 日，习近平同志参加首都义务植树活动时

---

① 孙承斌，邹声文 . 2006. 胡锦涛总书记考察青藏铁路沿线纪实 [N]. 人民日报，2006-07-02 (1).

要求，全国各族人民要一代人接着一代人干下去，坚定不移爱绿植绿护绿，把我国森林资源培育好、保护好、发展好，努力建设美丽中国。习近平强调，林业建设是事关经济社会可持续发展的根本性问题，每一个公民都要自觉履行法定植树义务，各级领导干部更要身体力行，充分发挥全民绿化的制度优势，因地制宜，科学种植，加大人工造林力度，扩大森林面积，提高森林质量，增强生态功能，保护好每一寸绿色。

党的十八大和十八届三中、四中全会对生态文明建设做出了顶层设计和总体部署。2015年4月25日，习近平总书记又主持召开中央政治局会议，审议通过《关于加快推进生态文明建设的意见》，首次提出协同推进新型工业化、城镇化、信息化、农业现代化和绿色化，号召全党上下把生态文明建设作为一项重要政治任务，努力开创社会主义生态文明新时代。习近平在党的十九大报告中指出：坚持人与自然和谐共生。建设生态文明是中华民族永续发展的千年大计。必须树立和践行绿水青山就是金山银山的理念，坚持节约资源和保护环境的基本国策，像对待生命一样对待生态环境。

除了上述国家领导人关于林业的论述以外，其他第一代、第二代、第三代、第四代的党和国家其他领导人对林业也多有论述，从各个时期的我国林业实际出发，与时俱进，对林业功能的认识，逐渐由经济功能向经济、社会、生态功能转化。

8.4.1.2 林业部门主要领导人的林业思想

林业部（局）是在国务院的领导下，直接管理全国林业的主要部门。同时，它具有一定的自主权，对国家林业事业的发展起着某种决定性指导作用。因此，各届林业部长的林业思想，对我国林业的发展也起到过重要作用。现将他们中最具代表性的林业思想作简明论述。

（1）梁希的林业思想

1949—1958年，梁希任国家林垦部（后为林业部）部长，他的林业思想有新的发展。1951年，他为新中国的林业规划了任务、道路和远景：“四大任务：护林，造林，森林经理，森林利用。一条光明的大道：群众路线。一个美丽的远景：无山不绿，有水皆青，四时花香，万壑鸟鸣，替河山装成锦绣，把国土绘成丹青”[①]。他领导制定了全国林业建设的总方针：“普遍护林，重点造林，合理采伐与利用。”[②]

梁希一贯主张林业及其教育独立发展。早在1934年，他就指出：“我国森林机关绝少专名，大都与农业机关合并，合并固未为非也，而流为附庸，附庸犹未为损也，而流为骈枝，骈枝犹未为害也，而流为孽子，孽子从古不易容，容则分家之润而遗嫡之累，又不敢灭，灭则惊天地而扰六亲，此中国近数年来林业教育、林业试

---

①②　梁希. 1983. 梁希文集[M]. 北京：中国林业出版社.

验、林业行政之所以陷于不生不死之状态也。"鉴于欧、美各国林与农各自为政，各自为学，并行不悖，在梁希等人的建议下，中华人民共和国成立后，党和国家成立了专门的林垦部（后改为林业部），并委梁希以重任。此后在他这一思想的指导下成立了中国林学会，筹建了三所林业学院，加强林业人才培养，开创了新中国林业的新篇章。此外，他还积极提倡对自然风景区的保护和经营，狠抓林业科普工作等，在林业建设的许多方面作出了开创性的贡献。

（2）罗玉川的林业思想

罗玉川（1909—1989 年），曾任国家林业总局局长、党组书记，林业部部长、党组书记等职。罗玉川参加林业工作的前半期，主张采伐为森林更新积极创造条件。他认为"正确地在国有林区贯彻社会主义的营林方针，使采伐为森林更新积极创造条件，并尽可能地扩大木材资源利用，这就是党的总路线、总方针在林业事业中的具体实现。"[1]在西北、华北地区，主要任务是"广泛动员和组织全国青年带头开展大规模的造林育林护林运动"[2]。在大兴安岭林区，应以木材生产为主。他积极提倡"实行采育兼顾伐"，认为其好处很多[3]。三中全会以后，他主持起草《中华人民共和国森林法（试行草案）》，宣传以法治林，更加注意森林的多种效益。他还主持制订了"三北"防护林建设规划，为新时期林业发展作出重要贡献。20 世纪 80年代，他指导编写《当代中国的林业》一书，总结林业发展的经验教训，反省包括自己在内的林业行业所走过的曲折历程。

（3）雍文涛的林业思想

雍文涛（1912—1997 年），曾任林业部部长、党组书记等职。1992 年，雍文涛提出"林业分工论"，对林业的改革与发展产生了重要影响。这一理论是基于对林业生态效益与经济效益的关系，坚持生态与经济功能兼顾的原则，同时考虑到供给与需求的关系，以及均衡发展与效率的关系，通过周密的研究加以理论创新而提出的[4]。这一思想可以概括为"局部上分而治之，整体上合而为一"。具体来说，就是拿出少量的林业用地，搞木材培育，承担起生产全国所需的大部分木材的任务，从而把其余大部分的森林，从沉重的木材生产负担中解脱出来，保持其稳定性，发挥其生态作用[5]。由此，按森林的用途和生产目的，把林业划分为商品林业、公益林业和兼容性林业三大类。这一思想中核心问题是通过专业化分工协作提高林业经营的效率。它特别强调"木材培育论"和"林业产业结构合理化"。"木材培育论"的两大要点是经营手段的现代化和实行严格的定向培育。林业产业结构调整的中心，是建立大批量深加工、精加工的高效益的林业产业。为此必须进行林业的水平调整和立体调整。水平调整的内容是"产业型林业与事业型林业"的分离。

---

①～③　林业部《罗玉川纪念文集》编委会.1992.罗玉川纪念文集[M].北京：中国林业出版社.
④⑤　雍文涛.1992.林业分工论[M].北京：中国林业出版社.

8.4.1.3 学术界的林业思想

中国林业界的著名学者、中国科学院和工程院的院士、科技专家的林业建设思想在学术界最有影响和代表性。以下仅就"生态林业论""现代林业论"和"现代高效持续林业"理论做简单扼要介绍。

（1）生态林业论

国内国际上对林业的认识和培育森林问题，有许多不同的主张和见解，但从中国的国情、林情和民情出发，许多学者主张发展生态林业，认为这是中国林业发展的必然抉择。那么什么是生态林业？怎么样建设生态林业？董智勇在《中国生态林业理论与实践》一书中总结说："生态林业是以生态经济学原理为指导，遵循生态经济复合系统的规律，实施林业综合经营，以发挥森林的多种功能，使生态效益、经济效益、社会效益同步发展，提高林业生产力，达到生态经济总体效益最高，实现资源永续利用的林业。"自然保护区建设，是生态林业的一个重要方面。1986年11月6日，董智勇在《人民日报》上撰文，认为"自然保护区事业逐步被人重视，并迅速发展，是人类对大自然无情报复的觉醒。""建设自然保护区不是对森林资源的消极保护，而是为了给人类提供研究生态系统的天然'本底'，使我们的开发建立在科学的基础上。这种保护，是对开发的促进，是为了求得森林资源最大的多种效益。"

（2）现代林业论

1996年，林业经济学教授张建国和吴静和提出"现代林业论"思想，他们认为，所谓现代林业，是在现代科学认识的基础上，用现代技术装备武装和用现代工艺方法生产以及用现代科学管理方法经营管理的并可持续发展的林业。中国林业正处于由传统林业向现代林业过渡的历史阶段。把林业建立在科技创新和制度创新的基础上是改变我国林业发展态势的根本出路。现代林业理论包括四方面的基本内容：林业发展的历史进程；现代林业的基本特征；生态林业论；社会林业论。"现代林业论"，是广泛汲取国内外生态经济和林业科技成果的基础上，经过理论创新而形成的一个较完整的林业理论体系。可谓20世纪末我国林业思想理论界的重要成果，对我国新世纪的林业发展将起到积极影响。

（3）现代高效持续林业

中国工程院原副院长、北京林业大学教授沈国舫，在总结国内外林业理论并分析中国国情林情的基础上，于1998年提出了关于中国林业发展道路的理论——"现代高效持续林业"理论。他认为，进入后工业（知识经济）时代的林业发展道路应当是"现代高效持续林业"。

针对中国的国情和林情，沈国舫认为中国现代林业必须做到以下几个方面：一，保护原有森林，扩建新的森林和全面提高森林生产力相结合。二，护存林业、自然化林业和集约化培育林业相结合的发展路线。三，多林种的合理配置和多功能的综合经营的结合。四，高新科学技术与有效的传统科技相结合，把现代林业发展成知识密集型的产业和事业。总之，现代林业应该是多功能多效益的，应当是把环境效益放在首位从而有利于全社会可持续发展的。现代林业的本质就是可持续的，而在中国为了达到可持续就必须高效，这个高效是多功能综合的高效，是发达的现代科学技术支持下才能得到高效。现代高效持续林业，是中国林业发展道路的抉择。

国家领导人的林业思想，集中思考林业在国家建设中的战略地位、林业与其他行业间的协同关系、宏观发展政策。林业部门领导的林业思想，则主要集中于林业部门内部，更多论述林业系统的组分、结构，及其相互关系，重点是林业具体政策。林业学者的林业思想，则更倾向于研究林业政策与科技的结合，以森林生态系统的科学经营和持续发展为立论的依据。随着时代的发展，三个层次表现出相互渗透的趋势。然而，不管哪个层次，在前三十年，"大木头"主义占主导地位；后二十年，重视森林生态效益的思想开始占上风。

8.4.2 林业文化

只有从文化层面上树立国民的森林意识、森林自觉，才能为林业的长远发展注入永恒动力，提供根本保证。林业文化，就是人类在探索、认识、开发、利用森林的社会实践过程中形成的精神财富和物质财富的总和。具体表现为人类在对森林的认识、利用、开发过程中形成的生产及生活方式，包括森林制品、经济结构体系、法规制度、衣食住行习惯和语言文学艺术等形态。森林文化有着古老辉煌的历史，但作为一门独立的文化现象来进行研究还是个新课题。

8.4.2.1 基础古籍文献的整理

《中华大典》是经国务院批准的新中国成立以来最大的文化出版工程，2006年被列为国家文化发展纲要的重点出版工程项目。《中华大典》以现代科学分类方法，收集上自先秦、下迄辛亥革命的古代文献资料，收书2万多册，总字数约8亿字，是由当代专家学者编纂的新型巨大类书。《林业典》是业已启动的24个典之一。其编纂整理工作由国家林业局负责组织，由中国工程院院士、北京林业大学原校长尹伟伦教授担任主编，由北京林业大学和南京林业大学负责各分典的编纂工作。2014年底，历经8年艰难的编写过程，凤凰出版社隆重出齐《中华大典·林业典》。全书分为《森林培育与管理分典》《森林利用分典》《森林资源与生态分典》《园林风景与名胜分典》《林业思想与文化分典》，共五个分典七巨册。这是中国历史上第一部集古代林业经典之大成的类书，也是新中国成立以来林业领域最重大的一项文化工程，它囊括了中国古代森林资源及林业科技与文化全部重要资料。在发展现代林业的时代背景下，《中华大典·林业典》的出版意义尤为显著和深远：有利于总结林业的历史经验和教训，推动林业的科学发展；有利于深化全社会对森林的科学认知，提高林业的社会影响力和战略地位；有利于弘扬生态文明，积极促进人与自然和谐；有利于学者和有识之士开展学术研究，传承和弘扬祖国极其珍贵的森林文化遗产①。

《中华大典·林业分典》

8.4.2.2 树木、花卉文化

树木文化、花卉文化都是林业文化的分支。中国植物种类繁多，与人类关系密切，中国历史悠久，古人不仅利用各种树木和花卉，而且在长期的接触中，对之有了很深的认知，积累了丰富的知识。尤其可贵的是，古人以树木、花卉的某些自然属性比附人格，砥砺精神，成为一种根深蒂固的民族精神，形成丰富多彩的民族文化。最近几十年来，学者们纷纷整理树木和花卉文献资料，探索文化内涵，取得丰硕成果。木本和草本植物中的松、柏、槐、梧桐、银杏、梅、桃、杏、海棠、牡丹、竹、兰、菊、荷、芍药、水仙等，都有专著和大量论文出现。下面仅就其中的一部分进行介绍。

（1）松柏文化

松树、柏树都是十分古老的树种，在中国有记载的人工栽培历史也长达几千年之久。在长期栽培和利用的过程中，文化的积淀、文明的融合，形成了中国松柏相对独立而深厚的文化体系——松柏文化。人类与松柏之间的相互依存关系，是物质和精神的双重互动关系。中国传统松柏文化内容丰富、底蕴深厚，已广泛融于人们的生活之中。松柏文化中蕴涵着中华民族的精神，这是中国所特有的文化现象。在中国的传统文化中，松柏独特的自然属性被人格化，赋予了道德伦理的内涵，既有理想品格的象征，又有民族精神的体现。李莉《松柏文化研究》一书，以史为线，从人类学、社会学和文化史的角度，结合我国传统林业文化的发展，对于我国传统松

---

① 国家林业局宣传办公室.2015.同心协力盛世编典——《中华大典·林业典》编纂工作回顾[N].中国绿色时报，2015-09-25(001).

柏文化做了系统、详尽的论述。中央电视台百家讲坛组织了系列讲座，邀请知名文学艺术家与植物学家一起畅谈中国松树文化，从历史、诗词、绘画、生长习性等多个角度提示其品性，展现其悠久深邃的历史与文化内涵，品味其各自独有的君子之风。李永祜将该系列讲座编著，出版了《中国的松文化》一书①。

（2）竹文化

中国是世界上竹类资源最为丰富、竹林面积最大、开发利用竹资源最早的国家之一，素有"竹子王国"之称。竹子因青翠挺拔、奇姿出众，凌霜傲雪，四时长茂，受到了人们的称颂。人们赋予它心虚节坚、坚忍不拔、风度潇洒的"君子"美誉。在悠悠几千年的历史发展长河中，竹子与人们的生活息息相关，中国悠久的文化与竹结下了不解之缘，形成了丰富多彩、独具特色的中国竹文化。几十年来，竹文化的研究成果十分丰富。综合性的研究，有周裕苍的《中国竹文化》②、关传友的《中华竹文化》③、王平的《中国竹文化》④、江泽慧的《世界竹藤》⑤等。以时代为背景的竹文化研究，如张弘、韩帅的《两汉时期的竹文化》⑥、廖国强的《唐代竹文化初论》⑦；以地域为单位的竹文化研究，如《嵊州竹文化》⑧、《龙游竹文化》、辉朝茂和辉宇的《少数民族竹文化与生态文明建设》⑨、杨爱芝等的《云南民族竹文化多样性研究初探》⑩、李伟红的《布依竹韵：布依族竹文化概览》⑪、龙倮贵的《试论彝族竹文化》⑫。

（3）梅花文化

梅花是我国传统名花之一，与兰、竹、菊并称"四君子"，又与松、竹并称"岁寒三友"。它不畏严寒，早春独步，迎寒风怒放，伴白雪盛开，集色、香、姿、韵等诸多绝妙于一身，已经被我国人民提升到精神层面，成为严酷环境下不屈不挠、勇于拼搏、保持高洁品质的人格的象征，进而升格为中华民族的精神象征，形成的底蕴深厚，内涵丰富的梅文化。新中国成立以来，特别是改革开放以来，人们种梅、赏梅、咏梅、写梅、画梅、歌梅的热情丝毫不减，同时不断发扬光大梅文化和梅花精神，整理了大量的关于梅花的文化遗产，结出了丰硕的梅文化成果。著作方面，有程杰的《中国梅花审美研究》、魏明果的《中华梅文化赏析》，晏晓兰主编的

---

① 李永祜.2007.中国的松文化[M].北京：中国人民大学出版社.
② 周裕苍.1992.中国竹文化[M].济南：黄河出版社.
③ 关传友.2000.中华竹文化[M].北京：中国文联出版社.
④ 王平.2001.中国竹文化[M].北京：民族出版社.
⑤ 江泽慧.2008.世界竹藤[M].沈阳：辽宁科学技术出版社.
⑥ 张弘，韩帅.2009.两汉时期的竹文化[J].济南大学学报（社会科学版）（3）：43-48.
⑦ 廖国强.1996.唐代竹文化初论[J].云南学术探索（2）：53-58.
⑧ 嵊州市政协文史资料委员会.2003.嵊州竹文化[M].嵊州：嵊州市政协文史资料委员会出版.
⑨ 辉朝茂，辉宇.2014.少数民族竹文化与生态文明建设[M].北京：科学出版社.
⑩ 杨爱芝，辉朝茂，李华.2008.云南民族竹文化多样性研究初探[J].竹子研究汇刊（1）：55-58.
⑪ 李伟红.2012.布依竹韵：布依族竹文化概览[J].产业与科技论坛（23）：130-131.
⑫ 龙倮贵.2009.试论彝族竹文化[J].毕节学院学报（1）：31-38.

《中国梅花栽培与鉴赏》，分为十四章，主要从梅花的栽培、分类、中国四大梅园、梅的药用与饮食、梅文化的形成与发展、梅与中国的文人情结、梅花的审美形式、梅与音乐、梅花与名人、梅花与书法、历代咏梅诗欣赏、历代梅画作品欣赏、梅花绘画与摄影的基本技法、梅花摄影作品欣赏等方面，全方位、多视角地介绍了梅文化。

（4）兰花文化

兰花的种类很多，在自然界分布很广。中国人观赏与培植兰花，比之西方栽培的洋兰要早得多。早在2500年前春秋时代，孔子就说："芝兰生幽谷，不以无人而不芳，君子修道立德，不为穷困而改节。"（《孔子家语·六本》卷四）。经过几千年的积累、提炼，兰花已经是高洁典雅的象征，并与梅、竹、菊并列，合称"四君子"。1959年杭州姚毓谬、诸友仁合编《兰花》一书；1963年由成都园林局编写的《四川的兰蕙》；1964年由福建严楚江编著的《厦门兰谱》；1980年和1991年由吴应样所著的《兰花》《中国兰花》两本书，以及香港、台湾所出版介绍国兰的书籍和杂志等等，可以说是近代中国艺兰研究的一大成就。

森林文化概念的提出和以森林文化为主体的生态文化体系建设的提出，是人们在不断实践中对林业和生态建设认识上的一次升华，是林业发展的客观要求。关注森林文化，发展森林文化，建设先进的森林文化体系，是实现生态文明，促进人与自然的和谐相处，全面实现小康社会宏伟目标的必然选择。

8.5　林业教育

中华人民共和国成立前夕，全国无一所独立的高、中等林业院校，只有21所大学或农学院设立了森林系，在校生仅有541人；有39所高、初级农业学校中设有林科专业，在校生1302人。为解决林业人才缺乏问题，1950年，林垦部与教育部联合召开全国林业教育会议，决定扩大森林系招生规模，在南京大学、金陵大学、中山大学等14所大学、农学院开办2年制林业专修科，当年共招收本专科学生1615人。同时在一些中等农业学校增设林科专业，当年林校和农校的林科共招收学生1773人。1952年合并了7所大学的森林系，成立北京、东北、南京三所林学院，并在13所农学院中保留或增设森林系，同时增设了一批中等林校。

"文化大革命"十年动乱时期，林业教育遭受严重摧残。"文革"之后，经过拨乱反正，重新明确党的教育方针，林业教育逐步得到恢复和发展。1977年全国高等学校恢复招生考试制度，1978年，在恢复原有的北京、南京、东北、中南林学院后，新建了西北、西南林学院，这6所部属林学院分别设在6个大行政区域，并调整了专业学科。随着各级林业大中专院校的恢复和发展，林业教育事业日益繁荣。1996年普通高等林业学校经过调整、新建、合并，发展到10所，其中北京林业大学、东北林业大学、南京林业大学和中南林学院、西南林学院、西北林学院为林业部直属院校，在全国 19 所普通农业高等学校中设置林学（园林）系（学院）。1997 年北京林业大学作为林业部唯一列入国家"211"建设项目的学校，正式通过了国家立项审批；东北林业大学自筹资金建设"211 工程"项目也通过了部门专家审定。

在建设新中国的林业教育体系的同时，林业专业建设也逐步完善，林业教育形成多专业办学形势。

1950 年，我国农学院仅设置造林、森林经营、林产利用 3 个专业。1954 年 8 月，林学院（系）发展到造林、森林经营、森林采伐运输机械化、木材加工 4 个专业。1965 年，全国普通高等林业学校共有 13 个林科本科专业。1996 年，普通高等林业学校设置本科专业 134 个，其中农学专业 56 个（含林科专业 55 个）、工学专业 58 个（含林业工程类专业 34 个）、经济学专业 9 个、理学专业 6 个、法学专业 2 个、文学专业 2 个、教育学专业 1 个，林科专业占专业总数的 66.4%。逐步形成以林科为主、多学科结合的专业体系。1998 年，高等林业院校原有的 18 个林科专业按科学、规范和宽口径、增强适应性的原则调整为 8 个专业。

在层次结构上，各普通高等林业院校稳定本科教育，适当发展专科和研究生教育。教育投入的增加，促进了教学和科研水平的提高。至 1998 年，已建成国家重点实验室 7 个、部级重点实验室 16 个，建成省部级重点学科 18 个、博士后流动站 2 个。

以岗位培训和继续教育为重点的林业成人教育成效显著。1978 年后，全国林业系统组织轮训了林业厅（局）长、地县林业局长以及林业县县长、县委书记，开展了林业职工岗位培训和青壮年职工文化、技术补课以及扫除青壮年文盲的工作。改革开放以来，林业教育改革不断深入，林业教育的国际合作与交流日益广泛。

林业经典文献选读

毛泽东论林业（二）：林业是个很了不起的事业

（一九五八年十一月六日）

要发展林业，林业是个很了不起的事业。同志们，你们不要看不起林业。林业，森林，草，各种化学产品都可以出。所以，苏联那个土壤学家讲，农林牧要结合。你要搞牧业，就必须要搞林业，因为你要搞牧场。这个绿化，不要以为只是绿而已，那个东西有很大的产品。森林这个东西是多年生，至少是二十五年生，这是南方；在北方，要四十五年到五十年。我们将来种树也要有一套，也是深耕细作，养鱼，养猪，种树，种粮。要园林化，还有个园田化。园田化就是耕作地，园林化就是耕作地和林业地合起来。

据中央档案馆保存的讲话记录稿

绿水青山就是金山银山①（节选）

习近平

（2016 年 5 月 9 日）

生态文明是人类社会进步的重大成果，是实现人与自然和谐发展的必然要求。建设生态文明，要以资源环境承载能力为基础，以自然规律为准则，以可持续发展、人与自然和谐为目标，建设生产发展、生活富裕、生态良好的文明社会。

人与自然的关系是人类社会最基本的关系。自然界是人类社会产生、存在和发展的基础和前提，人类则可以通过社会实践活动有目的地利用自然、改造自然。但人类归根到底是自然的一部分，在开发自然、利用自然中，人类不能凌驾于自然之上，人类的行为方式必须符合自然规律。人与自然是相互依存、相互联系的整体，对自然界不能只讲索取不讲投入、只讲利用不讲建设。保护自然环境就是保护人类，建设生态文明就是造福人类。

生态兴则文明兴，生态衰则文明衰。古今中外，这方面的事例很多。恩格斯在《自然辩证法》一书中写道，"美索不达米亚、希腊、小亚细亚以及其他各地的居民，为了得到耕地，毁灭了森林，但是他们做梦也想不到，这些地方今天竟因此而成为不毛之地"。对此，他深刻指出："我们不要过分陶醉于我们人类对自然界的胜利。对于每一次这样的胜利，自然界都对我们进行报复。"在我国，现在植被稀少的黄土高原、渭河流域、太行山脉也曾是森林遍布、山清水秀，地宜耕植、水草便畜。由于毁林开荒、乱砍滥伐，这些地方生态环境遭到严重破坏。塔克拉玛干沙漠的蔓延，湮没了盛极一时的丝绸之路。楼兰古城因屯垦开荒、盲目灌溉，导致孔雀河改道而衰落。这些深刻教训，一定要认真吸取。

中华文明积淀了丰富的生态智慧。孔子说："子钓而不纲，弋不射宿。"《吕氏春秋》中说："竭泽而渔，岂不获得？而明年无鱼；焚薮而田，岂不获得？而明年无兽。"这些关于对自然要取之以时、取之有度的思想，有十分重要的现实意义。此外，"天人合一""道法自然"的哲理思想，"劝君莫打三春鸟，儿在巢中望母归"的经典诗句，"一粥一饭，当思来处不易；半丝半缕，恒念物力维艰"的治家格言，都蕴含着质朴睿智的自然观，至今仍给人以深刻警示和启迪。中华传统文明的滋养，为当代中国开启了尊重自然、面向未来的智慧之门。

我们党一贯高度重视生态文明建设。上世纪 80 年代初，我们就把保护环境作为基本国策。进入新世纪，又把节约资源作为基本国策。经过 30 多年的快速发展，我国经济建设取得历史性成就，同时也积累了大量生态环境问题，成为明显的短

---

① 习近平.2016.绿水青山就是金山银山[N].人民日报，2016-05-09(09).

板。各类环境污染呈高发态势,成为民生之患、民心之痛。随着社会发展和人民生活水平不断提高,人民群众对干净的水、清新的空气、安全的食品、优美的环境等的要求越来越高,生态环境在群众生活幸福指数中的地位不断凸显,环境问题日益成为重要的民生问题。老百姓过去"盼温饱",现在"盼环保";过去"求生存",现在"求生态"。

保护生态环境关系人民的根本利益和民族发展的长远利益。习近平总书记指出:"环境就是民生,青山就是美丽,蓝天也是幸福。要像保护眼睛一样保护生态环境,像对待生命一样对待生态环境,把不损害生态环境作为发展的底线。"生态环境没有替代品,用之不觉,失之难存。保护生态环境,功在当代、利在千秋。必须清醒认识保护生态环境、治理环境污染的紧迫性和艰巨性,清醒认识加强生态文明建设的重要性和必要性,以对人民群众、对子孙后代高度负责的态度,加大力度,攻坚克难,全面推进生态文明建设。坚持把节约优先、保护优先、自然恢复作为基本方针,把绿色发展、循环发展、低碳发展作为基本途径,把深化改革和创新驱动作为基本动力,把培育生态文化作为重要支撑,把重点突破和整体推进作为工作方式,切实把工作抓紧抓好,使青山常在、清水长流、空气常新,让人民群众在良好生态环境中生产生活。

思考题

1. 简述习近平的林业思想。
2. 如何理解林业在生态建设中的地位和作用?

推荐阅读书目

1. 现代林业论. 张建国, 吴静和. 北京: 中国林业出版社, 1996.
2. 中国林业与生态史研究. 尹伟伦, 严耕. 北京: 中国经济出版社, 2012.
3. 中国传统松柏文化. 李莉. 北京: 中国林业出版社, 2006.

参考文献

一、古籍

[1]〔汉〕班固. 1962. 汉书[M]. 北京：中华书局.

[2]〔汉〕袁康, 吴平. 1985. 越绝书[M]. 上海：上海古籍出版社.

[3]〔汉〕司马迁. 1982. 史记[M]. 北京：中华书局.

[4]〔东汉〕赵晔. 1992. 吴越春秋[M]. 南京：江苏古籍出版社.

[5]〔晋〕嵇含. 1939. 南方草木状[M]//王云五. 丛书集成. 上海：商务印书馆.

[6]〔晋〕陆翙. 1937. 邺中记[M]//王云五. 丛书集成. 上海：商务印书馆.

[7]〔南朝宋〕刘义庆, 徐震堮. 1984. 世说新语校笺[M]. 北京：中华书局.

[8]〔南朝宋〕范晔, 撰.〔唐〕李贤, 注. 1965. 后汉书[M]. 北京：中华书局.

[9]〔南朝梁〕萧统, 编.〔唐〕李善, 注. 1987. 六臣注文选[M]//文渊阁四库全书. 上海：上海古籍出版社.

[10]〔南朝梁〕释慧皎, 汤用彤, 校注. 1992. 高僧传[M]. 北京：中华书局.

[11]〔南朝梁〕沈约. 1974. 宋书[M]. 北京：中华书局.

[12]〔南朝梁〕萧子显. 1972. 南齐书[M]. 北京：中华书局.

[13]〔南朝梁〕任昉. 1984. 述异记[M]. 杭州：浙江人民出版社.

[14]〔北魏〕贾思勰, 缪启愉, 校释. 2009. 齐民要术校释[M]. 北京：中国农业出版社.

[15]〔北魏〕郦道元, 陈桥驿, 校证. 2007. 水经注校证[M]. 北京：中华书局.

[16]〔北魏〕颜之推, 王利器, 集解. 1993. 颜氏家训集解[M]. 北京：中华书局.

[17]〔北魏〕杨衒之, 范祥雍, 校注. 1958. 洛阳伽蓝记校注[M]. 上海：上海古籍出版社.

[18]〔北齐〕魏收. 1974. 魏书[M]. 北京：中华书局.

[19]〔北周〕庾信, 撰.〔清〕倪璠, 注. 许逸民, 校点. 1980. 庾子山集注[M]. 北京：中华书局.

[20]〔唐〕释道宣. 2012. 续高僧传[M]. 台北：佛陀教育基金会.

[21]〔唐〕韩愈. 2014. 韩昌黎集[M]. 上海：上海古籍出版社.

[22]〔唐〕房玄龄. 1974. 晋书[M]. 北京：中华书局.

[23]〔唐〕杜佑. 1984. 通典[M]. 北京：中华书局.

[24]〔唐〕令狐德棻. 1971. 周书[M]. 北京：中华书局.

[25]〔唐〕李延寿. 1975. 南史[M]. 北京：中华书局.

[26]〔唐〕长孙无忌. 2013. 唐律疏议 [M]. 上海：上海古籍出版社.

[27]〔唐〕陆贽. 1983. 陆宣公奏议 [M]. 南京：江苏古籍出版社.

[28]〔唐〕封演. 2005. 封氏闻见记 [M]. 北京：中华书局.

[29]〔唐〕李肇. 1957. 唐国史补[M]. 上海：上海古籍出版社.

[30]〔唐〕姚思廉. 1972. 陈书[M]. 北京：中华书局.

[31]〔唐〕元结. 1961. 元次山集[M]. 北京：中华书局.

[32]〔唐〕杜甫. 2003. 杜工部集[M]. 沈阳：辽宁教育出版社.

[33]〔唐〕裴庭裕. 1994. 东观奏记[M]. 北京：中华书局.

[34]〔唐〕李吉甫. 1983. 元和郡县志[M]. 北京：中华书局.

[35]〔唐〕魏征. 1973. 隋书[M]. 北京：中华书局.

[36]〔唐〕李百药. 1972. 北齐书[M]. 北京：中华书局.

[37]〔后晋〕刘昫. 1975. 旧唐书[M]. 北京：中华书局.

[38]〔宋〕乐史. 2008. 太平寰宇记[M]. 北京：中华书局.

[39]〔宋〕郑樵. 1987. 通志[M]. 北京：中华书局.

[40]〔宋〕沈括. 2002. 梦溪笔谈[M]. 长沙：岳麓书社.

[41]〔宋〕司马光. 1956. 资治通鉴[M]. 北京：中华书局.

[42]〔宋〕王溥. 1998. 五代会要[M]. 北京：中华书局.

[43]〔宋〕王溥. 1957. 唐会要[M]. 北京：中华书局.

[44]〔宋〕周应和. 1987. 景定建康志[M]//文渊阁四库全书：489 册. 上海：上海古籍出版社.

[45]〔宋〕叶梦得. 1995. 石林燕语[M]. 北京：中华书局.

[46]〔宋〕王谠. 1987. 唐语林[M]. 北京：中华书局.

[47]〔宋〕欧阳修，宋祁. 1975. 新唐书[M]. 北京：中华书局.

[48]〔宋〕释文莹. 1984. 玉壶清话：卷二[M]. 北京：中华书局.

[49]〔宋〕李焘. 1986. 续资治通鉴长编：卷五八[M]. 上海：上海古籍出版社.

[50]〔宋〕叶隆礼. 1985. 契丹国志[M]. 上海：上海古籍出版社.

[51]〔宋〕洪迈. 1988. 夷坚志[M]. 江苏：江苏古籍出版社.

[52]〔宋〕洪迈. 2007. 容斋随笔[M]. 北京：中华书局.

[53]〔宋〕李觏. 1989. 直讲先生文集[M]. 上海：上海书店.

[54]〔宋〕李觏. 1987. 盱江集[M]//文渊阁四库全书：1095 册. 上海：上海古籍出版社.

[55]〔宋〕曾巩. 1989. 元丰类稿[M]. 北京：中华书局.

[56]〔宋〕蔡襄. 1985. 荔枝谱[M]. 北京：中华书局.

[57]〔宋〕王安石. 1998. 临川集[M]. 上海：世界书局.

[58]〔宋〕苏辙. 2009. 栾城集[M]. 上海：上海古籍出版社.

[59]〔宋〕李昉. 1990. 太平广记[M]. 上海：上海古籍出版社.

[60]〔金〕王寂. 1984. 辽东行部志[M]. 哈尔滨：黑龙江人民出版社.

[61]〔元〕脱脱. 1977. 宋史[M]. 北京：中华书局.

[62]〔元〕脱脱. 1957. 金史[M]. 北京：中华书局.

[63]〔元〕脱脱. 1974. 辽史[M]. 北京：中华书局.

[64]〔元〕王祯. 1981. 农书：卷十[M]. 北京：农业出版社.

[65]〔元〕熊梦祥. 1983. 析津志辑佚[M]. 北京：北京古籍出版社.

[66]〔元〕马端临. 1986. 文献通考[M]. 北京：中华书局.

[67]〔元〕佚名，纂修. 1990. 河南志[M]//宋元方志丛刊. 北京：中华书局.

[68]〔明〕陈子龙，等. 1962. 明经世文编[M]. 北京：中华书局.

[69]〔明〕李东阳. 1987. 大明会典[M]. 江苏：广陵书社.

[70]〔明〕谈迁. 1958. 国榷[M]. 北京：中华书局.

[71]〔明〕徐光启. 2002. 农政全书[M]. 长沙：岳麓书社.

[72]〔明〕李时珍. 1954. 本草纲目[M]. 北京：商务印书社.

[73]〔明〕宋濂. 1976. 元史[M]. 北京：中华书局.

[74]〔明〕邱濬. 1987. 大学衍义补[M]//文渊阁四库全书：712 册. 上海：上海古籍出版社.

[75]〔明〕刘天和. 1994. 问水集[M]//丛书集成续编：62 册. 上海：上海书店出版社.

[76]〔明〕1962. 明太祖实录[M]//明实录. 台北：中研院史语所.

[77]〔明〕1962. 明世宗实录[M]//明实录. 台北：中研院史语所.

[78]〔明〕1962. 明神宗实录[M]//明实录. 台北：中研院史语所.

[79]〔清〕徐松. 2006. 增订唐两京城坊考[M]. 西安：三秦出版社.

[80]〔清〕黄本骥. 1985. 湖南方物志[M]. 长沙：岳麓书社.

[81]〔清〕张廷玉. 1974. 明史[M]. 北京：中华书局.

[82]〔清〕严如熤. 2002. 三省边防备览[M]. 上海：上海古籍出版社.

[83]〔清〕赵尔巽. 1976. 清史稿[M]. 北京：中华书局.

[84]〔清〕龙文彬. 1956. 明会要[M]. 北京：中华书局.

[85]〔清〕杨屾. 1962. 豳风广义[M]. 北京：中国农业出版社.

[86]〔清〕徐松. 1957. 宋会要辑稿[M]. 北京：中华书局.

[87]〔清〕毕沅. 1957, 续资治通鉴：卷二[M]. 北京：中华书局.

[88]〔清〕方履篯. 1965. 金石萃编续编补正[M]. 台北：国联图书出版有限公司.

[89]〔清〕曹寅. 2011. 全唐诗[M]. 北京：中华书局.

[90]〔清〕昆冈，等修. 2002. 钦定大清会典事例[M]//续修四库全书. 上海：上海古籍出版社.

[91]〔清〕赵之恒，标点. 1998. 大清十朝圣训[M]. 北京：北京燕山出版社.

[92]〔清〕徐本. 1987. 大清律例[M]//文渊阁四库全书：672 册. 上海：上海古籍出版社.

[93]〔清〕1985. 清高宗实录[M]. 北京：中华书局.

[93]〔清〕1934. 湖北通志[M]. 上海：商务印书馆.

二、期刊

[1]随县擂鼓墩一号墓考古发掘队. 1979. 湖北随县曾侯乙墓发掘简报[J]. 文物，30(7)：1－24.

[2]王世襄. 1979. 中国古代漆工杂述[J]. 文物，21(3)：49－55.

[3]史念海. 1980. 河山集二集自序[J]. 陕西师范大学学报(哲学社会科学)(2)：43－49.

[4]张鸿奎. 1980. 人类原始社会有个木器时代[J]. 社会科学，2(4)：144－149.

[5]周匡明. 1981. 桑考[J]. 农业考古，1(1)：108－113.

[6]中国社会科学院考古研究所二里头队. 1983. 1980 年河南偃师二里头遗址发掘简报[J]. 考古，29(3)：199－205.

[7]祁英涛. 1983. 中国早期木结构建筑的时代特征[J]. 文物，34(4)：60－74.

[8]殷玮璋. 1984. 记北京琉璃河遗址出土的西周漆器[J]. 考古，30(5)：449－453.

[9]高炜. 1985. 探索晋西南"夏墟"的重大考古发现[J]. 人民画报，40(3)：33.

[10]林鸿荣. 1985. 四川古代森林的变迁[J]. 农业考古(4)：162－168.

[11]陈振裕. 1986. 试论战国时期楚国的漆器手工业[J]. 考古与文物，7(4).

[12]方如金. 1986. 南宋浙江文化的大发展[J]. 浙江师范大学学报(社科版)(1)：64－72.

[13]王从礼. 1987. 楚国木工业初探[J]. 江汉考古，8(3)：64－70.

[14]杜婉言. 1988. 明代宦官与浙江经济述论[J]. 浙江学刊(6)：47－53.

[15]李并成. 1990. 唐代前期河西走廊的农业开发[J]. 中国农史(1)：12－19.

[16]陈高华. 1991. 元代大都的饮食生活[J]. 中国史研究(4).

[17]龙迅. 1992. 侗族社会林业经济层面分析[J]. 贵州民族研究(2)：79－83.

[18]王澈. 1993. 清代楠木采办史料选[J]. 历史档案(3)：13－23.

[19]龚胜生. 1995. 元明清时期北京城燃料供销系统研究[J]. 中国地理历史论丛(1)：141－156.

[20]蓝勇. 1995. 历史时期中国楠木地理分布变迁研究[J]. 中国历史地理论丛(4)：19－32.

[21]倪根金. 1995. 明清护林碑研究[J]. 中国农史(4)：87－97.

[22]廖国强. 1996. 唐代竹文化初论[J]. 云南学术探索(2)：53－58.

[23]吴汝祚. 1997. 河姆渡遗址发现的部分木制建筑构件和木器的初步研究[J]. 浙江学刊，35(2)：91－95.

[24]郑州市文物考古研究所. 1999. 荥阳青台遗址出土纺织物的报告[J]. 中原文物，19(3)：4－9.

[25]李绍连. 1999. 试从浙川下王岗文化遗存考察文明起源的历史过程[J]. 中原文物，19(2)：21－26.

[26]李葆珍. 1999. 林业教育五十年辉煌成就[J]. 中国林业教育(5)：4－6.

[27]孟旭光. 2000. 关于国土资源经济安全若干问题的思考[J]. 地理学与国土研究(2)：1－6.

[28]胡阿祥. 2001. 魏晋南北朝时期的生态环境[J]. 南京晓庄学院学报，17(3)：45－52.

[29]李三谋. 2001. 晚清晋商与茶文化[J]. 清史研究(1)：42－48.

[30]樊宝敏，董源. 2001. 中国历代森林覆盖率的探讨[J]. 北京林业大学学报(社会科学版)，23(4)：60－65.

[31]刘洪升. 2002. 唐宋以来海河流域水灾频繁原因分析[J]. 河北大学学报(1)：23－27.

[32]马振智. 2002. 试谈秦公一号大墓的椁制[J]. 考古与文物，23(5)：56－59.

[33]周武忠. 2004. 论中国花卉文化[J]. 中国园林，20(2)：56－57.

[34]刘庭风. 2005. 民国园林特征[J]. 建筑师(1)：42－47.

[35]杨爱芝，辉朝茂，李华. 2008. 云南民族竹文化多样性研究初探[J]. 竹子研究汇刊(1)：55－58.

[36]李志坚. 2006. 明代皇木采办的形式[J]. 安庆师范学院学报(社会科学版)(6)：44－47.

[37]罗洪洋. 2006. 清代地方政府对黔东南苗区人工林业的规范[J]. 民族研究(1)：77－86.

[38]王笛. 2009. "吃茶与国运"——晚清民国时期成都的茶馆政治与茶馆政治文化[J]. 民国研究(1)：1－23.

[39]李飞，袁婵. 2009. 魏晋南北朝林政初探[J]. 北京林业大学学报(社会科学版)，8(1)：21－23.

[40]李莉，梁明武. 2009. 明清时期东北地区生态环境演化初探[J]. 学术研究(3)：113－116.

[41]张弘, 韩帅. 2009. 两汉时期的竹文化[J]. 济南大学学报(社会科学版)(3): 43-48.

[42]龙倮贵. 2009. 试论彝族竹文化[J]. 毕节学院学报, (1): 31-38.

[43]李飞, 邓薇, 赵佩蓓. 2012. 浅论清朝茶文化特征[J]. 中外企业家(6): 162-164.

[44]李伟红. 2012. 布依竹韵: 布依族竹文化概览[J]. 产业与科技论坛(23): 130-131.

[45]周匡明, 刘挺. 2012. 夏、商、周蚕桑丝织技术科技成就探测(一)[J]. 中国蚕业, 33(3): 80-82.

[46]夏炎. 2013. 魏晋南北朝燃料供应与日常生活[J]. 东岳论丛, 14(2): 86-91.

[47]胡文亮, 王思明. 2013. 近代林业科技要籍述略[J]. 图书馆理论与实践(2): 23-26.

[48]吴锋. 2014. 国家林业局公布第八次全国森林资源清查结果[J]. 中国林业(3): 4-5.

[49]刘珉. 2014. 多角度解读第八次全国森林资源清查结果[J]. 林业经济(5): 3-9, 15.

[50]李欣. 2015. 由"律""令"到"时令"——秦汉林业立法及森林保护体系变迁[J]. 北京林业大学学报(社会科学版)(4): 1-8.

[51]李欣. 2016. 秦汉农耕社会的薪炭消耗与材木利用——以环境问题为中心的考查[J]. 古今农业(3): 18-30.

[52]胡为雄. 2016. 论毛泽东的绿色经济思想——读《毛泽东论林业》[J]. 毛泽东邓小平理论研究(3): 71-77.

[53]李飞. 2010. 中国古代林业文献述要[D]. 北京: 北京林业大学博士学位论文.

[54]周景勇. 2011. 中国古代帝王诏书中的生态意识研究[D]. 北京: 北京林业大学博士学位论文.

[55]刘雪梅. 2013. 生态文化视野中的中国古代山居文化研究[D]. 北京: 北京林业大学博士学位论文.

[56]傅晶. 2003. 魏晋南北朝园林史研究[D]. 天津: 天津大学博士学位论文.

[57]黄晓琴. 2003. 茶文化的兴盛及其对社会生活的影响[D]. 杭州: 浙江大学硕士学位论文.

[58]赵延旭. 2015. 北朝时期的林业及相关问题研究[D]. 吉林: 吉林大学博士学位论文.

[59]胡继光. 2007. 中国现代园林发展初探[D]. 北京: 北京林业大学硕士学位论文.

三、书籍

[1]赵宗哲. 1953. 实用测树学[M]. 北京: 中华书局.

[2]杨宗荣. 1957. 战国绘画资料[M]. 北京: 中国古典艺术出版社.

[3]郭宝钧. 1959. 山彪镇与琉璃阁[M]. 北京: 科学出版社.

[4]杨伯峻. 1960. 孟子译注[M]. 北京: 中华书局.

[5]干铎. 1964. 中国林业技术史料初步研究[M]. 北京: 农业出版社.

[6]郭宝钧. 1978. 中国青铜器时代[M]. 北京: 三联书店.

[7]于省吾. 1979. 甲骨文字释林[M]. 北京: 中华书局.

[8]高亨. 1980. 诗经今注[M]. 上海: 上海古籍出版社.

[9]史念海. 1981. 河山集二集[M]. 北京: 生活·读书·新知三联书店.

[10]林寿晋. 1981. 战国细木工榫结合工艺研究[M]. 香港: 香港中文大学出版社.

[11]温少峰. 1983. 殷墟卜辞研究——科学技术篇[M]. 成都: 四川省社会科学院出版社.

[12]郭沫若. 1983. 中国史稿: 第五册[M]. 北京: 人民出版社.

[13]梁希. 1983. 梁希文集[M]. 北京: 中国林业出版社.

[14]陈嵘. 1983. 中国森林史料[M]. 北京: 中国林业出版社.

[15]逯钦立. 1983. 先秦汉魏晋南北朝诗[M]. 北京：中华书局.

[16]张钧成. 1984. 中国古代林业史·先秦篇[M]. 台北：五南图书出版有限公司.

[17]李霆. 1985. 当代中国的林业[M]. 北京：中国社会科学出版社.

[18]任士楠. 1986. 河姆渡文化, 中国大百科全书·考古学[M]. 北京：中国大百科全书出版社.

[19]林业部教育司, 杨绍章, 辛业江. 1988. 中国林业教育史[M]. 北京：中国林业出版社.

[20]南京林业大学林业遗产研究室, 熊大桐, 等. 1989. 中国近代林业史[M]. 北京：中国林业出版社.

[21]河南省文物研究所. 1989. 淅川下王岗[M]. 北京：文物出版社.

[22]周维权. 1990. 中国古典园林史[M]. 3版. 北京：清华大学出版社.

[23]甘肃省文物考古研究所, 等. 1990. 居延新简[M]. 北京：文物出版社.

[24]王长富. 1990. 中国林业经济史[M]. 哈尔滨：东北林业大学出版社.

[25]周裕苍. 1992. 中国竹文化[M]. 济南：黄河出版社.

[26]雍文涛. 1992. 林业分工论[M]. 北京：中国林业出版社.

[27]林业部《罗玉川纪念文集》编委会. 1992. 罗玉川纪念文集[M]. 北京：中国林业出版社.

[28]张钧成. 1992. 中国林业传统引论[M]. 北京：中国林业出版社.

[29]朱新予. 1992. 中国丝绸史通论[M]. 北京：纺织工业出版社.

[30]中华人民共和国林业部. 1993. 毛泽东论林业[M]. 北京：中央文献出版社.

[31]陶炎. 1994. 中国森林的历史变迁[M]. 北京：中国林业出版社.

[32]白寿彝. 1994. 中国通史[M]. 上海：上海人民出版社.

[33]黄怀信, 张懋镕, 田旭东. 1995. 逸周书汇校集注[M]. 上海：上海古籍出版社.

[34]熊大桐. 1995. 中国林业科学技术史[M]. 北京：中国林业出版社.

[35]林业部资源和林政管理司. 1996. 当代中国森林资源概况(1949—1993)[M]. 内部资料.

[36]张建国, 吴静和. 1996. 现代林业论[M]. 北京：中国林业出版社.

[37]赵冈. 1996. 中国历史上生态环境之变迁[M]. 北京：中国环境科学出版社.

[38]马忠良, 等. 1997. 中国森林的变迁[M]. 北京：中国林业出版社.

[39]郭郛, 李约瑟, 成庆泰. 1999. 中国古代动物学史[M]. 北京：科学出版社.

[40]国家林业局. 1999. 中国林业五十年(1949—1999)[M]. 北京：中国林业出版社.

[41]中共中央文献研究室, 国家林业局. 1999. 周恩来论林业[M]. 北京：中央文献出版社.

[42]王长富. 2000. 东北近代林业科技史料研究[M]. 哈尔滨：东北林业大学出版社.

[43]关传友. 2000. 中华竹文化[M]. 北京：中国文联出版社.

[44]王平. 2001. 中国竹文化[M]. 北京：民族出版社.

[45]王文锦. 2001. 礼记译解[M]. 北京：中华书局.

[46]郭孟良. 2002. 中国茶史[M]. 太原：山西古籍出版社.

[47]张星烺. 2003. 中西交通史料汇编(第二册)[M]. 北京：中华书局.

[48]周文棠. 2003. 茶馆[M]. 浙江：浙江大学出版社.

[49]嵊州市政协文史资料委员会. 2003. 嵊州竹文化[M]. 嵊州：嵊州市政协文史资料委员会出版.

[50]蒋福亚. 2004. 魏晋南北朝社会经济史[M]. 天津：天津古籍出版社.

[51]罗振玉. 2004. 鸣沙石室佚书正续编[M]. 北京：北京图书馆出版社.

[52]何清谷. 2005. 三辅黄图校释[M]. 北京：中华书局.

[53]徐晓村. 2005. 中国茶文化[M]. 北京：中国农业大学出版社.

[54]李莉. 2006. 中国传统松柏文化[M]. 北京：中国林业出版社.

[55]李永祜. 2007. 中国的松文化[M]. 北京：中国人民大学出版社.

[56]马逸清. 2007. 中国虎文化·序二[M]. 北京：中华书局.

[57]陈振中. 2008. 先秦手工业史[M]. 福州：福建人民出版社.

[58]江泽慧. 2008. 世界竹藤[M]. 沈阳：辽宁科学技术出版社.

[59]徐中舒. 2008. 论先秦史[M]. 上海：上海科学技术文献出版社.

[60]李泽厚. 2009. 美的历程[M]. 北京：三联书店.

[61]樊宝敏. 2009. 中国林业与思想政策史（1644—2008年）[M]. 北京：科学出版社.

[62]汪菊渊. 2012. 中国古代园林史[M]. 北京：中国建筑工业出版社.

[63]裘锡圭. 2012. 释"尌"[M]//裘锡圭. 裘锡圭学术文集（第一卷）. 上海：复旦大学出版社.

[64]辉朝茂, 辉宇. 2014. 少数民族竹文化与生态文明建设[M]. 北京：科学出版社.

[65]张连伟, 李飞, 周景勇. 2015. 中国古代林业文献选读[M]. 北京：燕山出版社.

[66]国家林业局. 2016. 林业史话[M]. 北京：社会科学文献出版社.

[67]贾玺增. 2016. 四季花与节令物：中国古人头上的一年风景[M]. 北京：清华大学出版社.

[68]郑辉. 2016. 中国古代林业管理[M]. 北京：科学出版社.

四、其他

[1]周昕. 2002. 近百年中国农具的变迁[C]//王思明, 姚兆余. 中国农业历史学会第九次学术研讨会论文集. 北京：中国农业出版社：302-314.

[2]李卫. 2015. 精美的鹿形象文物[N]. 人民日报（海外版）, 2005-11-8(7).

[3]孙承斌, 邹声文. 2006. 胡锦涛总书记考察青藏铁路沿线纪实[N]. 人民日报, 2006-7-2(1).

[4]国家林业局宣传办公室. 2015. 同心协力盛世编典——《中华大典·林业典》编纂工作回顾[N]. 中国绿色时报, 2015-9-25(1).

[5]梁希. 2017. 造林在我们自己的国土上[A]//中国林学会. 梁希文选. 北京：中国林业出版社, 34.